国家出版基金项目
NATIONAL PUBLICATION FOUNDATION

药品监管法治丛书

宋华琳 著

药品监管制度的法律改革

译林出版社

图书在版编目（CIP）数据

药品监管制度的法律改革／宋华琳著 .—南京：译林出版社，2023.3
（药品监管法治丛书）
ISBN 978-7-5447-9580-7

Ⅰ.①药… Ⅱ.①宋… Ⅲ.①药品管理法-研究-中国 Ⅳ.①D922.164

中国国家版本馆 CIP 数据核字（2023）第023835号

药品监管制度的法律改革 宋华琳／著

责任编辑 黄 洁
特约编辑 朱雪婷
装帧设计 周伟伟
校 对 戴小娥 王 敏
责任印制 单 莉

出版发行 译林出版社
地 址 南京市湖南路 1 号 A 楼
邮 箱 yilin@yilin.com
网 址 www.yilin.com
市场热线 025-86633278
排 版 南京展望文化发展有限公司
印 刷 徐州绪权印刷有限公司
开 本 880 毫米 ×1230 毫米 1/32
印 张 16.125
插 页 4
版 次 2023 年 3 月第 1 版
印 次 2023 年 3 月第 1 次印刷
书 号 ISBN 978-7-5447-9580-7
定 价 98.00 元

2022年度国家出版基金资助项目“药品监管法治丛书”成果

国家社科基金重大项目“突发重大公共卫生事件防控的法治体系研究”(20ZD&188)阶段性成果

目　录

上篇　法治蓝图

中篇　制度探微

下篇　他山之石

上　篇

法治蓝图

第一章

药品监管治理体系的法律改革

一、法治维度下的监管与治理

（一）监管与法治

在近年的国内外学术研究中，监管研究或规制研究逐渐占据日益重要的地位。但作为研究的基点，究竟何为“监管”（regulation），众说纷纭。《布莱克法律词典》中将“监管”界定为“通过规则或限制的控制行为或控制过程”。[1]《牛津英语词典》中则将“监管”界定为“监管的行为或事实”，将“去监管”（to regulate）界定为“去控制、支配或导引”。[2]日本学者植草益指出，监管“是指依据一定的规制，对构成特定社会的个人和构成经济的经济主体的活动进行限制的行为”。[3]美国学者巴拉卡・Y. 奥尔巴赫认为，“监管是政府对私人领域的干预，是我们

1 *Black's Law Dictionary* 1311 (9th ed. 2009).

2 13 *Oxford English Dictionary* 524 (2d ed. 1989).

3 ［日］植草益：《微观规制经济学》，朱绍文、胡欣欣等译校，中国发展出版社1992年版，第1页。

不完美现实和人类局限性的副产品”，[1]他认为监管还包括实施政府干预的法律规则，认为此规则是政府机关创设的有拘束力的法律规范，来试图塑造个人和企业的行为。[2]

根据塞尔兹尼克的经典论说，监管是“公共机构对那些社会群体重视的活动所进行的持续集中的控制”。[3]斯科特教授指出，监管的核心含义在于指导或调整行为活动，以实现既定的公共政策目标。他在监管研究中深受胡德教授影响，认为应将监管拓展至特定范围的一系列任务，包括设定规则、收集信息、建立反馈或监督机制，并设立纠正违反规范行为的回应机制。

在我国政府管理实务中，经常以“监管”一词来指代学术界所使用的“规制”。“监管”一词首次出现在中国政府的官方文件，是在2002年3月15日第九届全国人民代表大会第五次会议审议通过的《政府工作报告》中。《政府工作报告》指出：“必须进一步解放思想，彻底摆脱传统计划经济的羁绊，切实把政府职能转到经济调节、市场监管、社会管理和公共服务上来。”

笔者较为赞同我国学者马英娟教授的论说，行政监管是以解决市场失灵、维持市场经济秩序为目的，基于规则对市场主体的经济活动，以及伴随经济活动产生的社会问题，所施加的干预和控制。[4]监管的核心含义在于指导或调整行为活动，以实现既定的公共政策目标。可以将监管拓展至特定范围的一系列任务，包括设定规则；通过监督检查来获知规范在何种程度上被遵守的信息；调整被监管对象的行为，对违反

1 Barak Orbach, What is Regulation?, 30 *Yale J. on Reg*. 10 (2012).

2 Barak Orbach, What is Regulation?, 30 *Yale J. on Reg*. 6 (2012).

3 Philip Selznick, Focusing Organizational Research on Regulation, in Roger G. Noll, *Regulatory Science and the Social Sciences*, University of California Press, 363 (1985).

4 参见马英娟：《政府监管机构研究》，北京大学出版社2007年版，第22页。

规制规范的行为加以纠正，并科以制裁。[1]有必要指出，并非所有行政活动都是学术意义上的“监管”活动，在对行政监管的主体、权限、方式、程序等加以探讨时，或可将警察行政、国防、外交、税收行政、内部行政管理、经济政策、宏观调控政策等排除在讨论范围之外。[2]

政府监管法或政府规制法作为现代行政法学的新发展，体现了中国行政法任务的变迁。根据笔者的梳理，政府监管与法治的关联有四：

第一，政府监管法是现代社会的法，是在国家与社会分离基础上逐步形成的，政府依法监管、干预和引导市场与社会；政府监管法要考察正式的法律要求与实际的法律运作之间的关联，关注监管法律和监管政策的实施。[3]在某种意义上，这和法社会学有着密切的关联，关注“行动中的法”。以药品安全监管为例，研究者不仅要关注《中华人民共和国药品管理法》（以下简称《药品管理法》）等法律规范是什么，更要关注药品审评、药品标准等法律制度的现实运作状况。

第二，相对于传统行政法而言，政府监管法更关注事前的行政过程，关注监管政策的形成和实施，关注行政任务的实现。具体表现在药品安全监管领域，则更为强调如何通过监管改革和监管共治，通过行政活动形式创新，来有效保障药品安全。

第三，政府监管法更为关注实体行政领域，关注法律实施的合理性，关注在法治框架下，政府如何更为有效地监管市场和社会，如何形成更为理想的公共政策。例如，在药品监管法的研究中，政府监管法更为关注如何选择更好的监管方式，来打击假药劣药，监管互联网药品交

1　参见［英］科林·斯科特：《规制、治理与法律：前沿问题研究》，安永康译，宋华琳校，清华大学出版社2018年版，第7—11、226页。

2　Barak Orbach, *Regulation: Why and How the State Regulates*, Foundation Press, 23 (2013).

3　Bettina Lange, Understanding Regulatory Law: Empirical versus Systems-Theoretical Approaches? *Oxford Journal of Legal Studies* 449—450 (1998).

易；还经常涉及讨论是采取行政监管还是科以刑事处罚，是侧重事前许可还是事后监管，在许可、标准、信息披露等监管方式之间应如何进行选择，等等。此外，应倡导引入成本收益分析程序，引入协商式监管，推动选择更为理性的方式进行监管。

第四，政府监管法不等于监管经济学，不仅仅关注效率和行政任务的实现。它依然有"控权法"的意蕴，要求行政监管体系的架构和行政监管形式的选择不能逸脱于行政法的合法性框架之外。例如，药品审评审批机制改革、药品电子监管码的实施等，应于法有据。

（二）治理与法治

对政府监管的研究，往往会有意或无意地强调行政的作用，强调命令控制型（command-control）的行政监管工具，强调行政的高权性和行政相对人的服从。但是，除了市场失灵，还存在政府失灵或监管失灵。因此，应理性看待政府监管的限度与不足，不能走向"监管万能主义"，不能将行政监管视为解决社会问题的"万灵丹"，有必要从政府监管走向公共治理，探求通过多中心、多主体、多层次的合作治理，来实现行政任务。

"治理"（governance）一词源自希腊语中的"掌舵"（*kybernan*）。20世纪50年代至60年代，这个用法尚不多见。1979年，著名经济学家威廉姆森撰写了名著《交易成本经济学：契约关系的治理》，之后公司治理的法律经济学研究者开始关注治理。[1]虽然很难为治理给出一个整齐划一的概念，但在传统的行政组织模式下，组织间的合作与协调变得较为困难，行政组织也缺少灵活性、主动性和创造性，加之行政组织知识、

---

1 David Levi-Faur, From "Big Government" to "Big Governance" , in David Levi-Faur (Editor), *The Oxford Handbook of Governance*, Oxford University Press, 5 (2012).

信息、资源的欠缺，其在解决新的、变动的、复杂的问题时，显示出不足，这也彰显出引入治理理论与合作治理的可能性。[1]

治理意味着变化，意味着政府含义的变化，它指向新的治理过程、新的治理规则、治理社会的新方式。[2]治理包括治理结构、治理过程、治理机制。治理结构是指正式和非正式的制度，是由规则组成的体系，是多层次、非科层、一系列的监管制度。[3]治理过程则是指动态的政策制定与政策实施过程，治理并非完全静态的法律制度，而是一个不断演化的过程。治理机制则包括不同的治理手段，如事前监管方式和事后监管方式，如命令控制型方式与激励型监管方式。

合作治理强调从传统的行政管理向公私伙伴关系和治理网络的转变。在行政治理过程中，不同主体有着不同的立场、知识、信息、资源和能力，有着自己的优势与不足，很难完全由某个主体来完成行政任务，也很难由不同主体各自独立地完成行政任务。因此，合作治理的重心从科层结构转向多中心治理网络，它强调多元主体的合作与参与，以互动性更强的合作方式，形成相对更为持续、稳定的关系，通过不同主体来共享、动员和聚合分散的资源，协调利益和行动，进而完成行政任务。[4]合作治理网络是对传统政府监管的有益补充，而非替代。合作治理网络通过扩大治理的范围，调动起私人资源，使得不同主体共同形成和执行政策，进而改善了政府监管能力。[5]

---

1 参见李洪雷：《其他承担行政任务的主体》，载应松年主编：《当代中国行政法》，中国方正出版社2005年版，第376页。

2 David Levi-Faur, From “Big Government” to “Big Governance”, in David Levi-Faur (Editor), *The Oxford Handbook of Governance*, Oxford University Press, 7 (2012).

3 James N. Rosenau, Governance in the Twenty-first Century, 1 *Global Governance*, 13 (1995).

4 参见李玫：《西方政策网络理论研究》，人民出版社2013年版，第111页。

5 Jacob Torfing, *Governance Networks,* in David Levi-Faur (Editor), *The Oxford Handbook of Governance,* Oxford University Press, 103 (2012).

晚近的中国药品监管实践，可谓是监管与治理理论的生动写照。在药品监管领域，行政监管、企业自我规制、行业协会自律、合作治理并存，国内监管与全球监管并存，自愿性监管与强制性监管并存，命令控制型监管与激励型监管并存。本章试图以行政法学理论为指针，以监管与治理理论为关照，力求探究如何依法治理，健全药品安全监管法律法规体系。通过强化地方政府的药品安全监管责任，强化药品监管机构的监管能力，通过监管机构与行业协会、企业、媒体等多元主体的合作治理，建构药品安全监管的合作治理体系。

二、建构药品安全监管的合作治理体系

在现代监管国家的背景下，有必要引入合作治理的理念，通过强化地方政府的药品安全监管责任，强化药品监管机构的监管能力，通过监管机构与行业协会、企业、媒体等多元主体的合作治理，实现药品安全监管目标。

（一）地方政府的药品安全监管责任

1. 概说

各级地方政府在中国药品安全监管中发挥着重要作用，原因大致有三：第一，尽管存在统一的药品安全监管法律、行政法规及部门规章，但从行政效率的角度出发，药品安全监管职权的划分以地域管辖权为基础，大量的药品安全监管活动是由基层的第一线监管机构完成的。其间存在法律适用、事实认定中的诸多现实问题，也存在诸多行政裁量的空间，这些有赖于地方政府的统一负责、领导、组织和协调。

第二，中国作为一个幅员辽阔的大国，各地在自然环境和文化背景等方面都存在很大差别。中央层次的法规文件无法穷尽药品安全监

管的方方面面，不同地域的医药产业结构不同，不同地域的药品违法违规现象不同，成因也不同。地方政府相对更为贴近基层监管实践，更了解地方居民的关切所在。因此，或许应容许各地因地制宜，在符合法律法规和国家政策的前提下，结合本地实际情况，制定和实施符合当地特色、回应当地公众诉求的药品安全监管法规与规章。

第三，尽管《药品管理法》中规定由各级药品监督管理部门负责药品监管，但实践中药品监管仍面对着“机构丛林”，涉及诸多相关部门的职能。例如，卫生部门负责对医疗机构药事管理、合理用药的监管，工业和信息化主管部门负责制定医药行业发展规划和产业政策，市场监管部门负责药品广告监管，邮政部门要配合打击通过邮寄途径销售假劣药品的行为，公安机关要协同药品监管部门打击制售假劣药品的违法行为，等等。[1]但各级政府不应成为“碎片化”的政府，而应成为“一体化”的政府。为此，更需强化地方政府在药品安全监管中的作用，发挥其职责。

2. 发展型导向的地方政府

《药品管理法》第1条规定，药品监管的目的在于“加强药品管理，保证药品质量，保障公众用药安全和合法权益，保护和促进公众健康”。但《药品管理法》第4条则规定，“国家发展现代药和传统药”。在发展医药事业的经济性目标与确保药品安全有效的社会性目标之间，地方各级政府会如何选择呢？

自20世纪70年代末开始的中国经济发展成就，本质上得益于“地方发展主义”的分权改革模式，这使得地方政府成为经济发展的推动者和得益者。中国上级对下级人民政府及其主要领导人的考核指标，更

1　参见徐徕、杜蕾、张小平、庞乐君、王广平、李伟、黄堃、陶琳：《地方政府药品安全责任体系研究》，载上海市食品药品安全研究中心编：《食品药品安全与监管政策研究报告（2011）》，社会科学文献出版社2011年版，第147页。

多侧重于对经济指标，即对GDP的考核，乃至这成为地方领导人晋升的重要影响因素。但从行政法学的角度，令人担忧的是，在“发展才是硬道理”的思路下，地方政府在履行其发展职能，通过行政手段促进产业发展时，可能会和企业结成盟友，并给予其特权性优惠，而忽视了对社会权利的维护。[1]

地方政府承担了宪法和法律赋予的多项任务，但不同任务的业绩的可考核程度是有差异的，地方政府可能会将更多资源和努力花在比较容易被度量的任务上，而减少乃至放弃在其他任务上的努力。同时，地方政府面临地区间经济发展的激烈竞争。例如，仇和在任昆明市委书记时曾提出：“招商引资是第一要事、第一政绩”，还说“市长是后勤部长，我就是后勤部政委”。[2]医药产业作为有着较为稳定的需求和较为广阔的经济增长空间的朝阳产业，每每为地方政府投资所青睐。因此，某些地方政府更看重的是医药产业的发展，如何吸引中外医药企业落户本地设厂，而相对忽略如何保障公众健康权，如何厉行药品安全监管。

地方政府重视医药产业发展的例证如下：第一，多省市出台生物医药产业发展规划，将医药产业作为国家战略性新兴产业的重点发展领域，对产业发展予以规划引导，对药物研究开发予以政策激励和资金补助。[3]第二，某些在特定医药产业、特定医药品种上具有优势的地方政府，着力通过建设医药产业园区、医药开发区等特别区域，以吸引医药产业的进入，以谋求形成医药产业的集群优势。第三，通过简化行政

1　参见于安：《论协调发展导向型行政法》，《国家行政学院学报》2010年第1期。

2　《仇和谈招商：市长是后勤部长，我就是后勤部政委》，中国新闻网，2008年4月14日。

3　例可参见《甘肃省人民政府关于印发甘肃省“十四五”生物医药产业发展规划的通知》，甘政发〔2022〕44号，2022年7月15日；《云南省人民政府办公厅关于印发云南省“十四五”生物医药产业创新发展规划的通知》，云政办发〔2022〕16号，2022年3月17日；《北京市加快医药健康协同创新行动计划（2021—2023年）》，京政办发〔2022〕12号，2021年7月8日。

许可程序，提供信息服务，提供资金扶持，减免行政收费等举措，吸引医药资本落户本行政区域。需要指出，有些地方政府所减免的收费，违反了国家收费法律制度的要求；有些地方政府所倡导的行政程序简化，行政审批“大提速”“再提速”，其要求甚至可能与《中华人民共和国行政许可法》（以下简称《行政许可法》）、《药品管理法》的规定相抵触。第四，各地在“发展型地方主义”的逻辑下争相上马药品生产企业、经营企业，形成“麻雀虽小，五脏俱全”的区域性医药产业布局，中国药品产业一定程度上呈现出“多、小、散、低”的产业格局，这构成了对药品安全的潜在威胁。[1]

当医药产业发展与药品安全监管目标发生冲突时，地方政府有时会牺牲前者。例如，《药品管理法》第60条规定，“城乡集市贸易市场可以出售中药材”，其意图本是方便农民或药农出售种植的中药材，但其他药品的销售必须要以持有《药品经营许可证》为前提。实践中，某些地方政府把开办药品集贸市场作为生财之道，一些地区违反国家有关规定，擅自开办或变相开办各种药品集贸市场，违法招商；或采取规避法律和国家规定的所谓新的经营组织形式、新的经营方式，冠以药品展销中心、药品信息中心、国药城、保健品批发市场、中药材市场等名义，变相从事违法药品经营活动；而本应销售中药材的集贸市场，却在销售国家禁止销售的中药材，或无证销售化学药品、中成药等中药材以外的其他药品。20世纪90年代的前几年，开办药材市场出现了宏观失控的局面，药材市场到1994年已发展到117个。[2]与之类似，在2012年以工业明胶冒充药用明胶的事件中，河北省、浙江省地方人民政府或出于经济利益的考虑，在媒体曝光之前，并未采取任何有力的监管措施。

1　参见薛澜、胡颖廉：《“三重失灵”：监管政治学视阈中的“铬超标胶囊”》，《行政管理改革》2012年第9期。

2　参见宋华琳：《药材市场由乱到治——药品集贸市场整治回眸》，《中国医药报》2008年11月1日。

根据《中华人民共和国宪法》(以下简称《宪法》)第107条的规定，县级以上地方各级人民政府依照法律规定的权限，管理本行政区域内的各项事业，其中包括“经济”事业和“卫生”事业。虽然《宪法》第7、8、11条规定了国家在发展国有经济、集体经济、非公有经济中的作用，但《宪法》第21条第1款也规定国家“保护人民健康”。因此，地方政府应真正落实药品安全监管责任，在保护人民健康和发展医药产业之间寻求平衡，不能以牺牲健康权为代价来践行发展权。地方政府不应要求药品监管部门承担经济发展指标和行业发展任务，更不得干扰药品监管部门正常监管执法。[1]

3. *地方政府的药品安全监管责任*

2007年3月颁发的《国务院办公厅关于进一步加强药品安全监管工作的通知》指出:“地方各级人民政府要对本地区药品安全工作负总责。要加强组织领导，把药品安全工作纳入重要议事日程，切实担负起保障本地区药品安全的责任。”那么，如何理解地方各级人民政府对本地区药品安全工作“负总责”，如何理解地方各级人民政府的属地责任?

地方各级人民政府对本地区药品安全工作“负总责”的宪法和组织法依据在于：第一，《宪法》第107条规定，地方各级人民政府可以管理本行政区域内的“卫生”事业；第二，根据《宪法》第108条的规定，县级以上地方各级人民政府领导所属各工作部门和下级人民政府的工作，有权改变或者撤销所属各工作部门和下级人民政府的不适当的决定，因此，地方人民政府可以领导所属工作部门，统一领导本行政区域内的药品监管工作；第三，尽管《药品管理法》将药品监管中的某些重要事权赋予中央监管部门，但除了法律明确规定的监管权，都属于地方

1　参见《国务院办公厅关于进一步加强药品安全监管工作的通知》，国办发(2007)18号，2007年3月31日。

事务；第四，《宪法》第3条规定中央和地方国家机构职权的划分，遵循在中央的统一领导下，充分发挥地方的主动性、积极性的原则，因此，在药品监管方面，地方人民政府可以有所作为；第五，《宪法》第27条第1款规定，一切国家机关都"实行工作责任制"，地方人民政府对本行政区域内的药品监督管理工作统一领导、组织和协调，也应承担相应的责任。[1]

县级以上各级地方人民政府如何统一负责、领导、组织、协调本行政区域内的药品安全监督管理工作？第一，多地成立了由地方人民政府牵头的药品安全综合协调机构，以健全药品安全协调机制，例如，江苏省、海南省、青海省成立了省级药品安全委员会。[2]第二，通过监管联席会议、协调会议以及地方政府主要领导直接过问等形式，建立部门沟通协调机制，整合药品监管资源，并开展相关药品市场秩序专项整治工作。[3]第三，地方政府依据《中华人民共和国突发事件应对法》的要求，建立完善重大药品安全事件应急机制，并落实和保障药品监督管理、药品抽验经费。第四，地方政府建立药品安全监管责任制和责任追究制，将药品安全监管纳入政府部门年度综合考核目标，对行政不作为、行政监管不力导致重大药品安全事故的地方政府、责任部门及相关责任人追究其责任。[4]

1　参见朱应平：《论药品安全监管中的地方政府负总责》，载王贵松主编：《宪政与行政法治评论》第5卷，中国人民大学出版社2011年版，第152—154页。

2　参见《省药品安全委员会第一次全体会议召开》，江苏省市场监督管理局官网，2022年4月19日；《海南省人民政府办公厅关于成立海南省药品安全委员会的通知》，琼府办函〔2021〕272号，2021年7月27日；《青海省人民政府办公厅关于成立青海省食品药品安全委员会的通知》，青政办〔2009〕223号，2009年12月22日。

3　参见《强化政府责任确保食品药品安全——浙江省台州市代市长陈铁雄谈"食品药品安全地方政府负总责"》，《中国医药报》2007年7月28日。

4　徐徕、杜蕾、张小平、庞乐君、王广平、李伟、黄堃、陶琳：《地方政府药品安全责任体系研究》，载上海市食品药品安全研究中心编：《食品药品安全与监管政策研究报告（2011）》，社会科学文献出版社2011年版，第150页。

根据《宪法》第108条的规定，下级人民政府的工作受上级人民政府领导，上级人民政府有权改变或者撤销下级人民政府不适当的决定。在作为单一制国家的中国，某种意义上，下级人民政府和上级人民政府是一种内部行政关系，下级政府必须对上级政府负责，受它监督，所以地方政府负总责主要是一种政治责任或内部行政责任，不受法律的约束。未来，应进一步明确中央政府和地方政府的职责边界，并通过经济、行政、法律、技术、政策等多种手段，来促使地方政府履行责任。[1]

需要深入思考的是，在以经济发展为导向，以扩大财税、保持就业为己任的地方政府激励结构中，在药品安全监管这样一个无法直接推动经济发展，反而要增加地方政府投入，还很难打造出骄人政绩的领域，如何能激励地方政府真正对药品安全监管负总责？这恐怕需要转变对地方政府和地方政府领导人的政府绩效考核方式，改变过于重视经济数量指标和速度指标，而忽略安全监管、公共安全等社会性指标的考核体系。建立药品安全状况综合评价指标体系，让政府监管、公共服务等职能成为政府绩效评估中的重要指标和参数，有助于促进地方政府转变经济发展方式，强化药品安全监管职能，以正确处理公共利益与产业利益之间的关系，人民健康与药品可及性、医药产业发展之间的关系，并明确特定阶段的药品安全监管目标和任务，出台整齐划一的药品安全监管政策，为药品安全监管提供组织、技术、信息、资金等多方面的支持。

（二）强化药品监管机构的监管能力

1. 明确监管目标

药品监管的首要目标应是保障药品安全、有效和质量可控。“药品

---

1 参见周汉华：《地方政府负总责制度评析》，《国家行政学院学报》2009年第3期。

安全”意味着药品不因外在因素而影响其安全性，同时其内在组分、质量和疗效不会带来风险或产生伤害；有效意味着药品具有疗效，确能预防、治疗或诊断人的疾病；[1]质量可控意味着药品质量应当合格，不得以不合格药品冒充合格药品。

回顾我国药品监管史，在1998年药品监管机构成立之初，长期代表国有医药工商业利益、担负产业发展和行业管理职能的各级医药管理局，成为新成立药监机构的主要构成部分。[2]1998年至2006年间，基于主要药监官员的知识结构、工作背景、思维方式，以及其与被监管产业之间千丝万缕的联系，药监机构确立了“以监督为中心，监、帮、促相结合”的工作方针，这反映了药品监管机构既想推行药品监管，又想促进产业发展，从而导致相互冲突的监管目标和模糊的监管风格，影响了药品安全监管的有效展开。[3]

未来，应进一步明确，药品监管政策的制定，监管执法举措的实施，其核心目标都是确保药品安全有效；监管者应依据法律、法规、标准和技术指南进行公正、公平、公开的监管执法，而不应过多考虑经济发展、地方利益等不相关的因素。

2. 强化部门协作

依据《药品管理法》第8条的规定，各级药品监督管理部门负责本行政区域内的药品监督管理工作，其他部门在各自的职责范围内负责与药品有关的监督管理工作。理想的行政组织法希望“一事进一门”，一件事务由一个部门管理。但是，事务总是交叉的，总会有“横看成岭侧成峰”的情形。目前，随着行政事务日益复杂，某一行政监管机构的

1　参见《药品管理法》第2条对药品的定义。

2　参见刘鹏：《转型中的监管型国家建设——基于对中国药品管理体制变迁（1949—2008）的案例研究》，中国社会科学出版社2011年版，第309页。

3　参见宋华琳：《政府规制改革的成因与动力——以晚近中国药品安全规制为中心的观察》，《管理世界》2008年第8期。

监管事务难免与其他监管机构发生关联。总体而言，不同级别、不同类型的行政机关都是行政管理体系的一部分，都隶属同一系统，构成不可分割的整体。因此，监管部门之间的协作就显得尤为重要。[1]

以疫苗监管为例，《中华人民共和国疫苗管理法》（以下简称《疫苗管理法》）第9条规定，建立疫苗管理的部门协调机制，统筹协调疫苗监督管理有关工作，定期分析疫苗安全形势，加强疫苗监督管理，保障疫苗供应。2019年4月2日，国务院办公厅印发《关于同意建立疫苗管理部际联席会议制度的函》。该函指出：为加强部门间协调配合，进一步提升疫苗管理能力水平，形成权责清晰、运行高效的疫苗管理体系，经国务院同意，建立疫苗管理部际联席会议制度。[2]各省市也多因循疫苗管理部际联席会议制度的样例，建立了不同层次的疫苗管理部门联席会议制度。[3]

药品管理工作是一项复杂的系统工程。在药品监管过程中，监管部门之间不应互不通气、各自为战，而应通过联合执法、综合整治、监管联席会议、正式或非正式磋商、监管信息交流和共享、提供行政协助等方式，加强沟通，密切配合，促进药品监管资源的优化配置，促使有效、无遗漏地行使药品监管权。[4]

此外，政府信息共享能有效弥合不同监管部门之间的职能分立和冲突，有助于监管部门更全面、更充分地掌握监管信息，更好地了解监管事务、监管对象、监管问题的全貌，从而有助于药品监管的有效开展。[5]

---

1 参见姜明安、余凌云主编：《行政法》，科学出版社2010年版，第124页（宋华琳撰）。

2 《国务院办公厅关于同意建立疫苗管理部际联席会议制度的函》，国办函〔2019〕27号，2019年3月22日。

3 例如，广东省设立了疫苗管理部门间联席会议制度，湖南省设立了湖南省疫苗管理厅际联席会议制度，海南省设立了海南省疫苗管理厅际联席会议制度。

4 参见宋华琳：《药品安全监管改革与法制建设》，《行政管理改革》2012年第9期。

5 相关研究可参见胡建淼、高知鸣：《我国政府信息共享的现状、困境和出路——以行政法学为视角》，《浙江大学学报（人文社科版）》2012年第2期。

目前，在中国，上下级监管部门之间的信息共享工作相对开展较好，而不同监管职能部门之间信息共享程度相对较低，这也制约了药品监管的有效展开。未来，相关监管部门之间应共享获知的药品安全信息和发现的违反药品监管法规的行为，通过在行业发展规划、企业经营发展和信用状况、企业市场准入基本信息、监督检查执法信息等方面的信息交流和信息共享，协同保障药品安全。

3. 改善事业单位的治理结构

各级药品监管部门还下设若干直属事业单位，履行公共职能。在我国，"事业单位"是指没有生产收入，经费由国家开支，不实行经济核算，提供非物质生产和劳务服务的社会组织。目前，国家药品监督管理局直属、承担公共职能的事业单位主要包括：中国食品药品检定研究院（以下简称"中检院"），承担实施药品审批和药品质量监督检查所需的药品检验工作；国家药典委员会，负责国家药品标准的制定和修订；[1] 国家药品监督管理局药品审评中心，负责对药品注册申请进行技术审评；[2] 国家药品监督管理局药品审核查验中心，负责对《药品生产质量管理规范》《药品非临床研究质量管理规范》《药物临床研究质量管理规范》等规范的实施进行检查；国家药品监督管理局药品评价中心，承担对全国药品不良反应的监测与评价。

"事业单位"应与"公共利益"或"公共服务"联系在一起，它是在经济社会发展中提供公益服务的主要载体。应将事业单位定性为以提供公共服务为目的，根据公法或特别法规定具有相对独立性的行政组织。承担药品检验、药品标准制定、药品审评、药品认证、药品评价工作的这些事业单位，根据法律、法规的授权，承担药品监管职能，构成了药品监管的重要技术支撑。《中华人民共和国民法典》（以下简称《民法

1　参见《药品管理法》第28条。

2　参见《药品管理法》第25条。

典》)规定了事业单位的法人资格,事业单位为非营利法人。[1]这些技术性、专业性较强,且具有公益性的技术支撑机构,未来也不宜直接被归并为行政机构的一部分,而是可将其视为"公法人",使其独立履行法定任务,承担相应的法律责任。这些事业单位在进行药品检验、药品审评、药品认证、药品评价、药品标准制定活动时,也需要恪守透明、公开等行政程序法原理的要求。[2]

4. 提高药品监管部门的专业化程度

西方学术界对行政和行政法的讨论,常常会涉及"技术专家统治论"(technocracy)一词。该模型假定行政机关是由技术专家统治着,假定专业化的行政机关在知识和信息上都有着自己的优势,认为它可以更好地整合信息和技术资源,超越私人利益而为了公共利益制定标准,从而矫正信息不对称和外部性带来的政府失灵。[3]在美国药品监管中,监管官员往往具有良好的药学、化学、生物学或法学背景。

在中国,技术专家在行政管理过程中发挥的作用日益提高。《中华人民共和国公务员法》(以下简称《公务员法》)第13条第6项规定,公务员要"具有符合职位要求的文化程度和工作能力"。[4]目前,我国行政官员的专业化程度正在不断提高。例如,药品监督系统的公务

---

1 参见《中华人民共和国民法典》(2020年5月28日第十三届全国人民代表大会第三次会议通过,自2021年1月1日起施行)第87、88条。

2 参见李洪雷:《依法分类推进事业单位改革,努力建设服务型政府》,《法制日报》2007年11月11日。

3 参见宋华琳:《转型时期中国行政程序立法的几点思考》,《中国行政管理》2008年第9期。

4 《中华人民共和国公务员法》,2005年4月27日第十届全国人民代表大会常务委员会第十五次会议通过,根据2017年9月1日第十二届全国人民代表大会常务委员会第二十九次会议《关于修改〈中华人民共和国法官法〉等八部法律的决定》修正,2018年12月29日第十三届全国人民代表大会常务委员会第七次会议修订。

员多具有药学、医学、生物、化学等相关专业背景。但药品监管人员专业化程度仍有待加强。作为专业化监管部门，药品监管部门应强调人员的专业背景。药品监管工作并非人人皆可为之，从业者必须具有专业的知识背景和经验素养。根据《国家药品安全“十二五”规划》的要求，到“十二五”末，各级药品监管队伍大学本科以上学历人员要力争达到75%以上，药学、医疗器械、医学、法学等相关专业人员达到75%以上。[1]

机关根据公务员工作职责的要求和提高公务员素质的需要，对公务员进行分级分类培训。[2]药品监管所涉及的相关科学技术、法律和政策知识更新极快，因此，需要持续不断地开展继续教育。各级药品监督管理部门应根据实际工作需要，强化相关药学、医学、公共政策、法学、监管科学等方面的培训。目前，国家药品监督管理局成立了专门的高级研修学院，负责公务员的继续教育，各级药品监督管理部门还可以延请上级或兄弟药品监管部门的领导和专家、本部门内的领导和富有实际监管经验的同志、高等院校和科研院所的教学科研人员，针对药品监管执法中的普遍性问题或特殊性问题进行讲解。也可以在本单位内部举行相关的经验交流、案例讨论、学术研讨，以不断提高药品监管人员的专业化程度。

5. 对药品监管权力的规范和控制

药品监管是一种富有“含金量”的权力，药品审评的是与否、快与慢，都和医药产业的利益休戚相关。因此，在药品监管过程中，应妥善处理公共利益与产业利益之间的关系，处理监管、安全与发展之间的关系。但药品监管决策具有很强的专业性、技术性、政策性，法院很难对

1　《国务院关于印发国家药品安全“十二五”规划的通知》，国发〔2012〕5号，2012年1月20日。

2　参见《公务员法》第66条第1款。

药品监管决策进行实体性审查。因此，更需面对"谁来监管监管者"的难题。由药品监督管理部门颁布程序性规则，限制自身的程序裁量权；由药品监督管理部门颁布相应的裁量基准，对裁量权行使的实体面予以导引，或许是可取之道。

目前，国务院药品监督管理部门也在着力出台程序性规定。例如，在《药品注册管理办法》中，相当一部分内容都是程序性规定，规定药品注册工作应遵循公正、公平、公开的原则，规定了听证、说明理由、信息公开制度，规定了对药品注册实行主审集体负责制、相关人员公示制和回避制、责任追究制。国家药品监督管理局应对药品注册、药品检验、药品认证、行政检查、行政执法、标准制定等活动尽量出台专门的程序性规定，或在实体性规定外辅之以程序性的规定，从而限制行政监管部门的程序裁量权。

国家药品监督管理局依照法律、行政法规制定并发布有关药品监督管理的规范性文件和指导性文件，通过颁布规范性文件，保障行政监管的正常运转，保障专业性领域监管权的统一运作；通过颁布指导性文件，为相对人提供指导，稳定相对人的预期。此外，各级药品监督管理部门有权制定裁量基准，可以在各自职权范围内制定并公布相应的行政处罚裁量基准、行政许可裁量基准，规范和约束自身的行政处罚行为、行政许可行为，实现对行政权的自我约束。

（三）强化行业协会的作用

在中国，行业协会是由同一行业的经营者所组成的，以保护和增进全体会员的共同利益为目的，根据章程开展活动的非营利性的社会团体。视药品生命周期的不同环节、不同类型的药品企业，相关的药品行业协会也不同。药品行业协会是依照国家有关法律法规自愿组成的自律性、非营利性的社会团体，会员一般为医药企业、科研院所等。根据《药品管理法》第13、14条和《疫苗管理法》第13条的规定，药品行业协会应当加强行业自律，建立健全行业规范，加强药品安全宣传教育，推动行业诚信体系建设，引导和督促会员依法开展药品生产经营等活动。

应将行业协会逐步培育成自我管理、自我服务、自我约束的实体，弱化官办色彩，进一步规范工作方式、手段、范围，使之真正成为沟通联结药品监督管理部门和相对人之间的"中间协调层"，切实发挥桥梁和纽带作用。药品领域的学会、协会等组织应当加强行业自律，引导相对人依法生产、经营和使用药品，推动行业诚信建设，宣传、普及药品安全知识，提供科学准确的信息和咨询服务。

药品行业协会可以制定行业经营自律规范、自律公约和职业道德准则。由于行业协会成员企业来自生产经营第一线，行业协会在信息的收集、整理、传送、反馈方面比行政机关有优势，相较于国家立法，行业协会可以更快捷、更专业、更有针对性地颁布自律性规范。自律性规范作为法律秩序的补充物或替代物，强化了公共秩序的社会控制力，提升了秩序与规则的可接受性，拓展了秩序与规则的调整范围。[1]自律性规范的核心内容在于协会成员开展生产经营活动时需遵守的行为准则。[2]对于违反自律性规范的，还可以按照情节轻重，采取诸如警告、行业内通报批评、公开谴责、取消会员资格、向有关部门通报等惩戒措施。[3]

药品行业协会可以根据行业发展要求，研究制定自律规约，积极规范会员企业生产和经营行为，引导本行业的经营者依法竞争，自觉维护

1　参见鲁篱：《行业协会经济自治权研究》，法律出版社2003年版，第176—177页。

2　黎军、高俊杰、周卫：《行业自治研究》，中国社会科学出版社2018年版，第129页。

3　参见《关于推进行业协会商会诚信自律建设工作的意见》，民政部、中央编办、国家发展改革委、工业和信息化部、商务部、中国人民银行、国家工商总局、全国工商联，民发〔2014〕225号，2014年10月31日。

市场秩序，充分发挥市场监管中的自律作用。制定自律规约要体现公平公正、诚实信用和正当竞争的原则，不得含有排除、限制竞争的内容。

药品行业协会还可按照社会主义核心价值观要求，研究制定行业职业道德准则，规范从业人员职业行为，全面提高从业人员的思想道德素质、科学文化素质和技术业务素质，培育从业人员的职业道德和职业精神，推动行业从业人员严格遵守行业职业道德准则，对于违背行业职业道德准则的从业人员，探索建立行业惩戒机制。

法律要求药品行业协会推动行业诚信体系建设，[1]这主要包括如下几个方面：（1）诚信教育。包括开展诚信宣传、信用教育培训等。（2）诚信记录建设。及时归集相关活动中形成的诚信信息，确保信息真实准确，实现及时动态更新，组织建立健全会员信用档案。（3）诚信信息共享。加强诚信信息归集共享制度，建立面向会员企业、面向全行业的诚信信息系统，全面归集本会本行业单位诚信信息，促进建立个人公共信用信息与金融信用信息数据库的共享关系，实现对企业日常各种信用信息的全面及时的动态监测。（4）守信激励和失信惩戒机制。建立内部激励和惩戒机制，推动行业协会建立的行业性约束和惩戒机制与政府、市场、社会形成的约束和惩戒机制相衔接，形成联动效应。

药品行业协会还应当引导和督促会员依法开展药品生产经营等活动，并通过加强会员技术交流、信息共享、职业培训等，推动行业健康有序发展。

（四）发挥药品生产经营企业的作用

药品安全首先是生产出来的，而非监管出来的。药品是直接关系公众身体健康和生命安全的特殊商品，药品生产经营企业应承担起保

1 参见《药品管理法》第14条。

证药品安全的法律义务和社会责任，成为药品安全的第一责任人。

1. 遵从行政监管的义务

药品生产企业、经营企业应遵守《药品管理法》和《中华人民共和国药品管理法实施条例》（以下简称《药品管理法实施条例》）等法律法规的要求。例如，无论是制定药品监管政策，还是针对行政相对人采取必要的监管措施，都要以从行政相对人一方获取常规信息或特定事件信息为前提。信息是燃料，离开了信息，行政监管将难以为继。《药品管理法》第99条规定了药品监督管理部门的监督检查权，有关企业有协助检查的义务，应提供相关的资料和数据，如实回答监督检查者的询问，不得拒绝和隐瞒。

此外，药品企业还有根据要求向政府监管部门如实申报信息的义务。这可以让行政机关降低搜集信息和监管执法的成本，利用被监管者的知识，判断药品企业、药品品种是否符合法定准入条件和标准，[1]积累作为监管政策和决定所需的基础性信息，通过搜集的药品安全风险信息做出后续决定。[2]企业应如实向监管部门提交有关资料，反映真实情况，对其提交材料实质内容的真实性负责。[3]

2. 基于管理的监管

《药品管理法》第42、52条分别规定了开办药品生产企业、药品经营企业的条件；《药品管理法》第43、53条分别规定，从事药品生产活动、药品经营活动必须符合《药品生产质量管理规范》《药品经营质量

1　例如，《药品管理法》第24条第2款规定："申请药品注册，应当提供真实、充分、可靠的数据、资料和样品，证明药品的安全性、有效性和质量可控性。"

2　例如，《药品管理法》第81条规定了药品不良反应报告制度，规定药品上市许可持有人、药品生产企业、药品经营企业和医疗机构必须经常考察本单位所生产、经营、使用的药品质量、疗效和不良反应，发现疑似不良反应的，应当及时向药品监督管理部门和卫生健康主管部门报告。

3　《行政许可法》第31条规定了申请人申请行政许可，对其申请材料实质性内容的真实性负责的义务。

管理规范》。此外,《药品管理法》还要求药品生产必须符合药品标准,为药品原辅料、药品委托生产、药品经营企业购销药品等设定了最基本的要求。2011年由卫生部修订颁布的《药品生产企业质量管理规范》,对药品质量保证、质量控制、质量风险管理设定了最为基本的要求,对药品生产企业的机构、人员、厂房、设施、物料、文件管理进行了详细规定。企业应遵守这些法律、法规、规章和规范的要求。

《药品管理法》及相关法律法规中所设定的具体监管举措,在监管理论中被称为"基于企业管理的监管"或"过程监管"、"基于体系的监管"、"基于绩效的监管"、"为实施法律展开的自我规制"。法律通过介入药品生产经营者的微观管理,为药品生产经营者的自律性监管设定外在制度约束、最低要求和绩效目标,而又为药品生产经营者保留相当程度的灵活性,令其在遵守法律的前提下,有可能以最符合成本有效性要求的方式,通过创新企业战略,改革内部质量管理,设定高于法定要求的自律性规范,来更好地保障药品安全。

3. 企业的自律性监管

如果说政府监管作为外在的他律,设定药品安全的最低目标和要求,那么"基于企业管理的监管"作为他律与自律的结合,通过为被监管者设定框架蓝图和结果要求,将管理细节的改进空间留给企业;而药品企业的自律性监管则是针对特定企业、特定药品实施特定的管理策略,对药品企业的内部环节(特别是高风险环节)加以控制,更为具体地规定企业内部的药品安全管理体系"看上去应该怎样",以期实现监管目标。企业的自律性监管不仅有助于捍卫药品安全,而且有助于通过更高要求的、更为差异化的自律性监管推行自己的品牌战略,通过产品的差别化定位提高企业在药品市场中的竞争力。[1]

例如,尽管《药品管理法》第28条规定药品必须符合国家药品标

1 参见宋华琳:《中国食品安全标准法律制度研究》,《公共行政评论》2011年第2期。

准,《药品管理法》未对企业标准加以规定。但是《中华人民共和国标准化法》(以下简称《标准化法》)第19条规定,“企业可以根据需要自行制定企业标准,或者与其他企业联合制定企业标准”。某种意义上,药品国家标准是整齐划一的规则,也是药品生产经营活动的最低要求;而药品企业标准则是更为具体、复杂、精确化、量体裁衣式的要求,它更有助于药品企业遵守,有助于提高企业的市场竞争力。

4. 企业对药品监管政策的参与

药品监管政策的形成与实施,例如,增设药品审批事项,增加药品监管收费,禁止特定类别药品在大众媒体上做广告,都会影响到医药产业的成本,医药产业的结构调整和战略调整,以及作为被监管者的医药产业发展。因此,在着力保障公众健康权的同时,应着力设计有效的参与机制,让企业能有机会参与监管政策形成的讨论,就实现政策目标的不同选项发表评论,就究竟可以采取何种监管措施提出自己的见解。

目前,在药品监管政策形成中,不乏未能秉承谦抑原则,对市场进行过度干预,而未充分考虑被监管者合法权益的实例。

例一:2009年版《药品管理法》第14条规定,药品监督管理部门批准开办药品经营企业,要遵循“合理布局和方便群众购药”的原则。但在实践中,某些大中城市药监部门将“合理布局”的概念转化成了对零售药店的间距限制。例如,《北京市药品零售企业监督管理暂行规定》第9条第1款规定,“药品零售企业之间应有350米的可行进距离”;《上海市药品零售企业开办、变更暂行规定》第4条第2款规定,“新开办的药品零售企业,按照店与店之间相距不小于300米设置”。这项监管政策出台前,并未充分听取药品经营企业的意见。药品监管部门应该监管药品是否安全有效,不应去干预药品零售企业的间距、面积等指标,不应去担心其是否构成“低水平重复”或“无序竞争”。地方药监部门通过增设行政许可条件,构成了对在位者利益的保护,限制了新进入者的进入，构成了已在位者和新进入者之间的不公平竞争，遏制了药品流通业的发展。[1]值得欣喜的是，在2019年修订《药品管理法》时，“合理布局”不再构成从事药品经营活动的条件。

例二：原国家食品药品监督管理局于2008年开始推行药品电子监管，要求逐步将“已批准注册的药品和医疗器械的生产、经营纳入电子监管”，纳入电子监管的药品品种上市前，必须在产品最小销售包装上加贴统一标识的药品电子监管码。[2]但政府对假劣药品加以打击时，不一定必须依赖电子监管码，违法的企业往往恰恰不需要承担相应的成本，反而是遵从监管要求的药品生产企业、药品经营企业要为此改装生产线、购买扫码设备、增设专门人员，因此增加了被监管者的守法成本。[3]在2012年药用胶囊铬超标事件中，电子监管码也没有发挥预期作用，成为所谓“马其诺防线”。[4]在药品电子监管码的推行过程中，药品生产经营企业也多存反对意见，但没有畅通的意见表达渠道，即使表达了意见，也未能改变高层官员的政治决心。[5]

做出重大行政决策应当遵循民主决策原则，充分听取各方面意见，保障人民群众通过多种途径和形式参与决策。[6]应创设座谈会、论证

1 参见Carl H. Fulda,Controls of Entry into Business and Professions: A Comparative Analysis, 8 Tex. *Int'l L. J.* 109, 128-129, 136 (1973)；宋华琳：《营业自由及其限制——以药店距离限制事件为楔子》，《华东政法大学学报》2008年第2期。

2 《关于实施药品电子监管工作有关问题的通知》，国家食品药品监督管理局，2008年4月10日。2012年国务院颁布的《药品安全“十二五”规划》则指出，要“完善覆盖全品种、全过程、可追溯的药品电子监管体系”。

3 王超：《是铜墙铁壁还是马其诺防线？药品电子监管码为什么挡不住毒胶囊》，《中国青年报》2012年5月17日。

4 李静芝：《药品电子监管去向不明》，《医药经理人》2012年第6期。

5 从行政法和规制理论对电子监管码的质疑，可见马英娟：《政府监管的理性选择——以“电子监管网事件”为中心》，《法学》2008年第12期。

6 参见《重大行政决策程序暂行条例》，国务院令第713号，2019年4月20日公布，自2019年9月1日起施行。

会、听证会等制度化的方式，让药品企业有效参与药品安全监管政策的制定。

其一，召开监管政策方面的座谈会。座谈会是一种圆桌讨论会议，通常由五六人至十余人乃至数十人聚集在一起，在一个主持人的引导下，就药品监管的政策选项、政策议程、政策目标、具体举措以及实施中的问题和困难进行讨论。

其二，召开论证会。例如，在《药品注册管理办法》《药品生产质量管理规范》《药品召回管理办法》等规章起草、修订的多次论证会中，都有药品生产、经营企业代表参加，他们来自实践一线，相较于大学里坐而论道的学者，他们可能才是真正的专家。这有助于汲取更多的观点和素材，改进药品监管法规和规章的质量。[1]

其三，召开听证会。当药品监管法规、规章和规范性文件直接涉及公民、法人、其他组织的切身利益或者存在较大分歧时，可以召开听证会。听证会应有企业代表参加。[2]决策承办单位或者组织听证会的其他单位应当提前公布决策草案及其说明等材料，明确听证时间、地点等信息。[3]

其四，公开征求意见。药品监管部门可以通过多种方式，公开征求企业意见。例如可以将规范性文件公开在政府网站上，通过电子邮件等方式开放式征求意见；也可以就拟设定监管制度可能会产生怎样的影响，向相关企业发放抽样调查问卷，调查内容的设计应当简单、通俗、明确、易懂，避免可能对企业产生诱导的问题。

企业有效参与药品监管政策的形成过程，有助于政府设计更为精

---

1 笔者作为学者，参与了上述几部规章的起草或修订论证会，多次论证会都有企业代表参加。

2 参见《国家食品药品监督管理局听证规则（试行）》，国家食品药品监督管理局第23号令，2005年12月30日公布。

3 参见《重大行政决策程序暂行条例》第16条。

巧、合理、量体裁衣式的监管措施，使得药品监管措施更具有回应性、灵活性、谦抑性，减少企业的不必要负担，也使得药品监管举措能得以更好地实施。但目前，药品监管政策形成过程更多反映的是包括跨国公司在内的大企业诉求，而中小企业由于在科学知识、技术信息、资金等方面的掣肘，其利益很难被组织化并得到充分的代表。

例如，我国药品监管部门认为药品产业存在"低水平重复"，试图通过行政之手推动药品企业的结构重组，削减药品企业数量。但这或许背离了药品监管部门的政策目标，且中小企业在药品市场中也自有它存在的独特价值。在药品监管政策形成过程中，应注重通过设计妥当的程序装置，让中小企业的意见得以充分表达，让中小型药品企业能有一个公平竞争的法治环境。

5. 企业社会责任

企业社会责任（Corporate Social Responsibility，简称CSR）要求企业在追求经济效益的同时，对利益相关者和环境负责，实现企业发展与社会、环境的协调统一。目前，关于企业要不要和为什么承担社会责任，已经没有疑问，关键在于如何让企业履行社会责任。药品监管旨在保障公众用药安全和合法权益，企业社会责任包括具有强制性的法律意义上的社会责任，和相对柔性的伦理意义上的社会责任。《药品管理法》和《疫苗管理法》强化了企业的主体责任，也通过强化监管，推进社会共治，保障企业药品安全社会责任的履行。

《中华人民共和国公司法》（以下简称《公司法》）第5条规定，公司从事经营活动，必须遵守法律、行政法规，遵守社会公德、商业道德，诚实守信，接受政府和社会公众的监督，承担社会责任。就药品企业而言，其履行企业责任主要体现于遵守法律、法规、规章、标准和规范，遵守社会公德、商业道德以及行业规则，保护知识产权，切实提高药品质量，保障药品安全、有效、可及。药品企业还要加强资源节约和环境保护，认真落实节能减排责任。药品企业要努力推动药物创新和技术进步，遵守质量管理规范，建立健全质量管理体系，保证全过程持续符合法定要求。此外，药品企业还要积极参与社会公益事业。

(五) 发挥媒体在风险沟通和药品监管中的作用

有人说，新闻是某种令人惊呼"哎呀"的事情，任何能让读者意识到"那可能发生在我身上"的事情都是新闻。[1]"新闻即变化"，药品产业处于快速发展和变化之中，安全事件又可能关涉不特定的大多数人的健康与安全，于是，药品安全事件往往进入媒体所设定的公众议程。媒体的议程设定影响公众的议程设定，乃至开启公共政策议程设定的"政策之窗"，甚至影响药品安全监管政策的走向以及个案决定的结果。

媒体对药品安全监管议题的密集报道，影响和改变着公众乃至监管部门对风险的认知。但记者往往是"一英里宽，一英寸深"的通才而非专才，[2]因此，更需重视科学传播工作，建立大众媒体与监管部门、科研机构、科学家和产业界的沟通机制。媒体应秉承科学精神，尽量理性、客观地展开药品监管相关报道，尽量避免在真相未查明之前即展开事实上的"媒体审判"(media trial)。[3]

新闻媒体对药品管理工作具有重要的支持作用。《药品管理法》第13条和《疫苗管理法》第12条规定了新闻媒体在药品监管社会共治中的作用。一方面，新闻媒体应当开展药品安全法律、法规以及预防接种知识等公益宣传。电视台、广播电台、报纸、新闻网站移动终端等新闻

1　[英]约翰·克莱尔：《媒体操纵：媒体宣传操作指南》，林江、袁秋伟译，河北教育出版社2005年版，第199页。

2　[英]约翰·克莱尔：《媒体操纵：媒体宣传操作指南》，林江、袁秋伟译，河北教育出版社2005年版，第59页。

3　吴宜蓁：《危机传播：公共关系与语艺观点的理论与实证》，苏州大学出版社2005年版，第9页。

媒体受众广、传播速度快、信息量大、社会影响深远，是信息传播的主渠道。新闻媒体应当发挥自身优势，以群众喜闻乐见的多种方式，例如，开设药品安全知识专栏，制作药品安全方面的宣传片、公益广告，邀请专家开设药品安全宣传讲座等，开展公益宣传。另一方面，新闻媒体作为社会舆论的重要引领者、传播者和推动者，是社会共治的重要力量，新闻媒体应对药品违法行为进行舆论监督。新闻媒体应勇于揭露和曝光药品违法行为，以保障公众的知情权和监督权。

新闻媒体有关药品的宣传报道还应做到全面、科学、客观、公正。《药品管理法》第107条第3款规定，任何单位和个人不得编造、散布虚假药品安全信息。《药品管理法》第143条规定，违反《药品管理法》规定，编造、散布虚假药品安全信息，构成违反治安管理行为的，由公安机关依法给予治安管理处罚。《疫苗管理法》第93条第1款规定，编造、散布虚假疫苗安全信息，构成违反治安管理行为的，由公安机关依法给予治安管理处罚。

（六）药品监管中的公众参与

1. 监管政策形成中的公众参与

公众参与有助于药品监管政策的形成与实施。在药品监管政策完善的过程中，需在尽可能早的阶段，尽可能广泛地以多种不同的方式，以公众能够理解的方式，听取公众意见，并将相关意见整合吸纳到监管政策内容之中。公众参与的意义在于，在监管政策形成和实施过程中，充分考虑各方面的观点，拓展政策备选方案的可能空间，使政策更具有可接受性和可操作性，更有利于政策目标的实现。

根据国务院2019年颁布的《重大行政决策程序暂行条例》的规定，做出重大行政决策应当遵循民主决策原则，充分听取各方面意见，保障人民群众通过多种途径和形式参与决策。在药品监管重大行政决策形成过程中，应当采取便于社会公众参与的方式充分听取意见，依法不予公开的决策事项除外。听取意见可以采取座谈会、听证会、实地走访、书面征求意见、向社会公开征求意见、问卷调查、民意调查等多种方式。药品监管重大行政决策事项涉及特定群体利益的，决策承办单位应当与相关人民团体、社会组织以及群众代表进行沟通协商，充分听取相关群体的意见建议。[1]

2. 对人大代表、政协委员建议提案的办理

药品监管中的公众参与，还体现于药品监督管理部门对人大代表、政协委员建议提案的办理，这是监管部门按照全面依法治国要求依法履职、自觉接受人民监督的重要体现，也是汇聚众智众力科学民主施政、推动药监工作的重要途径。2021年，国家药品监督管理局承办全国人大代表建议（议案）、全国政协委员提案共330件，其中全国人大代表建议（议案）168件，主办85件；承办全国政协委员提案162件，主办51件。[2]

3. 开展药品安全风险沟通

药品作为经过了漫长研发、制造、流通环节的物质和组分，可能会存在设计缺陷、制造缺陷或警示缺陷。近年来，媒体日渐关注药品安全事件。实践中，公众可能受决策心理学上所谓“可得性启发”、“代表性启发”及概率忽略的影响，不能理性认知药品安全风险。当公众获知药品安全事件时，往往会以偏概全，将小概率事件视为全部。

应着力建构药品安全风险交流机制。各级人民政府及其有关部门、药品行业协会等应当加强药品安全宣传教育，开展药品安全法律、法规、标准等知识的普及工作。药品安全风险交流也需社会共治，通过

1　参见《重大行政决策程序暂行条例》第14条。

2　落楠：《加强沟通协商　突出办理实效　国家药监局2021年办理330件建议提案》，中国食品药品网，2021年12月3日。

组织各级人民政府、药品监管部门、其他行政部门、行业协会、企业、专家、新闻媒体、科研单位、公众等，就药品安全、药品风险、药品质量等信息进行交流沟通，形成多主体、多渠道的风险交流机制，才能促使媒体和公众对药品安全风险形成较为理性、客观的认识。同时，面对药品安全事件，面对来自公众和媒体的质疑，药品监管部门应及时回应相应药品安全风险问题，并能恰如其分地将复杂的专业话语转化为公众和媒体能理解的表述方式，并给公众理性的意见和建议，从而有效实现风险交流。

4. 公众的咨询、投诉和举报

就药品安全问题向监督管理部门进行咨询、投诉和举报，是公众的一项重要宪法权利。《药品管理法》第106条第1款规定，药品监督管理部门应当公布本部门的电子邮件地址、电话，接受咨询、投诉、举报。监管部门受理咨询、投诉、举报后，有两项后续职责：一是依法及时答复、核实、处理。二是对查证属实的举报，按照有关规定给予举报人奖励。

《药品管理法》第106条第2款规定了对举报人合法权益的保护。药品违法行为具有很强的隐蔽性，一些内幕和潜规则难以被外界发现，因此必须充分调动举报人的积极性。但实践中，举报人往往担心个人信息被泄露，遭受打击报复。因此法律规定，药品监督管理部门应当对举报人的信息予以保密，保护举报人的合法权益。举报人举报所在单位的，该单位不得以解除、变更劳动合同或者其他方式对举报人进行打击报复。

三、推动药品安全监管治理方式的创新

尽管治理意味着政府组织的转型，强调市场和社会在实现行政任务中的作用，但从法律、政治和政策的角度审视，政府依然是最为重要

的角色。如皮埃尔与彼得斯所指出的，[1]

> 尽管治理关系到政府和社会之间的变动关系，而且日益依赖于相对不那么具有强制力的政策工具，但政府依然居于中心地位，有着相当的政治权力。……我们认为，在治理过程中，政府依然扮演着引领者的角色，来确定治理的优先次序和目标。

这涉及政府治理方式的转变：改进各种治理方式，引入新型治理工具。在利益阶层高度分化、社会结构日益复杂的现代社会，不能寄希望于单单通过命令控制型的刚性监管方式，不能寄希望于某种单一的监管方式，来解决某一具体监管领域的所有问题。中国药品生产经营者的经济组织形态各异，不同违法行为的成因不同，表现形式不同，这决定了现代的政府监管应使用“组合拳”，而非“单打一”，需要综合运用事前监管工具和事后监管工具，综合运用命令控制型监管工具和激励型监管工具，来实现药品安全监管的目标。

《药品管理法》中规定了药品标准、药品标签和说明书、药品行政处罚等制度，也规定了相应的民事责任和刑事责任。我国目前的药品安全监管过多采取了行政许可、行政检查、行政强制、行政处罚等传统的行政管理方式，未能充分秉承“企业是第一责任人”的理念，未能有效实现政府监管与行业的自律性监管、企业的自我规制相结合。为此，应通过优化和完善已有监管方式，通过事前监管与事后监管方式相结合，通过命令控制型监管与激励型监管相结合，通过健全与完善行政许可、标签和说明书、药品标准、违法事实公布、行业禁入等制度，来引导和改变药品领域行为主体的行为方式。

1　Jon Pierre, B. Guy Peters, *Governance, Politics and the State*, Palgrave Macmillan, 12 (2000).

（一）改革行政许可制度

药品安全关系公共安全、人身健康、生命财产安全，关系公共利益。在中国药品监管实践中，许可成为一种常用的监管方式，药品监管部门颁发《药品生产许可证》、《药品经营许可证》和药品注册证书等。但在药品监管中，还存在重事前许可、轻事中事后监管，许可程序复杂、许可条件不明确等问题，为此应削减不必要的许可，明确许可条件，简化许可程序。[1]

1. 削减不必要的许可

根据《行政许可法》《国务院关于印发全面推进依法行政实施纲要的通知》的要求，行政许可不是多多益善，而是应当成为备而少用、备而慎用的监管工具。在药品监管的制度设计与政策选择中，应秉承私人自治、市场竞争、行业自律、其他替代性管理方式及民事责任机制优先的原则。只有在这些机制不能奏效时，才能以监管影响评估为基础，来考虑设定行政许可，并考虑设定行政许可的必要性及其对经济和社会的影响。应当尽可能缩小行政许可的范围，更多发挥市场与社会的活力。例如，在2017年的改革中，依法取消了药物临床试验机构资格认可的初审、互联网药品交易服务企业审批（第三方平台除外）、药用辅料注册。[2]

---

1 《行政许可法》第12条第3、4款规定，对于“提供公众服务并且直接关系公共利益的职业、行业，需要确定具备特殊信誉、特殊条件或者特殊技能等资格、资质的事项”，“直接关系公共安全、人身健康、生命财产安全的重要设备、设施、产品、物品，需要按照技术标准、技术规范，通过检验、检测、检疫等方式进行审定的事项”，可以设定行政许可。

2 《国务院关于第三批取消中央指定地方实施行政许可事项的决定》，国发〔2017〕7号，2017年1月12日。

2. 改进许可程序

我国曾出现药品审评任务的积压，在2014年底积压峰值为18 597件。[1]审评任务的积压、审评时限的滞后，原因之一在于许可程序的繁冗。这影响了新药及时在中国上市，影响了医药产业的创新，影响了我国患者及时用上新药。为此，需要简化许可程序，推动许可的组织改革、流程再造、程序革新，完善沟通交流机制，加强数据互认，建构加速审评程序。

我国目前的药品审评程序改革，其特色主要如下：

第一，推行项目管理人制度，对内管理审评项目，制订工作计划，协调审评任务，对外联系和服务许可申请人，组织沟通交流会议等，进而提高审评业务管理专业性。

第二，建立适应症团队审评制度。建立以临床疗效为核心，由多专业审评人员与相关项目管理人员组成的审评团队，改进多专业审评、综合评价与集体决策。

第三，制定《药物研发与技术审评沟通交流管理办法（试行）》，规范了沟通交流会议的类型与举办程序，改进申请人与药品审评中心之间的沟通交流渠道。

第四，制定《药品注册审评专家咨询委员会管理办法（试行）》，充分发挥专家咨询在药品审评中的作用，并对专家的遴选、专家咨询的范围、专家咨询程序及利益冲突回避等制度加以规定。

第五，推进药品审评信息公开制度，特别是推进受理信息公开、审评审批过程信息公开、审评审批结果公开。

第六，简化药品审批程序。实行药品与药用包装材料、药用辅料关联审批，将药用包装材料、药用辅料单独审批改为在审批药品注册申请

1　《2014年度药品审评报告》，国家食品药品监督管理总局药品审评中心，2015年3月13日。

时一并审评审批。[1]

(二)改革药品标准制定程序

标准是对重复性事物和概念所做的统一规定。药品标准是药品监管的重要工具和依据,是药品生产经营者所需要遵循的技术规范,其体现了药学科学技术的发展成果,关系着药品质量,关系着医药产业的创新、发展与竞争力。因此,有必要改革药品标准制定程序,提高药品标准的科学性、合理性及国际化程度。

1. 健全完善药典委员会制度

根据《药品管理法》第28条第3款的规定,药典委员会负责国家药品标准的制定和修订。[2]未来,应进一步健全和完善药典委员会制度,改进药典委员会委员的遴选机制,健全完善药典委员会及下属分委员会的组织架构和工作程序,提高药典委员会工作的透明化、信息化程度,并建立药典委员会委员的利益冲突回避制度。

2. 发挥行业协会和企业的作用

我国鼓励各社会组织和行业协会组织参与标准化工作。[3]行业协会作为发挥行业自律和专业服务功能的互益性非营利组织,为协会成员服务,维护社会公共利益,促进行业有序发展。让行业协会参与标准制定,有助于表达产业界利益,有助于改进药品标准的可接受性。[4]

企业是药品标准的使用者,药品标准中质量指标范围的选取、检

1 参见《药品管理法》第25条。

2 详见《药品管理法》第28条第3款。

3 《标准化法》第7条规定,国家鼓励企业、社会团体和教育、科研机构等开展或者参与标准化工作。

4 参见宋华琳:《药品行政法专论》,清华大学出版社2015年版,第161页。

验方法和检测项目的确定，都会直接影响药品生产经营活动和药品企业的合规成本，进而影响企业利益。建议未来在药典委员会委员构成中，应适当增加来自产业界的代表。在标准制定过程中，应着重考虑标准的制定和实施，给医药产业的合规成本、创新、竞争会带来怎样的影响。应注重倾听企业（特别是中小企业）的利益诉求和利益表达。

在药品标准制修订过程中，应注重听取行业协会和企业意见，并对相关意见进行研究，给出反馈。例如，在2015年版《中华人民共和国药典》（以下简称《中国药典》）的制定过程中，国家药典委员会就企业对公示内容提出的所有意见，都组织专家委员会进行逐条研究，并对共性问题提出反馈意见，这是殊为可喜的进步。[1]

（三）强制信息披露制度的完善

相较于专业化程度较高的企业，消费者在信息收集能力方面存在较大差距。为了促使企业充分披露药品安全信息，克服消费者和企业之间的信息不对称，保护消费者的知情权和自主选择权，《药品管理法》第49条规定了药品标签和说明书制度。作为法定的强制信息披露制度，药品信息披露应秉承如下几点原则。

1. 充分披露药品信息

药品上市许可持有人担负着充分披露药品信息的法定义务。企业必须严格遵守相关法律规范的规定，药品说明书中应包含药品安全性、有效性的重要科学数据、结论和信息。药品标签或者说明书应当注明药品的通用名称、成分、规格、上市许可持有人及其地址、生产企业及

1　参见李雪墨：《〈中国药典〉2015年版是怎样编制的？》，《中国医药报》2015年6月29日。

其地址、批准文号、产品批号、生产日期、有效期、适应症或者功能主治、用法、用量、禁忌、不良反应和注意事项。标签、说明书中的文字应当清晰，生产日期、有效期等事项应当显著标注，容易辨识。[1]

2. 对药品的危险应予充分警示

药品标签和说明书不能“报喜不报忧”。药品说明书应当充分包含药品不良反应信息。[2]在出现药品安全事件、药品不良事件后，监管部门可以就特定药品的危险做出警示。例如，2006年6月鱼腥草事件发生后，国家食品药品监督管理局要求相关药品生产企业必须在说明书中注明“警告：本品可能导致严重过敏反应！”字样。[3]

此外，企业也可以通过对药品上市后安全性、有效性情况的跟踪，向药品监管部门提出修改药品说明书的申请；国务院药品监管部门也可以根据药品不良反应监测、药品再评价结果等信息，要求药品生产企业修改药品说明书。例如，国家药品监督管理局在2022年发布的《关于修订甲氨蝶呤口服制剂说明书的公告》中指出：“根据药品不良反应评估结果，为进一步保障公众用药安全，国家药品监督管理局决定对甲氨蝶呤口服制剂说明书内容进行统一修订。”[4]

3. 不应发布给人以误导的信息

药品说明书和标签的内容源自企业，如果企业为了达到其生产销售的目的，披露虚假或者错误信息，误导消费者，这就减损了标签和说明书的效用，乃至造成更为严重的后果。因此，药品标签和说明书的文字和标识不得暗示疗效，不得误导消费者使用，不得对产品进行不适当

---

1 参见《药品管理法》第49条。

2 参见《药品说明书和标签管理规定》第14条。

3 《关于修订鱼腥草注射液(肌内注射)说明书的通知》，国食药监注〔2006〕561号，2006年11月3日。

4 《国家药监局关于修订甲氨蝶呤口服制剂说明书的公告》，2022年第100号，2022年11月2日。

的宣传。[1]

（四）信用治理工具的引入

《药品管理法》第105条、《疫苗管理法》第72条规定了药品安全信用记录和信用惩戒制度。药品监督管理部门应建立药品上市许可持有人、药品生产企业、药品经营企业、药物非临床安全性评价研究机构、药物临床试验机构和医疗机构药品安全信用档案，建立疫苗上市许可持有人及其相关人员的信用记录，记录许可颁发、日常监督检查结果、违法行为查处等情况。所记录的这些信息直接反映了相关主体的药品安全信用情况，也是监管部门有的放矢采取监管措施的依据。

在进行药品监管信用等级评定时，一般以遵守药品监管法律、法规、规章和受行政处罚的情况作为信用等级评定的主要标准，以违法行为情节的轻重、主观过错的大小和对社会危害的程度作为信用等级评定的辅助标准。[2]对失信行为的行政性约束和惩戒方式包括纳入失信记录、提醒告诫、列为重点监管对象、从严审核行政许可、限制获得财政资金和经济支持等公共资源或政策扶持、公开失信信息等。[3]通过强化信用惩戒，弥补现有法律约束的不足，强化政府监管，促进法律实施。《药品管理法》第105条、《疫苗管理法》第72条规定了联合惩戒制度。加

1　《药品说明书和标签管理规定》第3条第2款规定，药品的标签应以说明书为依据，其内容不可超出说明书的范围，不得印有误导使用、暗示疗效以及不适当宣传产品的标识和文字。

2　参见《宁夏回族自治区药品生产经营信用分级分类管理办法（试行）》，宁夏回族自治区药品监督管理局、宁夏回族自治区发展和改革委员会，宁药监规发〔2021〕5号，2021年12月20日。

3　参见沈岿：《社会信用体系建设的法治之道》，《中国法学》2019年第5期。

快构建跨地区、跨行业、跨领域的失信联合惩戒机制，有助于从根本上解决失信行为反复出现、易地出现的问题。[1]

四、以风险监管理念重塑药品安全监管

2001年修订的《药品管理法》反映了当时对药品监管、药品风险的认识并未充分体现风险监管的理念。在2001年以降的药品监管实践中，未能根据药品风险的优先次序理性配置监管资源，设定相应的监管要求和法律责任；未能系统建立药品安全风险评估、风险管理、风险沟通的监管理念和法律框架；未能引入政府外部风险监管与企业自律性风险控制相结合的理念。2001年版《药品管理法》更类似于《中华人民共和国产品质量法》(以下简称《产品质量法》)的特别法，也未能按照风险监管的理念设计相应的监管机构、监管策略和监管程序。这使得药品安全监管每每面对应急性、被动性的局面，使得政府肩负了过重的责任，企业规避了应有的义务，增加了消费者面临的用药风险。

2019年修订的《药品管理法》和制定的《疫苗管理法》体现了风险管理的理念，力求建立科学的监管制度，以真实、准确、完整、可追溯的信息为基础，系统建构了风险评估、风险管理、风险警示、风险监管等制度，通过风险治理的规范建构，进行利益衡量，防范药品风险。《药品管理法》第3条和《疫苗管理法》第3条都规定了坚持风险管理的原则。风险管理在药品立法中具体体现为附条件批准制度、药物警戒制度、重点监督检查制度，根据风险程度实行分类管理，药品安全信息统一公布制度和药品安全风险警示制度。

1　参见《国务院办公厅关于加快推进社会信用体系建设，构建以信用为基础的新型监管机制的指导意见》，国办发〔2019〕35号，2019年7月9日。

(一) 以风险交流校正药品安全风险认知中的偏颇

近年来,在成千上万的事件中,媒体之所以日渐关注药品安全事件,是因为媒体在设定议程时,会尽量选取能吸引更多不特定受众关注的事件,媒体认识到,“任何能让读者意识到‘那可能发生在我身上’的事情都是新闻”。药品安全事件涉及生命与健康,可以让受众意识到这是“自己的故事”,从而有效地引起公众的情感认同,因此成为媒体报道的绝好素材。

在对药品安全风险的认知中,公众可能会受到决策心理学上所谓“可得性启发”(availability heuristic)、“代表性启发”(representativeness heuristic)及概率忽略的影响,进而导致风险认知的偏颇。

其一,“可得性启发”。公众对感同身受、被媒体广泛报道、有可能切实发生在自己身上的风险,会有更强的认知。[1]例如,在药用胶囊铬超标事件中,媒体将公众塑造为“受害者”,将胶囊企业、药品生产企业以及药品监管部门塑造为“加害人”或“坏人”,并将具有高度专业性、技术性的问题简化为“破皮鞋熬成工业明胶,作为药用胶囊原料”的报道模式。这使得公众不会去思考铬超标胶囊的安全性,而对我国胶囊剂安全乃至整个药品安全产生怀疑,乃至出现剥去胶囊皮后直接吞食药粉这样违反科学常识的例子。

其二,“代表性启发”。以我国先后发生的齐二药事件、安徽欣弗事件、鱼腥草事件以及药用胶囊铬超标事件等药品安全事件为例,公众在见证或听闻这些事件后,不会去深究我国医药行业的总体运行状况,不会去查阅我国药品抽检合格率的数据,而会直观地认为这些药品安全

1　宋华琳:《风险认知与议程设定——评桑斯坦的〈最差的情形〉》,《绿叶》2011年第4期。

事件反映了我国药品安全的总体状况。

其三，概率忽略。当公众获知药品安全事件时，往往会“以偏概全”，将小概率事件视为全部。例如，在药用胶囊铬超标事件中，患者在正常剂量、正常给药持续时间内，即使服用了铬超标的胶囊剂，一般不会引起人体铬急性中毒和慢性铬蓄积。但公众获知此事件后，会因愤怒的情绪感到违法企业“伤天害理”，往往不再思考事件发生的概率，而会联想到“最差的情形”。

公众在风险认知中的偏颇客观存在，不应因此责难公众，而应理性建构我国药品安全风险交流体系。在美国，食品药品管理局（以下简称FDA）强调风险交流是药品安全风险监管的一部分，FDA还成立了风险交流咨询委员会（Risk Communication Advisory Committee），就FDA监管产品的风险和收益与公众进行交流。[1]我国不仅没有专司药品安全风险评估的机构，对药品安全风险的定性和定量研究也很不够，而且在药品安全事件发生后，或者当公众对某类、某种药品风险产生担忧或质疑时，药品监管部门缺乏快速应急信息发布机制。

例如，2012年4月15日，中央电视台报道了药用空心胶囊铬超标事件，而在七天之后，在国家药监局的策划下，来自国家药典委员会、军事医学科学院、中国疾病预防控制中心的三位学者，才以接受官方网站人民网采访的形式，回答了关于铬超标危害性、人体每天铬摄入量水平的问题。除此之外，未见国家食品药品监督管理局关于铬超标危害对公众展开的正式沟通。且不说此回应滞后了数日，没能“跑赢媒体”，而且此非正式的回应很难具有足够的公信力和权威性。

未来，药品监督管理部门应着力建构药品安全风险交流平台，可考虑成立药品安全风险交流咨询委员会，委员会成员可包括来自医药、法律、政策和新闻学领域的专家，该委员会可以作为政府和公众之间的桥

1 Risk Communication Advisory Committee，FDA官网。

梁，承担相应的风险沟通任务。药品监管部门应与媒体合作，开展药品安全法律、法规、标准和知识的公益宣传，让媒体和公众对药品安全风险形成较为理性、客观的认识。

（二）系统建构药品安全风险监管制度

药品在研发、生产、经营、使用各阶段都存在固有的风险，不存在“零风险”的药品。在中国，古语说“是药三分毒”，或者说“药者毒也”。在新药审评时，也必须在风险与收益之间加以衡量，所谓“两利相权取其重，两害相权取其轻”，当一个药品对于特定疾病/症状/人群的收益高于风险时，这个药品才能被批准上市。[1]

其一，应对不同类型的药品企业、药品品种的风险加以评估，以相应风险评估结果为基础确定药品风险的优先次序，进而将有限的风险监管资源，优先配置到对高风险的药品企业、药品品种的风险控制之中。

其二，我国药品不良反应报告监测机构、监测网络仍不健全，所提交的不良反应报告关键信息描述不规范，过程描述较为简单。而且，监测机构更多满足于统计每年收到多少份药品不良反应报告，却没能利用这些报告中所包含的数据发布足够的风险警示，也未能根据药品不良反应监测结果采取后续的药品监管措施。未来，应增强药品监管机构和药品不良反应监测机构的风险监管、风险评估能力，建立健全药品安全风险监测和风险评估制度，对与药品安全相关的因素予以系统收集、整理、分析和评估，使药品安全监管建立在更为科学、客观的基础之上。此外，应加强风险监管信息网络建设，强化上市前监管和上市后监

1　参见宋华琳:《美国药品审评质量管理规范（GRP）评介》,《药学进展》1999年第6期。

管工作之间的协调,强化药品注册与药品安全监管之间的协调。

其三,控制药品风险的责任首先是在企业而非政府,政府在药品上市后的风险控制中,更重要的是扮演监管者的角色,因此,药品监管部门可借鉴美国和欧盟等国家和地区实施的药品风险最小化行动计划、药品风险评估与降低策略,适时出台相关技术指南,为企业、医疗机构的药品上市后风险控制活动设定最低要求,鼓励和引导药品企业、医疗机构开展药品上市后风险控制,并依法进行监管。

(三)建立药品安全风险警示制度

药品安全风险警示有助于引导消费者合理用药,使得公众了解产品质量和风险,在选择、使用时具有判断力;可以引起媒体和公众的普遍关注,给被监管者施加强大的心理压力,起到相应的警示作用;有助于监管者锁定问题企业,从而对其进行重点监控,以加强企业的守法意识、提高药品质量。

国务院药品监督管理部门应根据药品安全风险评估结果、药品安全监督管理信息,对药品安全状况进行综合分析。对综合分析表明可能具有较高程度安全风险的药品,国家药品监督管理部门应当及时提出药品安全风险警示,并予以公布。

(四)培育相对成熟的药品监管风格

药品监管是典型的风险监管领域。应对不同类型的药品市场主体、不同药品企业、不同药品品种的风险加以评估,确定风险的优先次序,继而将政府有限的风险监管资源,优先配置到对高风险的药品机构、药品品种、药品企业的风险控制之中,使得“好钢用在刀刃上”,尽量将药品风险降至最低。

近年来，针对不同领域、不同品种的药品监管，我国已先后进行了数轮历时数年的专项整治，如2009年开始的药品安全专项整治工作，2012年启动的中药材专业市场专项整治，以及针对疫苗质量安全、中药注射剂安全等展开的专项监督检查。“专项整治”式的监管风暴，有助于在特定时段革除不同监管部门之间的壁垒，整合监管资源，对违法行为及时查处，在短期内收效显著。但是，专项整治系治标而非治本之策，应理性审视专项整治的局限性。在组织架构层面，专项整治欠缺制度化的组织形态和协调方式，也非稳定的跨部门协作机制；在行为方式层面，专项整治更为崇尚命令控制式监管工具，可能会带来相对较为高昂的监管成本，不利于相对人的遵从；在法律效果方面，专项整治中崇尚的“重典治国”与“从重从快”，可能带来结果的不确定性，有违行政法上的平等原则，有碍监管执法的统一与公平。

专项整治的常态化，有可能会削弱日常监管资源，不利于日常监管工作的开展，不利于监管能力与监管治理网络的建设。专项整治过后，违法现象可能会“野火烧不尽，春风吹又生”，出现反弹。因此，针对药品安全监管实践的问题，以风险评估和风险监测结果为基础，探求回应型、量体裁衣式的药品监管风格，探求制度化、常态化、长效性的监管举措，将日常监管和专项整治相结合，或许具有更为深远的意义。[1]

1　参见宋华琳：《专项整治与行政法治》，《中国市场监管研究》2016年第4期。

第二章

药品监管制度的法律构图*

2019年8月26日，十三届全国人大常委会第十二次会议表决通过了修订后的《药品管理法》；2019年6月29日，十三届全国人大常委会第十一次会议表决通过了新制定的《疫苗管理法》。这对于引导、推动、保障药品领域全面深化改革，加强药品和疫苗管理、保障公众用药安全、保护和促进公众健康、促进药品行业发展，都具有重要意义。《药品管理法》明确了药品管理的立法目的、法律原则、适用范围，界定了药品管理中各部门的职责，界定了不同主体在药品管理中的不同角色，确立了药品管理社会共治格局。药品管理立法设定了若干药品监管中至为重要的基本制度，这些制度架构绘制了药品管理的法治蓝图，奠定了药品管理的法律框架，构成了从事药品管理活动的基本遵循。

---

* 本章主要内容以"确立药品安全治理现代化的法治纲领"为题，载国家药品监督管理局编：《药品管理法疫苗管理法读本》，法律出版社2021年版，第1—29页。收入本书时，笔者做了较多增删修改。

一、立法目的

目的是法律的创造者，法律是社会生活的行为规范，法律的制定以其要规范的目的为基础。“法律的标准不是真实性这种绝对的标准，而是目的这种相对的标准。”[1]有时直接在法律中明文规定法律目的，有时还需要从诸多法律条文中提取出共通的“基本价值判断”，以逆推法探求法律目的。[2]目的是理解法律规范语句时必须关照的因素，在法律解释和适用过程中，可以基于立法目的，寻找最为适合的法律解释和适用方案。通过对《药品管理法》第1条、《疫苗管理法》第1条关于立法宗旨规定的梳理，通过对两部法律“总则”部分内容的爬梳，通过对相关实体法律规范中规定的整理，或可认为，药品管理的立法目的包括保护和促进公众健康、加强药品管理，以及保障药品安全、有效、可及。

（一）保护和促进公众健康

《世界卫生组织组织法》序言指出，健康不仅为疾病或羸弱之消除，而系体格、精神与社会之完全健康状态。[3]我国《药品管理法》第1条规定立法目的包括“保护和促进公众健康”，《疫苗管理法》第1条规定立法目的包括“保障公众健康”，《药品管理法》第3条规定“药品管理应当以人民健康为中心”。《药品管理法》《疫苗管理法》均明确将保护公众健康作为立法主旨，并通过鼓励药物创新、药品储备供应等规定予以贯彻落实。

1　［德］英格博格·普珀：《法律思维小学堂：法律人的6堂思维训练课》，蔡圣伟译，北京大学出版社2011年版，第65页。

2　杨仁寿：《法学方法论》，中国政法大学出版社1999年版，第127页。

3　《世界卫生组织组织法》，世界卫生组织官网。

保护和促进公众健康，体现于对药物创新的鼓励，努力提高患者用药的可及性。为此，法律规定，国家鼓励研究和创制新药，保护公民、法人和其他组织研究、开发新药的合法权益。药物创新要更加关注真实世界的数据，关注患者的可及性、可负担性，关注新药的治疗效果。药物创新要争取有突破性的创新，在机理上有创新，在疗效上有提高，而非在低水平、低层次上的创新。在此关照下，《药品管理法》第16条第1款规定，国家支持以临床价值为导向、对人的疾病具有明确或特殊疗效的药物创新。《疫苗管理法》第4条第2款规定，国家支持疫苗基础研究和应用研究，促进疫苗研制和创新。《药品管理法》还规定了鼓励儿童用药品创新、优先审评审批制度，引入了药物临床试验机构备案管理和药物临床试验审批默示许可，规定了拓展性临床试验制度、附条件审批制度。

保护和促进公众健康的理念，贯穿于药品管理全过程的制度设计。申请药品注册，需要提供真实、充分、可靠的数据、资料和样品，证明药品的安全性、有效性和质量可控性。从事药品生产、经营活动，应当保证药品生产、经营全过程持续符合法定要求。药品上市许可持有人应当制订药品上市后风险管理计划，主动开展药品上市后研究，对药品的安全性、有效性和质量可控性进行进一步确证，加强对已上市药品的持续管理。这些都体现了保护和促进公众健康的理念。

（二）加强药品管理

为什么要加强药品管理？因为药品关乎公众健康，质量低劣的药品不仅无法有效治疗疾病，而且可能加重病情、危及公众健康，并会弱化医疗卫生制度的公信力。药品涉及药品研发者、生产者、经营者、使用者、患者等多方利益，而在药品市场主体和消费者之间存在信息不对称。药品是一种高风险商品，在药品领域存在“市场失灵”，单靠市场的自生自发秩序，不足以规制市场主体的道德风险和逐利行为。因此，有必要结合国家与社会的力量，进行有效药品管理，保证药品质量。此次《药品管理法》的修改，着力构建和完善药品研制、生产、经营、使用等各环节全过程、全链条的监管制度，如建立药品追溯制度、药物警戒制度等，旨在全面加强药品管理。

制定和实施《疫苗管理法》，对于加强疫苗管理、保证疫苗质量和供应、规范预防接种、促进疫苗行业发展、保障公众健康、维护公共卫生安全，具有重要意义。《疫苗管理法》第3条规定，国家对疫苗实行最严格的管理制度。《疫苗管理法》从疫苗研制、生产、流通和预防接种、上市后管理、监督管理、法律责任等角度，对疫苗规定了全过程、全环节、全方位最严格的监管制度。《疫苗管理法》对疫苗生产设置了比一般药品生产更为严格的准入条件，对疫苗注册、疫苗生产准入、疫苗批签发做出了更为严格的规定；对疫苗实施最严格的过程管理，要求遵守疫苗储存、运输管理规范，保证疫苗质量；规定了最严厉的处罚，《疫苗管理法》第79条明确规定，违反本法规定，构成犯罪的，依法从重追究刑事责任。

（三）保障药品安全、有效、可及

《药品管理法》第3条规定“保障药品的安全、有效、可及”；《药品注册管理办法》第3条对“药品注册”的定义也指出，药品监督管理部门基于法律法规和现有科学认知，对药品注册申请人的申请进行安全性、有效性和质量可控性等审查。保障药品安全、有效、可及，应成为药品管理的基本原则。

1. 安全

中文“安全”和英文“safety”都表示一种状态，表示免于危险或没有危险的状态。可以从外在因素和内在因素两个层面对药品安全进行考察，药品安全意味着药品不因外在因素而影响其安全性，同时其内在组分、质量和疗效不会带来风险或产生伤害。

药品风险可能源自实验室阶段、非临床安全评价阶段或者临床研究阶段，也可能是源自生产、经营、储存、运输、使用等上市后阶段，还可能是因特定的药物相互作用或特异体质所致，因此，不存在“零风险”的药品。如果对于特定疾病/症状和特定人群而言，一个药品所带来的收益大于可预见的风险，那么这个药品可被认为是安全的。

《药品管理法》第1条规定“保障公众用药安全”，《疫苗管理法》第3条规定国家对疫苗管理坚持“安全第一”。为此，法律要求药品上市许可持有人依法对药品研制、生产、经营、使用全过程中的药品安全性负责；在药品注册环节，药品监督管理部门基于法律法规和现有科学认知进行安全性、有效性和质量可控性等审查，决定是否同意药品注册申请人的申请；药品上市许可持有人应当主动开展药品上市后研究，对药品安全性等进行进一步确证；国家建立健全药品追溯制度，推进药品追溯信息互通互享，实现药品可追溯；当药品存在安全隐患时，药品上市许可持有人应当召回已销售的药品。《药品管理法》第107条规定了药品安全信息统一公布制度，以确保药品安全信息的规范性、统一性、科学性。

2. 有效

美国药品审评要求药品要“通常被认为有效”（generally recognized as effective，简称GRAS）。我国《药品管理法》第2条第2款将药品界定为“用于预防、治疗、诊断人的疾病，有目的地调节人的生理机能并规定有适应症或功能主治、用法、用量的物质”。《药品注册管理办法》第3条则规定药品注册包括对药品“有效性”的审查。[1]

保障药品有效，一方面要保障药品质量合格，另一方面要保障药品

---

1 《药品注册管理办法》，2020年1月22日国家市场监督管理总局令第27号公布，自2020年7月1日起施行。

能有效预防、治疗、诊断人的疾病。就药品质量而言，《药品管理法》第3条规定药品管理应当“全面提升药品质量”。法律要求各主体遵守质量管理规范，建立健全相应的质量保证体系、质量管理体系，进而保障药品质量可控。在2019年修订《药品管理法》时，主要以药品质量功效为标准，使假劣药回归其应有之义，《药品管理法》第98条就禁止生产、销售、使用假药和劣药做出了规定，《药品管理法》第116、117条则就生产、销售假药或劣药行为的法律责任加以规定。

如能让药品有效发挥治疗作用，则首先需开展药物临床试验，以药品上市注册为目的，为确定药物安全性与有效性在人体开展药物研究。同时，还要开展药品上市后管理，药品上市许可持有人应当对已上市药品的安全性、有效性和质量可控性定期开展上市后评价。经评价，对疗效不确切、不良反应大或者因其他原因危害人体健康的药品，应当注销药品注册证书。[1]

3. 可及

药品可及性是指公众能够以可承担的价格，安全地、实际地获得适当、可接受的药品，并方便地获得合理使用药品的相关信息。新法体现了对药品可及的关切。为了保证药品可及，国家支持以临床价值为导向的药物创新，鼓励治疗严重危及生命的疾病或者罕见病的新药研制；《药品管理法》第23条规定了拓展使用临床试验药物，这是从保护危重患者利益出发的灵活制度设计，对挽救特定患者的生命具有重要意义；《药品管理法》第26条规定，对治疗严重危及生命且尚无有效治疗手段的疾病以及公共卫生方面急需的药品，可以附条件批准；《疫苗管理法》第20条则规定了疫苗附条件批准和疫苗紧急使用制度。

修改后的《药品管理法》专门增设“药品储备和供应”一章，从制度上保障药品的可及。其一，药品储备制度是政府履行社会管理和公

1　参见《药品管理法》第83条。

共服务职能，确保发生重大灾情、疫情等公共事件时医药物资能够及时有效供给的保障体系。[1]法律要求实行药品储备制度，建立中央和地方两级药品储备。[2]其二，规定实行基本药物制度，遴选适当数量的基本药物品种，加强组织生产和储备，提高基本药物的供给能力，满足疾病防治基本用药需求。[3]其三，规定短缺药品供应保障制度，包括短缺药品预警制度、清单管理制度、停产报告制度，明确对短缺药品可以限制或者禁止出口，必要时可以采取组织生产、价格干预和扩大进口等措施保障供应。[4]其四，对临床急需的短缺药品、防治重大传染病和罕见病等疾病的新药、儿童用药品予以优先审评审批，通过鼓励研制生产、优先审评审批来增加供给、保障供应。[5]

二、法律原则

"原则"一词来自拉丁文"principium"，语义是"开始、起源、基础"。在法学中，法律原则是指可以作为规则基础或来源的综合性、稳定性原理和准则。原则的特点是，它不预设任何确定的、具体的事实状态，不规定具体的权利、义务和法律后果，但它指导和协调着全部社会关系或某一领域社会关系的法律调整机制。[6]药品管理中的法律原则体现了药品管理的共同法律精神，是具体规则的来源和依据。药品管理的基本原则包括风险管理、科学原则、伦理原则、全程管控与社会共治等。

1 参见袁杰、王振江、刘红亮、刘沛主编：《〈中华人民共和国药品管理法〉释义》，中国民主法制出版社2019年版，第176页。

2 参见《药品管理法》第92条。

3 参见《药品管理法》第93条。

4 参见《药品管理法》第94、95、97条。

5 参见《药品管理法》第96条。

6 参见张文显：《二十世纪西方法哲学思潮研究》，法律出版社1996年版，第390—391页。

（一）风险管理

药品立法体现了风险管理的理念，力求建立科学的监管制度，以真实、准确、完整、可追溯的信息为基础，系统建构了风险评估、风险管理、风险警示、风险监管等制度，通过风险治理的规范建构，进行利益衡量，防范药品风险。《药品管理法》第3条和《疫苗管理法》第3条都规定了坚持风险管理的原则。风险管理在药品立法中的具体体现包括：

第一，附条件批准制度。根据《药品管理法》第26、78条规定，对治疗严重危及生命且尚无有效治疗手段的疾病以及公共卫生方面急需的药品，药物临床试验已有数据显示疗效并能预测其临床价值的，可以附条件批准。这体现了风险收益评价的理念。对附条件批准的药品，药品上市许可持有人应当采取相应风险管理措施，并在规定期限内按照要求完成研究；逾期未按照要求完成研究或者不能证明其获益大于风险的，国务院药品监督管理部门应当依法处理，直至注销药品注册证书。

第二，药物警戒制度。药物警戒是发现、评估、理解和预防药品本身固有缺陷、药品质量问题、药物相互作用等药品使用风险的活动。《药品管理法》第12条第2款规定，国家建立药物警戒制度，对药品不良反应及其他与用药有关的有害反应进行监测、识别、评估和控制。法律也要求药品上市许可持有人制订药品上市后安全风险管理计划，主动开展药品上市后研究，开展药品上市后不良反应监测，主动收集、跟踪分析疑似药品不良反应信息，对已识别风险的药品及时采取风险控制措施。国家药品监督管理局于2021年5月7日颁布了《药物警戒质量管理规范》，要求药品上市许可持有人和获准开展药物临床试验的药品注册申请人应当基于药品安全性特征开展药物警戒活动，建立药物警戒体系，通过体系的有效运行和维护，监测、识别、评估和控制药品不良反应及其他与用药有关的有害反应，最大限度地降低药品安全风险，保护和促进公众健康。[1]

第三，重点监督检查制度。《药品管理法》第99条第2款规定，药品监督管理部门应当对高风险的药品实施重点监督检查。风险监管要有的放矢，不能平均用力，要优化配置有限的监管资源，将“好钢用在刀刃上”。疫苗、血液制品、麻醉药品、精神药品、医疗用毒性药品、放射性药品等都属于高风险药品，对其要重点监管。除了法定监管重点，药品监管部门可以根据动态的风险信息等，将某些品种、某些主体或者某些地区列为一定时期内的重点监管对象。

第四，根据风险程度实行分类管理。药品审批上市后，需要根据科技进步、产业发展、监管要求等进行适时变更，以持续改进，在改进过程中也隐含着风险。《药品管理法》第79条按照对药品安全性、有效性与质量可控性的风险和产生影响的程度，对药品生产过程的变更实行分类管理。重大变更是风险高、影响程度大的变更，因此需要经国务院药品监督管理部门批准；其他变更的风险和影响程度则相对较低，根据其风险和影响程度分别采取备案或者报告的管理方式。[2]

第五，药品安全信息统一公布制度和药品安全风险警示制度。根据《药品管理法》第107条的规定，国家实行药品安全信息统一公布制度，实行统一公布的信息包括国家药品安全总体情况、药品安全风险警示信息、重大药品安全事件及其调查处理信息和国务院确定需要统一公布的其他信息。公布药品安全信息，应当及时、准确、全面，并进行必要的说明，避免误导，这有助于确保药品安全信息的规范性、统一性、科学性。药品安全风险警示制度的建立，则起到相应的警示作用，保障公

1　参见《药物警戒质量管理规范》，国家药品监督管理局公告，2021年第65号，2021年5月7日。

2　参见袁杰、王振江、刘红亮、刘沛主编：《〈中华人民共和国药品管理法〉释义》，中国民主法制出版社2019年版，第154—155页。

众知情权，引导公众更为理性地认知药品安全、防范药品风险，并可避免误导公众，防止给社会造成不必要的恐慌。

（二）科学原则

科学原则是药品监管的题中之义。药品的研制、生产、使用、监督管理等都是科学性和专业性很强的活动，《药品管理法》《疫苗管理法》均明确要求建立科学的监督管理制度。药品监管是以科学为基础的监管，这要求从实际出发，运用科学技术和方法，尊重客观规律，适应经济社会发展和全面深化改革要求。

第一，药品注册应以科学为基础。药品注册是指药品注册申请人依照法定程序和相关要求提出药物临床试验、药品上市许可、再注册等申请以及补充申请，药品监督管理部门基于法律法规和现有科学认知进行安全性、有效性和质量可控性等审查，决定是否同意其申请的活动。[1]药品注册是知识密集型的活动，《药品管理法》第25条要求“组织药学、医学和其他技术人员进行审评”，这体现了审评工作的科学性、专业性和技术性。

第二，以科学为基础，建立符合中药特点的监管制度，鼓励中药创新发展。中医药反映了中华民族对生命、健康和疾病的认识，具有悠久历史传统，具有独特的理论及技术方法。[2]国家鼓励运用现代科学技术和传统中药研究方法开展中药科学技术研究和药物开发，建立和完善符合中药特点的注册管理制度和技术评价体系，促进中药传承创新。[3]中药注册按照中药创新药、中药改良型新药、古代经典名方中药复方制剂、同名同

1 参见《药品注册管理办法》第3条。

2 参见《中华人民共和国中医药法》(2016年12月25日经第十二届全国人民代表大会常务委员会第二十五次会议表决通过，自2017年7月1日起施行)第2条。

3 参见《药品管理法》第16条第2款。

方药等进行分类，由国家药品监督管理局根据注册药品的产品特性、创新程度和审评管理需要，组织制定相应的中药申报资料要求。[1]

第三，药品监管中专家咨询制度的运行，也是科学原则的体现。《药品管理法》第27条第1款规定了药品审评中的专家咨询制度。对药品监管中专业性、技术性较强的事项，可以组织专家咨询。药品监督管理部门及药品审评中心等专业技术机构根据工作需要，可以建立专家咨询制度，成立专家咨询委员会，在审评、核查、检验、通用名称核准、上市后管理等过程中就重大问题听取专家意见，充分发挥专家的技术支撑作用。[2]

第四，强化药品监管的能力建设。首先，国家建立职业化、专业化药品检查员队伍，检查员是加强药品监管、保障药品安全的重要支撑力量。检查员应当熟悉药品法律法规，具备药品专业知识，经药品监管部门认定，依法对管理相对人从事药品研制、生产等场所、活动进行合规确认和风险研判。[3]其次，强化药品专业技术机构的能力建设，强化技术审评能力、检查体系、检验检测体系、监督评价体系建设，以更好地承担依法实施药品监督管理所需的审评、检验、核查、监测与评价等工作。最后，推进药品监管科学研究，开展药品安全基础、质量控制、安全评价与预警、检验检测新技术、标准和质量提高研究，推出药品审评与监管新制度、新工具、新标准、新方法，为药品监管提供科学技术支撑。

（三）伦理原则

伦理关乎专业主义的伦理维度，社会赋予专业人员以道德信任，令

1 参见《药品注册管理办法》第4条。

2 参见《药品注册管理办法》第17条。

3 参见《药品管理法》第104条、《疫苗管理法》第71条。

其为共同福祉而行动。伦理解决“该不该做”的问题，探讨人类的行动规范，以及如何制定该不该行动的标准；法律解决“能不能做”的问题，只能在法律准许范围内行事，超过范围行事应受处罚。药品监管中的伦理是一种“倡导”伦理，要求监管法律、监管政策和监管活动具有伦理上的正当性。应当将伦理原则作为药品立法和药品监管政策形成时的考量，作为药品研制、生产、经营、使用等活动的基本遵循。[1]伦理层面的要求转化为相关法律法规的规定，表现为伦理委员会等机构的运作，表现为从事相关活动需符合伦理原则。

药品涉及以人体为对象的医学研究，在国际上，此类医学研究需要遵循《纽伦堡法典》、《世界医学大会赫尔辛基宣言》和世界卫生组织有关文件中的伦理原则。我国重视人体医学研究的伦理道德要求，注重保护受试者在临床研究中的知情同意权和安全权益。伦理原则体现在对药物临床试验的伦理审查。开展药物临床试验，应当符合伦理原则，制订临床试验方案，经伦理委员会审查同意。伦理委员会应当建立伦理审查工作制度，保证伦理审查过程独立、客观、公正，监督规范开展药物临床试验，保障受试者合法权益，维护社会公共利益。[2]在药物临床试验中，应当向受试者或者其监护人如实说明和解释临床试验的目的和风险等详细情况，取得受试者或者其监护人自愿签署的知情同意书，并采取有效措施保护受试者合法权益。[3]这些要求都是伦理原则的体现。

此外，《中华人民共和国生物安全法》（以下简称《生物安全法》）

1　参见［英］约翰·科根、基思·塞雷特、A. M.维安：《公共卫生法：伦理、治理与规制》，宋华琳、李芹、李鸻等译，译林出版社2021年版，第55—56页。

2　参见《药品管理法》第20条。

3　参见《药品管理法》第21条。

规定,[1]从事生物技术研究、开发与应用活动,应当符合伦理原则。[2]从事生物技术研究、开发活动,应当遵守国家生物技术研究开发安全管理规范。[3]从事生物医学新技术临床研究,应当通过伦理审查,并在具备相应条件的医疗机构内进行;进行人体临床研究操作的,应当由符合相应条件的卫生专业技术人员执行。[4]采集、保藏、利用、对外提供我国人类遗传资源,应当符合伦理原则,不得危害公众健康、国家安全和社会公共利益。[5]为了取得相关药品在我国上市许可,在临床试验机构利用我国人类遗传资源开展国际合作临床试验、不涉及人类遗传资源出境的,不需要批准;但是,在开展临床试验前应当将拟使用的人类遗传资源种类、数量及用途向国务院科学技术主管部门备案。[6]

药品生产、经营、使用活动也应遵循伦理原则。药品生产、经营和使用应符合法律、法规、规章、标准和规范的要求,接受法律原则和法律价值的导引;药品上市许可持有人、药品生产企业、药品经营企业、医疗机构应以公众健康和患者权益保障为中心,诚信、独立行事,履行法定的义务和责任。

(四)全程管控

《药品管理法》以药品研制和注册、药品上市许可持有人、药品生产、药品经营、医疗机构药事管理、药品上市后管理、药品价格和广告、

1 2020年10月17日第十三届全国人民代表大会常务委员会第二十二次会议通过,自2021年4月15日起施行。

2 参见《生物安全法》第34条。

3 参见《生物安全法》第37条。

4 参见《生物安全法》第40条。

5 参见《生物安全法》第55条。

6 参见《生物安全法》第56条。

药品储备和供应、监督管理、法律责任等内容，来建构法律的章节框架，体现了对药品研制、生产、经营、使用等活动的全程管控。

全程管控的监管原则体现在以下各个环节：其一，在药品研制环节，要求遵守药物非临床研究质量管理规范、药物临床试验质量管理规范。[1]开展药物临床试验，需经伦理委员会审查同意，采取有效措施保护受试者合法权益。[2]其二，在药品生产经营环节，要求从事生产经营活动应获批准，具备相应条件，建立健全药品生产经营质量管理体系，保证药品生产经营全过程持续符合法定要求。[3]其三，在药品使用环节，要求医疗机构应当有与所使用药品相适应的场所、设备、仓储设施和卫生环节，制定和执行药品保管制度，采取必要的冷藏、防冻、防潮、防虫、防鼠等措施，保证药品质量。[4]法律还就药品上市后管理、药品价格和广告、药品储备和供应等做出了专门规定。

无论在药品管理的每一个环节，还是针对某种特定的药品，都要遵循全程管控原则。例如，就药品生产而言，生产药品要对供应原料、辅料等的供应商进行审核，应当按照国家药品标准和药品监督管理部门批准的生产工艺进行生产，药品生产企业应当对药品进行质量检验，建立药品出厂放行规程，符合出厂放行标准、条件的，经质量受权人签字后方可放行，这些都是全程管控原则在药品生产领域的生动体现。[5]

药品追溯制度是全程管控原则的重要体现。《药品管理法》第7条要求从事药品研制、生产、经营、使用活动，应当保证全过程信息可追溯。《药品管理法》第36条要求，药品上市许可持有人、药品生产企业、药品经营企业和医疗机构应当建立并实施药品追溯制度，按照规定提

1　参见《药品管理法》第17条。

2　参见《药品管理法》第20、21条。

3　参见《药品管理法》第43、53条。

4　参见《药品管理法》第71条。

5　参见《药品管理法》第45、47条。

供追溯信息，保证药品可追溯。药品上市许可持有人、生产企业、经营企业、使用单位通过信息化手段建立药品追溯系统，及时准确记录、保存药品追溯数据，形成互联互通药品追溯数据链，实现药品生产、流通和使用全过程来源可查、去向可追；有效防范非法药品进入合法渠道；确保发生质量安全风险的药品可召回、责任可追究。

（五）社会共治

现代政府治理的重心由行政管理转向社会共治，《药品管理法》第3条、《疫苗管理法》第3条都明确规定药品管理应秉承社会共治原则。在社会共治过程中，行政组织仍在药品管理中处于核心地位。《药品管理法》第9条规定，县级以上地方人民政府对本行政区域内的药品监管工作负责，统一领导、组织、协调本行政区域内的药品监管工作以及药品安全突发事件应对工作，建立健全药品监管工作机制和信息共享机制。此外，《药品管理法》还规定了药品监督管理部门和其他有关部门的职责。[1]药品监督管理部门设置或指定的药品专业技术机构构成了药品监管的重要技术支撑，承担依法实施药品监管所需的审评、检验、核查、监测与评价等工作。[2]

社会共治强调多元主体的合作参与，药品上市许可持有人、药品生产企业、药品经营企业等市场主体应依法担负相应责任。《药品管理法》第6条规定了药品上市许可持有人的责任，《药品管理法》第43、53条分别为从事药品生产活动、药品经营活动设定了基本要求。药品市场主体有遵守药品法律、配合监督检查、如实提交信息的义务，药品市场主体还可在遵守法律的前提下，创新企业战略，改革内部质量管理，设定

1 参见《药品管理法》第8条。

2 参见《药品管理法》第11条。

高于法定要求的自律性规范，来更好地保障药品安全。

在中国，行业协会是由同一行业的经营者所组成的、以保护和增进全体会员的共同利益为目的、根据章程开展活动的非营利性的社会团体。药品行业协会应当依法加强行业自律，建立健全行业规范，加强药品安全宣传教育，推动行业诚信体系建设，引导和督促会员依法开展药品生产经营等活动。[1]

新闻媒体是信息传播的主渠道，它作为社会舆论的重要引领者、传播者和推动者，构成了社会共治的重要力量。《药品管理法》第13条第2款和《疫苗管理法》第12条第2款规定了新闻媒体的角色，新闻媒体应当开展药品安全法律法规等知识的公益宣传，并对药品违法行为进行舆论监督，有关药品的宣传报道应当全面、科学、客观、公正。

公众参与是健全国家民主制度、提升公共生活民主性和公共性的重要途径。[2]在药品监管法律、法规、政策、标准及相关规范性文件形成过程中，应当遵循民主决策原则，充分听取各方面意见，保障公众通过多种途径和形式参与决策。《药品管理法》第106条还规定了公众的咨询权、投诉权和举报权，规定了对举报人合法权益的保护。

三、适用范围与药品界定

（一）适用范围

法的适用范围，又称法的效力范围，包括空间效力范围、时间效力范围和对人的效力范围，是指法律在什么地域、什么时间，对什么人发

1　参见《药品管理法》第13、14条。

2　参见王锡锌：《公众参与：参与式民主的理论想象及制度实践》，《政治与法律》2008年第6期。

生效力。一般而言，法律会在总则中明确其空间效力范围和对人的效力范围，在附则中明确时间效力范围。《药品管理法》第2条和《疫苗管理法》第2条对法的效力范围加以规定。

药品法律规范的空间效力范围是中华人民共和国境内。对人的效力范围体现为对调整事项的规定。在中华人民共和国境内从事药品研制、生产、经营、使用和监督管理活动，适用《药品管理法》；[1]在中华人民共和国境内从事疫苗研制、生产、流通和预防接种及其监督管理活动，适用《疫苗管理法》。[2]

需要指出，已在中华人民共和国境内上市或者拟在境内上市药品的境外研制、生产及其他相关过程，应符合我国药品法律、法规、规章、标准和规范的要求。境外生产药品的注册申请，按照药品的细化分类和相应的申报资料要求执行。使用境外研究资料和数据支持药品注册的，其来源、研究机构或者实验室条件、质量体系要求及其他管理条件等应当符合国际人用药品注册技术要求协调理事会（ICH）通行原则，并符合我国药品注册管理的相关要求。国家药品监督管理局为确认药品境外研制、生产相关过程的真实性、可靠性和合规性实施的检查，可实施药品境外检查。

需要对特别法与一般法的关系加以探研。同一机关制定的法律、行政法规、地方性法规、自治条例和单行条例、规章，特别规定与一般规定不一致的，适用特别规定。[3]特别法优越于一般法的原理，可以成为解决法律规范之间不一致问题的有力工具，因为可将特别规则视为一般规则的例外，特别规则往往作为更为具体的规则，构成了对一般规则的

1　参见《药品管理法》第2条。

2　参见《疫苗管理法》第2条。

3　参见《中华人民共和国立法法》（2000年3月15日第九届全国人民代表大会第三次会议通过，根据2015年3月15日第十二届全国人民代表大会第三次会议《关于修改〈中华人民共和国立法法〉的决定》修正）第92条的规定。

补充。

当两个法律规范的事实构成存在包容与被包容的关系时，包容的法律规范为特别法，被包容的为一般法。[1]就疫苗管理而言，《疫苗管理法》是特别法，《药品管理法》是一般法；就疫苗预防接种等事务而言，《疫苗管理法》是特别法，《传染病防治法》是一般法。当特别法没有规定时，则适用一般法。因此《疫苗管理法》第2条第1款明确规定："本法未作规定的，适用《中华人民共和国药品管理法》、《中华人民共和国传染病防治法》等法律、行政法规的规定。"例如，就疫苗管理而言，当涉及伦理审查、疫苗召回、假劣疫苗界定及惩罚性赔偿、行刑衔接等有关规定时，则应适用《药品管理法》的相关规定。[2]

（二）药品定义

在药品管理中，药品定义具有非常重要的意义，因为这涉及药品法调整的范围，涉及药品监督管理部门的职责权限，也构成判断药品监管活动合法性的重要依据。修订前的《药品管理法》在附则中，以概括加列举的方式给出了药品的定义，规定药品"包括中药材、中药饮片、中成药、化学原料药及其制剂、抗生素、生化药品、放射性药品、血清、疫苗、血液制品和诊断药品等"。

2019年修订后的《药品管理法》，更侧重从功能上定义药品，保留了对其描述性的界定，即药品"是指用于预防、治疗、诊断人的疾病，有目的地调节人的生理机能并规定有适应症或者功能主治、用法和用量的物质"，但对药品种类不再进行一一罗列，而是概括规定药品"包括

1　参见杨登峰：《选择适用一般法与特别法的几个问题》，《宁夏社会科学》2008年第3期。

2　参见袁杰、王振江、赵宁、刘红亮、刘沛主编：《〈中华人民共和国疫苗管理法〉释义》，中国民主法制出版社2019年版，第51页。

中药、化学药和生物制品等”。[1]这使得药品定义更具包容性，有利于满足未来新兴学科和技术发展给药品发展带来的进一步需求，也有利于保持法律的相对稳定性。

在实务中，中药材、化学原料药仍属于药品。《药品管理法》对中药材管理做了特别规定，[2]《药品管理法》第25条规定了化学原料药的关联审评审批。就细胞产品、基因治疗产品管理而言，可以按照现有管理模式继续进行探索，细胞产品、基因治疗产品可以“预防、治疗、诊断人的疾病”，有目的地调节人的生理机能，更多体现的是“物质”属性而非“技术”属性，因此应属于《药品管理法》规定的“药品”。

根据理论体系、作用机理、验证方法、制备工艺等的不同，可以将药品分为现代药和传统药。《药品管理法》第4条规定，国家发展现代药和传统药，充分发挥其在预防、医疗和保健中的作用。现代药一般指以生物学、化学、医学等理论为基础，具有明确的活性成分、作用机理和适应症，能够经过随机双盲大样本临床试验验证其安全性和有效性，制作方法和工艺经监管部门批准，产品质量均一、稳定的药品。传统药一般指在传统医药理论下，采取传统循证方法、制备工艺、剂型、使用方式和功能主治，经长期临床使用验证、公认其疗效的药品。[3]我国《宪法》第21条规定，国家发展医疗卫生事业，发展现代医药和我国传统医药。《药品管理法》诸多规定都是对国家发展现代药和传统药的具体体现。

根据药品品种、规格、适应症、剂量及给药途径的不同，药品分为处方药与非处方药。《药品管理法》第54条规定，国家对药品实行处方药与非处方药分类管理制度。处方药是指凭执业医师和执业助理医师处方方可购买、调配和使用的药品。非处方药是指国务院药品监督管理

1　参见《药品管理法》第2条。

2　参见《药品管理法》第4、24、48、55、58、60、152条。

3　参见袁杰、王振江、刘红亮、刘沛主编：《〈中华人民共和国药品管理法〉释义》，中国民主法制出版社2019年版，第56页。

部门公布的，不需要凭执业医师和执业助理医师处方，消费者可以自行判断、购买和使用的药品。从品种结构看，非处方药是经过长期临床使用证明安全性好、患者无须专业人员指导即可安全使用的药品，通常为上市多年、多家企业生产的仿制药，治疗领域包括退烧药、止咳药、抗过敏类、维生素类等。[1]

（三）疫苗分类

疫苗是为预防、控制疾病的发生、流行，用于人体免疫接种的预防性生物制品。[2]预防接种是人为地将减毒或灭活等工艺处理的少量细菌、病毒或其组成成分、代谢产物接种给人体，使机体产生特异性抗体或细胞免疫反应，从而产生针对该种病原体的抵抗能力。

《疫苗管理法》第2条第2款将疫苗分为免疫规划疫苗和非免疫规划疫苗两类。免疫规划疫苗，是指居民应当按照政府的规定接种的疫苗，[3]范围相当于原一类疫苗，包括：（1）国家免疫规划确定的疫苗。国家免疫规划疫苗种类由国务院卫生健康主管部门会同国务院财政部门拟订，报国务院批准后公布。[4]（2）省、自治区、直辖市人民政府在执行国家免疫规划时增加的疫苗。省、自治区、直辖市人民政府在执行国家免疫规划时，可以根据本行政区域疾病预防、控制需要，增加免疫规划疫苗种类。[5]（3）县级以上人民政府或者其卫生健康主管部门组织的应急接种或者群体性预防接种所使用的疫苗。国家实行免疫规划

---

1 《对十三届全国人大五次会议第2079号建议的答复》，国家药品监督管理局，国药监建〔2022〕33号，2022年7月6日。

2 参见《疫苗管理法》第2条第2款。

3 参见《疫苗管理法》第97条。

4 参见《疫苗管理法》第41条第1款。

5 参见《疫苗管理法》第41条第3款。

制度，居民依法享有接种免疫规划疫苗的权利，履行接种免疫规划疫苗的义务。[1]

非免疫规划疫苗是指由居民自愿接种的其他疫苗。[2]非免疫规划疫苗的范围相当于原来的二类苗。如水痘苗、b型流感嗜血杆菌结合疫苗、肺炎球菌疫苗、轮状病毒疫苗、伤寒多糖疫苗、细菌性痢疾疫苗等。

国家对免疫规划疫苗和非免疫规划疫苗实行分类管理。第一，就费用而言，免疫规划疫苗由政府免费向居民提供，接种单位接种免疫规划疫苗不得收取任何费用。接种单位接种非免疫规划疫苗，除收取疫苗费用外，还可以收取接种服务费。[3]第二，就采购方式而言，国家免疫规划疫苗由国务院卫生健康主管部门会同国务院财政部门等组织集中招标或者统一谈判，形成并公布中标价格或者成交价格，各省、自治区、直辖市实行统一采购。国家免疫规划疫苗以外的其他免疫规划疫苗、非免疫规划疫苗由各省、自治区、直辖市通过省级公共资源交易平台组织采购。[4]第三，国家实行预防接种异常反应补偿制度。接种免疫规划疫苗所需的补偿费用，由省、自治区、直辖市人民政府财政部门在预防接种经费中安排；接种非免疫规划疫苗所需的补偿费用，由相关疫苗上市许可持有人承担。[5]

需要指出，疫苗包括预防性疫苗和治疗性疫苗，《疫苗管理法》只适用于预防性疫苗。治疗性疫苗是近年发展起来的免疫治疗概念，它通过改善及增强对疫苗靶抗原的摄入、表达、处理、呈递，激活免疫应答，唤起机体对靶抗原的免疫应答能力，达到诱导已患病个体的特异性免疫应答，清除病原体或异常细胞，治愈疾病的作用。对治疗性疫苗，应

1 参见《疫苗管理法》第6条。
2 参见《疫苗管理法》第97条。
3 参见《疫苗管理法》第49条。
4 参见《疫苗管理法》第32条。
5 参见《疫苗管理法》第56条。

按照治疗性药品管理，适用《药品管理法》的规定。[1]

四、各部门监管职责的廓清

（一）药品监督管理部门的职责

《药品管理法》第8条第1款规定，国务院药品监督管理部门主管全国药品监督管理工作。2018年3月，十三届全国人大一次会议审议通过《国务院机构改革方案》，进行新一轮机构改革，在国家和省级组建药品监督管理局。国家药品监督管理局由国家市场监督管理总局管理，负责贯彻落实党中央关于药品监督管理工作的方针政策和决策部署。国家药品监督管理局职责包括药品安全监督管理、药品标准管理、药品注册管理、药品质量管理、药品上市后风险管理、执业药师资格准入管理，负责组织指导药品监督检查，负责指导省、自治区、直辖市药品监督管理部门工作。国家药品监督管理局负责制定药品监管制度，负责药品研制环节的许可、检查和处罚。

省、自治区、直辖市药品监督管理部门负责本行政区域内的药品监督管理工作，负责药品生产环节的许可、检查和处罚，负责药品批发许可、药品零售连锁总部许可、药品互联网销售第三方平台备案及检查和处罚，负责医疗机构配制制剂许可。

在本轮机构改革后，单独的药品监督管理部门只设置到省一级，设区的市级、县级不再设立药品监督管理局，而是由市场监督管理部门承担药品监督管理职责。根据《药品管理法》第8条第2款的规定，“设区的市级、县级人民政府承担药品监督管理职责的部门”是《药品管理

1　参见袁杰、王振江、刘红亮、刘沛主编：《〈中华人民共和国药品管理法〉释义》，中国民主法制出版社2019年版，第52页。

法》所称的“药品监督管理部门”，依法承担本行政区域内的药品监督管理工作。在实务中，设区的市级、县级市场监管部门负责药品零售的许可、检查和处罚，以及开展药品使用环节质量的检查和处罚。在2018年机构改革后，市县级市场监管部门主要从事市场监管工作，但也要接受省级药品监管部门分派的药品监管工作。市县级市场监管部门中从事药品监管的专业人员数量相对较少，普遍缺少药品监管相关专业背景。药品监管很难成为市县市场监管部门的“主业”，监管实效也受影响。[1]未来，市县级市场监管部门应加强药品监管能力建设，在综合执法队伍中切实加强药品监管执法力量配备。

（二）厘清相关行政部门的职责

随着行政事务日益复杂，主要由某一行政部门管理的行政事务也难免与其他行政部门发生关联。在我国，不同行政部门都是行政管理体系的一部分，都隶属同一系统，是不可分割的整体。《药品管理法》第8条第1款规定，国务院有关部门在各自职责范围内负责与药品有关的监督管理工作。《药品管理法》第8条第2款规定，县级以上地方人民政府有关部门在各自职责范围内负责与药品有关的监督管理工作。厘清不同部门与药品有关的监督管理职责，加强部门之间的监管协作，具有重要意义。[2]

1. 卫生健康主管部门

卫生健康主管部门与药品管理工作有着较为紧密的联系。国务院药品监督管理部门、国务院卫生健康主管部门共同制定药物临床试验

1　参见梁晓蕾：《基层药品监管存在的问题及对策研究——以广东省阳山县为例》，广东省委党校公共管理硕士论文，2022年6月。

2　参见姜明安、余凌云主编：《行政法》，科学出版社2010年版，第124页。

机构备案管理的具体办法；[1]国务院药品监督管理部门会同国务院卫生健康主管部门，制定处方药与非处方药分类管理制度、网络药品销售、药品不良反应报告等的具体管理办法；[2]国务院卫生健康主管部门制定加强合理用药管理的具体办法；[3]国务院卫生健康主管部门会同国务院药品监督管理部门等部门，制定实行短缺药品清单管理制度的具体办法。[4]

2. 工业和信息化主管部门

工业和信息化主管部门承担医药行业管理工作，制定行业发展规划和产业政策，承担药品储备管理工作，拟订高技术产业中涉及生物医药等的规划、政策和标准并组织实施。工业和信息化主管部门制定药品行业的发展规划和产业政策，支持医药产业发展和结构优化，鼓励疫苗生产规模化、集约化。例如，工业和信息化部、国家医保局、国家药监局、国家卫健委等九部门于2021年11月22日联合发布《"十四五"医药工业发展规划》，列出了"十四五"期间需要认真落实、努力攻坚的重点任务，包括加快产品创新和产业化技术突破、提升产业链的稳定性和竞争力、增强供应保障能力、推动医药制造能力系统升级及创造国际竞争新优势。[5]

国家实行药品储备制度，建立中央和地方两级药品储备。[6]工业和信息化部负责制订中央医药储备计划、选择储备单位、开展调用供应、管理国家医药储备资金、监督检查以及指导地方医药储备管理等工作。

1　参见《药品管理法》第19条。

2　参见《药品管理法》第54、61、81条。

3　参见《药品管理法》第87条。

4　参见《药品管理法》第95条。

5　参见《工业和信息化部 国家发展和改革委员会 科学技术部 商务部 国家卫生健康委员会 应急管理部　国家医疗保障局 国家药品监督管理局 国家中医药管理局关于印发"十四五"医药工业发展规划的通知》，工信部联规〔2021〕217号，2021年12月22日。

6　参见《药品管理法》第92条。

工业和信息化部、财政部会同国务院卫生健康主管部门、公安部门、市场监督管理部门和药品监督管理部门，根据疾病预防、控制和公共卫生应急准备的需要，加强储备疫苗的产能、产品管理，建立动态调整机制。[1]

3. 科学技术主管部门

科学技术主管部门负责贯彻落实党中央关于科技创新工作的方针政策和决策部署。《药品管理法》第5条规定，国家鼓励研究和创制新药，保护公民、法人和其他组织研究、开发新药的合法权益。《疫苗管理法》第4条规定，国家支持疫苗基础研究和应用研究，促进疫苗研制和创新，将预防、控制重大疾病的疫苗研制、生产和储备纳入国家战略。国务院科学技术主管部门拟定国家基础研究规划、政策和标准并组织实施，组织协调国家重大基础研究和应用基础研究，编制国家重大科技项目规划并监督实施，组织拟定高新技术发展及产业化的规划、政策和措施，在促进医药创新方面发挥重要作用。

4. 海关

海关是国家的进出关境监督管理机关，依法监管进出境的运输工具、货物、行李物品、邮递物品和其他物品，征收关税和其他税、费，查缉走私。[2]《药品管理法》第64条就药品进口口岸和通关手续加以规定。药品应当从允许药品进口的口岸进口，允许药品进口的口岸由国务院药品监督管理部门会同海关总署提出，报国务院批准。海关凭药品监督管理部门出具的进口药品通关单办理通关手续。无进口药品通关单的，海关不得放行。

5. 市场监督管理部门

国务院市场监督管理部门负责市场监督综合管理，负责反垄断统

1 参见《疫苗管理法》第66条。

2 参见《中华人民共和国海关法》第2条。

一执法。统筹推进竞争政策实施，指导实施公平竞争审查制度。依法对经营者集中行为进行反垄断审查，负责垄断协议、滥用市场支配地位和滥用行政权力排除、限制竞争等反垄断执法工作。《中华人民共和国反垄断法》(以下简称《反垄断法》)第17条规定了垄断协议的六种禁止情形，《反垄断法》第22条规定了滥用市场支配地位的七种情形，国务院市场监督管理部门依法对医药行业反垄断行为进行监管，实施行政处罚。此外，根据《药品管理法》第84、85条的规定，市场监督管理部门加强药品价格监督检查，依法查处价格垄断、哄抬价格等药品价格违法行为。

6. 医疗保障部门

党中央、国务院高度重视减轻人民群众医药费用负担问题。《药品管理法》第84条规定，国家完善药品采购管理制度，对药品价格进行监测，开展成本价格调查。国家建立公立医疗机构药品集中采购制度，医疗保障行政部门制定药品招标采购政策并监督实施，指导药品集中采购平台建设。医疗保障行政部门负责开展药品成本价格调查，实施医药价格和招标采购信用评价制度，依法加强对以价格垄断、哄抬价格等方式侵害医疗保障基金的违法行为的监督检查。

7. 专利行政部门

专利行政部门负责药品专利管理工作。国务院专利行政部门负责管理全国的专利工作，统一受理和审查专利申请，依法授予专利权。省、自治区、直辖市人民政府管理专利工作的部门负责本行政区域内的专利管理工作。[1]专利行政部门依法实施新药专利权期限补偿，裁决药品专利纠纷。根据《中华人民共和国专利法》(以下简称《专利法》)第42条第3款的规定，为补偿新药上市审评审批占用的时间，对在中国获得上市许可的新药相关发明专利，国务院专利行政部门应专利权人的

1 参见《中华人民共和国专利法》第3条。

请求给予专利权期限补偿。补偿期限不超过五年，新药批准上市后总有效专利权期限不超过十四年。根据《专利法》第76条的规定，药品上市许可申请人与有关专利权人或者利害关系人可以就申请注册的药品相关的专利权纠纷向人民法院起诉，也可以向国务院专利行政部门请求行政裁决。根据《专利法》的授权，国家药品监督管理局与国家知识产权局于2021年7月4日颁布了《药品专利纠纷早期解决机制实施办法（试行）》。

8. 中医药主管部门

中医药主管部门负责本行政区域的中医药管理工作。由国务院药品监督管理部门会同国务院中医药主管部门，制定实施审批管理的中药材、中药饮片品种目录，[1]制定地区性民间习用药材的管理办法。[2]生产符合国家规定条件的来源于古代经典名方的中药复方制剂，在申请药品批准文号时，可以仅提供非临床安全性研究资料。“古代经典名方”是指至今仍广泛应用、疗效确切、具有明显特色与优势的古代中医典籍所记载的方剂，其具体目录由国务院中医药主管部门会同药品监督管理部门制定。[3]

9. 公安机关

公安机关是刑事侦查机关。药品监督管理部门发现药品违法行为涉嫌犯罪的，应当及时将案件移送公安机关。对依法不需要追究刑事责任或者免予刑事处罚，但应当追究行政责任的，公安机关、人民检察院、人民法院应当及时将案件移送药品监督管理部门。[4]

药品监管部门与公安机关应当加强协调配合，建立健全案件移送

---

1 参见《药品管理法》第24条。

2 参见《药品管理法》第153条。

3 参见《药品管理法》第30条。

4 参见《药品管理法》第113条。

制度，加强证据材料移交、接收衔接，完善案件处理信息通报机制。[1]依据《中华人民共和国刑事诉讼法》（以下简称《刑事诉讼法》）第54条第2款的规定，药品监管部门在行政执法和查办案件过程中收集的物证、书证、视听资料、电子数据等证据材料，在刑事诉讼中可以作为证据使用。

药品管理的技术性较强，药品犯罪案件办理过程中，公安机关、人民检察院、人民法院可能会遇到检验、认定等需要进行技术判断的情形，或者对涉案药品进行无害化处理，此时需商请药品监督管理部门、生态环境主管部门等部门提供检验结论、认定意见以及对涉案药品进行无害化处理等协助，有关部门应当及时提供，予以协助。[2]

（三）县级以上各级人民政府的职责

县级以上各级人民政府对本行政区域内的药品安全工作负责，主要负责人是本地区药品安全工作第一责任人。药品安全责任具体包括领导责任、保障责任、教育和普法责任、表彰和奖励责任、应急处置责任、层级监督责任、维护市场公平责任、惩戒失职失责责任等。

1. 领导责任

县级以上人民政府是相应国家权力机关的执行机关，是地方各级国家行政机关，实行首长负责制。[3]县级以上人民政府领导所属各工作部门的工作，有权撤销所属各工作部门不适当的决定。[4]药品管理事务纷繁复杂，涉及药品研制、生产、经营、使用、上市后管理等环节，涉及药品广告、价格、采购、知识产权等事务，涉及药品监管、市场监管、卫生健

1　参见《中华人民共和国行政处罚法》第27条。

2　参见《药品管理法》第113条第3款。

3　参见《宪法》第105条。

4　参见《宪法》第108条。

康、医疗保障、知识产权等部门。在一体化行政的导引下，县级以上人民政府肩负药品管理的领导责任。县级以上地方人民政府统一领导、组织、协调本行政区域内的药品监督管理工作以及药品安全突发事件应对工作，建立健全药品监督管理工作机制和信息共享机制。[1]

2. 保障责任

“没有法律授权和预算资金，机构就无法运转。事实上，如果没有法律授权，这些机构甚至不可能存在；如果没有财政资金，它们只能形同虚设。”[2]部门预算是各部门依据法律法规及其承担的职能所编制的综合财政收支计划，是其履行职能和事业发展的物质基础。[3]地方各级一般公共预算包括本级各部门的预算和税收返还、转移支付预算。[4]县级以上人民政府应当将药品安全工作纳入本级国民经济和社会发展规划，将药品安全工作经费列入本级政府预算，加强药品监督管理能力建设，为药品安全工作提供保障。[5]根据《药品管理法》第100条的规定，药品监管部门进行质量抽查检验，抽取样品时应购买样品，所需费用按照国务院规定列支。未来，应逐步将药品审评、检查、检验、监测评价、标准管理等技术支撑服务纳入政府购买服务范围。[6]

---

1 参见《药品管理法》第9条。

2 参见［美］罗伊·T.梅耶斯等：《公共预算经典（第一卷）——面向绩效的新发展》，苟燕楠、董静译，上海财经大学出版社2005年版，第420页。

3 参见叶姗：《司法经费保障条款的预算法治实现》，《中国人民大学学报》2022年第5期。

4 参见《中华人民共和国预算法》（1994年3月22日第八届全国人民代表大会第二次会议通过，根据2014年8月31日第十二届全国人民代表大会常务委员会第十次会议《关于修改〈中华人民共和国预算法〉的决定》第一次修正，根据2018年12月29日第十三届全国人民代表大会常务委员会第七次会议《关于修改〈中华人民共和国产品质量法〉等五部法律的决定》第二次修正）第6条。

5 参见《药品管理法》第10条。

6 参见《“十四五”国家药品安全及促进高质量发展规划》，国家药品监督管理局官网。

3. 教育和普法责任

县级以上人民政府履行教育和普法责任。各级人民政府及其有关部门等应当加强药品安全宣传教育。普法是我国政府为了普及法律知识和培育法治观念开展的专项活动，各级以上人民政府及其有关部门应开展药品安全法律法规等知识的普及工作。[1]普法的内容涉及《药品管理法》《中医药法》《疫苗管理法》《医疗器械监督管理条例》《化妆品监督管理条例》等，普法的对象涉及各级药品监管机构工作人员和药品领域中的各市场主体。要以增强企业主体责任意识和诚信守法意识为重点，加大对药品研制、生产、经营、使用单位的法治宣传教育，并努力提升公众对药品法治的理解。通过建设药品安全和药品法律法规宣传教育平台，提高教育和普法的针对性与实效性。[2]

4. 表彰和奖励责任

早在战国时期，商鞅就指出法治的纲要在于赏和刑，认为“凡赏者，文也；刑者，武也。文武者，法之约（要）也”，并提出要赏罚公平，“不失疏远，不违亲近”。[3]县级以上人民政府及其有关部门对在药品研制、生产、经营、使用和监督管理工作中做出突出贡献的单位和个人，按照国家有关规定给予表彰、奖励。[4]

5. 应急处置责任

县级以上人民政府根据有关法律、法规、规章、上级人民政府及其有关部门的应急预案以及本地区的实际情况，制定相应的药品安全事件应急预案。[5]发生药品安全事件时，县级以上人民政府应当按照应急

1　参见《药品管理法》第13条。

2　《国家药品监督管理局关于印发〈全国药品监管系统法治宣传教育第八个五年规划（2021—2025年）〉的通知》，国药监法〔2021〕57号，2021年11月17日。

3　参见萧伯符：《商鞅法治理论及其现代借鉴》，《中国法学》2002年第2期。

4　参见《药品管理法》第15条。

5　参见《突发事件应对法》第17条。

预案立即组织开展应对工作。

6. 层级监督责任

地方人民政府的各工作部门受同级人民政府统一领导，并且依照法律或者行政法规的规定受上级人民政府主管部门的业务指导或者领导。[1]药品监督管理部门未及时发现药品安全系统性风险，未及时消除监督管理区域内药品安全隐患的，本级人民政府可以对其主要负责人进行约谈。[2]

地方各级人民政府对本级人民代表大会和上一级国家行政机关负责并报告工作。[3]上级人民政府据此可以对下级地方政府进行层级监督。地方人民政府未履行药品安全职责，未及时消除区域性重大药品安全隐患的，上级人民政府或者上级人民政府药品监督管理部门应当对其主要负责人进行约谈。[4]

7. 维护市场公平责任

实践中的行政垄断多以直接排斥、限制竞争的形式表现出来。行政垄断往往通过直接禁止某一产品或某地产品进入某一特定的产品市场或地域市场，改变了特定市场上竞争者的地位，造成了不公平竞争与垄断局面的出现，将本应统一、开放的全国性市场分割为彼此封闭、互不联系的条块结构，妨碍了全国开放、统一市场的形成。

《反垄断法》第五章题为“滥用行政权力排除、限制竞争”，规定禁

1　参见《中华人民共和国地方各级人民代表大会和地方各级人民政府组织法》（1979年7月1日第五届全国人民代表大会第二次会议通过，1979年7月4日公布，自1980年1月1日起施行，其后历经六次修正，2022年3月11日第十三届全国人民代表大会第五次会议《关于修改〈中华人民共和国地方各级人民代表大会和地方各级人民政府组织法〉的决定》第六次修正）第83条。

2　参见《药品管理法》第109条。

3　参见《中华人民共和国地方各级人民代表大会和地方各级人民政府组织法》第69条。

4　参见《药品管理法》第109条。

止滥用行政权力，妨碍商品在地区之间的自由流通，这包括不得“对外地商品规定与本地同类商品不同的技术要求、检验标准，或者对外地商品采取重复检验、重复认证等歧视性技术措施，限制外地商品进入本地市场”。[1]《药品管理法》第110条规定，地方人民政府及其药品监督管理部门不得以要求实施药品检验、审批等手段，限制或者排斥非本地区药品上市许可持有人、药品生产企业生产的药品进入本地区。通过禁止行政垄断，确保消费者的选择自由，保护市场公平竞争，提高经济运行效率，维护消费者利益和社会公共利益，促进社会主义市场经济健康发展。[2]

8. 惩戒失职失责责任

《药品管理法》第148条规定，若县级以上地方人民政府存在瞒报、谎报、缓报、漏报药品安全事件；未及时消除区域性重大药品安全隐患，造成本行政区域内发生特别重大药品安全事件，或者连续发生重大药品安全事件；履行职责不力，造成严重不良影响或者重大损失的，对直接负责的主管人员和其他直接责任人员给予记过或者记大过处分，情节严重的，给予降级、撤职或者开除处分。

五、建构覆盖药品全生命周期的管理制度体系

(一) 药品上市许可制度

药品投放市场需要经过监管部门许可，这是为保障上市药品安全、有效和质量可控而做出的重要制度安排，是药品监管部门的重要职能之一，也是国际上药品监管通行做法。在我国，药品上市许可通过药品

1　参见《反垄断法》第41条。
2　参见《反垄断法》第1条。

注册制度予以规范，由国务院药品监督管理部门履行相应职能。

根据《药品管理法》第27条的规定，国务院药品监督管理部门应当完善药品审评审批工作制度，加强能力建设，建立健全沟通交流、专家咨询等机制，优化审评审批流程，提高审评审批效率。国家市场监督管理总局于2020年1月颁布了《药品注册管理办法》。该规章规定了药品注册的基本要求，就药品上市注册、药品加快上市注册程序、药品上市后变更和再注册、药品注册申请的受理、撤回申请、审批决定和争议解决以及时限、监督管理、法律责任等内容，做了较为完备的规定。

就药品上市许可的范围而言，所有在我国境内上市的药品，包括中药、化学药和生物制品，都应当获得国务院药品监督管理部门的批准，取得药品注册证书。应注意的是，由于中药材和中药饮片的特殊性，绝大多数中药材和中药饮片没有实施审批管理。对于未实施审批管理的中药材和中药饮片，其投放市场不需要获得监管部门许可；但对于某些特殊的中药材和中药饮片，如新引种的中药材、毒性饮片、传统为制剂管理的特殊饮片等，出于安全性和质量可控性考虑，其投放市场仍然需要获得许可。实施审批管理的中药材、中药饮片的品种目录，由国务院药品监督管理部门会同国务院中医药主管部门规定。[1]

就药品上市许可的一般程序而言，申请注册的药品由国务院药品监督管理部门组织药学、医学和其他技术人员进行审评，对药品的安全性、有效性和质量可控性以及申请人的质量管理、风险防控和责任赔偿等能力进行审查，对符合条件的药品颁发药品注册证书。同时，药品注册实施关联审批审评制度。国务院药品监督管理部门在审批药品时，对化学原料药一并审评审批，对相关辅料、直接接触药品的包装材料和容器一并审评，对药品的质量标准、生产工艺、标签和说明书一并

1　参见袁杰、王振江、刘红亮、刘沛主编：《〈中华人民共和国药品管理法〉释义》，中国民主法制出版社2019年版，第84—85页。

核准。[1]

就药品上市许可的加速程序而言，对治疗严重危及生命且尚无有效治疗手段的疾病以及公共卫生方面急需的药品，可分别经由突破性治疗药物程序、附条件批准程序、优先审评审批程序、特别审批程序，在符合条件、明确相关要求的情况下加速审批上市。

（二）药品生产经营许可制度

药品是直接关系人民群众身体健康和人身安全的特殊产品，为确保药品在生产、经营过程中的质量安全，必须从严监管，对药品生产经营活动实施事前许可。

1. 药品生产许可

药品生产许可的条件包括：第一，有依法经过资格认定的药学技术人员、工程技术人员及相应的技术工人，法定代表人、企业负责人、生产管理负责人、质量管理负责人、质量受权人及其他相关人员符合《药品管理法》《疫苗管理法》规定的条件；第二，有与药品生产相适应的厂房、设施、设备和卫生环境；第三，有能对所生产药品进行质量管理和质量检验的机构、人员及必要的仪器设备；第四，有保证药品质量的规章制度，并符合药品生产质量管理规范要求。[2]

申请药品生产许可证，应向所在地省、自治区、直辖市人民政府药品监督管理部门提出申请。对药品生产许可的申请，省、自治区、直辖市药品监督管理部门应当自受理之日起三十日内，根据不同情况做出决定。经审查符合规定的，予以批准，并自书面批准决定做出之日起十日内颁发药品生产许可证；不符合规定的，做出不予批准的书面决定，

1　参见《药品管理法》第25条。

2　参见《药品管理法》第42条。

并说明理由。[1]

2. 药品经营许可

药品经营许可的条件包括：第一，有依法经过资格认定的药师或者其他药学技术人员；第二，有与所经营药品相适应的营业场所、设备、仓储设施和卫生环境；第三，有与所经营药品相适应的质量管理机构或者人员；第四，有保证药品质量的规章制度，并符合药品经营质量管理规范要求。[2]

申请药品经营许可证，应区分药品批发活动和药品零售活动两种情形。从事药品批发活动，应当经所在地省、自治区、直辖市人民政府药品监督管理部门批准，取得药品经营许可证。从事药品零售活动，应当经所在地县级以上地方人民政府药品监督管理部门批准，取得药品经营许可证。药品监督管理部门实施药品经营许可，除考虑上述应具备的条件外，还应当遵循方便群众购药的原则。[3]

（三）药品上市许可持有人制度

为推进药品审评审批制度改革，鼓励药品创新，提升药品质量，为进一步改革完善药品管理制度提供实践经验，第十二届全国人民代表大会常务委员会第十七次会议于2015年11月4日通过了《全国人民代表大会常务委员会关于授权国务院在部分地方开展药品上市许可持有人制度试点和有关问题的决定》，授权国务院在十个省、直辖市开展药品上市许可持有人制度试点，允许药品研发机构和科研人员取得药品批准文号，对药品质量承担相应责任。2018年10月26日，第十三届

1 参见《药品生产监督管理办法》第9条。
2 参见《药品管理法》第52条。
3 参见《药品管理法》第51条。

全国人民代表大会常务委员会通过了延长试点期的决定，将2015年11月4日第十二届全国人民代表大会常务委员会第十七次会议授权国务院在部分地方开展药品上市许可持有人制度试点工作的三年期限延长一年。[1]

现行《药品管理法》第6条明确规定国家对药品管理实行药品上市许可持有人制度。药品上市许可持有人依法对药品研制、生产、经营、使用全过程中的药品安全性、有效性和质量可控性负责。以法律形式确立药品上市许可持有人制度，有助于压实主体责任，重构监管模式，鼓励研发创新，促进行业发展。第一，有利于厘清药品全生命周期各参与主体的法律责任，强化药品上市许可持有人对药品质量安全的主体责任。第二，有利于形成以上市许可持有人为核心的全过程、全链条监管模式，提升药品监管效能。第三，有助于研发者最大限度享受创新带来的成果，有助于激发科研机构和人员创新的积极性，并明确和强化科研机构与人员在药品全生命周期中承担的法律责任。第四，实行生产许可与药品注册相分离，有利于药品行业的优胜劣汰、结构调整和升级换代，促进资源优化配置。[2]

《药品管理法》第30条规定，药品上市许可持有人是指取得药品注册证书的企业或者药品研制机构等，药品上市许可持有人应当依照《药品管理法》规定，对药品的非临床研究、临床试验、生产经营、上市后研究、不良反应监测及报告与处理等承担责任。药品上市许可持有人的义务主要包括：

第一，药品上市许可持有人应当建立药品质量保证体系，配备专门

1　《全国人民代表大会常务委员会关于延长授权国务院在部分地方开展药品上市许可持有人制度试点期限的决定》，2018年10月26日第十三届全国人民代表大会常务委员会第六次会议通过。

2　参见袁杰、王振江、刘红亮、刘沛主编：《〈中华人民共和国药品管理法〉释义》，中国民主法制出版社2019年版，第58页。

人员独立负责药品质量管理。[1]药品上市许可持有人应制订本单位的质量目标和质量计划，设立独立于其他部门的质量保证控制部门，配备足够的资源，确保药品生产经营质量保证体系能有效运行。

第二，加强委托生产、销售、储存运输的管理。药品上市许可持有人委托生产、委托销售、委托储存运输药品时，双方应当签署委托协议和质量协议，并严格履行协议约定的义务。[2]药品上市许可持有人应当对受托药品生产企业、药品经营企业、储存运输企业的质量管理体系以及原辅料供应商等进行定期审核，监督其持续具备质量保证和控制能力。[3]

第三，药品上市许可持有人应当建立药品上市放行规程，对药品生产企业出厂放行的药品进行审核，经质量受权人签字后方可放行。不符合国家药品标准的，不得放行。[4]

第四，药品上市许可持有人应当建立并实施药品追溯制度，应按照规定提供准确、完整的追溯信息，保证药品可追溯，做到每个药品最小包装单位可追溯、可核查。[5]

第五，药品上市许可持有人应履行上市后义务。药品上市许可持有人应当建立年度报告制度，每年将药品生产销售、上市后研究、风险管理等情况按照规定向省、自治区、直辖市人民政府药品监督管理部门报告。[6]药品上市许可持有人应当制订药品上市后风险管理计划，主动开展药品上市后研究，对药品的安全性、有效性和质量可控性进行进一

1 参见《药品管理法》第31条。
2 参见《药品管理法》第32条。
3 参见《药品管理法》第31条。
4 参见《药品管理法》第33条。
5 参见《药品管理法》第36条。
6 参见《药品管理法》第37条。

步确证，加强对已上市药品的持续管理。[1]药品上市许可持有人应当开展药品上市后不良反应监测，主动收集、跟踪分析疑似药品不良反应信息，对已识别风险的药品及时采取风险控制措施。[2]

（四）药品追溯制度

1. 药品追溯制度

追溯，又称为“溯源”或者“可追溯性”，来自术语“traceability / product tracing”。追溯体系建设是采集记录产品生产、流通、消费等环节信息，实现来源可查、去向可追、责任可究，强化全过程质量安全管理与风险控制的有效措施。药品追溯是药品上市许可持有人、生产企业、经营企业、使用单位、药品监督管理部门、消费者等与药品质量安全相关的追溯相关方，通过记录和标识等信息化手段，正向追踪和逆向溯源药品的生产、流通和使用情况，获取药品全生命周期追溯信息的活动。《药品管理法》第12条第1款明确规定，国家建立健全药品追溯制度。

《药品管理法》第7条规定，从事药品研制、生产、经营、使用活动，应当遵守法律、法规、规章、标准和规范，保证全过程信息真实、准确、完整和可追溯。《药品管理法》第36条规定，药品上市许可持有人、药品生产企业、药品经营企业和医疗机构应当建立并实施药品追溯制度，按照规定提供追溯信息，保证药品可追溯。《药品管理法》第39条规定，中药饮片生产企业履行药品上市许可持有人的相关义务，对中药饮片生产、销售实行全过程管理，建立中药饮片追溯体系，保证中药饮片安全、有效、可追溯。

《药品管理法》第12条第1款规定，国务院药品监督管理部门应当制定统一的药品追溯标准和规范，推进药品追溯信息互通互享，实现药

1　参见《药品管理法》第77条。

2　参见《药品管理法》第80条。

品可追溯。药品追溯制度建设以“一物一码，物码同追”为方向，建设原则是：监管部门定制度、建标准；多码并存、充分发挥企业主体作用；加强部门协作，数据互联互通。国家药品监督管理局已颁布了一批药品追溯标准规范。其一是基础通用标准，从药品追溯统筹指导、夯实基础角度出发，提出了药品信息化追溯体系建设总体要求、药品追溯码编码要求和药品追溯系统基本技术要求，包括《药品信息化追溯体系建设导则》《药品追溯码编码要求》《药品追溯系统基本技术要求》等三个标准。其二是药品（不含疫苗）追溯数据及交换标准，针对药品（不含疫苗）生产、经营、使用和消费者查询等环节，提出了追溯数据采集、存储和交换的具体要求，包括《药品上市许可持有人和生产企业追溯基本数据集》《药品经营企业追溯基本数据集》《药品使用单位追溯基本数据集》《药品追溯消费者查询基本数据集》《药品追溯数据交换基本技术要求》等五个标准。[1]

2. 疫苗全程电子追溯制度

《疫苗管理法》第10条规定了疫苗全程电子追溯制度，以期通过电子手段采集记录疫苗生产、流通和预防接种全过程信息，实现来源可查、去向可追、责任可究，强化全过程质量管理与风险控制。

国务院药品监督管理部门会同国务院卫生健康主管部门制定统一的疫苗追溯标准和规范。[2]目前已颁布了相关疫苗追溯数据及交换标准，考虑到疫苗单独立法的情况及其管理的特殊性，针对疫苗生产、流通到接种等环节，提出了追溯数据采集、存储及交换的具体要求，颁布了《疫苗追溯基本数据集》《疫苗追溯数据交换基本技术要求》等标准。《疫苗追溯基本数据集》对疫苗信息化追溯体系参与方提出了追溯信息采集和存储的具体要求，《疫苗追溯数据交换基本技术要求》对疫苗信

1 《有关药品追溯标准规范的解读》，国家药品监督管理局官网。

2 参见《疫苗管理法》第10条第2款。

息化追溯体系参与方提出了追溯数据传输和交换的具体技术要求。

依法建立全国疫苗电子追溯协同平台，整合疫苗生产、流通和预防接种全过程追溯信息，实现疫苗可追溯。[1]疫苗电子追溯协同平台在疫苗信息化追溯体系中发挥着桥梁和枢纽作用，连接免疫规划信息系统和疫苗信息化追溯系统，整合疫苗生产、流通和预防接种全过程追溯信息；为疫苗信息化追溯系统提供地址解析服务，实现疫苗全程可追溯。国家药监局政府网站的疫苗监管网页、协同平台及中国药品监管APP均设有公众查询入口，公众可通过输入或扫描药品追溯码的方式，查询疫苗追溯信息，查询结果由药品追溯码对应的疫苗追溯系统提供。

疫苗上市许可持有人应当建立疫苗电子追溯系统，与全国疫苗电子追溯协同平台相衔接，实现生产、流通和预防接种全过程最小包装单位疫苗可追溯、可核查。[2]疫苗上市许可持有人按照疫苗追溯标准规范，自建或通过第三方技术机构建立疫苗追溯系统。疫苗上市许可持有人需完成与协同平台的对接，将企业及疫苗基础信息上报协同平台；要对所生产疫苗赋码，向协同平台提供疫苗各级包装单元生产、流通追溯数据，实现疫苗追溯信息可查询。

疾病预防控制机构、接种单位应当依法如实记录疫苗流通、预防接种等情况，并按照规定向全国疫苗电子追溯协同平台提供追溯信息。[3]

（五）药品分类管理制度

《药品管理法》第54条规定，国家对药品实行处方药与非处方药

1　参见《疫苗管理法》第10条第2款。
2　参见《疫苗管理法》第10条第3款。
3　参见《疫苗管理法》第10条第4款。

分类管理制度，具体办法由国务院药品监督管理部门会同国务院卫生行政健康主管部门制定。这要求根据药品品种、规格、适应症、剂量及给药途径不同，对药品分别按处方药与非处方药管理，力求通过严格处方药的管理与规范非处方药的管理，保障人民群众用药安全有效，促进医药卫生事业健康发展。这项制度也是国际普遍采用的管理模式。[1]

在现行制度框架下，处方药必须凭执业医师或执业助理医师处方可调配、购买和使用；非处方药不需要凭执业医师或执业助理医师处方即可自行判断、购买和使用。根据药品的安全性，非处方药分为甲、乙两类，国家药品监督管理局负责非处方药目录的遴选、审批、发布和调整工作。处方药与非处方药转换评价属于药品上市后评价范畴，主要基于已有的研究资料进行全面汇总分析，评价处方药是否适合作为非处方药管理。[2]

非处方药标签和说明书除符合规定外，用语应当科学、易懂，便于消费者自行判断、选择和使用。非处方药的标签和说明书必须经国家药品监督管理局批准。非处方药的包装必须印有国家指定的非处方药专有标识，必须符合质量要求，方便储存、运输和使用。每个销售基本单元包装必须附有标签和说明书。

经营处方药、非处方药的批发企业和经营处方药、甲类非处方药的零售企业必须具有药品经营企业许可证。经省级药品监督管理部门或其授权的药品监督管理部门批准的其他商业企业可以零售乙类非处方药。[3]

1　参见袁杰、王振江、刘红亮、刘沛主编：《〈中华人民共和国药品管理法〉释义》，中国民主法制出版社2019年版，第122—123页。

2　参见《关于发布〈处方药转换非处方药申请资料及要求〉的通知》，国家药品监督管理局药品评价中心，2022年9月30日。

3　参见《处方药与非处方药分类管理办法（试行）》，国家药品监督管理局第10号令，1999年6月8日发布，2000年1月1日起施行。

（六）免疫规划制度

《疫苗管理法》第6条规定了免疫规划制度，这构成了我国疫苗管理的基本制度。免疫工作是预防、控制传染病，保护人民身体健康和维护公共安全的重要措施，是我国医疗卫生领域成效最为显著、影响最为广泛的成就之一。[1]国家免疫规划是指根据国家疾病预防控制的需要，由国务院卫生健康主管部门制定的免疫规划项目，内容包括国家免疫规划疫苗种类、覆盖人群、免疫程序以及接种率目标等。国家免疫规划是指使用有效疫苗对易感人群进行预防接种的规划、安排，是政府提供的一项重要公共卫生服务，是儿童健康的保障，是预防、控制乃至消灭疫苗可预防疾病的有效手段，旨在给人民群众提供生命周期第一道防病屏障和系统的健康保护。

我国长期坚持“预防为主”的卫生工作方针，1978年开始实施儿童计划免疫，原卫生部于1980年、1982年先后制定了《预防接种工作实施办法》《全国计划免疫工作条例》。1989年制定的《中华人民共和国传染病防治法》（以下简称《传染病防治法》）第12条规定，“国家实行有计划的预防接种制度”。之后，为了适应我国预防接种工作发展以及开展国际交流的需要，引入“免疫规划”的概念。2004年修订后的现行《传染病防治法》第15条规定，国务院卫生行政部门和省、自治区、直辖市人民政府卫生行政部门，根据传染病预防、控制的需要，制定传染病预防接种规划并组织实施。国务院卫生健康主管部门制定国家免疫规划，国家免疫规划疫苗种类由国务院卫生健康主管部门会同国务院财

1　参见袁杰、王振江、赵宁、刘红亮、刘沛主编：《〈中华人民共和国疫苗管理法〉释义》，中国民主法制出版社2019年版，第64页。

政部门拟订，报国务院批准后公布。[1]

《疫苗管理法》第6条规定了接种免疫规划疫苗的权利与义务，规定“居住在中国境内的居民，依法享有接种免疫规划疫苗的权利，履行接种免疫规划疫苗的义务”。依法履行接种免疫规划疫苗的义务，可以使疫苗的接种率达到较高水平，进而实现控制、消除甚至消灭疾病的目的，提高全人群的健康状况。如果不接种免疫规划疫苗，不仅使个体置于公共卫生风险之下，也给整体人群带来更大风险。

法律确立了免疫规划疫苗免费接种制度。《疫苗管理法》第6条第2款规定，政府免费向居民提供免疫规划疫苗。《疫苗管理法》第49条第1款规定，接种单位接种免疫规划疫苗不得收取任何费用。《传染病防治法》第15条第2款规定，国家免疫规划项目的预防接种实行免费。县级以上人民政府应当将购买免疫规划疫苗、预防接种工作等所需经费纳入本级政府预算，保证免疫规划制度的实施。[2]

《疫苗管理法》规定了对适龄儿童接种免疫规划疫苗的保障。《疫苗管理法》第6条第3款规定，县级以上人民政府及其有关部门应当保障适龄儿童接种免疫规划疫苗。监护人应当依法保证适龄儿童接种免疫规划疫苗。《疫苗管理法》第47条规定了国家对儿童实行预防接种证制度。《疫苗管理法》第48条规定了儿童入托、入学预防接种证查验制度。

《疫苗管理法》第41条第2款规定，国务院卫生健康主管部门建立国家免疫规划专家咨询委员会。国家免疫规划专家咨询委员会作为决策咨询组织，主要职责是综合评估疫苗可预防的相关疾病负担和疫苗安全性、有效性、卫生经济学评价、生产供应能力等，对调整国家免疫规划疫苗种类、修订国家免疫规划疫苗免疫程序等进行审议并形成决议，

1　参见《疫苗管理法》第41条第1款。

2　参见《疫苗管理法》第63条。

对国家免疫规划重大政策提出论证意见。[1]

国务院卫生健康主管部门基于国家免疫规划专家咨询委员会的咨询论证，会同国务院财政部门建立国家免疫规划疫苗种类的动态调整机制。[2]动态调整机制包括将符合疾病防控要求、各项条件成熟的疫苗种类纳入国家免疫规划；当出现存在同种类的更新换代疫苗或有替代的联合疫苗等情形时，调整现有国家免疫规划疫苗种类；当出现疫苗已不能满足国家疾病防控需要、疾病流行情况发生根本性转变等情形时，将相应疫苗撤出国家免疫规划。

《疫苗管理法》第41条第3款授权省级人民政府可以根据本行政区域疾病预防、控制需要，增加免疫规划疫苗种类，报国务院卫生健康主管部门备案并公布。增加的免疫规划疫苗种类包括尚未纳入国家免疫规划的疫苗、与国家免疫规划疫苗覆盖疾病种类相同的更新换代疫苗和联合疫苗等。省级人民政府在调整本省免疫规划疫苗种类时，不得减少国家免疫规划疫苗可预防的疾病种类。

《疫苗管理法》第42条第2款规定，国务院卫生健康主管部门应当制定、公布国家免疫规划疫苗的免疫程序。实践中，免疫程序的制定和修订要充分考虑疫苗的有效性和安全性数据、疫苗生产供应能力、卫生经济学评价结果、疫苗上市后使用的最新研究等因素和科学证据，以实现疾病防控目标为目的，确定最佳免疫策略。国家免疫规划疫苗的免疫程序应包括疫苗接种人群、接种起始年龄、接种剂次、接种间隔等信息，以及与疫苗接种、迟种补种等相关的技术要求和说明。[3]

1　参见袁杰、王振江、赵宁、刘红亮、刘沛主编：《〈中华人民共和国疫苗管理法〉释义》，中国民主法制出版社2019年版，第125页。

2　参见《疫苗管理法》第41条第2款。

3　参见袁杰、王振江、赵宁、刘红亮、刘沛主编：《〈中华人民共和国疫苗管理法〉释义》，中国民主法制出版社2019年版，第127页。

（七）药物警戒制度

药物警戒是发现、评估、理解和预防药品本身固有缺陷、药品的质量问题、与其他药物的相互作用等药品使用风险的活动。药物警戒的总体目标是预防和降低任何可能的药品不良反应及其他与用药有关的有害反应事件，促进安全合理地使用药品，并及时向监管部门、患者、医护人员及公众传递与药品有关的安全性信息，保护患者健康和公众健康。[1]

药品不良反应监测主要是药品上市后采取的措施，而药物警戒的范围更广。药物警戒贯穿药品整个生命周期，是对于药品相关所有问题的警戒。药物警戒关注药品在人体的使用风险，这些风险可能来自药品本身固有缺陷（如不良反应）、质量问题、药物相互作用，以及药物误用、滥用、错用等。药物警戒手段包括被动监测、主动监测、观察性研究等。通过开展药物警戒活动，及时识别风险信号，以便采取针对性的预防和控制措施（如修订药品说明书、发布用药安全信息或实施产品撤市等），更好地保证药品的安全有效使用。

国家实行药物警戒制度，制定药物警戒相关的规章规范和指南性文件，指导药品上市许可持有人、药品生产流通企业、医疗机构等按规定开展药物警戒活动。药品上市许可持有人和获准开展药物临床试验的药品注册申请人应当根据药品安全性特征开展药物警戒活动，最大限度地降低药品安全风险，保护和促进公众健康。持有人和申办者应当建立药物警戒体系，通过体系的有效运行和维护，监测、识别、评估和

1　参见袁杰、王振江、刘红亮、刘沛主编：《〈中华人民共和国药品管理法〉释义》，中国民主法制出版社2019年版，第70页。

控制药品不良反应及其他与用药有关的有害反应。[1]

药品上市许可持有人应当开展药品上市后不良反应监测，主动收集、跟踪分析疑似药品不良反应信息，对已识别风险的药品及时采取风险控制措施。[2]风险控制措施主要包括：(1) 风险识别。上市及许可持有人应当在药品上市后不良反应监测的基础上，识别、确认和评估风险信号，及早发现药品安全及其他方面的新风险或已知风险的变化。(2) 风险控制。药品上市许可持有人应当及时选择和采取最佳的风险最小化措施预防或控制药品安全风险，并在必要时对风险最小化措施进行评估。[3]

(八) 药品上市后研究制度

开展药品上市后研究，对药品的安全性、有效性和质量可控性进行进一步确证，加强对已上市药品的持续管理，是落实上市许可持有人药品全生命周期管理的重要手段。根据《药品管理法》第30条第2款的规定，药品上市许可持有人依法对药品上市后研究承担责任。《药品管理法》第127条规定了未按照规定开展药品上市后研究的法律责任。

药品上市后研究包括多种情形。一是Ⅳ期临床试验，即新药上市后应用阶段研究，其目的是考察广泛使用条件下的药物疗效和不良反应，评价在普通或者特殊人群中使用的利益与风险关系以及改进给药剂量等。二是附条件批准药品的上市后研究，对附条件批准的药品，药品上市许可持有人应当采取相应风险管理措施，并在规定期限内按照

1　参见《药物警戒质量管理规范》(国家药品监督管理局2021年第65号公告，2021年5月7日)第3、4条。

2　参见《药品管理法》第80条。

3　参见袁杰、王振江、刘红亮、刘沛主编：《〈中华人民共和国药品管理法〉释义》，中国民主法制出版社2019年版，第71页。

要求相关研究。[1]三是上市许可持有人根据药品安全性、有效性和质量可控性的实际情况，针对其可能存在的问题，主动开展或者根据药品监督管理部门相关要求开展的上市后研究。[2]

《药品注册管理办法》第76条第3款要求，药品批准上市后，持有人应当持续开展药品安全性和有效性研究，根据有关数据及时备案或者提出修订说明书的补充申请，不断更新完善说明书和标签。药品监督管理部门依职责可以根据药品不良反应监测和药品上市后评价结果等，要求持有人对说明书和标签进行修订。

（九）药品上市后评价制度

开展上市后评价是药品上市许可持有人落实市场主体责任、落实药品全生命周期质量管理责任的体现。《药品管理法》第83条对药品上市后评价制度加以系统规定，《疫苗管理法》第61、62条规定了疫苗上市后评价制度，《药品管理法》第127条规定了未按照规定开展药品上市后评价的法律责任。

药品上市许可持有人应当对已上市药品的安全性、有效性和质量可控性定期开展上市后评价。开展上市后评价时，须将批准上市时的研究情况、上市后持续研究情况等进行综合分析，对药品不良反应报告和监测资料进行定期汇总分析，汇总国内外安全性信息，对上市药品开展风险因素分析和风险效益评价。药品上市许可持有人根据评估后的上市后评价结果，依法采取修订药品说明书、提高质量标准、完善工艺处方、暂停生产销售、召回药品、注销药品批准证明文件等措施。[3]

---

1 参见《药品管理法》第78条。

2 参见《药品管理法》第77条。

3 参见袁杰、王振江、刘红亮、刘沛主编：《〈中华人民共和国药品管理法〉释义》，中国民主法制出版社2019年版，第159页。

国务院药品监督管理部门可以根据药品安全性、有效性和质量可控性的实际情况，责令上市许可持有人开展上市后评价，或直接组织开展上市后评价。经评价，被认为获益不再大于风险的品种将被判定为疗效不确切、不良反应大或者因其他原因危害人体健康的药品，对于这些药品，应当注销药品注册证书。[1]

国务院药品监督管理部门可以根据疾病预防、控制需要和疫苗行业发展情况，组织对疫苗品种开展上市后评价，发现该疫苗品种的产品设计、生产工艺、安全性、有效性或者质量可控性明显劣于预防、控制同种疾病的其他疫苗品种的，应当注销该品种所有疫苗的药品注册证书，并废止相应的国家药品标准。[2]经评价，对于预防接种异常反应严重或者其他原因危害人体健康的疫苗，应当注销药品注册证书。[3]

（十）生物安全管理制度

生物安全是人民健康、社会安定、国家利益的重要保障，已成为我国面临的重大安全问题和重要挑战。制定一部具有基础性、系统性、综合性和统领性的生物安全法，是维护国家安全、构建国家生物安全体系、提升国家生物安全能力建设、履行国际承诺的需要。在此背景下，中华人民共和国第十三届全国人民代表大会常务委员会第二十二次会议于2020年10月17日通过了《生物安全法》，该法自2021年4月15日起施行。这部法律也是维护我国国家安全的重要立法，我国将形成由国家生物安全战略、国家生物安全法律、国家生物安全政策组成的完整生物安全体系。从事药品研制、生产、经营、使用和监督管理活动时，如

1　参见《药品管理法》第83条第2款。

2　参见《疫苗管理法》第62条。

3　参见《疫苗管理法》第61条第2款。

涉及生物安全，应适用《生物安全法》的规定。

《生物安全法》第5条规定，国家鼓励生物科技创新，加强生物安全基础设施和生物科技人才队伍建设，支持生物产业发展，以创新驱动提升生物科技水平，增强生物安全保障能力。这也是对医药生物技术创新的鼓励和支持。

《生物安全法》第四章题为“生物技术研究、开发与应用安全”。《生物安全法》第34条规定，国家加强对生物技术研究、开发与应用活动的安全管理，禁止从事危及公众健康、损害生物资源、破坏生态系统和生物多样性等危害生物安全的生物技术研究、开发与应用活动。从事生物技术研究、开发与应用活动，应当符合伦理原则。《生物安全法》第35条规定，从事生物技术研究、开发与应用活动的单位应当对本单位生物技术研究、开发与应用的安全负责，采取生物安全风险防控措施，制定生物安全培训、跟踪检查、定期报告等工作制度，强化过程管理。《生物安全法》第36条规定，国家对生物技术研究、开发活动实行分类管理。《生物安全法》第37条规定，从事生物技术研究、开发活动，应当遵守国家生物技术研究开发安全管理规范。《生物安全法》第40条规定，从事生物医学新技术临床研究，应当通过伦理审查，并在具备相应条件的医疗机构内进行；进行人体临床研究操作的，应当由符合相应条件的卫生专业技术人员执行。从事药品研制时，应遵守《生物安全法》的相关规定。

《生物安全法》第五章题为“病原微生物实验室生物安全”，当药品研制涉及病原微生物、病原微生物实验室时，应遵守《生物安全法》第五章的相关规定。国家加强对病原微生物实验室生物安全的管理，制定统一的实验室生物安全标准。病原微生物实验室应当符合生物安全国家标准和要求。从事病原微生物实验活动，应当严格遵守有关国家标准和实验室技术规范、操作规程，采取安全防范措施。[1]国家对病原微

1 参见《生物安全法》第42条。

生物实行分类管理，[1]对病原微生物实验室实行分等级管理。[2]

当药品研制等活动涉及人类遗传资源与生物资源安全时，应遵守《生物安全法》第六章“人类遗传资源与生物资源安全”的规定。《生物安全法》第53条规定，国家加强对我国人类遗传资源和生物资源采集、保藏、利用、对外提供等活动的管理和监督，保障人类遗传资源和生物资源安全。国家对我国人类遗传资源和生物资源享有主权。根据《生物安全法》第56条的规定，为了取得相关药品和医疗器械在我国上市许可，在临床试验机构利用我国人类遗传资源开展国际合作临床试验、不涉及人类遗传资源出境的，不需要批准，但是在开展临床试验前应当将拟使用的人类遗传资源种类、数量及用途向国务院科学技术主管部门备案。

在我国，由于新型抗微生物药物研发能力不足、药店无处方销售抗微生物药物、医疗和养殖领域不合理应用抗微生物药物、制药企业废弃物排放不达标、群众合理用药意识不强等多种因素，微生物耐药问题日益突出。因此，《生物安全法》第33条对抗微生物药物的管理和使用做出了专门规定，提出国家加强对抗生素药物等抗微生物药物使用和残留的管理，支持应对微生物耐药的基础研究和科技攻关。县级以上人民政府卫生健康主管部门应当加强对医疗机构合理用药的指导和监督，采取措施防止抗微生物药物的不合理使用。国务院卫生健康、农业农村、林业草原、生态环境等主管部门和药品监督管理部门应当根据职责分工，评估抗微生物药物残留对人体健康、环境的危害，建立抗微生物药物污染物指标评价体系。

1　参见《生物安全法》第43条。

2　参见《生物安全法》第45条。

（十一）药品召回制度

药品召回，是指药品上市许可持有人按照规定的程序收回已上市的存在质量问题或者其他安全隐患的药品，并采取相应措施，及时控制风险、消除隐患的活动。《药品管理法》第82条系统规定了药品召回制度。药品召回包括主动召回和责令召回。导致召回的“质量问题或者其他安全隐患”，是指研制、生产、储运、标识等原因导致药品不符合法定要求，或者其他可能使药品具有危及人体健康和生命安全的不合理危险。[1]

药品上市许可持有人经调查评估后，确定药品存在质量问题或者其他安全隐患的，应当立即停止销售，告知相关药品经营企业和医疗机构停止销售和使用，立即决定并实施召回，同时通过企业官方网站或者药品相关行业媒体向社会发布召回信息。召回信息应当包括以下内容：药品名称、规格、批次、持有人、药品生产企业、召回原因、召回等级等。必要时，药品上市许可持有人应当立即停止生产，并将药品召回和处理情况向省、自治区、直辖市人民政府药品监督管理部门和卫生健康主管部门报告。[2]

再者，药品上市许可持有人依法应当召回药品而未召回的，省、自治区、直辖市人民政府药品监督管理部门应当责令其召回。省、自治区、直辖市人民政府药品监督管理部门应当将责令召回通知书送达持有人。责令召回通知书应当包括召回药品的基本信息、实施召回的原因、审查评价和/或调查评估结果、召回等级、召回范围、召回时限等内容。[3]

---

1 参见《药品召回管理办法》（国家药品监督管理局2022年第92号公告，2022年10月24日）第3条。

2 参见《药品管理法》第82条、《药品召回管理办法》第15条。

3 参见《药品召回管理办法》第24条。

第三章

疫苗监管的体系建构与法律制度创新

疫苗是保障人体健康和公共卫生的基本公共产品，是防控传染病发生和流行最经济、最有效的措施，在保护人类健康、降低死亡率和提高人均预期寿命方面发挥了不可替代的作用。疫苗安全直接关系到我国免疫规划政策的推行，是直接关系到公众健康的重大民生问题。

我国疫苗监管体系不断完善，已经建立了注册管理、监督检查、生产质量管理规范和疫苗批签发等制度，有力地保障和促进了疫苗的质量安全。但仍存在疫苗安全性和有效性有待加强，疫苗监管方式有待改进，疫苗监管资源不充足，疫苗全程追溯制度不完善，预防接种异常反应补偿工作不够及时、专业等问题。有必要加强疫苗监管能力建设，依法对疫苗研制、生产、流通、使用等环节进行全过程监管，健全完善疫苗法律法规，健全完善保障疫苗质量安全的长效机制。

一、我国疫苗监管法律制度的演进历程

（一）新中国成立之初至1984年的疫苗监管

1. 20世纪50年代

我国在新中国成立之初即制定了预防为主的卫生工作方针。1950年1月至7月，全国各地接种牛痘和注射霍乱、伤寒、白喉、鼠疫等几种主要传染病的预防针的人数共计有5 000万，约占当时全中国人口的十分之一。[1]卫生部1950年的工作计划包括制造霍乱伤寒混合疫苗4 000万人份，在长江流域各大城市施行重点预防注射。[2]我国于20世纪50年代先后发布了《关于发动秋季种痘运动的指示》《接种卡介苗暂行办法》等，在全国范围内广泛接种牛痘与卡介苗，同时在部分地区推行白喉类毒素、流行性乙型脑炎疫苗接种工作，在一些重点地区开展了霍乱疫苗、鼠疫疫苗、斑疹伤寒疫苗、伤寒疫苗和百日咳疫苗的接种工作，对控制天花、结核、白喉、乙脑、鼠疫、霍乱等重大传染病起到了关键的作用。

1950年2月，北京市人民政府批准在天坛成立中国药品生物制品检定所（简称“中检所”）。1950年4月，政务院文化教育委员会正式批准成立中央人民政府卫生部生物制品检定所。1953年1月26日政务院召开第167次政务会议，通过了卫生部关于加强卫生防疫工作的建议，决定将生物制品作为由国家供应的一类特殊非商品化的药品，由政府统筹全国的生物制品制造、研究、供应，并对全国的生物制品机构进行

1　金凤：《新中国怎样和疾病作斗争：全国卫生医药展览会之一》，《人民日报》1950年8月18日。

2　参见胡安：《开展预防霍乱伤寒的建议》，《人民日报》1950年3月30日。

统一规划和全面调整，逐步形成布局合理的全国生物制品生产供应体系；批准在全国范围内建立省、市、县各级卫生防疫站，同时由国家投资按当时的六大行政区分别扩建和筹建长春（东北区）、北京（华北区）、兰州（西北区）、成都（西南区）、武汉（中南区）、上海（华东区）六大卫生部直属的生物制品试验所（后改称“生物制品研究所”），专门从事传染病的调查预防以及所需防疫制品的研究与生产。[1]

中检所成立后不久，著名微生物学家、病毒学家汤飞凡所长组织朱既明、刘隽湘、陈正仁等专家起草我国第一部生物制品法规，1951年11月由卫生部召开的第一次全国生物制品工作会议通过了1952年版《生物制品法规》。作为新中国颁布的第一部生物制品国家标准，它收载了生物制品命名、分批、分包装、无菌试验、热原质实验、免疫马匹检疫和免疫、生产及检定用菌毒种管理、生物制品保存及运输等12个总则，以及26个生物制品及鉴定法规，还包括我国当时生产和使用的主要疫苗及抗血清制品的装量和预防接种使用表。卫生部此后先后颁布了《检定所组织条例（草案）》《生物制品研究所鉴定科（室）组织条例》《检定科（室）工作细则》《生物制品管理暂行条例》等，确立了包括疫苗在内的生物制品质量监管体系。卫生部生物制品检定所对各生物制品检定科及各生产科室进行监督检查，对各生物制品进行质量抽检。[2]

1951年，中检所抽检各生物制品研究所产品，不合格率高达57%；1958年6月，中检所对各生物制品研究所产品组织了全面质量大检查，不合格率降低到3.6%。[3]但1956年至1957年间，我国发生了乙型脑炎疫苗接种事故，造成变态反应性脑脊髓炎，导致数人死亡。调查结论

1　参见江永红：《中国疫苗百年纪实》（上），人民出版社2019年版，第125—126页。
2　参见赵铠、章以浩主编：《中国生物制品发展史略》，2003年内部刊印，第190页。
3　参见江永红：《中国疫苗百年纪实》（下），人民出版社2019年版，第596页。

显示，严重副反应是由疫苗中残存的鼠脑组织引起的，也与皮内注射的接种方法有关。其原因是当时采取了苏联的落后生产规程和检定标准。[1]

1959年4月29日，卫生部以（59）卫防字第193号文的形式，就“大跃进”以来各省市自行建立的生物制品生产厂（所）提出加强管理意见，并批准了《生物制品新生物制品管理办法》。[2]

2. 20世纪60年代至70年代

20世纪60年代，我国预防接种逐步走入计划接种时代。1960年，时任卫生部部长的李德全在全国人民代表大会上做报告，指出“药品器械和疫苗血清是防治疾病的重要工具”。[3]卫生部于1963年3月19日发布的《预防接种工作实施办法》认识到“预防接种是预防和控制相应的传染病发生或流行的很重要措施之一。通过有计划地预防接种，提高人群免疫力，使相应的传染病不发生、少发生或减轻病症、减少死亡、并须配合其他防治措施，反复地向传染病进行斗争……”。《预防接种工作实施办法》第7条规定了接种工作中的注意事项，要求做好接种的登记、统计、报告工作。[4]一些大、中城市开始建立预防接种卡片，农村地区也开始建立接种登记制度，实施有计划的接种。

当时虽没有对疫苗实施专门监管，但也逐步认识到疫苗质量的意义。时任卫生部副部长的钱信忠在1963年全国结核病学术会议上的报告中，就卡介苗的生产和使用指出，“必须要提高质量，要有严格科学的态度，任何新的方法，必须经过试验，力求有效、安全两者结合起来。城

---

1 参见江永红：《中国疫苗百年纪实》（下），人民出版社2019年版，第594—595页。

2 参见赵铠、章以浩主编：《中国生物制品发展史略》，2003年内部刊印，第191页。

3 参见《以移风易俗改造世界的气概开展爱国卫生运动 卫生部部长李德全的发言》，《人民日报》1960年4月5日。

4 《中华人民共和国卫生部发布预防接种工作实施办法》，《华南预防医学》1976年第2期。

市除安全外更细致地考核效果，农村则更要注意安全。总之，任何生物制品必须有效、安全、经济、简便”。[1]1963年10月15日，在卫生部、化工部、商业部联合下达的《关于药政管理的若干规定（草案）》中，虽未对疫苗监管做出专门规定，但要求一切中西药品生产、供应等有关部门必须认真做好药品质量管理工作，把保证药品质量和不断提高药品质量当成首要任务，做到符合国家规定的质量标准。[2]

1964年卫生部召开了生物制品管理工作经验交流会，要求各所进一步树立“质量第一”的思想，明确生物制品必须在保证质量的前提下才能讲求增加数量。1972年卫生部主持召开了生物制品检定管理工作会议，学习和贯彻周恩来总理1971年5月4日关于“药品效能不稳定、质量不高，要抓药品质量问题”的重要指示，整顿生物制品生产和管理混乱局面。[3]

3. 改革开放至1984年

20世纪70年代，预防接种开始纳入计划管理的轨道，各级卫生防疫机构确定专人负责预防接种的管理与组织工作，基层医疗机构按照卫生行政部门及卫生防疫机构制定的技术规程，进行规范化管理，初步形成了计划免疫体系。[4]卫生部于1978年9月12日发布了《关于加强计划免疫工作的通知》，提出要提高生物制品质量，改善制品的运输保管条件，保证生物制品的供应。[5]

我国此时着力构建与免疫接种体系相适应的疫苗监管体系。1977

1　《我国结核病防治工作的基本情况与今后任务——中华人民共和国卫生部钱信忠副部长在1963年全国结核病学术会议上的报告》，《中国防痨杂志》1963年第3期。

2　参见杨光主编：《北京卫生史料》（药政篇），北京科学技术出版社1996年版，第19—20页。

3　参见赵铠、章以浩主编：《中国生物制品发展史略》，2003年内部刊印，第192页。

4　参见汪楠、田玲、邱五七：《建国60年我国疫苗相关政策回顾》，《医学研究杂志》2010年第8期。

5　参见赵铠、章以浩主编：《中国生物制品发展史略》，2003年内部刊印，第238页。

年9月29日，卫生部在北京召开了全国生物制品检定工作会议，中检所就生物制品质量检定和质量分析做报告，会议制定了《关于加强生物制品检定工作的意见》，并经卫生部批准颁布。[1]1979年6月，卫生部在上海召开了生物制品管理工作经验交流会，会议修改了《生物制品研究所工作条例》等文件。1982年5月20日，卫生部颁布了《关于加强生物制品和血液制品管理的规定（试行）》，指出要对包括疫苗在内的生物制品实行"质量第一"的方针，实行全面质量管理，生产过程中必须具备必要的生产技术条件、严格的质量检定制度和严密的科学管理办法，规定生物制品统一由卫生部直接管理，由部属生物制品研究所生产。该规定指出，卫生部颁《中国生物制品规程》是国家对生物制品管理、生产和检定的基本要求，必须严格执行。《关于加强生物制品和血液制品管理的规定（试行）》还规定，卫生部药品生物制品检定所是国家对制品质量进行检查、检验和检定的专业机构，有权对生物制品和血液制品生产、使用单位的制品质量进行检查了解、抽样检验以及调阅制检记录。

1982年6月9日，卫生部下发了《开展整顿生物制品和血液制品的实施办法》的通知，指出"由于十年动乱，生物制品的生产科研工作遭受破坏，企业管理水平低，在经营思想上还存在某种程度忽视质量的现象。有的制品污染率比较高，浪费损失大，有的制品反应大，效果差，一些制品达不到世界卫生组织规定的要求"。继而，开展了对全国生物制品和血液制品生产单位的全面整顿。在整顿中，对生产基本设施、菌毒种管理、原材料贮存场所、仪器设备、负责人和工作人员能力、规章制度、环境卫生等提出了要求。[2]

---

1 参见赵铠、章以浩主编：《中国生物制品发展史略》，2003年内部刊印，第238页。

2 参见杨光主编：《北京卫生史料》（药政篇），北京科学技术出版社1996年版，第69—70页。

（二）1984年至1998年的疫苗监管

1. 监管框架

1984年9月20日颁布的《药品管理法》，为疫苗监管奠定了法治框架。[1]1984年版《药品管理法》第57条将“药品”定义为“用于预防、治疗、诊断人的疾病……”的物质，并明文规定包括“血清疫苗”。卫生部于1985年9月25日发布的《新生物制品审批办法》，构成了疫苗类制品注册审评的主要依据。《新生物制品审批办法》第4条将新生物制品分为四类，其中，第一类包括活疫苗，第二类包括死疫苗。此后，卫生部还发布了《新生物制品审批办法补充规定》，补充规定了基因工程产品的审评事项，并对《新生物制品审批办法》中“特殊申请”等事项做出了解释。[2]

1984年至1998年间，疫苗类制品作为生物制品由卫生部管理。1993年7月26日，卫生部以部门规章的形式颁布了《生物制品管理规定》，该规章重申了《中国生物制品规程》在疫苗等生物制品监管中的重要作用，强调“由卫生部生物制品标准化委员会制订，卫生部审批、颁发的《中国生物制品规程》是国家对生物制品生产和检定的基本要求”。[3]进口的疫苗类生物制品，均需由卫生部审批、核发《进口药品注册证》。[4]

1　1984年9月20日第六届全国人民代表大会常务会议第七次会议通过，1985年7月1日起施行。

2　《新生物制品审批办法补充规定》，卫生部，（88）卫药字第57号，1988年11月15日。

3　《生物制品管理规定》（卫生部令第33号，1993年7月26日发布）第8条。

4　《生物制品管理规定》第16条。

2. 对疫苗生产的监管

1984年至1998年间，对疫苗生产的监管主要体现为药品检验机构对生物制品企业的抽验。中检所负责对卫生部直属生物制品企业进行直接抽样，负责防疫制品和其他制品疑难项目的抽验。省级药品检验所负责本行政区域内地方和军内生物制品企业产品的日常抽样工作。[1]

20世纪80年代末，在狂犬病疫苗供应紧张的情况下，卫生部批准各生物制品研究所与少数事业单位联合生产少量狂犬病疫苗。国家生物制品监督员于1989年7月至11月间，对人用狂犬病疫苗生产、质量和使用情况进行了全面检查，指出各生物制品研究所生产狂犬病疫苗的车间条件均较差。根据检查报告，卫生部于1990年2月20日发出《关于对当前狂犬病疫苗生产中存在的问题及解决意见的通报》，要求各生物制品研究所每家只能保留一个联合生产点，撤销其余联合点，改善生产条件，严格生产管理，保证疫苗质量。[2]

1995年11月24日，卫生部发出《关于取消人用狂犬病疫苗联合生产点的通知》，取消以联营形式生产狂犬病疫苗，要求各联营点立刻停止生产狂犬病疫苗；具有《药品生产企业许可证》的联营企业，或符合《药品生产质量管理规范》条件且可与事业单位脱钩成为独立生产企业的，可独立申请生产狂犬病疫苗。[3]

1　参见《生物制品管理规定》第11、12条。

2　《关于对当前狂犬病疫苗生产中存在的问题及解决意见的通报》〔卫药政字(90)第32号〕，详见中华人民共和国卫生部药政局编：《药品监督管理法规汇编》，人民卫生出版社1994年版，第534—536页。

3　《关于取消人用狂犬病疫苗联合生产点的通知》〔卫药发(1995)第83号〕，详见中华人民共和国卫生部药政局编：《药品监督管理法规汇编》，人民卫生出版社1994年版，第280—281页。

3. 疫苗的计划生产和供应

1978年卫生部发出《关于加强计划免疫工作的通知》，1982年在全国范围开展了大规模普及儿童计划免疫的工作，并在五个省8 000万人口地区进行冷链试点工作。1980年我国25种传染病发病数为2 031万人，到1988年下降为502万人。[1]1989年颁布的《传染病防治法》第12条则以法律规范的形式，明确“国家实行有计划的预防接种制度”，[2]计划免疫和预防接种构成了国家贯彻预防为主方针、保护易感人群的重要措施。

国务院批准发布的《中华人民共和国传染病防治法实施办法》[3]第24条则规定，用于预防传染病的疫苗等生物制品，由各省、自治区、直辖市卫生防疫机构统一向生产单位订购，其他任何单位和个人不得经营。用于预防传染病的疫苗等生物制品必须在卫生防疫机构的监督指导下使用。

根据《预防用生物制品生产供应管理办法》的规定，[4]预防用生物制品实行计划生产、计划供应的管理体制。全国预防用生物制品的年度生产计划由中国生物制品总公司编制，报卫生部审批后执行。各预防用生物制品生产单位应当按照下达的年度生产计划组织生产。由中国生物制品总公司与各省、自治区、直辖市、计划单列市卫生防疫站和经卫生部指定或批准的部门签订供货合同。预防用生物制品的储藏、运输和周转过程必须按照不同制品的要求纳入规定的冷链条件管理。[5]

1　参见中华人民共和国卫生部编：《中华人民共和国传染病防治法及其实施办法条文释义》，法律出版社1992年版，第11—12页。

2　《中华人民共和国传染病防治法》，第七届全国人民代表大会常务委员会第六次会议于1989年2月21日通过，1989年9月1日起施行。

3　卫生部1991年12月6日发布实施。

4　参见《预防用生物制品生产供应管理办法》，卫生部第37号令，1994年9月2日发布。

5　参见《预防用生物制品生产供应管理办法》第22条。

（三）1998年至今的疫苗监管制度演进

1. 监管体制

国家药品监督管理局于1998年成立，作为国务院直属机构，是国务院主管药品监督的行政执法机构。[1]在2003年机构改革中，我国在国家药品监督管理局基础上组建国家食品药品监督管理局。在2008年机构改革中，国家食品药品监督管理局改由卫生部管理，改为部委管理的国家局。在2013年机构改革中，我国组建国家食品药品监督管理总局，对药品的安全性、有效性和生产、流通、消费环节的食品安全和实施统一监督管理。在2018年机构改革中，考虑到药品监管的特殊性，我国单独组建国家药品监督管理局，由国家市场监督管理总局管理。但无论机构如何变换，自1998年以来，疫苗监管都是由专司药品监管的监管机构负责。

2. 注册审评

1998年国家药品监督管理局成立之后，疫苗类药品的注册审评由国家药品监督管理局药品注册司负责组织，中检所负责技术审评。1999年颁布的《新生物制品审批办法》[2]对新生物制品注册审评的程序和要求做了明确规定。该规章的附件6、附件7分别题为“预防用新生物制品临床研究的技术要求”和“预防用新生物制品临床研究程序”，这些要求都适用于疫苗类制品。

国家药品监督管理局2002年10月30日颁布了《药品注册管理办法（试行）》，[3]对药品注册申请、药物临床前研究、药物临床研究加以规范，对新药、已有国家标准药品、进口药品、非处方药、药品补充申请等

1 《国务院办公厅关于印发国家药品监督管理局职能配置、内设机构和人员编制规定的通知》，国办发〔1998〕35号。

2 国家药品监督管理局令第3号，1999年3月26日发布，自1999年5月1日起施行。

3 国家药品监督管理局令第35号，2002年10月30日发布，自2002年12月1日起施行。

的申报与审批加以规定。《药品注册管理办法（试行）》生效的同时，《新生物制品审批办法》即告废止。《药品注册管理办法（试行）》附件3中明确了疫苗等预防用生物制品的注册分类及申报资料要求。

2002年版《药品注册管理办法（试行）》为国家食品药品监督管理局于2005年2月28日公布的《药品注册管理办法》所取代，[1]2005年版《药品注册管理办法》继而为2007年7月10日公布的《药品注册管理办法》所取代。[2]2007年版《药品注册管理办法》附件3题为“生物制品注册分类及申报资料要求”，附件3第二部分题为“预防用生物制品”，规定了15类不同类型疫苗的注册分类，并对不同类型疫苗给出了相应的申报资料项目要求，还为进口疫苗申报设定了特别要求。

而今，疫苗注册需遵循2019年修订的《药品管理法》与2019年新颁布的《疫苗管理法》的要求，依据2020年版《药品注册管理办法》的规定，开展疫苗临床试验。在特定情形下，可对疫苗注册申请适用优先审评审批程序或附条件批准程序。

3. 疫苗生产

2002年颁布的《药品管理法实施条例》第10条规定，疫苗类制品不得委托生产。[3]《药品生产质量管理规范》（1998年修订）第22条规定了对疫苗类制品生产环境的特殊要求，生产用菌毒种与非生产用菌毒种、生产用细胞与非生产用细胞、强毒与弱毒、死毒与活毒、脱毒前与脱毒后的制品和活疫苗与灭活疫苗、人血液制品、预防制品等的加工或灌装不得同时在同一生产厂房内进行，其贮存要严格分开。不同种类的

1　《药品注册管理办法》，国家食品药品监督管理局令第17号，2005年2月28日公布，自2005年5月1日起施行。

2　《药品注册管理办法》，国家食品药品监督管理局令第28号，2007年7月10日公布，自2007年10月1日起施行。

3　《药品管理法实施条例》，中华人民共和国国务院令第360号，2002年8月4日公布，自2002年9月15日起施行。

活疫苗的处理及灌装应彼此分开。强毒微生物及芽孢菌制品的区域与相邻区域应保持相对负压，并有独立的空气净化系统。[1]

自2007年起，我国将疫苗类产品纳入高风险产品重点监管，同时将疫苗类预防性生物制品生产企业作为首批重点监管的企业，自2007年3月起实施派驻监督员制度。2008年，疫苗类产品作为首批药品品种之一，率先被纳入药品电子监管码管理系统，实施“一品一码”的药品电子监管码管理。2009年起，疫苗生产企业全面实施质量受权人制度，进一步强化企业质量保证体系建设，确保产品质量安全。

2019年颁布的《疫苗管理法》第三章题为“疫苗生产和批签发”，规定国家对疫苗生产实行严格准入，对疫苗上市许可持有人的重要和关键岗位人员资质和管理要求加以规定，为疫苗生产全过程管理设定一般要求，要求强化疫苗生产工艺偏差等管理。国家药品监督管理局于2022年颁布的《疫苗生产流通管理规定》规定了持有人主体责任，并对疫苗委托生产申请、生产质量管理体系、停产与恢复生产、报告与年度报告制度加以规定。[2]

4. 提高疫苗质量标准

自1951年以来，《中国生物制品规程》先后颁行6版，收载了生物制品的制造及检定规程，是疫苗等生物制品的国家标准，也是疫苗类制品生产管理、检定及使用的依据。《中国生物制品规程》于2005年并入药典，成为《中国药典》2005年版三部（生物制品）。

《中国药典》2010年版三部（生物制品）全面提高了对于疫苗类制品的安全性要求，规定了抗生素限值，就病毒类疫苗增列了细胞基质残留蛋白检测，进一步完善和补充了对标签说明书的要求。《中国药典》

---

1 《药品生产质量管理规范》（1998年修订），国家药品监督管理局令第9号，1999年6月18日发布，自1999年8月1日起施行。

2 《疫苗生产流通管理规定》，国家药品监督管理局2022年第55号公告。

2015年版三部（生物制品）中的凡例部分，明确疫苗使用说明在《中国药典》中的作用，增列了“人用疫苗总论”。2015年版《中国药典》收载了48种疫苗品种，疫苗各论质量标准整体水平与欧美及日本药典日趋一致，疫苗制品个别项目的要求高于国际标准。[1]《中国药典》2020年版及时收载了脊髓灰质炎灭活疫苗（Vero细胞）等新上市品种，提高疫苗佐剂质量，修订完善了减毒活疫苗滴度测定方法。[2]

5. 建成疫苗国家监管体系

20世纪80年代初，世界卫生组织官员多次来华考察我国生物制品生产状况，并指出：“中国生产的疫苗只能在本国使用，不能出口。”[3]自2006年起，世界卫生组织将通过疫苗国家监管体系（National Regulatory Authority）评估作为采购该国疫苗产品的前置条件，即只有国家通过评估，该国企业才能申请世界卫生组织疫苗产品预认证，并被列入联合国等国际组织采购清单。

我国在疫苗产业发展的同时，建立了疫苗国家监管体系，对疫苗产品施行全过程分环节监管。2011年3月1日，世界卫生组织在北京宣布，中国通过疫苗国家监管体系评估。2011年评估采用的是2007年版评估指标体系，评估涉及国家监管体系、上市授权和活动许可、上市后监管、疫苗批签发、实验室管理、监管检查、临床试验七大板块，共计53个指标、183个次级指标，其中有88个关键次级指标。[4]这意味着中国监管部门确保进入市场的疫苗质量及可靠性的能力获得了肯定。

1　参见郭中平、王晓娟、曹琰、任跃明、洪小栩、马锐：《解读〈中国药典〉2015年版三部》，《中国药品标准》2015年第6期。

2　参见兰奋、宋宗华、洪小栩、张伟：《2020年版〈中国药典〉编制工作和主要内容概述》，《中国食品药品监管》2020年第10期。

3　参见赵铠、章以浩主编：《中国生物制品发展史略》，2003年内部刊印，第39页。

4　参见王晓冬：《具有里程碑意义的一次大考——记我国疫苗监管体系通过WHO评估》，《中国医药报》2011年3月17日。

自2015年起，世界卫生组织开始起草新版全球基准评估工具(Global Benchmarking Tool，简称GBT)，并于2018年发布第五版GBT。2019年，我国对照新版GBT进行了严格的自评。2021年，我国顺利通过WHO的中期评估。也是在2021年，世卫组织发布第六版GBT，增加了机构许可和市场监管两个板块以及87个指标要求，包含国家监管体系(RS)、注册和上市许可(MA)、药物警戒(VL)、市场监管(MC)、机构许可(LI)、监督检查(RI)、实验室检验(LT)、临床试验监管(CT)、批签发(LR)等九个板块268项指标。2022年7月，中国通过了世界卫生组织标准升级后的全面评估。[1]

(四)《疫苗管理法》的颁布与实施

2018年7月，吉林长春长生公司问题疫苗案件发生后，习近平总书记要求，要始终把人民群众的身体健康放在首位，完善我国疫苗管理体制，坚决守住安全底线。中共中央政治局常务委员会于2018年8月16日召开会议，听取关于吉林长春长生公司问题疫苗案件调查及有关问责情况的汇报，会议指出要加快完善疫苗药品监管长效机制，完善法律法规和制度规则。

为规范疫苗研制、生产、流通、预防接种，保障和促进公众健康，维护公共安全，按照中央批复的立法工作计划和时间安排，在全国人大常委会法工委、司法部的指导下，国家市场监管总局会同国家药品监督管理局等部门起草了《中华人民共和国疫苗管理法(草案送审稿)》，于2018年11月报送国务院。

1　参见李瑶:《我国疫苗监管体系通过WHO新一轮评估》,《医药经济报》2022年8月29日。

收到送审稿后，司法部立即征求了有关部门、省级人民政府、部分协会和企业的意见，赴疫苗生产企业进行调研，召开座谈会，听取疫苗生产企业、疾病预防控制机构、接种单位、地方监管部门和专家的意见，在此基础上，会同市场监管总局、药监局、卫生健康委等部门对送审稿做了研究、协调、修改，形成了《中华人民共和国疫苗管理法（草案）》，该草案经国务院第34次常务会议讨论通过。

2018年12月23日，国家药品监督管理局局长焦红在第十三届全国人民代表大会常务委员会第七次会议上，就《中华人民共和国疫苗管理法（草案）》进行说明，此次常委会对草案进行一审。2009年4月举行的第十三届全国人民代表大会常务委员会第十次会议对疫苗管理法草案进行了二次审议。2019年6月举行的第十三届全国人民代表大会常务委员会第十一次会议于2019年6月25日下午对疫苗管理法（草案三次审议稿）进行了分组审议，普遍认为该草案已经比较成熟，建议进一步修改后，提请本次会议表决通过。

2019年6月29日下午，第十三届全国人民代表大会常务委员会第十一次会议经表决，通过了《疫苗管理法》。这部法律包括了总则、疫苗研制和注册、疫苗生产和批签发、疫苗流通、预防接种、异常反应监测和处理、疫苗上市后管理、保障措施、监督管理、法律责任、附则共11章，共100条，自2019年12月1日起施行。

在《疫苗管理法》颁布之前，关于疫苗管理的规定散见于《药品管理法》、《传染病防治法》和国务院颁布的《疫苗流通和预防接种管理条例》之中。[1]《药品管理法》的立法目的在于保证药品质量、保障人体用药安全，其侧重对药品监管设定一般性的规定，未能对疫苗监管给出更有针对性的制度安排;《传染病防治法》的立法目的是预防、控制和消

1　《疫苗流通和预防接种管理条例》，2005年3月16日国务院第83次常务会议通过，2016年4月13日国务院第129次常务会议修订，2016年4月23日公布并施行。

除传染病的发生与流行，只是在第二章第15条规定了疫苗预防接种制度；《疫苗流通和预防接种管理条例》作为国务院制定和修订的行政法规，其着重规范的是疫苗流通和预防接种的管理，未能对疫苗全链条、全过程管理进行整体考虑。在《疫苗管理法》颁布之前，我国缺少对疫苗管理一以贯之、详细完备的法律制度安排。

《疫苗管理法》将此前分散在多部法律法规中的疫苗研制、生产、流通、预防接种、异常反应监测、保障措施、监督管理、法律责任等规定进行全链条统筹整合，系统谋划思考。《疫苗管理法》的内容并非此前法律和政策文件的简单汇集，它将实践中行之有效的做法写入法律，并有诸多创新之处。《疫苗管理法》聚焦疫苗全链条、全生命周期管理，对关键点加以控制，规定各方主体权利、义务与法律责任，为疫苗管理立章建制，为疫苗行业规范有序发展提供法律指南。

近些年发生的问题疫苗案件，暴露出主体责任不落实、预防接种不规范、异常反应补偿纠纷频发、创新动力不足、保障力度不够、监管不到位、监管能力薄弱、违法成本低等突出问题，长春长生公司问题疫苗案件即为其中的恶劣典型。《疫苗管理法》在整合现行有关规定的基础上，针对疫苗管理特点和存在的突出问题，充分发挥立法的引领、推动、规范和保障作用，对疫苗管理做出了针对性、时效性和可操作性都很强的规定，为疫苗管理提供了全面系统的法治支撑。[1]

二、疫苗监管的理念革新

《疫苗管理法》系统引入了风险治理理念，建构了相应的风险监管制度；强调疫苗的战略性、公益性，努力在安全、发展和创新之间建构平

1 参见王晨：《为人民群众身体健康提供有力法治保障——写在〈中华人民共和国疫苗管理法〉通过之际》，《中国人大》2019年第15期。

衡；引入了全程管控的理念，对疫苗全生命周期进行管理。

（一）风险治理的引入

疫苗是特殊药品，是国家战略性、公益性产品，是保障人体健康和公共卫生的基本公共产品，是防控传染病发生和流行最经济、最有效的措施，也是一种高风险的公共物品。疫苗风险有以下特征：其一，疫苗风险有可能超出一国的领土范围，构成安全风险的全球化；其二，疫苗风险有可能和其他安全、健康风险叠加，构成复合风险；其三，疫苗风险有时会造成巨大的乃至不可逆的损害；其四，公众有时很难对疫苗风险有理性的认知，有可能高估或低估疫苗风险。

第一，《疫苗管理法》体现了风险治理的理念。新法以保障公众健康、维护公共安全为要旨，以捍卫公共利益为依归，以科学为基础，进行规范建构和利益权衡，防范疫苗风险。《疫苗管理法》设定了疫苗风险治理的框架，规定了疫苗风险治理中多元主体的权利、义务与责任，规定了相应的行政监管方式，授权行政管理部门做出更优、更适当的风险预防决定。

第二，疫苗风险评估涉及对疫苗安全性、有效性的评估。疫苗风险评估主要基于现有科学数据资料、我国疫苗生产检定规程、相关疫苗的检测结果、疫苗的生物学和理化属性，以及典型案例调查中受种者抗体检测结果，还需结合对全国预防接种异常反应监测数据的分析结果。疫苗风险评估与后续监管政策的形成和实施，与有限监管资源的配置，都有着密切的关联。例如，《疫苗管理法》第29条第1款规定，应当根据疫苗质量风险评估情况，对疫苗批签发检验项目和检验频次进行动态调整。

第三，没有绝对安全的药品，没有“零风险”的疫苗，疫苗监管和疫苗审评中应进行风险收益评价。《疫苗管理法》第20条规定，应对重大突发公共卫生事件急需的疫苗或者国务院卫生健康主管部门认定急需的其他疫苗，经评估获益大于风险的，国务院药品监督管理部门可以附条件批准疫苗注册申请，这实际上是在保障疫苗可及性和疫苗安全性之间的价值衡量，也体现了风险收益评价的理念，践行了利弊权衡的精神。截至2021年6月17日，我国已有四款新冠病毒疫苗国家药监局附条件批准上市。

第四，风险警示制度有助于引导消费者合理使用疫苗，使得公众了解疫苗质量和风险，在选择、使用时具有判断力；通过发布疫苗安全风险警示信息，可以引起媒体和公众的普遍关注，起到相应的警示作用。根据《疫苗管理法》第76条第2款的规定，由国务院药品监督管理部门会同有关部门公布疫苗安全风险警示信息；公布重大疫苗安全信息，应当及时、准确、全面，并按照规定进行科学评估，做出必要的解释说明。

（二）促进疫苗行业发展与创新

疫苗是“为预防、控制疾病的发生、流行，用于人体免疫接种的预防性生物制品”。[1]《疫苗管理法》第97条对“免疫规划疫苗”和“非免疫规划疫苗”都做了界定，规定“免疫规划疫苗，是指居民应当按照政府的规定接种的疫苗”。《传染病防治法》第15条则规定了预防接种制度、国家免疫规划项目。

疫苗安全直接关系到我国免疫规划制度的推行，是直接关系到公众健康的重大民生问题。《疫苗管理法》第1条规定立法目的之一为“促进行业发展”，这体现了兼顾安全、发展与创新。我国是世界上为数不多的能够依靠自身能力解决全部计划免疫疫苗的国家之一，为积极

1 参见《疫苗管理法》第2条。

地促进我国疫苗质量的进一步提升,《疫苗管理法》中做出一系列规定,来鼓励疫苗的发展与创新。

其一,国家对疫苗基础研究、应用研究予以支持,对疫苗研制予以支持和鼓励。这体现为:(1)《疫苗管理法》第4条第2款规定,国家支持疫苗基础研究和应用研究,促进疫苗研制和创新,将预防、控制重大疾病的疫苗研制、生产和储备纳入国家战略。(2)《疫苗管理法》第14条规定,国家根据疾病流行情况、人群免疫状况等因素,制定相关研制规划,安排必要资金,支持多联多价等新型疫苗的研制。国家组织联合攻关,研制疾病预防、控制急需的疫苗。

其二,国家支持疫苗产业发展,推动疫苗技术进步。这体现为:(1)《疫苗管理法》第4条第3款规定,国家制定疫苗行业发展规划和产业政策,支持疫苗产业发展和结构优化,鼓励疫苗生产规模化、集约化,不断提升疫苗生产工艺和质量水平。(2)《疫苗管理法》第15条规定,国家应鼓励疫苗上市许可持有人加大研制和创新资金投入,优化生产工艺,提升质量控制水平,推动疫苗技术进步。

其三,引入优先审评审批制度。《疫苗管理法》第19条第2款规定,对疾病预防、控制急需的疫苗和创新疫苗,国务院药品监督管理部门应当予以优先审评审批。《药品注册管理办法》第68条对疫苗优先审评审批做了进一步规定。疾病预防、控制急需疫苗的具体清单由国家卫生健康委员会与工业和信息化部提出,并经国家药品监督管理局组织确定。[1]

(三)疫苗管理中的全程管控

《疫苗管理法》第3条规定,国家对疫苗实行最严格的管理制度,坚

1　《药品上市许可优先审评审批工作程序(试行)》,国家药品监督管理局2020年第82号公告,附件3,2020年7月7日。

持“全程管控”。疫苗管理链条长、环节多，有必要建立从研制注册、生产、流通、预防接种到上市后管理的全过程监管制度。

疫苗作为生物制品，其质量不能仅仅靠对最终产品的检验，而必须依靠对过程的严格控制，因此必须加强对疫苗全生命周期的质量管理。[1]《疫苗管理法》第5条第1款规定，疫苗上市许可持有人应当加强疫苗全生命周期质量管理。《疫苗管理法》第5条第2款规定，从事疫苗研制、生产、流通和预防接种活动的单位和个人，应当保证全过程信息真实、准确、完整和可追溯。这有助于对疫苗全生命周期链条进行有效控制，促使各主体履行相应的义务，界定不同主体的责任；有助于监管部门以信息为基础，进行风险监管；有助于保障消费者的知情权和选择权。

1. 疫苗全程电子追溯制度

疫苗信息化追溯体系是药品信息化追溯体系的重要组成部分，是指疫苗上市许可持有人/生产企业、配送单位、疾病预防控制机构、接种单位、监管部门等疫苗追溯参与方，通过信息化手段，对疫苗生产、流通、使用等各环节的信息进行追踪、溯源的有机整体。追溯体系的建立，体现了全程管控的理念，也有助于做到疫苗信息可查询，来源可追溯，过程可控制，责任可追究。

《疫苗管理法》第10条规定了疫苗全程电子追溯制度。国务院药品监管部门会同国务院卫生健康主管部门制定统一的疫苗追溯标准和规范。目前，疫苗信息化追溯体系建设所需标准已全部发布实施，包括《药品信息化追溯体系建设导则》《药品追溯码编码要求》《药品追溯系统基本技术要求》《疫苗追溯基本数据集》《疫苗追溯数据交换基本技术要求》五个标准。其中，前三个标准是基础通用标准，后两个标准

1　参见袁杰、王振江、赵宁、刘红亮、刘沛主编：《〈中华人民共和国疫苗管理法〉释义》，中国民主法制出版社2019年版，第63页。

对疫苗追溯参与方提出了追溯信息采集、存储、传输和交换的具体技术要求。[1]

国务院药品监管部门会同国务院卫生健康主管部门建立全国疫苗电子追溯协同平台，整合疫苗生产、流通和预防接种全过程追溯信息，实现疫苗可追溯。[2]协同平台作为疫苗信息化追溯体系的桥梁和枢纽，主要提供以下几种服务：一是提供基础信息的采集与分发服务，保障各系统中基础信息的一致性；二是提供疫苗追溯码编码规则的备案服务，保障追溯码的唯一性；三是提供地址解析服务，准确定位每个追溯码所在的疫苗追溯系统；四是提供公众查询服务，提供统一的疫苗追溯信息的查询入口。[3]

疫苗上市许可持有人应当建立疫苗电子追溯系统，与全国疫苗电子追溯协同平台相衔接，实现生产、流通和预防接种全过程最小包装单位可追溯、可核查。疾病预防控制机构、接种单位应当依法如实记录疫苗流通、预防接种等信息，并按照规定向全国疫苗电子追溯协同平台提供追溯信息。

2. 对疫苗生产流通环节的要求

疫苗管理中的全程管控，体现于《疫苗管理法》第三章中对疫苗生产的规定，包括对疫苗生产的严格准入，设定从事疫苗生产活动的条件，对疫苗上市许可持有人的法定代表人、主要负责人和关键岗位人员的要求，对生产工艺和质量控制标准的要求；全程管控还体现于《疫苗管理法》第四章中对疫苗流通的管理，包括要求疫苗储存、运输管理符合规范，要求销售记录真实、准确、完整，要求疾病预防控制机构、接种单位建立疫苗定期检查制度。

1　参见《国家药监局综合司 国家卫生健康委办公厅关于做好疫苗信息化追溯体系建设工作的通知》，药监综药管〔2019〕103号，2019年12月6日。

2　《疫苗管理法》第10条第2款。

3　《疫苗信息化追溯体系建设常见问题》，国家药品监督管理局，2020年2月10日。

3. 对预防接种的要求

疫苗管理中的全程管控，还体现在《疫苗管理法》第五章“预防接种”，该章强化、细化了对疾病预防控制机构、接种单位和医疗卫生人员的要求。疫苗管理不仅要规范疫苗研制、生产、流通环节，还要规范使用环节。《疫苗管理法》第44条规定了接种单位的条件，要求接种单位加强内部管理；《疫苗管理法》第45条规定了医疗卫生人员实施接种前应检查核对的信息；《疫苗管理法》第46条规定，医疗卫生人员应当真实、准确、完整记录接种信息，确保接种信息可追溯、可查询。

三、通过合作治理推动疫苗监管

《疫苗管理法》立法中体现了合作治理的理念。《疫苗管理法》第3条规定了社会共治的原则。疫苗管理立法的制度安排体现了从政府监管向公共治理的转型，强调通过各级人民政府、药品监督管理部门、卫生健康主管部门、疫苗上市许可持有人、疾病预防控制机构、接种单位、新闻媒体、行业协会等多元主体的合作治理，通过让不同主体承担不同的权利、义务与责任，形成监管合力，保障公众健康。

（一）厘清各级人民政府的职责

1. 政府职责

根据《宪法》第107条的规定，地方各级人民政府依照法律规定的权限，可以管理本行政区域内的卫生事业。根据《宪法》第108条的规定，县级以上地方各级人民政府领导所属各工作部门和下级人民政府的工作，因此，县级以上地方人民政府可以统一领导本行政区域内的疫苗监管工作。《疫苗管理法》第7条第2款规定，县级以上地方人民政府对本行政区域疫苗监督管理工作负责，统一领导、组织、协调本行政区域疫苗监督管理工作。

应急预案是针对可能的突发事件，为指导迅速、有序、规范地开展应对行动，降低或避免危害的工作计划或指导方案。就突发事件而言，鉴于时间上的突发性与后果的严重性，制定应急预案有着重要意义。[1]应急预案一般包括分级标准、组织体制、预测预警等事前管理措施，报告响应处置救援等事中管理措施，恢复善后等事后管理措施，应急保障、信息发布与公开、责任与奖惩等。[2]县级以上地方人民政府应当制定疫苗安全事件应急预案，对疫苗安全事件分级、处置组织指挥体系与职责、预防预警机制、处置程序、应急保障措施等做出规定。[3]

2. 能力建设与保障

国民经济和社会发展规划是我国宏观规划体系中的重要组成部分，是全国或某一地区与特定领域经济、社会发展的总体纲要，体现了国家或地方在规划期内国民经济的主要活动、科技进步主要方向、社会发展的主要任务以及城乡建设各领域各方面所做的全面规划、部署和安排，提出了政府在规划期内经济社会发展的战略目标、主要任务、实施重点，是我国各级政府宏观调控的重要手段，也是国家履行经济调节、市场监管、社会管理和公共服务职责的重要依据。[4]《疫苗管理法》第7条第1款规定，县级以上人民政府应当将疫苗安全工作和预防接种工作纳入本级国民经济和社会发展规划，加强疫苗监督管理能力建设。《中华人民共和国国民经济和社会发展第十四个五年规划和2035年远

1　参见袁杰、王振江、赵宁、刘红亮、刘沛主编：《〈中华人民共和国疫苗管理法〉释义》，中国民主法制出版社2019年版，第104页。

2　参见林鸿潮：《论应急预案的性质和效力——以国家和省级预案为考察对象》，《法学家》2009年第2期。

3　参见《疫苗管理法》第78条第1款。

4　参见张巍：《国民经济和社会发展规划的问题与改革思路》，《宏观经济管理》2014年第9期。

景目标纲要》也写入了创新疫苗快速审评审批机制，构建疫苗全生命周期管理机制的战略目标。[1]

《疫苗管理法》第63条规定，县级以上人民政府应当将疫苗安全工作、购买免疫规划疫苗和预防接种工作以及信息化建设等所需经费纳入本级政府预算，保证疫苗规划制度的实施。一般公共预算是对以税收为主体的财政收入，安排用于保障和改善民生、推动经济社会发展、维护国家安全、维持国家机构正常运转等方面的收支预算，而将疫苗管理经费纳入一般公共预算，则应构成题中之义。[2]其一，疫苗安全工作关系到公共安全、国家安全、民生保障，其经费应被纳入预算保障。其二，《疫苗管理法》第6条规定了免疫规划制度，政府免费向居民提供免疫规划疫苗，县级以上人民政府及有关部门应当保障适龄儿童接种免疫规划疫苗。免疫规划疫苗是政府向居民提供的公共物品，预防接种工作是重要的传染病主动预防手段，因此应以财政经费保障购买免疫规划疫苗和预防接种工作。其三，疫苗信息化建设涉及疫苗信息化追溯监管系统、免疫规划信息系统等的建设及后续运行、维护，这也是加强疫苗监管、确保疫苗安全的必要工作，应纳入预算经费保障。

3. 建立部门协调机制

疫苗管理不仅涉及药品监督管理、卫生健康和市场监督管理部门，而且涉及工业和信息化、财政、公安、海关等部门，部门之间需要进行合作，还需设法协调部门之间立场、政策、举措的不一致。《疫苗管理法》

---

1 《中华人民共和国国民经济和社会发展第十四个五年规划和2035年远景目标纲要》，新华社，2021年3月12日。

2 参见《中华人民共和国预算法》（1994年3月22日第八届全国人民代表大会第二次会议通过，根据2014年8月31日第十二届全国人民代表大会常务委员会第十次会议《关于修改〈中华人民共和国预算法〉的决定》第一次修正，根据2018年12月29日第十三届全国人民代表大会常务委员会第七次会议《关于修改〈中华人民共和国产品质量法〉等五部法律的决定》第二次修正）第6条。

第9条规定，国务院和省、自治区、直辖市人民政府建立部门协调机制，统筹协调疫苗监督管理有关工作，定期分析疫苗安全形势，加强疫苗监督管理，保障疫苗供应。

疫苗部门协调机制的典型例证是部际联席会议制度。部际联席会议不诉诸建立组织实体，而是通过相应的工作制度和协调程序进行部际协调。相较于议事协调机构，部际联席会议是部门之间共同商定的工作制度，具有资源密集度低、权限约束性小、灵活性高的特点。部际联席会议的召集单位和其他成员单位是横向平级的合作关系，会议目的在于及时沟通和交换信息、协调不同意见和利益，以顺利推进某项工作任务的落实。“弱关系”或许更有利于信息的扩散和资源的流动。[1]

2019年，经国务院同意，建立疫苗管理部际联席会议制度。联席会议的主要职责是：在党中央、国务院领导下，统筹研究疫苗产业布局、行业规划、生产流通、质量安全、供应储备、预防接种、补偿赔偿等重大问题，加快推进疫苗技术创新、工艺优化和产业升级；定期分析疫苗安全形势，会商研判疫苗案件办理、信息发布，组织制定疫苗安全事件应急预案；提出加强和改进疫苗工作的意见，推进监管能力建设和监管方式创新；完成党中央、国务院交办的其他事项。联席会议由市场监管总局、国家卫生健康委、国家药监局、中央宣传部、中央编办、国家发展改革委、科技部、工业和信息化部、公安部、司法部、财政部、人力资源社会保障部、国务院国资委组成，市场监管总局、国家卫生健康委、国家药监局为牵头单位。[2]各省市也多因循疫苗管理部际联席会议制度的样例，建立了不同层次的疫苗管理部门联席会议制度。

1　参见朱春奎、毛万磊：《议事协调机构、部际联席会议和部门协议：中国政府部门横向协调机制研究》，《行政论坛》2015年第6期。

2　《国务院办公厅关于同意建立疫苗管理部际联席会议制度的函》，国办函〔2019〕27号，2019年3月22日。

（二）强化疫苗监管部门的角色

1. 明确监管目标

在我国疫苗监管的合作治理体系中，疫苗监管部门有着相对丰富的资源禀赋和监管经验，在政策形成和执行过程中都发挥着主导作用。疫苗监管部门要依法履职，首先要明确监管目标。《疫苗管理法》第5条强调了“疫苗的安全性、有效性和质量可控性”，《疫苗管理法》第3条规定，“国家对疫苗实行最严格的管理制度，坚持安全第一”。这些规定都表明，疫苗监管的首要目标是确保安全。正如《疫苗管理法》第1条对立法目的的阐发，疫苗监管目标在于“保障公众健康，维护公共卫生安全”。

2. 厘清监管职责

虽然在立法和行政管理过程中，会有让“一事进一门”的理想，但监管事务往往是“横看成岭侧成峰”，为此，法律应尽量明确各部门的职责。《疫苗管理法》第8条即规定，药品监督管理部门负责疫苗监督管理，卫生健康主管部门负责预防接种监督管理，其他有关部门在各自范围内负责与疫苗有关的监督管理工作。例如，财政部门参与组织国家免疫规划疫苗集中招标、统一谈判，与其他部门共同拟定国家免疫规划疫苗种类、制定接种服务费的收费标准、安排接种免疫规划疫苗所需的补偿费用。[1]国务院工业和信息化部门则有提高储备疫苗的产能、加强产品管理之责，且在疫苗存在供应短缺风险时，需保障疫苗生产、供应。[2]国务院保险监督管理机构参与制定疫苗责任强制保险制度的具体实施

1 参见《疫苗管理法》第32、36、41、49、56条等。

2 参见《疫苗管理法》第65、66条。

办法。[1]这体现了行政组织事务分工的原理，尽可能将特定的行政任务分配给特定的行政组织，来尽量厘清监管职能的配置。

3. 加强能力建设

疫苗监管是以科学为基础的风险监管，目前疫苗监管技术支撑体系和疫苗安全保障力量以及疫苗审评评价、检查认证、监测预警力量都有待加强。因此，面对风险高、专业性强的疫苗，需要强化疫苗监管能力，建立以科学为导向的疫苗监管体系；需要加强疫苗监管队伍能力建设，培育以法律为依据、以科学为依归的监管风格和监管文化，形成与监管任务相适应的疫苗监管和技术支撑队伍。

《疫苗管理法》第71条规定了药品检查员制度，规定“国家建设中央和省级两级职业化、专业化药品检查员队伍，加强对疫苗的监督检查”。2019年7月，国家药品监督管理局印发《关于向疫苗生产企业派驻检查员的指导意见》，督促指导各省级药品监管部门开展派驻检查工作。各省、自治区、直辖市人民政府药品监督管理部门均依法向辖区内的疫苗生产企业派驻检查员，综合考虑所驻企业疫苗品种特点、生产任务、生产地址等因素，一般向每家企业各派驻两至四名检查员，派驻期一年左右。[2]

疫苗检查员的职责在于检查疫苗生产企业执行药品生产质量管理规范的情况，收集疫苗质量风险和违法违规线索。[3]实践中，派驻疫苗生产企业的检查员跟进疫苗生产全过程，定期向所驻企业发放缺陷反馈单，督促企业整改纠偏，实现对问题的闭环式管理；了解企业生产检验计划、偏差调查处理情况、关键物料采购及管理要求，配合省级药监部

1　参见《疫苗管理法》第68条。

2　参见朱渊、钱生稳：《疫苗生产企业派驻检查工作机制的思考》，《中国现代应用药学》2022年第13期。

3　参见《疫苗管理法》第71条。

门对潜在风险进行研判，推动企业落实主体责任，完善质量管理体系。[1]疫苗检查员向省、自治区、直辖市药品监管部门报告情况并提出建议，对派驻期间的行为负责。[2]但从制度架构的本意看，疫苗检查员代表药品监管部门长期对派驻企业的活动进行监管，专门、深入、持续地对风险点进行检查，疫苗检查员不能直接参与所驻企业的生产质量管理，其检查工作不能替代疫苗生产企业实施的质量管理。[3]

4. 推进监管信息共享

政府信息共享是通过跨部门、跨地区信息系统互联互通，对政府相关业务信息资源进行重新组合和优化配置，更好、更快实现行政任务的信息开发活动和行为。[4]政府信息共享有助于不同行政部门开展业务协同，开展无缝隙、一体化的政府监管与公共服务，有助于避免相关信息的不完整性和重复采集，提高监管与服务的公正性与效能，有助于提供“一站式”政务服务。[5]

《疫苗管理法》第75条规定，国务院药品监督管理部门会同国务院卫生健康主管部门等建立疫苗质量、预防接种等信息共享机制。这涉及疫苗电子追溯系统和国家免疫规划信息系统的衔接。疫苗电子追溯系统由国家药品监督管理局运营和维护。中国疾病预防控制中心于2019年开始构建国家免疫规划信息系统，该系统于2019年12月实现上线运行。2020年12月15日，全国各省、自治区、直辖市和新疆生

1 《新冠病毒疫苗生产企业派驻检查员高级研修班开课》，国家药品监督管理局官网，2021年6月30日。

2 参见《疫苗管理法》第71条第2款。

3 参见朱渊、钱生稳：《疫苗生产企业派驻检查工作机制的思考》，《中国现代应用药学》2022年第13期。

4 参见秦浩：《政府信息共享模式：理论、实践与个案研究》，《电子政务》2017年第4期。

5 参见易兰丽、王友奎、黄梅银：《基于社会网络分析的政府信息共享机制研究——以广东省D市办事服务信息为例》，《情报杂志》2019年第5期。

产建设兵团的省级免疫规划信息系统与国家免疫规划信息系统实现了对接，此系统包括了全人群预防接种信息的采集和分析、疫苗管理和追溯、冷链设备管理、疑似预防接种异常反应（adverse event following immunization，简称AEFI）监测与报告模板。该系统通过收集全国预防接种档案信息，实现了跨省预防接种档案信息异地共享。

一方面，疫苗电子追溯系统的信息已与免疫规划信息系统共享。省级免疫规划信息系统从全国疫苗电子追溯协同平台获取疫苗上市许可持有人、批签发、追溯码等疫苗信息。获取这些疫苗信息后，地区各级疾病预防控制机构和预防接种单位可对疫苗进行扫描出入库，最终通过扫码接种实现受种者和疫苗信息对应。接种完成后，通过省级免疫规划信息系统将信息反馈到全国疫苗电子追溯协同平台和国家免疫规划信息系统，从而实现受种者、预防接种单位、各级疾病预防控制机构、疫苗上市许可持有人的全流程正向和逆向电子化追溯。[1]

另一方面，疾病预防控制机构对预防接种信息管理系统的数据予以维护管理，应当将疑似预防接种异常反应监测信息与药品不良反应监测机构共享。疾病预防控制机构着重分析评价疑似预防接种异常反应发生情况及监测系统运转情况，药品不良反应监测机构着重分析评价疫苗安全性问题。

各级卫生行政部门、药品监督管理部门、疾病预防控制机构、药品不良反应监测机构、药品检验机构等机构还应探索其他信息共享机制，及时共享疫苗安全性相关问题、疑似预防接种异常反应监测情况等疫苗质量信息及预防接种信息。

就疫苗监管而言，国家卫生健康委员会、中国疾病预防控制中心，国家药品监督管理局及下属的中检院、药品审评中心、药品认证管理中

1　参见曹玲生、雷红、曹雷等：《国家免疫规划信息系统的建设和应用》，《中国疫苗和免疫》2022年第2期。

心、药典委员会，以及地方各级卫生部门、药品监督管理部门和疾病预防控制机构，都有自己所搜集的信息以及信息系统，应该通过一体化的网络建设，强化在疫苗审评、日常监管、预防接种过程中所形成信息的真实、准确、快捷共享。

（三）强化药品检验机构的能力建设

《疫苗管理法》第26条规定了疫苗批签发制度。疫苗批签发是指每批疫苗销售前或者进口时，经国务院药品监督管理部门指定的批签发机构按照相关技术要求进行审核、检验，对符合要求的发给批签发证明的活动。[1]目前国内可以进行疫苗批签发的机构有中检院、北京市药品检验研究院、上海市食品药品检验研究院、广东省药品检验所、湖北省药品监督检验研究院、四川省食品药品检验检测院、吉林省药品检验研究院以及甘肃省药品检验研究院。中检院可独立签发全部疫苗品种；北京市药品检验研究院等七个省级药品检验机构负责指定区域内企业疫苗产品的无菌及异常毒性等指定项目检验，并将结果报送中检院；上海市食品药品检验研究院除可进行上述提到的指定项目检验，还可独立签发指定区域内批签发申请人申报的流感疫苗。

根据《生物制品批签发管理办法》的规定，由国家药品监督管理局依据确定的评定标准、程序和条件，确定新增的批签发机构及其所负责的批签发品种。中检院对提出申请的药品检验机构进行能力评估和考核，国家药品监督管理局根据考核结果确定由该药品检验机构承担相应品种的批签发工作，或者同意该批签发机构扩大批签发品种范围。目前的批签发机构都为药品检验机构，药品检验机构作为保证

1　参见《生物制品批签发管理办法》（2020年12月11日国家市场监督管理总局令第33号公布，自2021年3月1日起施行）第2条。

药品安全有效和质量可控的重要技术支撑单位，处于技术监督的支柱地位，承担为药品行政监管、技术审评提供科学、公正的检验数据的职责。[1]

需要着力提升药品检验机构的疫苗检验检测能力。中检院目前已具备对全部疫苗品种的批签发能力，未来将致力于推动将疫苗生产企业所在省份及部分疫苗使用大省的省级药品检验机构建成为国家疫苗批签发机构，使得检验机构具备对辖区内生产疫苗主要品种进行批签发的能力。[2]这也对药品检验机构的人力资源建设、工作程序等提出了更高的要求。

从事疫苗批签发的药品检验机构应有与之相称的人力资源。药品检验机构从事批签发的工作人员，应受过良好培训，经验丰富，技能熟练。应明确批签发人员的职务、角色和职责。药品检验机构应为疫苗批签发活动建立独立的组织机构图，在该图中明确疫苗受理、检验、留样、签发等批签发相关流程的职责权限和相互关系。还应制定批签发工作程序、批签发资料审查工作程序、疫苗相关检验项目的标准操作规程（SOPs）、疫苗检测数据趋势分析规程、疫苗检验结果超出质量标准（OOS）的处理程序、疫苗批签发现场核实标准操作规范、标准物质期间核查规范等文件，来规范批签发工作。从事疫苗批签发的药品检验机构还应具备足够的仪器设备，以满足从事相关疫苗检验检测工作的需要。[3]

1 参见国家食品药品监督管理局：《确保公众饮食用药安全——中国食品药品监管改革与发展》，中国医药科技出版社2009年版，第213页。

2 参见《"十四五"国家药品安全及促进高质量发展规划》，国家药品监督管理局网站。

3 参见李丹萍、陈燕、袁军：《我国疫苗批签发检验机构实验室质量体系建设研究》，《中国药学杂志》2021年第18期。

（四）明确被监管者的责任

《疫苗管理法》为被监管主体设定了守法的义务，通过精巧的制度设计融合“对自我规制的规制”理念，实现行政监管与自我规制的结合。

被监管主体的守法义务体现在以下规定中：《疫苗管理法》第5条第2款规定，从事疫苗研制、生产、流通和预防接种活动的单位和个人，应当遵守法律、法规、规章、标准和规范，保证全过程信息真实、准确、完整和可追溯，依法承担责任，接受社会监督；《疫苗管理法》第70条第1款规定，在疫苗管理全链条中作为被监管者的疫苗上市许可持有人、疾病预防控制机构、接种单位等，应当依法履行义务。疫苗全链条中的有关单位和个人有协助义务，应当配合药品监督管理部门开展现场检查和延伸检查，不得拒绝和隐瞒。[1]

《疫苗管理法》第七章题为“疫苗上市后管理”，其体现了“对自我规制的规制”理念。法律并非要介入疫苗上市许可持有人的微观管理，而是为被监管者的自律性监管设定外在制度约束、最低要求，又为被监管者保留相当程度的灵活性，令其在遵守法律的前提下，更好地履行主体责任、保障产品安全。

其一，疫苗上市许可持有人应建立健全疫苗全生命周期质量管理体系。[2]要求疫苗上市许可持有人从疫苗的研制到淘汰退市，都有完整的质量管理制度和措施，切实担起质量管理的主体责任。

其二，疫苗上市许可持有人此前往往被动接受监管，缺少风险控制意识和控制手段，缺少成熟的风险管理计划，在风险管理中处于被动地

1　参见《疫苗管理法》第70条第2、3款。

2　参见《疫苗管理法》第57条第1款。

位。《药品管理法》第77条要求药品上市许可持有人应当制定药品上市后风险管理计划，《疫苗管理法》第57条要求疫苗上市许可持有人应制定并实施疫苗上市后风险管理计划。疫苗上市后风险管理计划是针对药品上市后已识别或潜在的重要风险，制定的用以描述其风险和风险控制措施、风险最小化措施的文件。[1]疫苗上市后风险管理计划应针对疫苗上市后存在或可能存在的风险因素，事先制订防范和控制风险事件以及应对风险事件的方案。

其三，疫苗上市许可持有人有开展疫苗上市后研究的法定义务，对疫苗的安全性、有效性和质量可控性进行进一步确证。[2]疫苗上市后研究可以补充和完善上市前安全性信息，为疫苗临床使用提供技术支持，构成开展有效上市后再评价的证据来源和科学决策的基础。新批准注册的疫苗，生产企业应按照要求开展上市后的Ⅳ期临床试验，考察在广泛使用条件下的疗效和不良反应，评价在普通或特殊人群中使用的利益与风险关系等。疫苗上市许可持有人应在申请疫苗再注册时一并提交相关试验资料，未按照要求提交相关试验资料的，不予再注册。[3]此外，疫苗上市许可持有人还应当根据疫苗安全性、有效性和质量可控性的实际情况，自行或根据国务院药品监督管理部门的相关要求，开展疫苗上市后研究。

如上法律制度安排规定了疫苗上市许可持有人“做什么”的义务，但赋予了上市许可人“怎么做”的裁量权，这体现了精巧监管的理念，体现了行政监管与自我规制的结合。同时，疫苗生产经营企业不仅应该遵守药监法律法规和技术规范，遵守《药品生产质量管理规范》《药

1　参见袁杰、王振江、刘红亮、刘沛主编：《〈中华人民共和国药品管理法〉释义》，中国民主法制出版社2019年版，第152页。

2　参见《疫苗管理法》第57条第1款。

3　参见《关于进一步加强疫苗质量安全监管工作的通知》，国家食品药品监督管理局，国食药监注〔2010〕498号，2010年12月31日。

品经营质量管理规范》等要求，还应当遵守有关疫苗监管的专门要求，如疫苗储存、运输管理规范等。这些仅仅是对疫苗企业的最低要求，负责任的疫苗生产经营企业还应当通过全面质量管理，达到高于法律法规的标准。这既有利于提高企业的核心竞争力，也有助于提升企业的品牌形象。

（五）发挥疫苗行业协会的作用

行业协会与公权力保持距离，并贴近经济生活，构成了国家和经济活动主体之间的中间人。[1]行业协会能够有效对团体成员进行自我规制，其基础是受到基本权利保障的私人自治，这也体现了产业界对公共利益所承担的自我责任与共同责任。

在《疫苗管理法》颁布后不久，2019年9月2日，民政部批准中国医药企业发展促进会更名为中国疫苗行业协会（China Association for Vaccines，简称CAV）。中国疫苗行业协会以原中国医药企业发展促进会为基础，是由疫苗及其相关生物制品行业的企事业单位、社会团体和个人自愿组成的全国性、行业性、非营利性的国家一级行业协会，具有社团法人资格。截至2023年1月31日，中国疫苗行业协会拥有会员单位355家，分支机构34个，涵盖我国主要疫苗企业与生物制品企业，以及为疫苗及生物制品研发、生产、流通配套服务的上下游企业，贯穿生物制药全产业链和不同业务领域。[2]

在疫苗监管中，行业协会应成为政府管理部门与疫苗行业之间的桥梁。《疫苗管理法》第13条规定，“疫苗行业协会应当加强行业自律，

1　参见［德］罗尔夫·施托贝尔：《经济宪法与经济行政法》，谢立斌译，商务印书馆2008年版，第511页。

2　《协会简介》，中国疫苗行业协会官网。

建立健全行业规范，推动行业诚信体系建设，引导和督促会员依法开展生产经营等活动”。以《中国疫苗行业协会行业自律公约》为例，该公约共5章27条，规定中国疫苗行业协会是疫苗行业自律管理的行业组织。公约的基本原则是守法、诚信、安全，该公约还为会员设定了质量安全纪律守则和行业自律规范，规定“协会对模范履约的会员将给予褒奖。对违反本公约者，将视情节采取诫勉警示、限期改正、内部通报、公开通报、列入行业不良信用记录、开除会籍等自律措施”。[1]

未来，应加强疫苗行业协会的自身建设，增强协会参与疫苗监管的能力，推进行业自律和政府监管的良性互动。其一，疫苗行业协会应推动会员不断建立和完善内部管理制度，并通过向会员提供信息、技术、交流等服务，引导和督促会员合法开展活动。其二，疫苗行业协会应推动行业诚信建设，建立健全疫苗行业失信惩戒措施。其三，疫苗行业协会要致力于宣传、普及疫苗安全知识，提供科学准确的信息和咨询服务，提升公众对疫苗安全知识的认知度。[2]

（六）引导媒体进行科学传播

媒体成为“人们认识世界的窗口”，“窗口的尺寸与形状，制约着我们能够从窗口看到什么；由于窗口的位置和观察者的姿势的不同，也决定了所看到内容的差异”。[3]新闻媒体和自媒体日益注重选择具有轰动效应的新闻题材，将对危机事件和大灾难的报道奉为赢得市场的“法宝”，也倾向于报道诸如疫苗事件等多少有些悲情色彩的事件。在媒体对历次疫苗安全事件的报道中，也有夸大风险而非减少风险的实例，媒

1　《中国疫苗行业协会行业自律公约》，中国疫苗行业协会官网。

2　参见袁杰、王振江、赵宁、刘红亮、刘沛主编：《〈中华人民共和国疫苗管理法〉释义》，中国民主法制出版社2019年版，第79—80页。

3　张昆：《大众媒介的政治社会化功能》，武汉大学出版社2003年版，第48页。

体叙事结构往往塑造出受害者–坏人的话语体系，将受害者塑造成需要从坏人之手解救出来的形象，将侵害者的形象予以“妖魔化”。[1]

随着新媒体技术的迅速发展，阅读日趋碎片化，公众的浅阅读渐成趋势，媒体为迎合公众浅阅读的习惯，经常通过对事实主观筛选以及刻意放大后果来获取公众的关注度，但这有可能造成“风险的社会放大”。概率思维会带来风险认知中的系统性偏差。当公众看到媒体关于“问题药品”报道的“信息流瀑”时，面对这些令人忧心忡忡的描述，往往会在概率忽略的诱导下，不去思考事情发生的先验概率或基本概率信息，而在报道直接刺激下做出判断，认为凡是疫苗都存在严重隐患。[2]

以2013年12月深圳康泰生物制品股份有限公司乙肝疫苗疑似预防接种异常反应事件为例，这是一起典型的媒体不当报道引发的药品信任危机事件。2013年12月11日，湖南广播电视台经视频道报道“三名婴儿注射乙肝疫苗后出意外”，衡阳市两名婴儿不幸死亡，常德市的一名婴儿仍在重症监护室抢救。2013年12月13日至20日，中央电视台报道“致婴儿死亡乙肝疫苗被暂停使用”后，新浪、搜狐、新华网等网站纷纷转载，社会舆论开始升温。之后国家食品药品监督管理总局派出检查组，对深圳康泰生物制品股份有限公司进行了全面检查，对涉及乙肝疫苗批次进行了抽样检验，组织专家会研判检查检验结果。2014年1月17日，国家食品药品监督管理总局和国家卫计委联合发布关于深圳康泰生物制品股份有限公司乙肝疫苗问题调查结果：“综合现场检查、产品抽验结果、质量回顾分析以及病例调查诊断情况，未发现深圳康泰生物制品股份有限公司生产的乙肝疫苗存在质量问题。”因此，此次事件不是疫苗质量安全事件，而是媒体发布了不应发布的不专业报

1　参见［美］阿诺德·S.戴比尔、约翰·C.梅里尔编：《全球新闻事业：重大议题与传媒体制》（第五版），郭之恩译，华夏出版社2010年版，第149页。

2　参见宋华琳：《风险认知与议程设定——评桑斯坦的〈最差的情形〉》，《绿叶》2011年第4期。

道，引起公众对疫苗质量恐慌的新闻事件。[1]

记者的职业特点是质疑，但质疑并非盲目地怀疑一切，而应当以专业态度进行理性分析。疫苗安全是具有高度专业性的知识领域，报道这一领域的记者应该勤于请教专家，把专业信息通过专家的讲解通俗易懂地传递给公众；有责任感的媒体人应该努力提高科学素养，以科学精神传播信息。《疫苗管理法》第12条第2款也要求，有关疫苗的宣传报道应当全面、科学、客观、公正。

未来，应当在媒体与监管部门、专家和产业界间建立常规的沟通机制，尤其在出现疫苗安全事件时，监管部门应当快速做出反应，通过媒体及时公布事件调查的结果，通过媒体和专家的密切合作，向公众传达全面、科学、客观、公正的信息。媒体还应致力于科学传播，开展疫苗安全法律、法规以及预防接种知识等的公益宣传，并对疫苗违法行为进行舆论监督。[2]

（七）引入公众参与

疫苗接种是针对人群所开展的公共卫生政策和干预措施，旨在通过集体化组织的手段来改进健康。[3]因此，公众有权获得清晰且易理解的相关疫苗信息，信息公布者公布的信息应及时、准确、全面，并做出必要的解释说明，从而让公众对疫苗风险、安全与伦理有充分的理解，以做出知情的决定。换言之，疫苗风险的施加者必须完全披露风险，披露

1　参见宋劲松：《2013年康泰乙肝疫苗信任危机案例研究》，《国家行政学院学报》2015年第5期。

2　参见《疫苗管理法》第12条第2款。

3　参见［英］约翰·科根、基思·塞雷特、A. M.维安：《公共卫生法：伦理、治理与规制》，宋华琳、李芹、李傇等译，译林出版社2021年版，第12页。

已知的风险信息，以及与科技相关的不确定性与未知之事。[1]

《疫苗管理法》第77条第1款规定，任何单位和个人有权依法了解疫苗信息。这体现了公众知情权。首先，公众有权了解行政机关在疫苗监管工作中形成的应当公开的政府信息。《政府信息公开条例》第20条规定，对涉及公众利益调整、需要公众广泛知晓或者需要公众参与决策的政府信息，行政机关应当主动公开。疫苗监管信息涉及公众健康，需要公众广泛知晓，应主动公开。其次，疫苗上市许可持有人应当建立信息公开制度，按照规定在其网站上及时公开疫苗产品信息、说明书和标签、药品相关质量管理规范执行情况、批签发情况、召回情况、接受检查和处罚情况以及投保疫苗责任强制保险情况等信息。[2]

《宪法》第41条第1款规定，中华人民共和国公民对于任何国家机关和国家工作人员，有提出批评和建议的权利。《疫苗管理法》第77条也规定，任何单位和个人有权对疫苗监督管理工作提出意见、建议。

《疫苗管理法》第77条第2款规定了公众对疫苗监管工作的举报权。举报具有广泛性、及时性的特点，通过充分发挥公众监督的作用，有助于及时阻遏、查处疫苗违法行为，及时发现、控制和解决潜在的疫苗安全隐患。任何单位和个人有权向卫生健康主管部门、药品监督管理部门等部门举报疫苗违法行为。有关部门、机关应当及时核实、处理。对查证属实的举报，按照规定给予举报人奖励。

《疫苗管理法》第77条规定，举报人举报所在单位严重违法行为，查证属实的，给予重奖。其机理在于，在西方，与我国内部人员举报对应的是“吹哨人”（whistleblower），是雇员或前雇员对雇主违法违规、危险或不端行为的举报。内部人员举报经常有遭遇同事或上级打击报

1 参见周桂田主编：《台湾风险公共性考察》，远流出版事业股份有限公司2015年版，第254—255页。

2 参见《疫苗管理法》第74条。

复、失去工作等方面的压力，为此，应给予内部举报人重奖，以消除内部举报人的后顾之忧。[1]

四、夯实对疫苗的全过程监管

我国对疫苗类制品的监管是全过程的监管，对于非临床研究、临床试验、注册、生产、流通、进口、不良反应监测和上市后安全监控等各环节均进行监管。应通过强化疫苗类制品的全过程监管，来确保疫苗安全有效。

（一）细化对疫苗非临床研究的要求

《药品管理法》第18条规定，开展药物非临床研究，应当符合国家有关规定，有与研究项目相适应的人员、场地、设备、仪器和管理制度，保证有关数据、资料和样品的真实性。《药品管理法》第17条规定，从事药品研制活动，应当遵守药物非临床研究质量管理规范。现行《药物非临床研究质量管理规范》是国家市场监督管理总局于2017年公布的部门规章。《药物非临床研究质量管理规范》规范了有关非临床安全性评价研究机构的运行管理，为非临床安全性评价研究项目试验方案设计、组织实施、执行、检查、记录、存档和报告等全过程的质量管理设定要求。[2]疫苗非临床研究应当有与非临床研究项目相适应的条件，应当恪守《药物非临床研究质量管理规范》的要求。

疫苗的安全性日益受到重视，非临床安全性评价已成为疫苗开发的国际化要求。非临床安全性评价研究是指为评价药物安全性，在实

1　参见彭成义：《国外吹哨人保护制度及启示》，《政治学研究》2019年第4期。

2　《药物非临床研究质量管理规范》，2017年7月27日国家食品药品监督管理总局令第34号公布，自2017年9月1日起施行。

验室条件下用实验系统进行的试验，包括安全药理学试验、单次给药毒性试验、重复给药毒性试验、生殖毒性试验、遗传毒性试验、致癌性试验、局部毒性试验、免疫原性试验、依赖性试验、毒代动力学试验以及与评价药物安全性有关的其他试验。疫苗非临床安全性评价的主要关注点包括免疫原性、免疫毒性、系统毒性、局部刺激性，主要项目包括重复给药毒性试验、急性毒性试验、过敏试验、生殖毒性试验、生物分布，评价方法涉及免疫原性评价方法、一般毒性研究、免疫毒性研究、组织分布研究、局部刺激性试验以及对佐剂的评价等。还需阐明体外方法的结果与整体研究结果的相关性，基于评价来预测疫苗毒性。[1]

（二）依法开展疫苗临床试验

疫苗临床试验，是指在人体进行疫苗的系统性研究，以证实或揭示试验疫苗的作用、不良反应等，目的是确定试验疫苗的安全性和有效性。[2]开展疫苗临床试验，应当经国务院药品监督管理部门依法批准，由符合国务院药品监督管理部门和国务院卫生主管部门规定条件的三级医疗机构或者省级以上疾病预防控制机构实施或者组织实施。[3]2013年至2021年，我国共登记疫苗临床试验项目418项，其中治疗性疫苗临床试验项目19项，预防性疫苗临床试验项目399项。所有治疗性疫苗临床试验项目都在医疗机构开展，医疗机构开展的预防性疫苗临床试验项目有13项，疾病预防控制机构开展的预防性疫苗临床试验项目有387项。[4]

1　参见刘丽、李波：《疫苗的非临床安全性研究》，《中国新药杂志》2018年第21期。

2　参见袁杰、王振江、赵宁、刘红亮、刘沛主编：《〈中华人民共和国疫苗管理法〉释义》，中国民主法制出版社2019年版，第85页。

3　参见《疫苗管理法》第16条。

4　参见夏强、吕亚丽、冯文利、王淑民：《我国疫苗临床试验开展的现状》，《中国临床药理学杂志》2022年第7期。

根据国际通行的医学伦理原则，对目标人群为儿童和婴幼儿的疫苗，由于儿童和婴幼儿对不良反应的耐受力较低，开展疫苗临床试验时，应按照成人、儿童、婴幼儿的顺序分步进行，在成人初步试验确认安全的情况下，逐步扩展到目标人群。疫苗临床试验申办者应审慎选择受试者，合理设置受试者群体和年龄段，并根据风险程度采取有效措施，保护受试者合法权益。[1]

疫苗临床试验受试者的人格应受完整的尊重。美国大法官本杰明·卡多佐在1914年的判决中指出："每一个成年的且心智健全的人均具有如何处置其自身身体的权利。"[2]《赫尔辛基宣言》中规定："受试者必须是自愿参加并且对研究项目有充分的了解。"取得受试者书面知情同意书是进行药物临床试验的必须前提，研究者应向受试者说明的内容。《药品管理法》第21条规定，实施药物临床试验，应当向受试者或者监护人如实说明和解释临床试验的目的和风险等详细情况，取得受试者或者其监护人自愿签署的知情同意书，并采取有效措施保护受试者合法权益。《疫苗管理法》第18条明确规定，开展疫苗临床试验，应当取得受试者的书面知情同意；受试者为无民事行为能力人的，应当取得其监护人的书面知情同意；受试者为限制民事行为能力人的，应当取得本人及其监护人的书面知情同意。

（三）健全与完善疫苗注册制度

1. 提交真实、充分、可靠的申请材料

申请人申请行政许可，应当如实向行政机关提交有关材料和反映

1　参见《疫苗管理法》第17条。

2　参见郑磊：《临床试验受试者的五大权利》，《中国处方药》2007年第9期。

真实情况，并对其申请材料实质内容的真实性负责。[1]《疫苗管理法》第19条规定，申请疫苗注册，应当提供真实、充分、可靠的数据、资料和样品。根据《最高人民法院、最高人民检察院关于办理药品、医疗器械注册申请材料造假刑事案件适用法律若干问题的解释》[2]规定，当疫苗注册申请单位的工作人员故意使用虚假药物非临床研究报告、药物临床试验报告及相关材料，骗取药品批准证明文件生产、销售药品的，应当依照《中华人民共和国刑法》(以下简称《刑法》第141条规定，以生产、销售假药罪定罪处罚。

2. 引入优先审评审批程序

《疫苗管理法》第19条第2款规定，对疾病预防、控制急需的疫苗和创新疫苗，国务院药品监督管理部门应当予以优先审评审批。《药品注册管理办法》第68条对疫苗优先审评审批做了进一步规定。疾病预防、控制急需的疫苗具体清单由国家卫生健康委员会与工业和信息化部提出，并经国家药品监督管理局组织确定。[3]

申请人如适用优先审评审批程序，则在提出疫苗上市许可申请前，应当与国家药品监督管理局药品审评中心进行沟通交流，探讨现有研究数据是否满足药品上市许可审查要求，是否符合优先审评审批程序纳入条件等，对于初步评估认为符合优先审评审批纳入条件的，应当在会议纪要中予以明确。经沟通交流确认后，申请人应当在提出药品上市许可申请的同时，通过药审中心网站提出优先审评审批申请，并提交

---

1 参见《行政许可法》第31条。

2 参见《最高人民法院 最高人民检察院关于办理药品、医疗器械注册申请材料造假刑事案件适用法律若干问题的解释》，2017年4月10日最高人民法院审判委员会第1714次会议、2017年6月8日最高人民检察院第十二届检察委员会第65次会议通过，自2017年9月1日起施行。

3 《药品上市许可优先审评审批工作程序（试行）》，国家药品监督管理局2020年第82号公告，附件3，2020年7月7日。

相关支持性资料。对于纳入优先审评审批程序的疫苗上市许可申请，按注册申请受理时间顺序优先配置资源进行审评，其上市许可申请的审评时限为130日；需要核查、检验和核准药品通用名称的，予以优先安排；经沟通交流确认后，可以补充提交技术资料。[1]

3. 附条件批准程序的适用

附条件批准旨在鼓励以临床价值为导向的药物创新，加快具有突出临床价值的临床急需药品上市。[2]《药品管理法》第26条设定了药品附条件批准制度，规定对“公共卫生方面急需的药品”，“药品临床试验已有数据显示疗效并能预测其临床价值的”，可以附条件批准。《疫苗管理法》第20条进一步规定了疫苗附条件批准制度。当适用疫苗附条件批准程序时，申请上市的疫苗需为“应对突发重大公共卫生事件急需”或“国务院卫生健康主管部门认定急需的其他疫苗”，当经评估获益大于风险时，国务院药品监督管理部门可以附条件批准疫苗注册申请。

截至2021年底，国家药品监督管理局对四款新冠病毒疫苗附条件批准上市，这四款疫苗包括国药中生北京公司新型冠状病毒灭活疫苗（Vero细胞）、康希诺生物股份公司重组新型冠状病毒疫苗（5型腺病毒载体）、北京科兴中维生物技术有限公司新型冠状病毒灭活疫苗（Vero细胞）以及安徽智飞龙科马生物制药有限公司重组新型冠状病毒蛋白疫苗（CHO细胞）。[3]

或可将附条件行政许可理解为行政行为的附款。附款是行政机关将条件、期限、负担或保留废止权等附加于行政行为主要内容之上的意思表示，也是对行政行为主要规制内容的进一步补充和限制，这本身构

1　参见《药品注册管理办法》第70条。

2　参见袁利佳、陈小明、张宁：《我国药品附条件批准程序实施情况及相关思考》，《中国药事》2022年第10期。

3　以上信息来自对国家药品监督管理局网站资料检索的整理。

成了有规制效果的创设性规定。[1]疫苗附条件批准的制度安排一方面探求了药品可及性与药品安全性之间的平衡，另一方面，在保护许可申请人权益的同时，实现了行政机关对公共利益和药品安全的维护。附条件批准体现了行政的羁束性与灵活性、依法行政与行政弹性的平衡，[2]构成了行政机关达成行政任务的“细腻调控”手段，让具体许可法律关系的塑造能更精妙地与个案情境相契合，进而建构出层次分明、绵密的规制结构。[3]

秉承如上的学术理路，或可将疫苗附条件批准理解为疫苗行政许可的附款。这包括了负担的附加，对附条件批准之下的疫苗上市许可申请人而言，其并未完成所有研究，因此，当附条件批准疫苗上市时，颁发的药品注册证书会载明上市后需要继续完成的研究工作及完成时限等相关事项。疫苗上市许可持有人在获得批准的同时，要在规定期限内按照要求完成其他尚未完成的研究内容，并针对该药品研究尚不充分的特点，有针对性地采取相应风险管理措施，制订风险管控计划。[4]例如，国家药品监督管理局自新冠疫情暴发以来，不断督促新冠病毒疫苗上市许可持有人落实主体责任，完成附条件批准时要求的各项相关任务，持续深化对附条件上市产品安全性特征的认识，及时提交后续研究结果。[5]

废止权的保留，是指行政机关做出行政行为时，预计将来有可能在特定情形下需废止此行为，所以在行政行为内容中设定保留废止权

---

1 参见刘宗德：《通讯传播行政处分附款之容许性及合法性论议》，《月旦法学杂志》2012年第10期。

2 参见赵宏：《法治国下的目的性创设——德国行政行为理论与制度实践研究》，法律出版社2012年版，第405页。

3 参见詹镇荣：《行政处分附款法制之传统与革新》，《公平交易季刊》2011年第4期。

4 参见《疫苗管理法》第78条；袁杰、王振江、赵宁、刘红亮、刘沛主编：《〈中华人民共和国疫苗管理法〉释义》，中国民主法制出版社2019年版，第92页。

5 《2021年度药品审评报告》，国家药品监督管理局网站，2022年6月1日。

的附款，对行政行为事后加以限制、设定条件，以便针对未来可能发生但事先无法预测的状况，如危险的来临或情事变更，预留弹性处理空间。[1]

废止权保留的目的在于，面向行政相对人告知未来废止行政行为的可能性，排除信赖保护的适用。我国《药品管理法》第78条针对附条件批准的药品许可也设定了废止权的保留，规定当附条件批准的药品"逾期未按照要求完成研究或者不能证明其获益大于风险，国家药品监督管理局应当依法处理，直至注销药品注册证书"。但目前附条件批准的注销情形和程序尚不清晰，建议未来进一步明确。[2]

4. 疫苗的紧急使用

美国、欧盟、日本都有医药产品紧急使用授权（Emergency Use Authorizations, EUAs）制度，例如，在美国，根据《联邦食品、药品与化妆品法》（Federal Food, Drug, and Cosmetic Act）和2004年《生物防御计划法》（Project Bio Shield Act）规定，当生物、化学、辐射和核制品的攻击给公众和美国军队带来高风险或影响国家安全，或造成紧急状况的发生或加剧，或因此导致特定疾病或情况时，FDA局长可以授权将特定药品、生物制品和医疗设备紧急用于疾病的诊断、治疗和预防，这是在实际的或潜在的紧急状态下，对未批准上市的医药产品或已批准上市产品未批准用途的授权。[3]

《疫苗管理法》第20条规定，出现特别重大突发公共卫生事件或者其他严重威胁公众健康的紧急事件，国务院卫生健康主管部门根据传

1　参见刘宗德：《通讯传播行政处分附款之容许性及合法性论议》，《月旦法学杂志》2012年第10期。

2　参见袁利佳、陈小明、张宁：《我国药品附条件批准程序实施情况及相关思考》，《中国药事》2022年第10期。

3　参见董江萍：《美国FDA医疗产品紧急使用授权管理简介及启示》，《药物评价研究》2009年第1期。

染病预防、控制需要提出紧急使用疫苗的建议，经国务院药品监督管理部门组织论证同意后可以在一定范围和期限内紧急使用。在新冠肺炎防控过程中，我国启动了疫苗紧急使用制度。2020年6月，《新冠病毒疫苗紧急使用方案》获批，随后小范围起步、稳妥审慎推进，在知情同意自愿的基础上，在充分的不良反应监测和应急救治准备的前提下，对高风险人群开展了新冠肺炎疫苗的紧急接种。[1]又如，2022年9月，经国家卫生健康委提出建议，国家药品监督管理局组织论证并批准新增2款新冠病毒疫苗纳入序贯加强免疫紧急使用。它们分别是“丽康V-01”重组新型冠状病毒融合蛋白（CHO细胞）疫苗和“克威莎雾优”吸入用重组新冠病毒（5型腺病毒载体）疫苗。

（四）明确疫苗生产监管要求

其一，疫苗上市许可持有人应当对疫苗进行质量跟踪分析，持续提升质量控制标准，改进生产工艺，提高生产工艺稳定性。[2]

其二，疫苗上市许可持有人重要和关键岗位人员应当具备相应资质，符合相应要求。疫苗上市许可持有人的法定代表人、主要负责人、生产管理负责人、质量管理负责人和质量受权人，应当具有良好的信用记录，药品严重失信人员不得担任上述职务。[3]疫苗上市许可持有人的生产管理负责人、质量管理负责人和质量受权人等关键岗位人员应当具有相关专业背景和从业经历，应具有医学、药学、生物学等相关专业本科及以上学历或具备中级以上专业技术职称，具有五年以上从事疫苗领域生产

1　参见许安标：《深入贯彻疫苗管理法　切实保障公众健康》，《行政管理改革》2021年第8期。

2　参见《疫苗管理法》第58条。

3　参见《疫苗管理法》第23条。

质量管理经验，能够在生产、质量管理中履行职责，并承担相应责任。[1]

其三，疫苗上市许可持有人应当建立完整的生产质量管理体系，严格按照经核准的生产工艺和质量控制标准组织生产，确保产品符合上市放行要求。生产过程中应当持续加强物料供应商管理、变更控制、偏差管理、产品质量回顾分析等工作。采用信息化手段如实记录生产、检验过程中形成的所有数据，确保生产全过程持续符合法定要求。对于无法采用在线采集数据的人工操作步骤，应将该过程形成的数据及时录入相关信息化系统或转化为电子数据，确保相关数据的真实、准确、完整和可追溯，同时按要求保存相关纸质原始记录。[2]

其四，疫苗上市许可持有人应当根据疫苗上市后研究、预防接种异常反应等情况持续更新说明书、标签，并按照规定申请核准或者备案。[3]说明书、标签更新后，疫苗上市许可持有人应将更新的内容立即通知相关疾病预防控制机构、接种单位、疫苗配送单位等。

其五，疫苗上市许可持有人应当建立疫苗质量回顾分析和风险报告制度，每年将疫苗生产流通、上市后研究、风险管理等情况按照规定如实向国务院药品监督管理部门报告。[4]疫苗上市许可持有人应当在每年4月底前上传上年度的质量年度报告，质量年度报告内容至少应当包括：疫苗生产和批签发情况，关键人员变更情况，生产工艺和场地变更情况，原料、辅料变更情况，关键设施设备变更情况，偏差情况，稳定性考察情况，销售配送情况，疑似预防接种异常反应情况，风险管理情况，接受检查和处罚情况。[5]

1　参见《疫苗生产流通管理规定》（国家药品监督管理局2022年第55号公告，2022年7月8日）第7条。

2　参见《疫苗生产流通管理规定》第17条。

3　参见《疫苗管理法》第59条。

4　参见《疫苗管理法》第60条。

5　参见《疫苗生产流通管理规定》（国家药品监督管理局2022年第55号公告，2022年7月8日）第21条。

（五）强化疫苗批签发管理

批签发是指国家药品监管部门为确保疫苗等生物制品的安全、有效，在每批产品销售前或进口前，由指定的药品检验机构对其进行审核、检验及签发的监督管理行为。[1]现行《药品管理法实施条例》第39条规定，疫苗类制品在销售前或者进口时，应当按照国务院药品监督管理部门的规定进行检验或者审核批准；检验不合格或者未获批准的，不得销售或者进口。这构成了批签发制度的法律依据。

在监管实践中，自2001年12月31日起，已对百白破、卡介苗、口服脊髓灰质炎疫苗、重组DNA乙肝疫苗和麻疹疫苗这五种计划免疫疫苗实施批签发。2005年8月和10月，我国先后对人用狂犬病疫苗、脑膜炎球菌多糖疫苗和乙型脑炎疫苗实施批签发。2006年1月1日起，所有在中国生产上市的疫苗均纳入批签发管理体系。

《疫苗管理法》第26条规定了疫苗批签发制度，第27条规定了申请疫苗批签发应提供的申请材料，第28条规定了豁免批签发的情形，第29条规定了疫苗批签发工作内容和方法，第30条就疫苗批签发中发现重大质量风险的处理加以规定。在2020年12月，国家市场监督管理总局以部门规章的形式颁布了《生物制品批签发管理办法》，该办法规定了如何确定批签发机构，对批签发的申请、审核、检验、检查、签发、复审、信息公开、法律责任等加以规定。[2]

每批疫苗销售前或进口前，应当经批签发机构按照相关技术要求

---

1 参见袁杰、王振江、赵宁、刘红亮、刘沛主编：《〈中华人民共和国疫苗管理法〉释义》，中国民主法制出版社2019年版，第102页。

2 《生物制品批签发管理办法》，国家市场监督管理总局令第33号，2020年12月11日公布，自2021年3月1日起施行。

进行审核、检验。应完善批签发工作内容和方法。疫苗批签发应当逐批进行资料审核和抽样检验。[1]批签发机构在对具体品种的批签发过程中，可以根据该品种的工艺及质量控制成熟度和既往批签发等情况进行综合评估，根据疫苗质量风险评估情况，对疫苗批签发项目和检验频次进行动态调整。[2]批签发产品出现不合格项目的，批签发机构应当对后续批次产品的相应项目增加检验频次。[3]

在批签发过程中，存在企业申报样品和材料真实性的问题。批签发机构对批签发申请资料及样品真实性有疑问，或者存在需要进一步核实的情况的，应当予以核实，必要时可派员到生产企业进行现场核实，可采取现场调阅原始记录、现场查看设备及日志等措施，并可视情况进行现场抽样检验。开展现场核实工作应当按照生物制品批签发现场核实相关要求进行，并通知省、自治区、直辖市药品监督管理部门派监管执法人员予以协助。[4]

批签发是加强疫苗上市后监管，特别是发现和控制疫苗质量风险的重要手段之一。批签发机构在批签发过程中发现疫苗存在重大质量风险的，应当及时向国务院药品监督管理部门和省、自治区、直辖市人民政府药品监督管理部门报告。接到报告的部门应当立即对疫苗上市许可持有人进行现场检查，根据检查结果通知批签发机构对疫苗上市许可持有人的相关产品或者所有产品不予批签发或者暂停批签发，并责令疫苗上市许可持有人整改。疫苗上市许可持有人应当立即整改，并及时将整改情况向责令其整改的部门报告。[5]

1　参见《疫苗管理法》第29条。
2　参见《疫苗管理法》第29条。
3　参见《生物制品批签发管理办法》第19条。
4　参见《疫苗管理法》第29条、《生物制品批签发管理办法》第24条。
5　参见《疫苗管理法》第30条。

五、救济机制的制度改革

《疫苗管理法》不仅对疫苗安全进行全程监管，而且对疫苗救济方式予以了全面革新，通过建立健全异常反应补偿、损害赔偿制度，实行疫苗强制责任保险制度，着力构建对受种者完善的保障机制，更好地维护公众的合法权益。

（一）预防接种异常反应补偿制度的实行

《疫苗管理法》第56条系统规定了预防接种异常反应补偿制度。实施接种过程中或者实施接种后出现受种者死亡、严重残疾、器官组织损伤等损害，属于预防接种异常反应或者不能排除的，应当给予补偿。

《疫苗管理法》第56条要求补偿范围实行目录管理，并根据实际情况进行动态调整，预防接种异常反应补偿范围、标准、程序由国务院规定，省、自治区、直辖市制定具体实施办法。由国务院制定补偿范围、标准和程序，有助于全国做出整齐划一的规定，也有助于最高行政机关行使相应的裁量权，使得补偿程序相对更为及时、便民、合理，补偿范围和标准可以更好地因应医学的发展、社会的变迁、公众的需求。

美国等国家有着通过商业保险分担疫苗风险和保护受种者权益的立法和成熟经验。我国《疫苗管理法》第56条第2款规定，国家鼓励通过商业保险等多种形式，对预防接种异常反应受种者予以补偿。引入商业保险形式更为符合疫苗生产、流通和接种的规律，有助于以更为简化、便捷的救济方式，令受种者得到快速有效的补偿。

（二）疫苗损害赔偿制度的完善

《民法典》第120条规定："民事权益受到侵害的，被侵权人有权请求侵权人承担侵权责任。"《民法典》第1202条规定："因产品存在缺陷造成他人损害的，生产者应当承担侵权责任。"《疫苗管理法》第96条以民法原理和民法一般规范为基础，明确规定了疫苗损害赔偿制度。

《疫苗管理法》第96条规定，因疫苗质量问题造成受种者损害的，疫苗上市许可持有人应当依法承担赔偿责任。疾病预防控制机构、接种单位因违反预防接种工作规范、免疫程序、疫苗使用指导原则、接种方案，造成受种者损害的，应当依法承担赔偿责任。

（三）疫苗责任强制保险制度的实行

为确保受害者能够及时获得相应的赔偿，《疫苗管理法》第68条规定，国家实行疫苗责任强制保险制度。疫苗上市许可持有人应当按照规定投保疫苗责任强制保险，赔付的条件是"因疫苗质量问题造成受种者损害"。此处的"疫苗质量问题"是指疫苗不符合国家药品标准或者药品注册标准，影响安全性、有效性及质量可控性。如果疫苗本身是合格的，只是在实施规范接种过程中或者实施规范接种后造成受种者机体组织器官、功能损害，相关各方均无过错的，属于预防接种异常反应，则不能适用疫苗责任强制保险的有关规定。[1]此外，以下三种情形也不能适用疫苗责任强制保险的有关规定：因疫苗上市许可持有人或者其委托储存运输的单位以外的其他第三方原因导致疫苗出现质量问题

1　参见袁杰、王振江、赵宁、刘红亮、刘沛主编：《〈中华人民共和国疫苗管理法〉释义》，中国民主法制出版社2019年版，第173页。

的；因疫苗上市许可持有人故意实施违法行为，导致疫苗出现质量问题的；发生预防接种事故。[1]

因疫苗质量问题造成受种者损害的，保险公司在承保的责任限额内予以赔付。疫苗责任强制保险制度的具体实施办法，由国务院药品监督管理部门会同国务院卫生健康主管部门、保险监督管理机构等制定。疫苗上市许可持有人应当建立信息公开制度，按照规定在其网站上及时公开投保疫苗责任强制保险的情况。[2]

1 参见《国家药监局综合司公开征求〈疫苗责任强制保险管理办法（征求意见稿）〉意见》，国家药品监督管理局官网，2020年10月12日。

2 参见《疫苗管理法》第74条。

第四章

化妆品监管治理体系的法律改革*

化妆和化妆品古已有之，最早的胭脂出现于距今5 000多年前红山文化时期的大型陶塑女神，其“面涂红彩”“唇部涂朱”，说明早在新石器时代人们可能就在面部和唇部使用化妆品。[1]《礼记》中提到“三日具沐，其间面垢，燂潘请靧”，《楚辞·大招》中提到“易中利心，以动作只；粉白黛黑，施芳泽只”。晋张华《博物志》有“纣烧铅作粉”的记载。南朝刘勰在《文心雕龙·情采》中写道：“夫铅华所以饰容，而盼倩生于淑姿。”此处的“铅华”即指铅粉。南北朝乐府民歌《木兰辞》中“对镜贴花黄”中的“花黄”为花钿的一种，属于装饰类化妆品。唐诗人元稹在《莺莺传》中写道：“兼惠花胜怡和，口脂五存，致耀首膏唇之饰，但积悲叹耳”，口脂已和近代口红相似。唐白居易在《上阳白发人》中有“青黛点眉细长”之语，这些或可被视为化妆与化妆品的先声。

我国对化妆品的生产和使用历史悠久，传统的化妆品制作大多在小规模的手工业作坊进行，制作量小，且产品品类不多，有“粉、黛、脂、香”

---

* 本章部分内容曾以“中国化妆品监管治理体系的制度建构”为题，刊于《财经法学》2015年第3期，收入本书时，笔者根据监管制度的进展做了较多增补修改。

1 参见赵星：《女为悦己者容　中国古代化妆品小叙》，《文史天地》2021年第5期。

几大类别。创办于1830年的扬州谢馥春化妆品工厂、创办于1862年的杭州孔凤春化妆品厂、创办于1898年的上海“广生行”，是我国民族化妆品工业的雏形。[1]1915年，创刊不久的《农商公报》上的一篇文章指出，“化妆品为一种奢侈品，似非日用所必需者。然因人文之进步，此种品物亦渐含有日用必需之性质”。[2]1840年鸦片战争以来，外商外货涌入中国，这当中包括了洋货化妆品，中国传统的化妆品面临冲击。1939年的《商业月报》登载的一篇文章讲述了我国当时化妆品业的现状：“制造化妆品，我国自古著名，唯当时所谓化妆品仅脂粉、香料、香油等类而已，自舶来品输入后，我国自有化妆品，至是相形见绌，几归淘汰，于是乃有化妆品工业之兴起。”[3]为了与进口化妆品进行竞争，传统化妆品开始顺应时代进行改变，由于具有投入不高、技术含量低、经济效益反馈快等优势，化妆品行业在民国时期发展迅速，企业众多，产品种类趋于复杂多样。

20世纪60年代中期，化妆品成了传播“封”、“资”、“修”和“资产阶级香风臭气”的“魔品”。改革开放后，化妆品行业高速发展。1979年全国化妆品工业生产总值为2.18亿元，1985年为10亿元，1990年达到40亿元，1995年化妆品工业生产总值为190亿元。[4]国家统计局公布数据显示，2021年全年社会消费品零售总额为440 823亿元，较上年增长12.5%；化妆品销售额达4 026亿元，同比增长14%，接近社会消费品零售总额的1%。[5]截至2021年9月底，全国共有化妆品生产企业5 728

1　张殿义、广丰：《千载发展史　百年历沧桑　改革遇良机　卅年创辉煌——改革开放30年中国化妆品工业发展成就回顾》，《中国化妆品（行业）》2008年第12期。

2　参见张泽华：《民国报刊记载下的化妆品国货市场》，《中国化妆品》2019年第12期。

3　参见彭雨菡：《国货运动中的民国化妆品包装设计》，《大众文学》2018年第12期。

4　张殿义、广丰：《千载发展史　百年历沧桑　改革遇良机　卅年创辉煌——改革开放30年中国化妆品工业发展成就回顾》，《中国化妆品（行业）》2008年第12期。

5　参见中国药品监督管理研究会：《中国化妆品行业发展迈上法治保障的全新轨道》，载中国健康传媒集团、中国药品监督管理研究会编写：《2021中国化妆品蓝皮书》，中国医药科技出版社2022年版，第3页。

家，其中牙膏生产企业166家。[1]如何对中国的化妆品市场和化妆品企业予以引导和规范，进行有效监管和治理，则成为重要的课题。

在风险社会的情境下，不存在“零风险”的产品。当化妆品不符合标准，或存在不良反应时，有可能损害人体健康。[2]化妆品作为健康产品，作为每天使用的日常生活用品，其安全性备受关注。化妆品可能因原料或组分中的毒性物质含量超出允许的范围，而具有一定的毒性；化妆品生产和使用过程中可能会遭遇微生物污染；化妆品的化学成分还可能带有刺激性和过敏性。近年来，化妆品产业引入了生物技术、基因工程、纳米技术等高科技技术，也可能带来风险。[3]市场上还存在化妆品标签标识不规范的现象。[4]

为了保障化妆品的质量、安全及标识信息的真实性，维护化妆品市场秩序，保障消费者健康权益，有必要秉承科学、高效、透明、公开的原则，对化妆品进行监管。我国颁布于1989年的《化妆品卫生监督条例》，已不能适应化妆品生产经营所处社会环境、产业环境、监管环境的深刻变化；原条例的制度设计、监管理念、监管重心，已不能满足现实的化妆品监管与化妆品行业发展的需要。

2013年9月5日，原国家食品药品监督管理总局在北京召开化妆品卫生监督条例修订研讨暨启动会。2014年11月8日，《化妆品监督管理条例（征求意见稿）》在原国家食品药品监督管理总局网站向全社会公

1　《药品监督管理统计报告》(2021年第三季度)，国家药品监督管理局综合和规划财务司、中国食品药品监管数据中心，2022年3月。

2　如沐浴产品中的二恶烷事件，以及染发剂中检出间苯二胺、婴儿爽身粉中含石棉等事件。参见姚金成、曾令贵、林新文等：《我国化妆品安全监测体系的现状及相关对策》，《中国药房》2014年第9期。

3　参见叶永茂：《关于〈化妆品卫生监督条例〉修订的思考与建议》，《中国检验检疫》2010年第1期。

4　参见宋子玉：《化妆品行业监管中存在的问题及解决对策分析》，《首都医药》2014年第21期。

开征求意见。2014年11月21日，原国家食品药品监督管理总局在北京召开《化妆品监督管理条例（征求意见稿）》座谈会，当面听取专家、食药监系统代表、企业及行业协会代表的意见。[1]2015年6月，原国家食品药品监督管理总局向国务院报送了《化妆品监督管理条例（修订草案送审稿）》。原国务院法制办、司法部先后两次征求有关部门、地方人民政府和部分企业、行业协会的意见，并向社会公开征求意见；多次召开座谈会听取企业、行业协会意见；赴上海、浙江实地调研。在此基础上，司法部会同国家市场监管总局、国家药品监督管理局对送审稿做了反复研究、修改，形成了《化妆品监督管理条例（草案）》。2020年1月3日，国务院第77次常务会议审议通过了《化妆品监督管理条例》，该条例于2020年6月16日公布，自2021年1月1日起正式施行。

随着《化妆品监督管理条例》的正式施行，我国正逐步健全化妆品监管的法规、规章和规范性文件，完善相关规范、目录、标准与导则，对化妆品注册备案、分类监管、安全评估、补充检验、标签管理、审查经营等环节进行全过程监督管理。在此，笔者力图对我国化妆品监管治理体制、治理方式、法律责任等内容予以检视，对我国化妆品监管改革加以评述，这或许也是我国监管型国家建构的缩影，有助于丰富对合作监管、自我规制、监管治理网络、风险监管、监管全球化等理论的理解。

一、化妆品监管治理体系的改革

在我国汉语中，“治理”一词古已有之，大意指“管理”或“统治”。例如，《荀子·君道》中写道：“明分职，序事业，材技官能，莫不治理，则公道达而私门塞矣，公义明而私事息矣。”又如，《孔子家语·贤君》中

1 《食品药品监管总局征求〈化妆品监督管理条例（征求意见稿）〉与〈化妆品标签管理办法〉意见》，《日用化学品科学》2014年第12期。

有“吾欲使官府治理，为之奈何”。[1]在我国当下的实践中，治理关乎国家行政管理的方式、方法、途径、能力。2013年11月，党的十八届三中全会提出：“全面深化改革的总目标是完善和发展中国特色社会主义制度，推进国家治理体系和治理能力现代化。”习近平同志2014年2月17日在中央党校的讲话中指出，推进国家治理体系现代化，就是“为党和国家事业发展、为人民幸福安康、为社会和谐稳定、为国家长治久安提供一整套更完备、更稳定、更管用的制度体系”。此处的治理包括行政管理、社会治理的方式方法与途径，也包括对治理能力的关注。[2]治理意味着政府组织的转型，强调多中心治理视角下的行政法，强调监管治理网络下不同主体之间的协商与合作，强调引入相对崭新、灵活的治理方式。[3]

“监管治理”（regulatory governance）作为一个整体性的学术术语，是指在涵盖民主过程等程序价值的治理体系内，在整体政府范围内系统地实施和运行监管权力，以生成高质量的监管。良好监管治理的基础在于，确保监管质量是政府永恒和重要的职责，而非一次性的改进；机构能力的设计，前提在于能够对如何在社会上适当运用监管，形成清晰的见解。[4]

“监管治理”是对传统政府监管的有益补充，而非替代。“监管治理”意在强调利用多元的治理主体，引入多元的治理工具，通过更好、更公平、更有效率、更具参与性的治理体系，拓展治理的范围，调动更多资

1　参见王绍光：《治理研究：正本清源》，《开放时代》2018年第2期。

2　参见王绍光：《治理研究：正本清源》，《开放时代》2018年第2期。

3　参见王瑞雪：《治理语境下的多元行政法》，《行政法学研究》2014年第4期；David Levi-Faur, From “Big Government” to “Big Governance”, in David Levi-Faur (Editor), *The Oxford Handbook of Governance*, Oxford University Press, 3, 7–13 (2012)。

4　See International Finance Corporation, World Bank, Regulatory Governance in Developing Countries, 6 (2010).

源，使得不同主体共同形成和执行政策，进而提升政府监管能力。[1]在强化化妆品行政监管能力的同时，应推崇行政监管与自我规制的结合，倡导行业自律，强化企业责任，引入专家治理，进而建构中国化妆品监管治理的合作网络。

（一）化妆品行政监管能力的建设

1989年版《化妆品卫生监督条例》第3条规定："国家实行化妆品卫生监督制度。国务院卫生行政部门主管全国化妆品的卫生监督工作，县以上地方各级人民政府的卫生行政部门主管本辖区内化妆品的卫生监督工作。"这部行政法规授予卫生行政部门化妆品卫生监督管理权。

在2008年的国务院机构改革中，我国将"化妆品卫生监督管理的职责，划入国家食品药品监督管理局"，国家食品药品监督管理局"负责化妆品卫生许可、卫生监督管理和有关化妆品的审批工作"。[2]2008年至2013年间，国家食品药品监督管理部门及各级食品药品监督管理部门主要负责化妆品卫生许可、卫生监督管理、非特殊用途化妆品的备案和特殊用途化妆品的审批及化妆品卫生标准的制定等工作。

在2013年之前，国家质检总局及所属的各级监督管理部门，作为主管质量、计量、出入境商品检验、出入境卫生检疫等工作并行使行政执法职能的机构，负责化妆品生产许可、生产安全和产品质量监督、化妆品质量标准和进出口化妆品标签审批及口岸检验检疫等工作。此外，工商行政管理机构负责营业执照的管理、化妆品市场管理、广告宣传管

1 Jacob Torfing, Governance Networks, in David Levi-Faur (Editor), *The Oxford Handbook of Governance,* Oxford University Press, 103 (2012).

2 《国务院办公厅关于印发国家食品药品监督管理局主要职责内设机构和人员编制规定的通知》，国办发〔2008〕100号，2008年7月10日。

理等工作。[1]

在2013年之前，化妆品质量监管部门和化妆品卫生监督管理部门分立并存。由质量技术监督、出入境检验检疫和工商行政管理部门负责化妆品质量监管，先后由卫生部门和食品药品监管部门负责化妆品卫生监管。当时，一个生产化妆品的企业要同时获得化妆品卫生监督部门的《化妆品生产卫生许可证》和质量技术监督部门的《生产许可证》，方可进行生产。监管权的分散化造成监管资源、检验资源的浪费，增加了化妆品企业的负担。

根据2013年第十二届全国人民代表大会第一次会议批准的《国务院机构改革和职能转变方案》和《国务院关于机构设置的通知》(国发〔2013〕14号)，我国设立了国家食品药品监督管理总局，并将其作为国务院直属机构。其后颁布的《国家食品药品监督管理总局主要职责、内设机构和人员编制规定》则规定："将国家质量监督检验检疫总局化妆品生产行政许可、强制检验的职责，划入国家食品药品监督管理总局。"[2]这实则是认识到化妆品作为健康产品的属性，并逐步由原有的化妆品质量监管和化妆品卫生监督，整合为具有现代理念的化妆品监管制度。

根据2018年3月17日通过的《第十三届全国人民代表大会第一次会议关于国务院机构改革方案的决定》，我国组建了由国家市场监督管理总局管理的国家药品监督管理局。国家药品监督管理局负责药品、医疗器械和化妆品的管理。就化妆品管理而言，国家药品监督管理局负责化妆品安全监督管理，研究和拟订鼓励化妆品新技术新产品的管理与服务政策；负责化妆品标准管理，组织拟订化妆品标准；负责化妆品注册管理；负责化妆品质量管理，制定研制质量管理规范并监督实

1　参见赵燕君、冯晓等：《完善化妆品监管体系和相关制度的研究》，《食品药品安全与监管政策研究报告》(2010)，社会科学文献出版社2010年版，第126页。

2　《国务院办公厅关于印发国家食品药品监督管理总局主要职责内设机构和人员编制规定的通知》，国办发〔2013〕24号，2013年3月26日。

施；负责化妆品上市后风险管理，组织开展化妆品不良反应的监测、评价和处置工作。依法承担化妆品安全应急管理工作；负责组织指导化妆品监督检查，依法查处化妆品注册环节的违法行为，依职责组织指导查处生产环节的违法行为。[1]

监管能力是指监管制度下监管者可以利用的资源总和，这包括监管者所具备的专业知识、信息支持、资金支持及组织资源。[2]监管能力涉及标准制定、信息收集和行为修正的能力，关乎行使可预测的、富于专业知识的判断力。监管能力要求透明、可问责的监管，要求专业判断，要求对分散化的监管活动加以协调，关注实际监督活动的组织与实施。监管能力不仅指规则的“严格”和“精确”适用，还涉及违法行为的查明与惩罚措施的科处，关乎裁量权的行使与制约。[3]未来，应进一步明确化妆品监管目标，强化监管协作，提高监管专业化程度，夯实监管机构，以提升化妆品行政监管能力。

1. 明确监管目标

在美国，化妆品监管目标之一是防止产品掺假（adulterated），以确保化妆品质量；监管目标之二则是防止产品标识错误（misbranded），以保护消费者权益。[4]我国1989年版《化妆品卫生监督条例》第1条规定，立法目的为“加强化妆品的卫生监督，保证化妆品的卫生质量和使用安全，保障消费者健康”。但“卫生”概念不能涵盖现代化妆品中潜在的质量风险及信息不对称问题。现行《化妆品监督管理条例》则明确规

---

1 《国家药品监督管理局主要职责》，国家药品监督管理局官网。

2 参见Colin Scott and Ciara Brown, Regulatory Capacity and Networked Governance, 2010。

3 参见［英］马丁·洛奇、凯·韦格里奇：《现代国家解决问题的能力：治理挑战与行政能力》，徐兰飞、王志慧译，中国发展出版社2019年版，第74—83页。

4 Thomas J. Donegan, Jr., Fifty Years of Cosmetic Safety: A Government and Industry Partnership, 50 *Food & Drug L.J.* 152 (1995).

定化妆品监管目标为“保证化妆品质量安全，保障消费者健康，促进化妆品产业健康发展”。[1]

化妆品直接作用于人体，质量安全直接关系群众健康。就我国化妆品安全形势而言，既有传统产品安全水平有待提升的问题，又有新技术新产品带来的不确定风险；既有线下市场存在的违法违规问题，又有线上流通环节带来的安全隐患；既有传统电商营销监管难题尚未破解，又有因直播、短视频等新兴渠道迅速发展而使假冒伪劣产品流通空间扩大的问题；既有行业低小散乱未改变的现状，又出现了利用更高技术添加新型违禁物质并向儿童化妆品领域蔓延的情况。安全风险持续积累、多重叠加。因此，应当将“保证化妆品质量安全，保障消费者健康”作为化妆品监管首要目标。

应理性处理监管与发展的关系。《宪法》将“科学发展观”“新发展理念”写入序言。《宪法》第14条规定了发展社会主义生产的手段和目的，规定国家应“不断提高劳动生产率和经济效益，发展社会生产力”。化妆品是美化人们生活的健康产品，也是促进国民经济发展的重要商品，《中华人民共和国国民经济和社会发展第十四个五年规划和2035年远景目标纲要》也指出，要率先在化妆品等消费品领域培育一批高端品牌。因此，“促进化妆品产业健康发展”也应成为化妆品监管的目标，把握好保障化妆品安全与促进产业发展的关系，从而营造有利于化妆品高质量发展的监管环境。

2. 强化监管协作

在现有体制下，县级以上地方人民政府负责药品监督管理的部门负责本行政区域的化妆品监督管理工作，县级以上地方人民政府有关部门在各自职责范围内负责与化妆品有关的监督管理工作。[2]但化

1　参见《化妆品监督管理条例》第1条。
2　参见《化妆品监督管理条例》第5条。

妆品监管过程仍难免涉及与商务、海关、公安、卫健等部门的协作，故有必要建立部门之间的协作机制，促使化妆品监管有效地、无遗漏地实施。

某一监管部门系统内的信息共享工作推进相对较好，但政府监管部门之间的信息共享仍有较大难度。监管部门之间的信息共享，有助于监管部门更为全面充分地了解监管事务、监管对象、监管问题的全貌，有助于化妆品监管的有效开展。[1]我国正着力加强化妆品监督管理信息化建设，推进监督管理信息共享。[2]未来，如能从信息共享平台获取化妆品质量信息、安全信息及违法信息，将有助于促进部门协调，提高监管效能。

3. 强化监管队伍建设

国家药品监督管理局现设有化妆品监管司。截至2021年，省级层面已有25个省级药监局单独设置化妆品处，6个省级局未单设化妆品处。目前，国家药品监督管理局负责化妆品新原料的注册、备案，特殊化妆品的注册和进口普通化妆品的备案工作；省级药品监督管理部门负责普通化妆品的备案，以及化妆品生产环节的许可、检查和处罚；市县两级市场监管部门负责化妆品经营环节的检查与处罚。化妆品监管人员往往缺乏化妆品相关检查的一线经验，对与化妆品相关的法律法规和业务知识不甚熟悉；监管人员的专业背景、工作经历不同，在事实认定、法律适用和裁量权行使方面，还很难进行较为专业的判断。[3]

1 参见胡建淼、高知鸣：《我国政府信息共享的现状、困境和出路——以行政法学为视角》，《浙江大学学报（人文社科版）》2012年第2期；刘文静、陈耿：《政府信息共享制度建设的价值取向》，《电子政务》2014年第10期。

2 参见《化妆品监督管理条例》第10条。

3 参见国家药品监督管理局高级研修学院：《化妆品监管队伍建设实践与展望》，载中国健康传媒集团、中国药品监督管理研究会编写：《2021中国化妆品蓝皮书》，中国医药科技出版社2022年版，第179页。

未来，应强化化妆品监管的专业性。在各级药品监管部门中，应加强化妆品监管力量的配备，确保各级监管部门具备与化妆品监管事权相匹配的专业监管人员、经费和设备。[1]在公务员招录时，应有意识地招录有化妆品科学、精细化工等相关专业背景的人员，优化化妆品监管人员的专业结构。同时，加强对各级化妆品监管人员的培训和实训，就化妆品生产经营监管、化妆品稽查等实务内容展开有的放矢的培训。

4. 提高监管国际化水平

国际化妆品监管合作联盟（International Cooperation on Cosmetics Regulation，以下简称ICCR）成立于2007年，是由巴西、加拿大、日本、美国、欧盟等国家和组织自愿组成的国际组织，通过定期召开电话会议，推进化妆品监管工作的协调，研究化妆品行业新技术、新方法的发展。[2]ICCR能够为我国提供一些有效的化妆品检测标准以及检验方法，我国可以借鉴ICCR对高风险物质的安全性评价方法和风险评估，结合我国的安全评价标准，对化妆品风险评估机制进行完善；对于来自环境污染物的痕量物质，可以参考并运用ICCR的痕量水平机制，规范化妆品行业痕量物质的检测标准。[3]我国可以通过与ICCR建立对话及沟通机制，参与国际标准制定，积极推动国际化妆品监管体系建设，提高我国的国际话语权。

此外，应发挥中欧、中韩化妆品工作组的作用，了解国际化妆品监管法规动态；还应加强与有关国家监管部门、行业协会、专家学者的政策交流，吸收借鉴有益的国际监管经验。

1　参见《国务院办公厅关于全面加强药品监管能力建设的实施意见》，国办发〔2021〕16号，2021年4月27日。

2　参见国际化妆品监管合作联盟官网。

3　黄先开、董银卯、孟宏、左敏、何一凡、孟禹熙、贾焱：《国际化妆品监管合作组织助力化妆品监管科学国际化》，《中国药物警戒》2021年第5期。

（二）强化相关技术机构建设

《化妆品监督管理条例》第13条规定了化妆品技术审评机构的法律地位，规定国务院药品监督管理部门应当自受理化妆品新原料注册申请之日起，在3个工作日内将申请资料转交技术审评机构，技术审评机构应当自收到申请资料之日起90个工作日内完成技术审评，向国务院药品监督管理部门提交审评意见。[1]

自2008年起，国家中药品种保护审评委员会增加化妆品审评职能，负责化妆品的技术审查和审评工作；2018年，国家市场监督管理总局成立，国家中药品种保护审评委员会转隶后更名为国家市场监督管理总局食品审评中心，不再承担化妆品审评功能。[2]自2019年8月1日起，中检院承担化妆品技术审评之责，具体由化妆品安全技术评价中心承担此工作。[3]各省市化妆品技术审评机构的设置模式不同，有的由综合性审评机构或药品审评机构来承担化妆品技术审评之责，如江苏省药品监督管理局审评中心、广东省药品监督管理局审评认证中心、云南省药品和医疗器械审评中心、河北省药品审评中心、江西省药品认证审评中心等；有的则设有专门从事或主要从事化妆品审评的技术机构，如北京市化妆品审评检查中心、上海市医疗器械化妆品审评核查中心等。当由综合性审评机构或药品审评机构进行化妆品技术审评时，化妆品审评作为一项审评职能较容易被"稀释"。但是，如要组建专门或主要从事化妆品审评的技术机构，则需具备相应的资源保障，和与之相称的专业技术队伍。

---

1 参见《化妆品监督管理条例》第13条。

2 吴楠：《在改革中扬帆再起航——记国家市场监督管理总局食品审评中心》，《中国市场监管报》2019年10月9日。

3 《中检院首次组织开展化妆品技术审评工作》，"中国药检"公众号，2019年8月24日。

国家建立化妆品不良反应监测制度。我国设有国家、省、市县级化妆品不良反应监测机构，负责化妆品不良反应信息的收集、分析和评价，并向负责药品监督管理的部门提出处理建议。[1]目前，国家药品监督管理局药品评价中心加挂国家化妆品不良反应监测中心牌子，负责组织制定、修订化妆品不良反应监测与上市后安全性评价的技术标准和规范，组织开展化妆品不良反应监测工作。[2]化妆品不良反应监测机构的能力建设也有待加强。

无论是化妆品审评技术机构，还是化妆品不良反应监测机构，作为化妆品技术机构，都应秉承专业性，通过开展专业活动逐步形成稳定协调的科学网络与专业机制，累积可靠的技术专长和专业知识。技术机构应成为化妆品专业知识的集散地，从而对化妆品监管的专业问题做出及时、准确的判断，为化妆品监管提供技术支撑。[3]

（三）完善专家咨询机制

监管部门制定监管规则，形成监管政策，做出监管决定，但面对具有高度专业性、技术性的个案，无法一一给出专业化的判断。化妆品监管涉及化妆品原料的目录管理、化妆品标准制定与实施、化妆品技术审评、化妆品安全性评价等制度，从人员数量、工作负荷、专业知识、产业经验等诸角度，单靠监管部门很难完成这些监管任务，这就凸显出专家在化妆品监管治理中的作用。

专家有着相对丰富的专业技能、经验和学识，可以对化妆品监管中

1　参见《化妆品监督管理条例》第52条。

2　《国家药品监督管理局药品评价中心（国家药品不良反应监测中心）主要职责》，国家药品监督管理局官网。

3　参见宋华琳：《疾病预防控制机构法律地位的反思与重构》，《探索与争鸣》2020年第4期。

的科学前沿问题加以把握，并做出整体上的评判。[1]专家咨询制度的引入，有助于实现科学政策的民主化，凝聚科学共识，做出技术性的判断，使监管部门根据技术判断，辅之以政策考量，做出最终决定，进而提高监管决定的科学化、民主化水平。

专家参与监管决定的最主要途径，当数专家委员会制度。例如欧盟现设有"消费品安全科学委员会"（Scientific Committee on Consumer Safety），由来自医学、毒理学、药学、皮肤学、生物学、化学以及其他相关领域的14位专家组成，针对包括化妆品在内的消费品的健康和安全风险，提出咨询意见。[2]原国家食品药品监督管理局于2011年8月组建了由37名专家组成的化妆品安全专家委员会，下设35名专家组成的化妆品安全风险评估专门委员会。[3]原国家食品药品监督管理局于2011年12月颁发了《国家食品药品监督管理局化妆品安全专家委员会章程》。[4]

2022年8月25日，国家药品监督管理局综合司公示了拟入选化妆品技术规范委员会委员名单，共61人。其中，来自药品监管部门的有6人，来自药品检验机构的有20人，来自药品审评、审核、查验、检查等技术机构的有6人，来自疾病预防控制机构的有8人，来自研究机构的有10人，来自医院的有5人，来自高等院校的有5人，来自行业协会的有1人。[5]中检院则于2021年2月20日公布了化妆品技术审评咨

1 Elizabeth Fisher, Drowning by Numbers: Standard Setting in Risk Regulation and the Pursuit of Accountable Public Administration, 20 *Oxford Journal of Legal Studies* 109–130 (2000).

2 参见欧洲药品局官网。

3 《关于公布国家食品药品监督管理局化妆品安全专家委员会名单的通知》，国食药监保化〔2011〕400号，国家食品药品监督管理局，2011年8月25日。

4 《关于印发国家食品药品监督管理局化妆品安全专家委员会章程的通知》，国食药监保化〔2011〕491号，2011年12月13日。

5 《国家药监局综合司关于拟入选化妆品技术规范委员会委员名单的公示》，国家药品监督管理局官网。

询专家库专家名单，共205人。其中来自检验机构的有81人，来自疾病预防控制机构的有47人，来自医院的有22人，来自高等院校的有39人。[1]

就化妆品技术规范制定和审评所需的专业知识而言，其兼具纯科学和应用科学的双重面向，但更多还是聚焦于应用科学的面向，不是在做“为科学而科学”的学术前沿，而是强调化妆品领域的“学以致用”，因此专家更多来自技术机构、检验机构、疾病预防控制机构等科研院所，而非高等院校。[2]专家具有相应领域的专业知识，有着相应的教育背景、专业成绩、工作经验，深受同行肯定与认可，此标准貌似无形，实则清晰可见。[3]

未来，应进一步明确化妆品咨询专家的遴选机制、职责范围、组织架构和运作程序，并真正令其发挥作用。

第一，应明确化妆品咨询专家的遴选条件。专家应熟悉化妆品科学及相关领域的法律法规、标准规范等，具备化妆品科学等相关专业大学本科以上学历，在本专业具有较高学术造诣和丰富的实践经验，能够正常参加化妆品专家咨询会议，并能按要求承担和完成咨询工作。[4]

第二，应明确专家咨询程序和专家职责。应明确专家咨询程序在化妆品监管中的作用，明确在何种情形下，应就哪些事项咨询化妆品专家。专家的主要职责在于为化妆品相关法规及规范性文件的起草、修

1　《关于公布化妆品技术审评咨询专家库专家名单的通知》，中检院官网，2021年2月20日。

2　参见宋华琳：《疾病预防控制机构法律地位的反思与重构》，《探索与争鸣》2020年第4期。

3　[美] 托马斯 · M.尼克尔斯：《专家之死：反智主义的盛行及其影响》，舒琦译，中信出版社2019年版，第34页。

4　参见《化妆品技术审评咨询专家管理办法》（中检院，2022年8月1日发布）第4条。

订等提供专业咨询意见，为化妆品技术审评、标准制修订、监督检查等提供专业技术咨询意见，为化妆品安全重大专项监督检查、重特大化妆品安全事件以及重大化妆品突发事件、社会公共事件等相关的风险研判和应急处置提供技术支持和决策参考。[1]

第三，应明确专家咨询的组织架构和运作程序。根据工作需要，可随机选取专家参与化妆品咨询工作，防范利益冲突。咨询会议的专家构成应均衡合理，专家应来自不同单位、不同专业、不同知识背景，以保障专家意见不被少数人或少数群体所操控。可事先将要讨论的资料送达咨询专家，明确专家咨询会议议题和议程。专家咨询会议须及时形成会议纪要并建立完整的档案，对于专家出席会议的情况、表决的情况、会议讨论的情况等，须有可查实的、详细的和完整的记录。

（四）倡导行业协会的自我规制

曾任FDA局长的弗兰克·杨（Frank Young）在1988年举行的化妆品安全和监管听证会上宣称："国会在通过《联邦食品、药品与化妆品法》时，认识到化妆品是危害最低的物质，我将继续确认这一点……我坚信化妆品比我们监管的其他产品更安全。"[2]相对于药品、医疗器械、食品等而言，化妆品风险相对较低，化妆品产业界业态较为分散，政府监管成本相对较高，因此应倡导自我规制（self-regulation）。

自我规制是指自我规制主体对自身施加命令和结果的监管。自我规制可被视为"私人统治的规范秩序，以及职业共同体和产业网络的规

1 参见《化妆品技术审评咨询专家管理办法》第5条。

2 Thomas J. Donegan, Jr., Fifty Years of Cosmetic Safety: A Government and Industry Partnership, 50 *Food & Drug L.J.* 151 (1995).

范秩序”。[1]自我规制主体可以是代表被监管对象集合的行业组织，也可以是单个企业，这分别被称为团体的自我规制（group self-regulation）和个体的自我规制（individual self-regulation）。行业协会的自我规制属于团体的自我规制。

在国外，行业自律在化妆品监管中发挥着重要的作用。例如，FDA官网上列有51家化妆品贸易协会和行业协会的信息与网址。[2]以美国个人护理产品协会（Personal Care Products Council）为例，其前身为1894年成立于纽约的香水制造商协会（Manufacturing Perfumers' Association），之后更名为美国化妆品、盥洗用品和香水协会（Cosmetic, Toiletry, and Fragrance Association，简称CTFA），该协会于1973年设立了国际化妆品组分命名委员会（International Cosmetic Ingredient Nomenclature Committee，简称INC），2007年更为现名，在美国化妆品治理中发挥着重要作用。[3]欧洲化妆品协会（Cosmetics Europe-The Personal Care Association）于1962年成立，它是代表欧洲约4 000家化妆品企业利益的非官方机构，该协会由16个国际化妆品企业、25个国家的化妆品协会以及其他7个相关协会或组织组成，致力于推动化妆品的安全、有效及创新，形成化妆品技术标准和技术规范。[4]

我国较有影响的化妆品行业协会包括中国香料香精化妆品工业协会、中国保健协会、全国工商联美容化妆品业商会、AICM产业政策促进委员会、中国口腔清洁护理用品工业协会、中华口腔医学会、中国洗涤用品工业协会等。近年来，中国欧盟商会、中国美国商会、中国日本商

---

1 Luc Huyse and Parmentier Stephen, Decoding Codes: The Dialogue between Consumers and Suppliers through Codes of Conduct in the European Community, 13 *Journal of Consumer Policy* 253–272 (1990).

2 Cosmetic Trade and Professional Associations，FDA官网。

3 PCPC Timeline，美国个人护理产品协会官网。

4 About us，欧洲化妆品协会官网。

会、中国韩国商会等外国商会也对中国化妆品监管立法与改革给予相当关注，对于引介国际监管经验、提升业界水平、发出业界声音、推动监管改革也发挥了一定作用。

《化妆品监督管理条例》第7条规定："化妆品行业协会应当加强行业自律，督促引导化妆品生产经营者依法从事生产经营活动，推动行业诚信建设。"未来，应将我国各类化妆品行业协会逐步培育成自我管理、自我服务、自我约束的实体，使之真正成为沟通联结监管部门和化妆品企业之间的中间协调层。监管部门也应建立与化妆品行业协会的沟通交流机制，组织召开与化妆品行业的沟通交流会议，听取合理意见和建议，对行业关注问题及时予以解答回应。[1]

（五）强化生产经营者主体责任

化妆品作为具有一定安全风险的产品，应由化妆品的生产、经营者为其安全负责。《民法典》第120条规定："民事权益受到侵害的，被侵权人有权请求侵权人承担侵权责任"；《民法典》第1202条规定："因产品存在缺陷造成他人损害的，生产者应当承担侵权责任"；《民法典》第1203条规定："因产品存在缺陷造成他人损害的，被侵权人可以向产品的生产者请求赔偿，也可以向产品的销售者请求赔偿。产品缺陷由生产者造成的，销售者赔偿后，有权向生产者追偿。因销售者的过错使产品存在缺陷的，生产者赔偿后，有权向销售者追偿。"化妆品生产者、经营者应为化妆品安全负责，并承担因化妆品缺陷导致损害的侵权责任。

我国化妆品产业集中度相对较低，品牌产品少，部分企业责任意识

1　参见《国家药监局召开化妆品行业协会座谈会　共同谋划化妆品监管事业发展》，国家药品监督管理局官网，2020年12月27日。

淡薄，质量管理体系不完善，规范化、标准化程度有待进一步提高。因此，更有必要倡导化妆品监管中的企业责任。相较于药品、医疗器械等产品，化妆品应用面相对更宽，安全性相对更高，危害性相对较低，故改进政府监管方式，强化生产经营者主体责任，应成为我国化妆品监管改革的方向。[1]

作为企业责任的体现，化妆品生产者、经营者应成为化妆品安全的第一责任人，应规范其自身的生产经营行为，强化自律意识和改进自律措施，完善内部管理制度。化妆品生产者、经营者有义务遵守化妆品监管法规，配合监管部门的监督检查，有向政府监管部门如实申报信息的义务。[2]化妆品生产经营企业有义务监测其生产、经营的化妆品质量和不良反应，发现可能与使用化妆品有关的严重或者群体性不良反应的，应当及时向当地药品监督管理部门报告。

化妆品生产经营者应当依照法律、法规、强制性国家标准、技术规范从事生产经营活动，加强管理，诚信自律，保证化妆品质量安全。[3]化妆品注册人、备案人应当依法建立化妆品生产质量管理体系，履行产品不良反应监测、风险控制、产品召回等义务，对化妆品的质量安全和功效宣称负责。[4]

法规制度力求有效解决以往责任担当主体表述不统一、责任界定

1　参见杨伟东：《中国化妆品监管法治化研究（下）——以〈化妆品卫生监督条例〉的修订为核心》，《香料香精化妆品》2011年第2期。

2　可资作为例证的是，FDA建立了化妆品自愿报告计划（The Voluntary Cosmetic Reporting Program，简称VCRP），企业可以自愿将材料上报给FDA，该计划旨在让监管部门搜集信息，以更好保护消费者权益。参见Amity Hartman, FDA's Minimal Regulation of Cosmetics and the Daring Claims of Cosmetic Companies That Cause Consumers Economic Harm, 36 *W. St. U. L. Rev.* 64 (2008)。

3　参见《化妆品监督管理条例》第6条第2款。

4　《化妆品生产经营监督管理办法》（2021年8月2日国家市场监督管理总局令第46号公布，2022年1月1日起施行）第4条。

不清晰等问题。《化妆品生产经营监督管理办法》进一步明确化妆品注册人、备案人责任，要求化妆品注册人、备案人应当依法建立化妆品生产质量管理体系，履行产品不良反应监测、风险控制、产品召回等义务，对化妆品的质量安全和功效宣称负责。

《化妆品生产经营监督管理办法》要求化妆品注册人、备案人、受托生产企业应当建立化妆品质量安全责任制，落实化妆品质量安全主体责任；要求化妆品注册人、备案人、受托生产企业的法定代表人、主要负责人对化妆品质量安全工作负责。质量安全负责人按照化妆品质量安全责任制的要求，协助法定代表人、主要负责人承担质量安全管理和产品放行职责，将责任落实到人，增强相关人员的责任意识。《化妆品生产经营监督管理办法》还细化了质量安全负责人的具体职责、专业背景和从业经历要求，要求质量安全负责人应具备化妆品质量安全相关专业知识和法律知识，并具有五年以上化妆品生产或者质量管理经验。

《化妆品生产经营监督管理办法》明确了化妆品生产经营义务的适用主体，不仅包括传统的化妆品生产经营者，还涵盖新的经营形式主体。其一，要求在经营服务中使用化妆品或者为消费者提供化妆品的美容美发机构、宾馆等主体，应当履行法规、规章规定的化妆品经营者义务。其二，将化妆品集中交易市场开办者、展销会举办者纳入化妆品经营者管理范畴，要求它们建立保证化妆品质量安全的管理制度并有效实施，承担入场化妆品的经营者管理责任。其三，随着近年来网络销售的发展，网售化妆品已逐渐成为消费趋势。《化妆品生产经营监督管理办法》不仅为电子商务平台内化妆品经营者、经营化妆品的电子商务经营者设定义务，而且要求化妆品电子商务平台经营者依法履行平台内化妆品的经营者管理责任，要求化妆品电子商务平台经营者履行平台内化妆品日常检查、违法行为制止及报告、投诉举报处理等义务。其四，针对新的、容易逃匿于监管之外的商业活动形态，《化妆品生产经营监督管理办法》第49条要求，以免费试用、赠予、兑换等形式向消费者提供化妆品的，也应依法履行化妆品经营义务。

二、建构化妆品监管治理的法律体系

（一）明确“化妆品”的概念

1. 何为“化妆品”？

明确“化妆品”概念的内涵与外延，有利于明确我国化妆品监管的范围与边界，有助于更好地把握化妆品作为一类健康产品的特征，并有的放矢地进行监管。

美国《联邦食品、药品与化妆品法》将化妆品定义为“通过涂擦、倾倒、喷洒、喷射或者直接用于人体等方式，以实现清洁、美化、增加魅力、使人容貌变得靓丽等目的，但不影响机体功能和结构的产品”。我国1989年版《化妆品卫生监督条例》规定：“本条例所称的化妆品，是指以涂擦、喷洒或者其他类似的方法，散布于人体表面任何部位（皮肤、毛发、指甲、口唇等），以达到清洁、消除不良气味、护肤、美容和修饰目的的日用化学工业产品。”[1] 国家工商行政管理局1993年颁布的《化妆品广告管理办法》[2] 和卫生部2007年颁布的《化妆品卫生规范》[3] 都沿用了该定义。现行《化妆品监督管理条例》第3条规定：“本条例所称化妆品，是指以涂擦、喷洒或者其他类似方法，施用于皮肤、毛发、指甲、口唇等

1　《化妆品卫生监督条例》（1989）第2条。

2　《化妆品广告管理办法》（国家工商行政管理局，自1993年10月1日起施行）第2条规定：“本办法所称的化妆品，是指以涂擦、喷洒或者其他类似的办法，散布于人体表面任何部位（皮肤、毛发、指甲、口唇等），以达到清洁、消除不良气味、护肤、美容和修饰目的的日用化学工业产品。本办法所称的特殊用途化妆品，是指用于育发、染发、烫发、脱毛、美乳、健美、除臭、祛斑、防晒的化妆品。”

3　参见《化妆品卫生规范》（卫生部，2007年1月颁布）第3条。

人体表面，以清洁、保护、美化、修饰为目的的日用化学工业产品。”[1]

2. 哪些不是“化妆品”？

纵观化妆品的定义，其一，化妆品以“涂擦、喷洒或者其他类似方法”施用，因此，使用方法不是采取涂擦、喷洒或者其他类似方法，而是采用口服、注射、吸入、手术等方法进入或作用于人体皮肤或内部的产品，例如一些医疗美容机构使用的肉毒杆菌、透明质酸等产品，虽然声称是具有美容功效的产品，但不属于化妆品。

其二，化妆品施用于“人体表面”，因此，施用部位不直接接触人体表面的一些类似产品，例如香薰精油、空气清新剂、衣物洗涤剂、消毒剂等，也不是化妆品。

其三，化妆品“以清洁、保护、美化、修饰为目的”，因此，虽采取涂擦、喷洒或者其他类似方法在皮肤表面使用，但使用目的超出清洁、保护、美化和修饰范围的产品，例如，具有治疗作用的皮肤用药膏、药霜、药液或消毒酊剂等，也不属于化妆品。

其四，现实中，有些化妆品为了达到效果经常会违规添加抗生素、中草药、营养剂等药品成分。《化妆品监督管理条例》第37条规定，化妆品标签禁止标注明示或者暗示具有医疗作用的内容。化妆品不应宣传治疗效果或药效，不应为“药妆”留有存在的制度空间。[2]如化妆品中含有药品或其实质为药品，则该产品的生产经营应以获得新药证书和药品批准文号为前提，应遵循药品监管法律规范的要求。

其五，根据《化妆品监督管理条例》第77条第2款的规定，将香皂排除于化妆品范围之外，但对外宣称具有特殊化妆品功效的香皂，则纳入化妆品监管的范围。[3]

---

1 《化妆品监督管理条例》第3条。

2 参见《化妆品监督管理常见问题解答（一）》，国家药品监督管理局官网，2019年1月10日。

3 参见《化妆品监督管理条例》第77条。

3. 牙膏是“化妆品”吗?

在1989年版《化妆品卫生监督条例》关于化妆品的定义中，施用部位未包含牙齿及口腔黏膜，因此，牙膏产品未纳入化妆品进行管理。2005年《中华人民共和国工业产品生产许可证管理条例》发布后，原国家质检总局对牙膏生产企业实施生产许可管理，颁发化妆品生产许可证；2007年，原质检总局发布的《化妆品标识管理规定》将牙膏产品标签标识管理纳入化妆品范围。2013年国家食品药品监督管理总局下发的《食品药品监管总局关于进一步做好当前化妆品生产许可有关工作的通知》中指出，将“牙膏类产品列入化妆品监管范围”。[1]2013年上一轮机构改革后，原国家食品药品监督管理总局统一承担了化妆品监管职能，对牙膏生产企业颁发《化妆品生产许可证》，但并未将牙膏产品纳入化妆品管理。

牙膏和其他口腔护理用品的主要目的是清洁和美化，符合化妆品的定义，美国、欧盟、日本等国家和地区均将口腔护理用品纳入化妆品管理。现行《化妆品监督管理条例》第77条规定:“牙膏参照本条例有关普通化妆品的规定进行管理。牙膏备案人按照国家标准、行业标准进行功效评价后，可以宣称牙膏具有防龋、抑牙菌斑、抗牙本质敏感、减轻牙龈问题等功效。”该条例第77条还授权由国务院药品监督管理部门拟订牙膏的具体管理办法，报国务院市场监督管理部门审核、发布。[2]

牙膏的配方和生产工艺相对简单，总体安全风险不高。当前市场上存在的主要问题是功效宣称混乱，宣称“消炎镇痛、止血”的功效牙膏比比皆是，部分宣称的内容模糊了牙膏与药品、医疗器械的界限。国家药品监督管理局起草了《牙膏监督管理办法(征求意见稿)》，于2020

1　《食品药品监管总局关于进一步做好当前化妆品生产许可有关工作的通知》，国家食品药品监督管理总局，食药监药化监(2013)213号，2013年10月11日。

2　参见《化妆品监督管理条例》第77条。

年11月13日面向社会公开征求意见。[1]该办法拟借鉴日本等国家的管理经验，通过功效分类目录的模式，对牙膏的功效宣称用语实施正面清单管理，以遏制牙膏违法宣称情况的发生。

（二）健全与完善化妆品监管立法

1989年版的《化妆品卫生监督条例》包括总则、化妆品生产的卫生监督、化妆品经营的卫生监督、化妆品卫生监督机构与职责、罚则及附则六部分，共35条。该条例曾在我国化妆品管理中发挥积极的作用，但也出现了诸多与社会现实不相适应之处：

其一，化妆品作为时尚产品，除卫生和理化指标外，其正常使用性能、实际功效等均与消费者密切相关；随着科学技术的发展，包括纳米材料在内的新原料的使用对人体健康可能产生的影响也需进一步评估，传统的"卫生监督"的理念也已不能满足保障消费者健康的需要。1989年版《化妆品卫生监督条例》强调卫生部门对化妆品生产、经营活动的卫生监督，强调化妆品的卫生质量，主要涉及卫生条件、生产设备、设施及工厂周围环境等因素，并未能体现对化妆品质量和安全加以监管的思路，亦未能体现风险监管、分类监管的理念。[2]1989年版《化妆品卫生监督条例》重事前审批和政府监管，未能充分发挥市场机制作用，与产业提升需求不一致，也与国际趋势不协调。

其二，1989年版《化妆品卫生监督条例》强调卫生行政部门及化妆品卫生监督员的化妆品卫生监督，未能从监管和治理的角度去理解化妆品安全制度。出于时代的局限性，该条例过多强调卫生行政部门能

---

1 《国家药品监督管理局关于〈牙膏监督管理办法（征求意见稿）〉公开征求意见的通知》，国家药品监督管理局官网，2020年11月13日。

2 参见杨伟东：《中国化妆品监管法治化研究（下）——以〈化妆品卫生监督条例〉的修订为核心》，《香料香精化妆品》2011年第2期。

做什么，化妆品生产企业、经营单位可以做什么、不可以做什么，未能体现由政府监管、行业自律、企业责任、专家治理形成合作治理网络的理念，未能适应国家治理能力现代化的要求。

其三，1989年版《化妆品卫生监督条例》规定的监管手段相对匮乏，主要为下令、禁止、许可、处罚等命令控制型监管手段，未能引入诸如约谈、召回、信用治理、信息公开等相对灵活、弹性、新颖的监管手段。

其四，1989年版《化妆品卫生监督条例》规定的法律责任比较粗放，对违法行为的打击力度较弱，没有建立以企业为主体，以产品原料和功效宣称管理、生产质量管理规范要求、经营过程的可追溯性为核心的风险管理制度，缺乏行业自律要求和社会参与渠道，难以适应规范化妆品生产经营秩序的实际需要。

其五，历经2008、2013、2018年几轮机构改革后，国务院分别将卫生行政部门的化妆品卫生监督职能和质量监督部门的化妆品生产行政许可、强制检验职能划转到药品监管部门，由药品监管部门对化妆品的质量和卫生实施统一监管。1989年版条例规定由卫生行政部门对化妆品进行卫生监督的管理体制已滞后于实践。因此，亟待出台新的化妆品监管法规，以取代不能适应现实要求的《化妆品卫生监督条例》。

2020年1月3日，国务院第77次常务会议审议通过了《化妆品监督管理条例》，于2021年1月1日起正式施行。《化妆品监督管理条例》共分为总则、原料与产品、生产经营、监督管理、法律责任、附则六章，共80条。条例落实“放管服”改革要求，进一步简政放权，优化营商环境，促进产业创新发展。一是按照风险程度将化妆品分为特殊化妆品和普通化妆品，将化妆品新原料分为具有较高风险的新原料和其他新原料，分别实行注册和备案管理，对产品和原料实行更加科学的监管。二是简化注册、备案流程，优化服务。加强化妆品监管信息化建设，提高在线政务服务水平，为办理注册、备案提供便利；明确注册、备案的资料要求、办理时限，提高透明度和可预期性；简化备案程序，规定通过在线政务平台提交备案资料后即完成备案，避免实践中变相审批。三是鼓励和支持化妆品研究、创新，保护单位和个人开展研究、创新的合法权益，并强调鼓励和支持结合我国传统优势项目和特色植物资源研究开发化妆品。

《化妆品监督管理条例》确立了一系列化妆品监管的新理念、新制度、新机制，该条例第三章“生产经营”对化妆品生产经营专门加以规定。《化妆品监督管理条例》建立了以注册人、备案人为质量安全责任主体的生产经营管理制度，明确了化妆品生产经营者应当保证产品可追溯，界定了化妆品生产经营者的范畴，为化妆品生产经营主体设定了监管要求。

相较于1989年制定的《化妆品卫生监督条例》，现行《化妆品监督管理条例》秉承现代行政法治理念，对化妆品标准制度做出体系化规定，健全和完善强制信息披露制度，明确监管部门监督检查权，引入责任约谈、信用治理、市场禁入等新型监管方式，通过综合运用事前监管方式与事中事后监管方式，综合运用命令控制型监管方式和激励型监管方式，使多元主体参与监管过程，规范化妆品生产经营活动，加强化妆品监督管理。

（三）颁布系列化妆品监管规章

国务院各部、委员会和具有行政管理职能的直属机构，可以根据法律和国务院的行政法规、决定、命令，在本部门的权限范围内制定规章。部门规章规定的事项应当属于执行法律或者国务院的行政法规、决定、命令的事项。[1]随着《化妆品监督管理条例》的施行，与其配套的一系列

1　参见《中华人民共和国立法法》第80条。

部门规章也陆续出台，以共同为化妆品行业的健康发展助力。

现行法规将化妆品分为特殊化妆品和普通化妆品，规定国家对特殊化妆品实行注册管理，对普通化妆品实行备案管理；对风险程度较高的化妆品新原料实行注册管理，对其他化妆品新原料实行备案管理。据此，《化妆品注册备案管理办法》于2020年12月31日经国家市场监督管理总局审议通过，自2021年5月1日起施行。[1]

现行法规建立了以注册人、备案人为质量安全责任主体的生产经营管理制度，明确了化妆品生产经营者应当保证产品可追溯，界定了化妆品生产经营者的范畴，为化妆品生产经营主体设定了监管要求。在此背景下，以《化妆品监督管理条例》为依据，《化妆品生产经营监督管理办法》于2021年7月26日经国家市场监督管理总局审议通过，自2022年1月1日起施行。[2]《化妆品生产经营监督管理办法》夯实了化妆品生产经营主体责任，细化了对化妆品生产经营的管理要求，充实丰富了监督管理手段，将有助于维护化妆品质量安全，促进化妆品产业健康发展。

（四）以其他规范性文件为补充

为更好配合《化妆品监督管理条例》的施行，国家药品监督管理局又针对注册备案资料、产品分类规则与目录、安全评估、功效宣称、标签管理、生产质量管理和不良反应监测等相继出台相关文件，对法规、规章中的规定进一步细化，从而完善了化妆品监管领域的法规制度体系。

其中，《化妆品注册备案资料管理规定》规定了化妆品注册与备案

1　国家市场监督管理总局令第35号。

2　国家市场监督管理总局令第46号。

及变更、延续、注销时提交的资料要求。[1]《化妆品新原料注册备案资料管理规定》对新原料注册备案资料做出了更为全面、翔实的规定，明确不同情形的资料要求，对化妆品新原料注册人或备案人顺利申报注册或进行备案提供规范指导。[2]作为化妆品监管的基础性技术指南，《化妆品分类规则和分类目录》对制定依据、适用范围、分类规则、编码目录、实施时间等做了具体规定，细化了功效宣称分类目录。[3]《化妆品功效宣称评价规范》贯彻落实了法规关于化妆品功效评价管理的新要求，引导行业科学规范地开展功效评价，根据不同的产品类别提出具体评价要求。[4]《化妆品安全评估技术导则（2021年版）》规定了化妆品原料和产品安全评估的基本原则与要求，对风险评估程序、毒理学研究、安全评估报告等加以规范。[5]《化妆品标签管理办法》旨在加强化妆品监督管理，对化妆品中文标签、化妆品产品中文名称的内容加以规定，规定了销售包装可视面需标注的信息，以及禁止标注或者宣称的信息。[6]《化妆品补充检验方法管理工作规程》对化妆品补充检验方法的立项申报、起草和验证、审查和报送、批准和发布等程序加以规定。[7]《儿童化妆品监督管理规定》针对儿童化妆品的特殊性，规范儿童化妆品生产经营活动，加强儿童化妆品监督管理。[8]

这些规范性文件构成了化妆品法规体系的四梁八柱，将法规、规章中的内容予以具体化，转化为可操作性的规则，便于监管者执法和化妆品行业的遵从，成为化妆品监管法规制度体系的重要组成部分。

---

1 国家药品监督管理局2021年第32号公告，2021年2月26日。
2 国家药品监督管理局2021年第31号公告，2021年2月26日。
3 国家药品监督管理局2021年第49号公告，2021年4月8日。
4 国家药品监督管理局2021年第50号公告，2021年4月8日。
5 国家药品监督管理局2021年第51号公告，2021年4月8日。
6 国家药品监督管理局2021年第77号公告，2021年5月31日。
7 国家药品监督管理局2021年第28号通告，2021年4月23日。
8 国家药品监督管理局2021年第123号公告，2021年9月30日。

三、探求化妆品监管方式的多元化

(一)化妆品行政许可与备案制度的完善

1. 化妆品行政许可的整合

行政许可是指行政机关根据公民、法人或者其他组织的申请,经依法审查,准予其从事特定活动的行为。[1]行政许可是一种重要的事前政府监管工具,是对一般禁止的解除。"备案"则是指依法承担备案义务的行政相对人,按照规定向有权机关报送有关材料存档备查。[2]未经备案不应影响行政相对人依法开始从事某种行为。如果赋予行政机关在备案中一定的裁量权,乃至让备案成为行政相对人从事相关活动的前提,则是以"备案"之名行"许可"之实,这应是力求避免的行为。

1989年版《化妆品卫生监督条例》中明确了《化妆品生产企业卫生许可证》的法律地位。在2008年至2013年间,由药品监督管理部门负责颁发《化妆品生产企业卫生许可证》。某种意义上,《化妆品生产企业卫生许可证》是针对每一个化妆品企业颁发的行政许可,表明该企业符合化妆品生产的卫生条件,具备生产化妆品的资格。

截至2013年,化妆品生产许可是由质监部门行使的。其制度可以溯源至1984年国务院颁布的《工业产品生产许可证试行条例》,该试行条例旨在"确保重要工业产品的质量",并规定"凡实施工业产品生产许可证的产品,企业必须取得生产许可证才具有生产该产品的资格"。[3]

1　参见《中华人民共和国行政许可法》(2003年8月27日通过,2004年7月1日起施行)第3条。

2　参见周汉华:《〈行政许可法〉: 观念创新与实践挑战》,《法学研究》2005年第2期。

3　《工业产品生产许可证试行条例》(1984年4月7日国务院发布,为2005年9月1日起试行的《中华人民共和国工业产品生产许可证管理条例》所废止)第2条。

之后，轻工业部于1986年颁布《化妆品生产管理条例(试行)》，规定自1988年1月1日起，对化妆品生产发放“生产许可证”以加强管理。2005年国务院颁发的《中华人民共和国工业产品生产许可证管理条例》第2条规定“国家对生产下列重要工业产品的企业实行生产许可证制度”，不过，该条所列举的事项并不包含化妆品。但在2012年国家质量监督检验检疫总局公布的实行生产许可证制度管理的产品目录中，仍对化妆品施行生产许可证制度管理。质检部门仍对化妆品生产企业颁发《全国工业产品生产许可证》。

需指出，化妆品生产企业卫生行政许可制度侧重于对化妆品生产企业是否符合卫生要求加以审查，而非围绕化妆品企业的质量管理体系及安全管理措施等进行审查。化妆品生产行政许可则更注重化妆品作为一般工业产品的共性，忽视了化妆品作为健康产品的特性。这两项许可审查和监管对象都是化妆品企业，但审查侧重点与审查标准不同，客观上增加了企业负担。

《国务院办公厅关于印发国家食品药品监督管理总局主要职责内设机构和人员编制规定的通知》(国办发〔2013〕24号)规定，国家食品药品监督管理总局依法承担化妆品监督管理工作，并要求“将化妆品生产行政许可与化妆品卫生行政许可两项行政许可整合为一项行政许可”。这符合机构改革与政府职能转变的精神。2020年颁布的《化妆品监督管理条例》第27条规定了化妆品生产许可制度，实现了化妆品生产许可的整合。

晚近的行政审批改革秉承市场主体能够自主决定、市场机制能够有效调节、行业组织能够自律管理、行政机关采用事后监督能够解决的事项不设立审批的原则，要求最大限度地减少对生产经营活动和产品物品的许可。许可作为一种典型的事先干预手段，可能对化妆品生产经营活动施加了更多微观干预，设定了更多具体要求，为化妆品生产经营者带来了直接和间接负担。欧盟对化妆品并未实行上市前许可，只是采取备案制，这也值得我们借鉴与反思，如何让市场、企业和行业在化妆品治理中发挥更为重要的作用。

2. 化妆品注册与备案管理制度的建构

自2021年1月1日起实行的《化妆品监督管理条例》，体现了按照风险程度对化妆品、化妆品原料实行分类管理的理念，设定了化妆品、化妆品新原料的注册与备案制度。

化妆品、化妆品新原料注册，是指注册申请人依照法定程序和要求提出注册申请，药品监督管理部门对申请注册的化妆品、化妆品新原料的安全性和质量可控性进行审查，决定是否同意其申请的活动。国家对特殊化妆品实行注册管理，对风险程度较高的化妆品新原料实行注册管理，这包括对具有防腐、防晒、着色、染发、祛斑美白功能的化妆品新原料实行注册管理。[1]《化妆品监督管理条例》第20条规定了对特殊化妆品注册申请的审查，第13条规定了对化妆品新原料注册申请的审查。

化妆品、化妆品新原料备案，是指备案人依照法定程序和要求，提交表明化妆品、化妆品新原料安全性和质量可控性的资料，药品监督管理部门对提交的资料存档备查的活动。国家对普通化妆品、不实行注册管理的化妆品新原料实行备案管理。普通化妆品、化妆品新原料备案人通过国务院药品监督管理部门在线政务服务平台提交规定的备案资料后，即完成备案。

国家市场监督管理总局以部门规章的形式，颁布了《化妆品注册备案管理办法》。[2]《化妆品注册备案管理办法》细化落实化妆品和化妆品新原料注册人与备案人的责任义务及准入条件，对新原料注册人、备案人和化妆品注册人、备案人应当履行的安全监测义务进行了细化规定。

《行政许可法》第31条规定，申请人申请行政许可，应当如实向行

1　参见《化妆品监督管理条例》第11条。

2　国家市场监督管理总局令第35号，于2020年12月31日经国家市场监督管理总局审议通过，自2021年5月1日起施行。

政机关提交有关材料和反映真实情况，并对其申请材料实质内容的真实性负责。为了给申请人和备案人导引，国家药品监督管理局于2021年3月颁布了《化妆品注册备案资料管理规定》，对资料的格式和规范性要求、用户开通资料、化妆品注册备案资料、变更和延续资料等加以具体规定。《化妆品注册备案资料管理规定》还有24个附件，对注册备案过程中所需要的申请表、信息表、概述表等的格式予以明确，为境内责任人授权书、产品执行的标准、注册延续自查情况报告等提供样例，从而给行政相对人以导引。

电子政务的推行，推进了行政组织内部的政府信息共享、行政流程再造、部门协助机制等，进而优化了行政组织的管理流程。电子政务有助于推进行政许可和备案程序的改革，让行政相对人更为便捷地提交资料，有助于行政机关提高审批和备案效率，提供更为优质的公共服务。[1]目前，国家药品监督管理局正在强化化妆品、化妆品新原料注册备案信息服务平台建设，同时在推进注册备案全流程电子化，以实现产品全链条管理和系统之间的信息关联共享，有效提高化妆品注册备案效率和质量，为企业申报提供便捷、高效的服务平台，为监管部门提供统一权威的监管系统。受理、审评、审批、证照的全程在线办理，在特殊化妆品和化妆品新原料领域发放电子注册证，具备即时送达、扫码验真、在线验证、全网共享等功能，让数据多跑路、企业少跑腿、群众得实惠。

3. 简化化妆品生产许可程序管理

《化妆品生产经营监督管理办法》对申请化妆品生产许可的条件及对化妆品生产许可申请是否受理的标准做出详细规定；明确了生产许可项目的变更要求，规定对生产许可证载明事项变更情形，监管部门仅

1　参见宋华琳：《电子政务背景下行政许可程序的革新》，《当代法学》2020年第1期。

对化妆品生产企业提交的资料进行审核即可。对可能影响产品质量安全的生产设施设备的变化，或者在生产场地原址新建、改建、扩建生产车间的变更情形，监管部门需对化妆品生产企业提交的资料进行审核，必要时开展现场核查。

行政许可承诺制改变了《行政许可法》既有的程序流程，许可承诺制下的许可审查机关将完全采取形式审查模式，只要申请人做出合规承诺，便可以当即做出许可，进而通过程序创造与监管创新，将事前许可的风险过滤与筛查功能交由后续监督检查、验收、信用监管等事中事后监管工具。[1]《化妆品生产经营监督管理办法》中也创新性地提出了生产许可延续实行告知承诺制，明确了化妆品生产许可企业告知性承诺要求、受理和换证程序、延续许可后的监督检查要求等。这不仅优化了化妆品生产许可程序，进一步提升监管效能，也为企业提供了便利。

（二）化妆品标准体系的建构

行政许可作为对个案的审批，通过逐案判断，确定相对人的权利和资格，是较高程度的政府干预。技术标准的设定与实施，作为事前监管手段，其干预程度要弱于行政许可。[2]技术标准通过设定量化的数值与指标，对技术目标、预期绩效及产品规格加以规定；通过行政机关对技术规范的反复适用，实现风险防范等规制目标。[3]化妆品监管中，技术标

1　参见卢超：《行政许可承诺制：程序再造与规制创新》，《中国法学》2021年第6期。

2　参见［英］安东尼·奥格斯：《规制：法律形式与经济学理论》，骆梅英译，苏苗罕校，中国人民大学出版社2008年版，第152—153页。

3　参见宋华琳：《论技术标准的法律性质——从行政法规范体系角度的定位》，《行政法学研究》2008年第3期。

准应发挥更为重要的作用。根据《标准化法》的规定,[1]根据制定主体不同,可将标准分为国家标准、行业标准、地方标准、企业标准和团体标准,在此重点对化妆品国家标准、行业标准、团体标准、企业标准加以讨论。

1. 化妆品国家标准

国家标准包括强制性国家标准和推荐性国家标准。对保障人身健康和生命财产安全、国家安全、生态环境安全以及满足经济社会管理基本需要的技术要求,应当制定强制性国家标准。[2]国务院药品监督管理部门负责化妆品强制性国家标准的项目提出、组织起草、征求意见和技术审查。国务院标准化行政部门负责化妆品强制性国家标准的立项、编号和对外通报。[3]化妆品生产经营者应当依照强制性国家标准从事生产经营活动,[4]化妆品应当符合强制性国家标准。[5]化妆品强制性国家标准目前主要包括原卫生部颁布的《化妆品卫生标准》(GB7916-1987),以及原国家质量监督检验检疫总局、国家标准化管理委员会颁布的《消费品使用说明——化妆品通用标签》(GB5296.3-2008)等。截至2021年底,我国有强制性化妆品国家标准七项。[6]

需要说明,《化妆品安全技术规范》是支撑我国化妆品监管工作的主要规范性技术文件。[7]《化妆品安全技术规范》(2015年版)是原卫生部印发的《化妆品卫生规范》(2007年版)的修订版,该规范于2015年

---

1 1988年12月29日第七届全国人民代表大会常务委员会第五次会议通过,2017年11月4日第十二届全国人民代表大会常务委员会第三十次会议修订。

2 参见《标准化法》第10条。

3 参见《化妆品监督管理条例》第25条第1款。

4 参见《化妆品监督管理条例》第6条第2款。

5 参见《化妆品监督管理条例》第25条第3款。

6 参见汪毅、李焯原、刘家潽等:《中国化妆品标准体系研究报告》,载中国健康传媒集团、中国药品监督管理研究会编写:《2021中国化妆品蓝皮书》,中国医药科技出版社2022年版,第247页。

7 参见刘敏、邢书霞:《我国化妆品标准现状分析》,《香料香精化妆品》2021年第4期。

11月经化妆品标准专家委员会全体会议审议通过，由国家食品药品监督管理总局批准颁布，自2016年12月1日起施行。[1]《化妆品安全技术规范》构成了整个化妆品技术标准体系的导引，是企业生产和经营，国家监管部门对化妆品进行注册备案、审评审批及监督检验的主要依据，尽管它在制定主体、制定程序、编号管理等方面与强制性国家标准存在一定差异，严格意义上不是国家标准，但其实质上发挥着与强制性国家标准等效的功能。而且，由于我国化妆品强制性国家标准制定程序相对更为正式化，制定周期相对更长，因此数量相对较少，《化妆品安全技术规范》的意义更加凸显。目前，我国正在组建全国化妆品标准化技术委员会，整合前期已发布的技术要求、禁限用组分、检验检测方法等内容，参考借鉴国际标准动态，修订《化妆品安全技术规范》。

国家鼓励采用推荐性标准。对满足基础通用、与强制性国家标准配套、对各有关行业起引领作用等需要的技术要求，可以制定推荐性国家标准。截至2021年底，我国有推荐性化妆品国家标准192项。

2. 化妆品行业标准

对没有推荐性国家标准、需要在全国某个行业范围内统一的技术要求，可以制定行业标准。[2]化妆品行业标准涉及轻工标准、商业标准、进出口行业标准等。轻工标准由工业和信息化部颁布，标准数量较多，侧重于化妆品研发和品质相关的化妆品原料标准、化妆品功效成分检

1　该规范共分八章，第一章为概述，包括范围、术语和释义、化妆品安全通用要求。第二章为化妆品禁限用组分要求，包括1 388项化妆品禁用组分及47项限用组分要求。第三章为化妆品准用组分要求，包括51项准用防腐剂、27项准用防晒剂、157项准用着色剂和75项准用染发剂的要求。第四章为理化检验方法，收载了77个方法。第五章为微生物学检验方法，收载了5个方法。第六章为毒理学试验方法，收载了16个方法。第七章为人体安全性检验方法，收载了2个方法。第八章为人体功效评价检验方法，收载了3个方法。

2　参见《标准化法》第12条。

验标准及化妆品功效评价方法。[1]商业标准由商务部颁布，主要涉及化妆品储藏技术、化妆品经营管理规范等标准，是对化妆品经营环节质量控制的重要技术要求，其数量相对较少。[2]进出口行业标准由原国家质量监督检验检疫总局或海关总署颁布，其标准数量相对较多，涉及化妆品检验抽样规程、化妆品中有毒有害成分检测、微生物污染检测以及其他涉及化妆品安全风险的检测标准。[3]

3. 化妆品团体标准

自律性的团体标准是某一产业或行业中的成员，在协商一致的基础上制定的技术要求。它反映了成员的内在利益，能够更好地适应产业或行业的变化，激发了社会的力量；利用专业知识来寻求自我规制，缩短规则制定者和公众之间的距离，有可能更好地得以实施；与作为他律的国家标准、行业标准、地方标准可以互为替代和补充，从而构成交叠的规则体系。[4]《标准化法》第18条规定，国家鼓励学会、协会、商会、联合会、产业技术联盟等社会团体协调相关市场主体，共同制定满足市场和创新需要的团体标准，由本团体成员约定采用或者按照本团体的规定供社会自愿采用。

在我国，全国性或区域性行业协会已经有较为丰富的化妆品团体标准制定实践，其颁布标准各有行业特色，内容多为目前国家标准、行业标准未明确规定的内容，着力于对行业内部疑难问题、质控问题和局部行业互认内容加以规定。截至2021年底，我国已有222项化妆品团

1　如《化妆品用原料　苄索氯铵》(QB/T5106-2017)、《化妆品用原料　尿囊素》(QB/T5107-2017)等。

2　如《化妆品商品储藏技术》(SB/T10181-1993)等。

3　参见孙晶、李启艳、何慧、王小兵:《我国化妆品标准体系现状分析》,《中国食品药品监管》2021年第5期。

4　Thomas Vesting, The Autonomy of Law and the Formulation of Network Standards, 5 *German Law Journal* 647 (2004).

体标准。团体标准的制定主体既有中国香料香精化妆品工业协会、中国检验检疫学会等全国性行业协会，也有北京日化协会、上海日用化学品工业协会、浙江省健康产品化妆品行业协会等区域性行业协会。团体标准的类型涉及原料标准、[1]工艺研究标准、包装标准、化妆辅助用具标准、产品标准、成分检测标准、毒理学试验标准、[2]功效评价方法标准、[3]管理标准[4]等。

化妆品团体标准反映了成员的内在利益，适应了行业和技术的变化，有可能得到更好的执行，体现了标准制定中的合作治理。[5]团体标准的制定主体是相关行业协会而非行政机关，形式上被排除于国家法的序列之外，不具备法律的强制力。因此，团体标准由本团体成员约定采用，或者按照本团体的规定供社会自愿采用。[6]

根据《标准化法》第27条的规定，国家实行团体标准自我声明公开和监督制度，国家鼓励团体标准通过标准信息公共服务平台向社会公开。化妆品行业协会应当公开其化妆品团体标准的名称、编号等信息，鼓励行业协会公开化妆品团体标准的全文或主要技术内容。[7]化妆品行业协会应当自我声明其公开的团体标准符合法律法规和强制性标准

1　如《化妆品用原料　牡丹(Paeonia suffruticosa)根提取物》(T/SDCIA1012-2022)，山东省日用化学工业协会，2022年7月27日。

2　《广州开发区黄埔化妆品产业协会关于批准发布〈化妆品　急性毒性的测定　斑马鱼胚法〉(修订版)等4项团体标准的公告》，2022年4月28日。

3　《北京日化协会关于发布〈中国特色植物资源化妆品功效评价指南〉团体标准的公告》，2022年9月15日。

4　《中山市化妆品行业协会关于发布〈化妆品管理规范〉团体标准的公告》，2022年7月15日。

5　参见程虹、刘芸：《利益一致性的标准理论框架与体制创新——"联盟标准"的案例研究》，《宏观质量研究》2013年第2期。

6　参见《标准化法》第18条第1款。

7　参见《团体标准管理规定》(国家标准化管理委员会、民政部，2019年1月9日印发)第18条。

的要求，符合国家有关产业政策，并对公开信息的合法性、真实性负责。[1]未来，应进一步鼓励行业、团体起草关于化妆品新剂型、新业态、新包装等方面的创新团体标准。

4. 化妆品企业标准

《标准化法》第19条规定，企业可以根据需要自行制定企业标准，或者与其他企业联合制定企业标准。《标准化法》第21条规定，企业标准的技术要求不得低于强制性国家标准的相关技术要求。国家鼓励企业制定高于推荐性标准相关技术要求的企业标准。《化妆品监督管理条例》第25条第3款规定，鼓励企业制定严于强制性国家标准的企业标准。化妆品企业标准更为具体、精确，更有利于企业的遵守，提高企业的市场竞争力。企业根据需要自主制定、实施企业标准，并建立企业标准自我声明公开制度，落实企业责任。

5. 对化妆品标准体系的反思

1987年以来，我国化妆品生产、流通及进口分属不同部门监管，原卫生部、原国家质检总局、工业和信息化部、国家药品监督管理局等都颁布了相关标准，使得化妆品标准类型相对较多，化妆品标准体系相对凌乱，乃至不同标准之间存在内容交叉、重复、[2]不一致[3]的现象，化妆品原料标准、化妆品包装材料标准、化妆品替代方法标准、化妆品不良反应标准、化妆品功效评价标准都相对较少。

1　参见《团体标准管理规定》第19条。

2　例如，工业和信息化部发布的轻工行业标准《化妆品检验规则》(QB/T1684-2015)与国家市场监管总局、国家标准化管理委员会于2019年颁布的推荐性国家标准《化妆品检验规则》(GB/T37625-2019)在中英文名称、提出组织、归口组织、规定内容与适用范围等主要方面均相同或近似。参见李硕、李莉、王海燕、孙磊：《我国化妆品标准及其效力研究》，《中国药事》2021年第1期。

3　例如，现行有效的国家标准《化妆品卫生标准》(GB7916-1987)中重金属指标汞、铅、砷的限值要求与《化妆品安全技术规范》(2015年版)的限制要求不一致。参见孙晶、李启艳、何慧、王小兵：《我国化妆品标准体系现状分析》，《中国食品药品监管》2021年第5期。

完善化妆品标准体系的制度建议包括：第一，建议由药品监管部门主导，与其他部门协同联动，建立化妆品标准实施信息反馈和评估机制，根据反馈和评估情况对化妆品标准进行复审。对不适应经济社会发展需要和技术进步的化妆品标准，应当及时修订或者废止。[1]第二，国务院药品监督管理部门应当根据化妆品标准实施信息反馈、评估、复审情况，对有关标准之间重复交叉或者不衔接配套的，直接做出处理或者通过部门协调机制加以处理。[2]第三，推进现有化妆品标准结构和质量的优化，针对现有重复、交叉和不一致的化妆品标准，统一各种检验指标，统一化妆品标准的适用范围及对象。第四，加快出台关于化妆品原料、化妆品包装材料、化妆品替代方法研究、化妆品不良反应、化妆品功效宣称评价的标准。

（三）健全与完善信息披露制度

相对于许可、标准而言，信息披露是一种干预程度较低的监管工具。在化妆品市场中，化妆品消费者和化妆品生产经营者之间存在着信息不对称。尽管消费者可以从报纸杂志、广播电视、互联网等渠道获取关于化妆品产品性能和质量的信息，但消费者在购买化妆品时，从化妆品外观依然无法真正识别其性能和质量。化妆品生产者、经营者应为化妆品消费者提供必要的信息，标注相关的内容。[3]

化妆品标签，是指产品销售包装上用以辨识说明产品基本信息、属性特征和安全警示等的文字、符号、数字、图案等标识，以及附有标识信息的包装容器、包装盒和说明书。[4]各国都将化妆品标签标识作为监管重点，要

1　参见《标准化法》第29条。

2　参见《标准化法》第30条。

3　参见［日］铃木深雪：《消费生活论——消费者政策》，张倩、高重迎译，中国社会科学出版社2004年版，第116—117页。

4　参见《化妆品标签管理办法》（国家药品监督管理局2021年第77号公告）第3条。

求化妆品全成分标注，重视警示性标识对消费者安全的作用。[1]例如，在美国，化妆品标签需遵守《联邦食品、药品与化妆品法》(FDCA)和《良好包装和标签法》(FPLA)的规定，标注产品成分、警告用语和注意事项。[2]

化妆品标签是企业承诺、消费者选择和化妆品监管的重要依据。《中华人民共和国消费者权益保护法》(以下简称《消费者权益保护法》)第13条规定："消费者享有知悉其购买、使用的商品或者接受的服务的真实情况的权利。"[3]《产品质量法》第27条要求，"产品或者其包装上的标识必须真实"，"根据产品的特点和使用要求，需要标明产品规格、等级、所含主要成分的名称和含量的，用中文相应予以标明；需要事先让消费者知晓的，应当在外包装上标明，或者预先向消费者提供有关资料"。为了保护消费者权益，防止化妆品生产经营者选择性披露信息，有必要为化妆品标签管理设定强制性的监管规则。

化妆品标签是向消费者传递产品基本信息、属性特征、功效宣称和安全警示等内容的主要载体，真实、完整、准确的标签标注是确保消费者正确、合理、安全使用产品的必要保障。[4]《化妆品监督管理条例》第35条规定，化妆品的最小销售单元应当有标签，标签内容应当真实、完整、准确。《化妆品监督管理条例》第36条规定了化妆品标签应当标注的内容，第37条规定了化妆品标签禁止标注的内容。国家药品监督管理局于2021年颁布的《化妆品标签管理办法》对化妆品标签的要求加以细化，明确了化妆品注册人、备案人的主体责任，对化妆品标签内容和形式加以规定。

---

1 参见张晋京：《我国化妆品的法规、监管及挑战》，《口腔护理用品工业》2011年第2期。

2 参见刘文君：《FDA对化妆品标签管理规定之详解》，《首都医药》2010年第3期。

3 1993年10月31日第八届全国人民代表大会常务委员会第四次会议通过，根据2009年8月27日第十一届全国人民代表大会常务委员会第十次会议《关于修改部分法律的决定》第一次修正，根据2013年10月25日第十二届全国人民代表大会常务委员会第五次会议《关于修改〈中华人民共和国消费者权益保护法〉的决定》第二次修正。

4 《〈化妆品标签管理办法〉政策解读》，国家药品监督管理局，2021年6月3日。

《化妆品标签管理办法》第20条规定了被认定为化妆品标签瑕疵，但不影响产品质量安全且不会对消费者造成误导的七种情形，由负责药品监督管理的部门依照《化妆品监督管理条例》第61条第2款规定处理，即责令改正；拒不改正的，处2 000元以下罚款。这也体现了行政处罚过罚相当原则。

（四）加强监督检查

1. 实施监督检查

《化妆品监督管理条例》第46条规定了监管部门对化妆品生产经营的监督检查权，规定监管部门有权进入生产经营场所实施现场检查；对生产经营的化妆品进行抽样检验；查阅、复制有关合同、票据、账簿以及其他有关资料。

《化妆品生产经营监督管理办法》第51条规定，国家药品监督管理局根据法律、法规、规章、强制性国家标准、技术规范等有关规定，制定国家化妆品生产质量管理规范检查要点等监督检查要点，明确监督检查的重点项目和一般项目，以及监督检查的判定原则。《化妆品生产经营监督管理办法》第50条规定，负责药品监督管理的部门应当按照风险管理的原则，确定监督检查的重点品种、重点环节、检查方式和检查频次等，加强对化妆品生产经营者的监督检查。必要时，负责药品监督管理的部门可以对化妆品原料、直接接触化妆品的包装材料的供应商、生产企业开展延伸检查。2021年前三季度，全国共检查化妆品生产企业7 668家次，抽检化妆品1.39万批次，飞行检查化妆品生产企业974家次，责令暂停生产企业75家次。[1]

---

1 《药品监督管理统计报告》(2021年第三季度)，国家药品监督管理局综合和规划财务司、中国食品药品监管数据中心，2022年3月。

2. 一并实施行政强制措施

监管部门在实施化妆品监督检查时，同时还有实施法定的行政强制措施之权，这包括依法实施查封、扣押之权。《中华人民共和国行政强制法》第9条规定的行政强制措施种类包括了查封、扣押。查封是有关行政机关为了预防和制止违法，保证行政行为的有效做出和执行，通过“就地封存”的方法，在短时间内禁止对场所使用和限制对财物的使用、毁损、转移和处分。[1]扣押财物作为与查封并行的行政强制措施，将涉嫌违法的财物移动至有关地点进行直接控制，在短时间内禁止当事人对财物的使用、毁损、转移和处分。[2]《化妆品监督管理条例》第46条赋予了化妆品监管部门在进行监督检查时的查封与扣押权，监管部门有权查封、扣押不符合强制性国家标准、技术规范或者有证据证明可能危害人体健康的化妆品及其原料、直接接触化妆品的包装材料，以及有证据证明用于违法生产经营的工具、设备；有权查封违法从事生产经营活动的场所。

3. 开展抽样检验

在化妆品监督检查中，抽样检验发挥着重要作用。抽检行为以发现和查处化妆品质量安全问题、排查与防范化妆品安全风险为目的，严格遵照法定程序和化妆品标准，依法对化妆品生产经营活动全过程组织开展抽样检验，给出具有外部法律效力的“检验结果”，且送达被检验对象。[3]药品监督管理部门应当组织对化妆品进行抽样检验；对举报反映或者日常监督检查中发现问题较多的化妆品，以及通过不良反应监测、安全风险监测和评价等发现可能存在质量安全问题的化妆品，药品监管部门可以进行专项抽样检验。[4]进行抽样检验的，应当支付抽取

1 参见胡建森：《行政法学》（第四版），法律出版社2015年版，第324页。

2 参见胡建森：《行政法学》（第四版），法律出版社2015年版，第326页。

3 参见范伟：《食品安全监督抽检制度的规范建构：基于行政过程论视角的分析》，《中外法学》2021年第1期。

4 参见《化妆品监督管理条例》第48条、《化妆品生产经营监督管理办法》第52条。

样品的费用，所需费用纳入本级政府预算。

药品监管部门应当按照规定及时公布化妆品抽样检验结果，抽检结果公布可以反映出化妆品生产经营主体的守法或违法情况，这与生产经营主体的声誉密切相关。抽检结果合格，是对其合法性的认可；公布抽检不合格结果，除了对事实状态的公布，还意味着生产经营主体社会评价的减损，这可能对生产经营主体产生比经济损失更强的威慑力。[1]以《广东省药品监督管理局关于化妆品抽样检验信息的通告》(2022年第3期)为例，该通告涉及全省181批次化妆品的抽样检验信息，经检验合格样品176批次，不合格样品5批次。对不合格样品的通报涉及标示样品名称、标示生产企业/进口代理商名称、标示生产企业/进口代理商地址、被抽样单位名称、被抽样单位地址、规格、批号/限用日期、检验机构、检验结果等，经检验不合格的产品其检验结果为不合格，并对不合格项目/限值加以规定。之所以不合格，或是因为化妆品特定物质超过了规定限值，或是因为添加了依法不得添加的物质。[2]

公布抽检不合格结果，一般还伴有后续的监管措施和监管要求。对化妆品抽样检验结果不合格的后续处理方式，包括进行立案调查、责令停止生产、责令生产经营主体召回已经上市销售的化妆品、通知停止经营使用，以及开展自查、进行整改等。[3]

(五)完善举报奖励制度

监管者应及时查处违法行为。但监管者也并非超人，也未必能从日常的监督检查及管理中，发现所有的违法线索，查处所有的违法

1　参见安永康:《作为风险规制工具的行政执法信息公开——以食品安全领域为例》,《南大法学》2020年第3期。

2　《广东省药品监督管理局通告》,2022年第51号,2022年5月27日。

3　参见《化妆品生产经营监督管理办法》第53条。

行为。在现代风险治理中，政府监管越来越有赖于社会执法（social enforcement），有赖于公众举报其发现市场和社会中的违法线索，有赖于违法组织内部的个人就所处组织的违法违规行为进行举报。

2014年全国食品药品监管投诉举报信息统计显示，在食品、药品、保健食品、医疗器械、化妆品的投诉举报中，化妆品举报相对较少，占总量的2.89%，投诉举报主要集中在流通环节。[1]负责药品监督管理的部门应当公布本部门的网站地址、电子邮件地址或者电话，接受化妆品咨询、投诉、举报，并及时答复或者处理。对查证属实的举报，按照国家有关规定给予举报人奖励。[2]投诉举报人应当提供客观真实的投诉举报材料及证据，说明事情的基本经过，提供被投诉举报对象的名称、地址、涉嫌违法的具体行为等详细信息。[3]有必要创设激励和保护举报行为的法律机制，严格执行举报保密制度，保护举报人合法权益。

四、完善化妆品安全风险监管体系

（一）建立化妆品安全风险监测和评价制度

国家建立化妆品安全风险监测和评价制度，对影响化妆品质量安全的风险因素进行监测和评价，为制定化妆品质量安全风险控制措施和标准、开展化妆品抽样检验提供科学依据。[4]

风险监测是通过跟踪已识别的风险，监视残余风险和识别新风险，

1　参见《食品药品监管总局举办“合力打假　守护健康”3·31主题宣传日活动》，国家食品药品监督管理总局官网，2015年4月1日。

2　参见《化妆品监督管理条例》第58条。

3　参见《食品药品投诉举报管理办法》，国家食品药品监督管理总局令第21号，2016年1月12日公布。

4　参见《化妆品监督管理条例》第53条。

保证风险计划的执行，并评估这些计划对减低风险的有效性。通过对化妆品原料、生产过程、标签标识以及化妆品的有害因素进行风险监测，对化妆品安全形势有总体的把握，了解化妆品安全和质量中存在的主要问题。国家化妆品安全风险监测计划由国务院药品监督管理部门制定、发布并组织实施，国家化妆品安全风险监测计划应当明确重点监测的品种、项目和地域等。[1]

风险评价制度则包括对风险的可能性，风险的经济、环境和社会后果加以评估，对危险的盖然性和后果予以塑造和预警。[2]化妆品安全风险评价可以对化妆品中的生物性、化学性和物理性危害进行风险评价，可以从定性和定量的角度来界定化妆品风险。建议引入化妆品安全专家咨询制度，对化妆品安全风险进行评价。未来，应将化妆品安全风险评价结果作为制定和修订化妆品安全标准、发布化妆品安全警示和对化妆品安全实施监督管理的科学依据。

（二）施行化妆品不良反应监测和报告制度

化妆品不良反应是指正常使用化妆品所引起的皮肤及其附属器官的病变，以及人体局部或者全身性的损害。[3]1989年版《化妆品卫生监督条例》第23条规定："对因使用化妆品引起不良反应的病例，各医疗单位应当向当地卫生行政部门报告。"但该条例并未明确规定卫生行政部门、医疗机构、化妆品企业各自的职能、分工及权利义务，使得此规定很难落实。

1991年颁布的《化妆品卫生监督实施细则》第15条规定，特殊用

1　参见《化妆品监督管理条例》第53条。

2　OECD, *Risk and Regulatory Policy: Improving the Governance of Risk*, 19 (2010).

3　参见《化妆品监督管理条例》第52条第4款。

途化妆品批准文号每4年重新审查1次，企业提交的重新审查表中，须向卫生行政部门提供使用者不良反应调查总结报告。[1]同时，化妆品卫生监督管理实行“化妆品卫生监督、监测年报表”制度。各级医疗机构发现化妆品不良反应病例，应及时向当地区、县化妆品卫生监督检验机构报告。[2]

2011年底，国家食品药品监督管理局发布了《关于加快推进化妆品不良反应监测体系建设的指导意见》。[3]这份规范性文件规定了国家食品药品监督管理部门、省级食品药品监督管理部门、国家化妆品不良反应监测机构、省级化妆品不良反应监测机构、化妆品不良反应监测哨点以及化妆品生产经营企业在化妆品不良反应监测中的职责分工。但该文件作为指导性文件，是指导而非强制，不具有法律上的拘束力。

现行《化妆品监督管理条例》明确规定，国家建立化妆品不良反应监测制度，从而进一步建构起化妆品不良反应监测的合作共治格局。

第一，化妆品不良反应监测机构负责化妆品不良反应信息的收集、分析和评价，并向负责药品监督管理的部门提出处理建议。

第二，化妆品注册人、备案人应当监测其上市销售化妆品的不良反应，及时开展评价，按照国务院药品监督管理部门的规定向化妆品不良反应监测机构报告。

第三，受托生产企业、化妆品经营者和医疗机构发现可能与使用化妆品有关的不良反应的，应当报告给化妆品不良反应监测机构。

第四，鼓励其他单位和个人向化妆品不良反应监测机构或者负责

1　参见《化妆品卫生监督实施细则》（卫生部令第13号，1991年3月27日发布）第15条。

2　参见《化妆品卫生监督实施细则》（卫生部令第13号，1991年3月27日发布）第43条。

3　《关于加快推进化妆品不良反应监测体系建设的指导意见》，国家食品药品监督管理局，国食药监保化〔2011〕476号，2011年11月24日。

药品监督管理的部门报告可能与使用化妆品有关的不良反应。

第五，化妆品生产经营者应当配合化妆品不良反应监测机构、负责药品监督管理的部门开展化妆品不良反应调查。

五、结语

本章评述和解读的化妆品监管改革，或许也是中国风险监管制度发展的现实缩影。第一，在我国化妆品监管领域，作为基本法的《化妆品监督管理条例》具有提纲挈领的作用，构成了化妆品监管法律体系的基石。第二，需要建构统一、权威的化妆品监管体制，提高化妆品监管能力建设，明确监管目标，强化部门协作，提升监管队伍的专业化水平，挖掘化妆品监管领域中相对匮乏的专家资源，进而拓展化妆品监管的合作共治资源。第三，在化妆品监管中，还需进一步发挥行业协会和企业的作用，努力促使企业自我规制、行业自律与政府监管相结合。第四，在化妆品监管方式中，目前仍较多地倚重于许可制与备案制，化妆品技术规范体系有待优化，化妆品信息披露亟待加强。第五，在化妆品监管制度设计中，还需探讨如何真正体现风险监管的理念，对化妆品进行分级分类监管，加强对化妆品风险的监测与评价，并将风险监测与评价结果同后续监管挂钩。

“对症亦知须药换，出新何术得陈推。”[1]在包括化妆品监管在内的社会性监管领域中，完善监管立法，整合监管体制，克服监管权的碎片化，建构由政府、协会、企业、专家、媒体、消费者共同参与的监管治理网络，引入新型弹性、灵活的监管方式，引入风险监管和监管影响评估的理念，就成为当下迫切的要务。

1　钱锺书:《阅世》(1989年)，引自钱锺书:《槐聚诗存》，生活・读书・新知三联书店2001年版，第124页。

中　篇

制度探微

第五章

药品监管中的解释性规则[*]

行政法解释的功能，是在适用法律的过程中，将法律条文适用于所认定的事实关系，在对法律条文的规范意蕴发生疑义时，通过法律解释，让法律适用者理解条文的意义。[1]我国已有的研究相对更多关注全国人民代表大会常务委员会颁布的立法解释，以及最高人民法院、最高人民检察院做出的，属于审判、检察工作中具体应用法律的解释。[2]但是，首次对行政法律规范加以解释和适用的是行政机关而非司法机关。行政机关基于实务的需要，有必要或基于下级机关或当事人的申请，颁布解释性规则，以阐明法律规范的意图，补充法律规范的不足，做出整齐划一的规定。[3]

从比较法观之，美国行政法上的解释性规则（interpretive rule），作

---

* 本章主要内容以“论解释性规则的法治化——以药品监管为例证”为题，刊于《学术交流》2020年第5期，原系与牛佳蕊博士合作，收入本书时，笔者做了一定程度的修改与完善。

1 参见陈清秀：《依法行政与法律的适用》，载翁岳生编：《行政法》，中国法制出版社2009年版，第213页。

2 参见《中华人民共和国立法法》第45、104条。

3 参见叶俊荣：《行政命令》，载翁岳生编：《行政法》，中国法制出版社2009年版，第501页。

为非立法性规则,“是行政机关颁布的规则或声明,就行政机关对法律及所实施规则的解释,向公众给出咨询建议”。[1]日本行政法上则有“解释基准”,为防止做出区别对待情况的发生,确保行政的统一性,上级行政机关以通知的形式,对下级行政机关发布解释法律的基准。[2]韩国行政法中的“规范解释规则”是指在法律规范特别是不确定概念适用时,为了确定解释或适用方向而发布的规则,认为这构成了下级机关解释、适用法律的重要依据,还能保障法律的统一适用。[3]

目前,学术界对解释性规则的研究相对寂寥,甚至有论者认为行政解释与法治相违,否认行政解释存在的价值。迄今为止,李洪雷讨论了行政解释与司法解释的差异、行政解释需考虑的因素及对行政解释的司法审查;[4]高秦伟讨论了其他形式的行政法规范解释,对政策声明、法律询问答复等形式加以分析;[5]敖双红等讨论了行政函释的外部效力及司法审查;[6]胡敏洁、章志远讨论了工伤认定中行政法规范解释的司法审查。[7]但围绕特定行政领域、面向行政过程的解释性规则研究成果,目前尚不多见。

药品监管是为了克服药品市场上市场主体与消费者之间的信息不对称,保障公众健康权益,降低药品安全风险,而设定的一系列制度安排。[8]作为典型的高风险领域,药品监管法律规范具有较强的专业技

---

1 Robert A. Anthony, Interpretive Rules, Legislative Rules and Spurious Rules: Lifting the Smog, 8 *Admin. L. J. Am. U.* 7 (1994).

2 [日]盐野宏:《行政法总论》,杨建顺译,北京大学出版社2008年版,第66页。

3 [韩]金东熙:《行政法I》,赵峰译,中国人民大学出版社2008年版,第116页。

4 李洪雷:《行政法的适用与解释初论》,载《法律方法与法律思维》第8辑,法律出版社2012年版,第3—26页。

5 高秦伟:《论其他形式的行政法规范解释》,《当代法学》2008年第5期。

6 敖双红、刘维:《论我国行政函释效力及适用》,《湖南警察学院学报》2018年第3期。

7 胡敏洁:《专业领域中行政解释的司法审查——以工伤行政为例》,《法学家》2009年第6期;章志远:《工伤认定行政法规范解释的司法审查》,《清华法学》2011年第5期。

8 宋华琳:《药品行政法专论》,清华大学出版社2015年版,第21页。

术性、实践性和变动性，这为监管部门的法律解释与适用增加了挑战，也给行政相对人的合规守法活动带来了诸多困惑。为此，药品监管部门特别是国务院药品监管部门以“复函”“通告”“通知”“批复”“意见”“解释”等规范性文件的形式，对药品管理法律、行政法规、规章和规范性文件做出解释，其内容涉及药品监管中要件事实的解释、法律效果的确定、法律概念的阐发、裁量权的行使、行政程序的细化等，从而为各级药品监管部门的法律适用提供导引，为行政相对人如何依法展开相关药品研制、注册、生产、经营等活动释疑。[1]

但在药品监管中，解释性规则是只包括具体应用解释，还是也包括规范性文件？解释性规则是否拘束行政机关，是否对行政相对人产生外部法律效力？解释性规则在行政解释时，应考虑哪些因素？这些问题目前都没有确定答案。笔者通过对北大法宝数据库、中国裁判文书网、国家药品监督管理局网站的检索，通过对相关药品监管法规文件汇编的阅读整理，尽可能穷尽式地搜集整理我国行政机关近三十年来就药品监管事务颁布的解释性规则，来探讨解释性规则的制定权限、规则类型、法律效力、解释方法，探讨司法对解释性规则的态度，继而探讨解释性规则的完善之道，以期推动我国药品监管法规体系的制度完善，并进而反思我国的行政规范性文件和行政解释研究。

一、解释性规则的正当性与制定权限

在此讨论的解释性规则，是有权行政机关在药品监管领域，以规范性文件形式颁布的具有法律解释功能的规则，不包括行政法规、规章

1　1984年至今，先后由卫生部（1984—1998）、国家药品监督管理局（1998—2003）、国家食品药品监督管理局（2003—2013）、国家食品药品监督管理总局（2013—2018）、国家药品监督管理局（2018年至今）作为中央层面的药品监督管理部门，进行药品监管，并颁布相关的解释性规则。

中对药品监管法律规范的解释。解释性规则有助于对法律规范加以解释和具体化，制定药品监管领域的解释性规则是药品监管部门的固有权限。

（一）引入解释性规则的正当性

现行《药品管理法》对药品研制、注册、生产、经营、上市后管理、药品价格和广告、监督管理、法律责任做了系统规定。但作为成文法律规范，其仍存在固有的局限性，这也为行政机关颁布解释性规则留下了制度空间。

“然法律之条文有限，社会之现象无穷，势难以有限之法文，规范无穷之人事。”[1]《药品管理法》等法律规范需要调整大范围的生活事实或药品市场活动类型，法律调整事实的无限性与法律规范数量的有限性构成了鲜明的矛盾。法律条文最终会趋向精简，会更具有逻辑性。[2]药品法律规范往往是具有一定“开放空间”的“开放结构”（open texture），由于认识能力和定义能力不足，法律中会使用内容上较为空泛及不明确的法律概念，来规定无法精确预见或定义的事实，让行政保有弹性和灵活性。[3]

可大致将药品法律规范中的不确定法律概念分为“经验概念”和“规范概念”。“经验概念”涉及可以把握、理解或凭特定经验理解的状况或事件，如《药品管理法》中出现的“药品”“药品上市许可持有人”“短缺药品”“假药”“劣药”“违法所得”等不确定法律概念。[4]“规

1 林纪东：《行政法》（第六版），三民书局1984年版，第88页。

2 参见［德］伯恩·魏德士：《法理学》，丁小春、吴越译，法律出版社2003年版，第88页。

3 陈敏：《行政法总论》（第九版），三民书局2016年版，第198页。

4 参见《药品管理法》第2、30、95、98、115条等条文。

范概念”则被称为“须填补价值的概念”，如《药品管理法》中出现的“具备相应条件”“公共利益”“伦理原则”“严重危及生命”等词语，[1]法律适用者只有采取评价的态度，才能认识其意义。

在药品监管这种高风险且具有高度专业技术性的领域，立法者采用不确定法律概念，实际上科以了监管部门根据未知情境进行灵活、动态监管的义务，也赋予了行政机关制定解释性规则的空间。解释性规则的内容中蕴含了法学方法意义上的法律解释，对法律规范加以解释和具体化。[2]

(二)解释性规则的制定权限

《全国人民代表大会常务委员会关于加强法律解释工作的决议》指出：“不属于审判和检察工作中的其他法律、法令如何具体应用的问题，由国务院及主管部门进行解释。”“凡属于地方性法规如何具体应用的问题，由省、自治区、直辖市人民政府主管部门进行解释。”[3]《国务院办公厅关于行政法规解释权限和程序问题的通知》则指出：“凡属于行政工作中具体应用行政法规的问题，有关行政主管部门在职权范围内能够解释的，由其负责解释。”[4]根据《药品管理法》第8条的规定，国家药品监督管理局作为国务院药品监督管理部门，依法主管全国药品监督管理工作；省、自治区、直辖市人民政府药品监督管理部门负责本行政区域内的药品监督管理工作。因此，药品监管部门有权针对药品法律规

1　参见《药品管理法》第19、20、23、26条。

2　参见伏创宇：《核能规制与行政法体系的变革》，北京大学出版社2017年版，第130—131页。

3　《全国人民代表大会常务委员会关于加强法律解释工作的决议》，第五届全国人民代表大会常务委员会第十九次会议通过，1981年6月10日。

4　国办发〔1999〕43号，1999年5月10日颁布。

范的解释和适用，在相应的事务管辖权和地域管辖权范围内，颁布相应的解释性规则。

在药品监管领域，药品监管部门可谓监管资源的聚集地和监管政策的发动引擎。[1]药品监管部门的公务员多具有药学、医学等相关专业知识背景，具有符合药品监管职位要求的工作能力；各级药品监管部门负责药品法律规范的实施，依法实施监督检查，开展行政处罚，在工作中逐步积累丰富的监管执法经验，对药品法律规范的解释与适用有着切身感悟；药品监管部门还设置有药品专业技术机构，承担依法实施药品监督管理所需的审评、检验、核查、监测与评价等工作；[2]药品监管部门还在打造合作治理网络、药品监管信息网络、药品监管国际合作网络，进而改进药品监管部门的监管能力。

无论是立法机关制定的《药品管理法》《疫苗管理法》，还是国务院颁布的相关药品行政法规、规范性文件和政策措施，其初稿或“毛坯”每每也是国家药品监督管理部门起草的。国务院药品监管部门事实上成了药品法律和行政法规的“影子立法者”，[3]成为药品监管政策的形塑者。由药品监督管理部门制定解释性规则，可以使解释更加契合药品行政执法实践和医药产业实践。

药品监管部门制定解释性规则，是其固有权限所在。根据《中华人民共和国地方各级人民代表大会和地方各级人民政府组织法》第83条的规定，上级人民政府主管部门依照法律或者行政法规的规定，对下级人民政府的相应工作部门进行业务指导或者领导。因此，药品监管部门有在职权范围内对各级药品监管部门进行业务指导的权限，基于行政层级内部上级对下级的指挥监督权，药品监管部门可以颁布解释性规则。

---

1 参见宋华琳：《国务院在行政规制中的作用——以药品安全领域为例》，《华东政法大学学报》2014年第1期。

2 参见《药品管理法》第11条。

3 国家药品监督管理局的职责之一即为“起草法律法规草案”。

国家药品监督管理局颁布的解释性规则多见于国家药品监督管理局网站的“法规文件”栏目的“工作文件”项下。[1]需要指出，解释性规则制定权并非由国家药品监督管理部门所独享，省级药品监督管理部门也可在管辖权范围内颁布解释性规则。例如，浙江省药品监督管理部门曾颁布《浙江省食品药品监督管理局关于医用氧监管有关问题的批复》。[2]法院在司法判决中也指出：“省药监局的批复是对法律适用问题的行政解释，该批复是对其下级机关业务的指导，符合法律规定。”[3]

二、解释性规则的类型

药品监管部门颁布的解释性规则属于行政规范性文件，其虽涉及相对人权利义务，但不创设权利义务，而是在说“法律是什么”，给行政部门及公务人员以导引，给行政相对人以咨询建议。解释性规则包括抽象解释和具体应用解释。药品监管部门可以主动颁布抽象解释，来阐明药品法律规范的要点或内涵；药品监管部门也可以针对下级机关的请示，就药品法律规范的适用做出具体应用解释。解释性规则可以是对法律的解释，也可以是对行政法规、规章或规范性文件的解释。

（一）抽象解释

行政规范性文件是除国务院的行政法规、决定、命令以及部门规章和地方政府规章外，由行政机关依照法定权限、程序制定并公开发布，涉及公民、法人和其他组织权利义务，具有普遍约束力，在一定期限内

1　国家药品监督管理局官网。

2　浙食药监法〔2006〕41号，2006年9月26日。

3　南通协和生物科技有限公司等诉金湖县食品药品监督管理局药品行政处罚案，江苏省淮安市中级人民法院行政判决书，（2014）淮中行终字第0023号，2014年4月16日。

反复适用的公文。[1]药品监管部门针对药品监管法律规范中有待厘清的内容，无须以下级行政机关的具体请示为前提，可主动制定具有普遍约束力的规范性文件，做出抽象解释。

一个行政规范性文件可以主要是解释性规则，主要是对法律规范的适用和解释。在特定情况下，一个行政规范性文件的部分内容可以构成解释性规则，其他部分内容还可被视为行政处理基准、行政裁量基准或指导性规则。[2]结合《党政机关公文处理工作条例》的要求，抽象解释的外在形式可以是通告、通知、公告、意见等公文形式。[3]

抽象解释可以是通告，通告"适用于在一定范围内公布应当遵守或者周知的事项"，例如，2020年颁布的《国家药监局关于当前药品经营监督管理有关事宜的通告》[4]即对新法颁布后旧规章的适用、药品经营许可程序加以解释。抽象解释可以是通知，通知"适用于发布、传达要求下级机关执行和有关单位周知或者执行的事项"，例如，国家食品药品监督管理局2005年颁布的《关于进一步规范药品说明书处罚行为的通知》[5]即对何为作为执法和处罚依据的药品说明书，进行了解释。

（二）具体应用解释

2003年10月通过的《中共中央关于完善社会主义市场经济体制若

1 《国务院办公厅关于加强行政规范性文件制定和监督管理工作的通知》，国办发〔2018〕37号，2018年5月16日。

2 参见［日］平冈久：《行政立法与行政基准》，宇芳译，中国政法大学出版社2014年版，第214页。

3 参见《中共中央办公厅、国务院办公厅关于印发〈党政机关公文处理工作条例〉的通知》，中办发〔2012〕14号，2012年4月16日印发。

4 《国家药监局关于当前药品经营监督管理有关事宜的通告》，2020年第23号通告，2020年3月31日。

5 国家食品药品监督管理局，国食药监市〔2005〕491号，2005年10月13日。

干问题的决定》指出:“属于全国性和跨省(自治区、直辖市)的事务,由中央管理,以保证国家法制统一、政令统一和市场统一。”[1]药品的研制、注册、生产、经营活动都已超越了地理区域的限制,因此,在依法赋予地方药品监管部门裁量空间的同时,还需确保在全国范围内整齐划一地解释和适用法律。药品监督管理部门特别是国务院药品监督管理部门可以针对下级药品监管部门及其他不相隶属机关的特定请示或请求,为指导法律执行或实施行政措施,以批复、函复、复函、意见等形式,针对个案做出具体应用解释。

具体应用解释一般以下级行政机关向有权药品监管部门提出请示或咨询为前提,下级行政机关之所以提出解释的请示,是为了寻求上级部门的业务指导,也可规避自身的执法风险与责任。下级行政机关请示或咨询的往往是针对特定药品监管事务、特定医药企业、特定药品品种的具体问题,但此问题很可能是更具普遍意义的法律解释或适用问题。无论是药品监管部门编辑的法规汇编,还是监管部门的网站,都将这些监管部门就法律解释或适用问题上的批复纳入了规范性文件的范围,因为这些批复不仅对请示的个案有价值,也对其他同类案件有指导意义。[2]

例如,2001年版《药品管理法》第79条规定了对违反《药品经营质量管理规范》行为的行政处罚,新疆维吾尔自治区药品监督管理局于2007年向国家药品监督管理局报送了《关于经营单位和医疗机构未按规定条件执行药品贮藏如何处理的请示》,国家药品监督管理局则据此做出了《国家食品药品监督管理局关于未按规定条件贮藏药品行政处罚问题的意见》,对“药品经营企业未按规定的贮藏条件贮藏药品”

1 《中共中央关于完善社会主义市场经济体制若干问题的决定》,2003年10月14日中国共产党第十六届中央委员会第三次全体会议通过。

2 李洪雷:《行政法释义学》,中国人民大学出版社2014年版,第123页。

的“生活事实”进行解释，认为其符合《药品管理法》第79条的“构成要件要素”。这样的批复似乎是针对下级机关请示事项个案的答复，但实际上，基于平等原则的要求，其他药品监管部门及其工作人员也会适用此批复，对未来类似的违法行为科以处罚。

三、解释性规则的法律效力

药品监管部门颁布的解释性规则不是正式的法律渊源，不具有法律规范效力。但从平等原则与行政自我拘束原则出发，解释性规则对行政机关有直接拘束效果，对行政相对人有间接拘束效果。在行政实践中，解释性规则可以发挥与法律相同的功能，从法社会学意义上考察，解释性规则也可以构成法律渊源的重要组成部分。[1]

解释性规则对人民法院不具有法律规范意义上的约束力，但药品审判案例更多体现了司法对解释性规则的尊重和援引；法院可以在裁判文书中，对解释性规则的合法性和合理性加以评述。

（一）不具有法律规范效力

《中华人民共和国立法法》(以下简称《立法法》)第80条规定了国务院部门的部门规章制定权，《立法法》第85、86条为部门规章设定了公布要求。《规章制定程序条例》规定了规章的立项、起草、审查、决定、公布、解释程序，特别规定了规章制定的听取意见程序，[2]规定规章的名称一般称“规定”“办法”，但不得称“条例”。

---

1 ［日］北野弘久：《税法学原论》，陈刚、杨建广等译，中国检察出版社2001年版，第133页。

2 《规章制定程序条例》第15条。

药品监管部门颁布的解释性规则并不具备法律规范的外形，这至少有如下四点表征。第一，国务院药品监管部门颁布的解释性规则，其文件名称为通告、通知、公告、意见、批复、复函等形式。第二，解释性规则作为规范性文件，未遵守立法规范中对立法章节条款的体例要求。第三，解释性规则的发布主体有时是国务院药品监管部门，当解释性规则以对下级机关函复形式展开时，其发布主体往往是国务院药品监管部门负责机关日常运转的部门，相当于内设机构发文。[1]第四，解释性规则的收件人并非公众，往往是“各省、自治区、直辖市药品监督管理局”或特定的省级药品监督管理部门，文件开篇往往是“某某药品监督管理局，你局关于某某问题的请示收悉，经研究，现函复如下”。

解释性规则的制定并未秉承行政立法程序的要求。第一，解释性规则的制定程序更多适用国务院药品监管部门内设司局的办文程序，未履行征求行政相对人意见程序。第二，就具体应用解释而言，如果是对具有普遍意义的答复，国务院药品监管部门一般会在政府网站上公开，但如果只是对个案的解释，则不一定公开。[2]

解释性规则的内容常常是对特定法律适用疑难问题的廓清，包括对法律概念和术语的解释，也包括对法律规范中构成要件要素的解释。解释性规则并未创设新的权利义务，也无权减损行政相对人权利，无权剥夺行政相对人义务。

因此，从颁布形式、制定程序、规范内容等角度考察，药品监管部门颁布的解释性规则不符合行政立法形式、程序和内容的要求，更多是行

1　根据不同时期药品监管体制的沿革，曾经常性地以“国家食品药品监督管理局办公室”“国家食品药品监督管理总局办公厅”的名义发布相关解释函复。2018年以来，多以“国家药品监督管理局综合司”的名义发布相关解释函复。

2　笔者在中国裁判文书网、北大法宝数据库通过对相关判例的查询，会查找到部分药品监管的解释性规则名称，但穷尽各种网络上的公开搜索渠道，也未必能搜索到相关解释的全文。

政体系内部上级对下级的解释，不具有法律规范效力。解释性规则不属于正式的法律渊源，其内容和作用只是对法律规范加以解释和明确，不能取代其他具有直接外部效果的法律渊源。[1]

（二）对行政机关的直接拘束效果

公法上典型的行政组织形态形式是科层式的层级行政系统，进而形成层层节制的严密体系。国家药品监督管理局作为"主管全国药品监督管理工作"的部门，依法对各级药品监督管理部门进行业务指导。[2]《中共中央关于全面推进依法治国若干重大问题的决定》[3]指出："完善政府内部层级监督……改进上级机关对下级机关的监督。"因此，基于上级药品监管部门对下级监管部门的指挥、监督权，国务院药品监管部门颁布的解释性规则应拘束各级药品监管部门及其工作人员，以形成一个权力协调一致的行政系统，有效地实现行政任务。[4]

国务院药品监督管理部门颁布的解释性规则，旨在统一药品监管系统内的法律解释和适用，其内容包括对法律概念、法律构成要件、法律适用规则的解释。(1) 对法律概念的解释。例如，将《药品管理法》中的"违法所得"解释为"实施违法行为的全部经营收入"。[5](2) 对法律构成要件的解释。例如，相关批复将"药品经营企业从非法渠道购

---

1 ［德］汉斯·J.沃尔夫、奥托·巴霍夫、罗尔夫·施托贝尔：《行政法》（第一卷），高家伟译，商务印书馆2002年版，第246页。

2 参见《药品管理法》第8条、《地方各级人民代表大会和地方各级人民政府组织法》第66条。

3 2014年10月23日中国共产党第十八届中央委员会第四次全体会议通过。

4 参见章剑生：《作为担保行政行为合法性的内部行政法》，《法学家》2018年第6期。

5 《国家食品药品监督管理局关于〈药品管理法〉、〈药品管理法实施条例〉"违法所得"问题的批复》，国食药监法〔2007〕74号，2007年2月8日。

进并销售了假药”的情形，解释为2001年版《药品管理法》第74、80条规定了“情节严重”的违法行为。(3) 对法律适用规则的解释。例如，批复涉及颁布新法后过渡期的法律适用规则，[1]涉及地方药品炮制规范的适用。[2]

基于平等原则与行政自我拘束原则的要求，各级药品监督管理部门的工作人员应遵守药品监督管理部门颁布的解释性规则，并在同类案件中，以同样的方式来重复适用解释性规则。解释性规则构成了监管部门的直接执法依据，如果行政不能平等地适用解释性规则，对相同情况做出不同处理，则可能构成违法。[3]药品监管部门可以通过颁布新的解释性规则，来对既有的解释性规则加以修改或补充。药监部门在执法个案中，如未能适用解释性规则中的规定，则需在执法文书中说明理由，说明在个案中不适用解释性规则的特别考量所在。

(三) 对行政相对人的间接拘束效果

虽然多将药品监管部门颁布的解释性规则视为“内部法”，但解释性规则成了沟通法律与行政执法和守法实践的桥梁。行政相对人有守法义务，《药品管理法》第7条规定，“从事药品研制、生产、经营、使用活动，应当遵守法律、法规、规章、标准和规范”，因此，行政相对人需遵守解释性规则中的实体性和程序性要求，解释性规则进而对行政相对人产生了间接拘束效果。

1　《国家药监局关于当前药品经营监督管理有关事宜的通告》，2020年第23号，2020年3月31日。

2　李雪松与上海市虹口区市场监督管理局、上海市食品药品监督管理局药品审判监督行政裁定书，上海市高级人民法院行政裁定书，(2018)沪行申470号，2019年11月7日。

3　黄舒芃：《行政命令》，三民书局2011年版，第112页。

第一，解释性规则可为相对人设定实体性要求。例如，国务院药品监管部门对规章《互联网药品信息服务管理办法》加以解释，将事业单位申请的《互联网药品信息服务资格证书》限定于非经营性范围，限定了事业单位从事互联网药品信息服务活动的范围。[1]

第二，解释性规则可为相对人设定程序性要求。例如，国务院药品监管部门将制剂生产企业使用原料药混合粉的行为，解释为《药品注册管理办法》中“改变影响药品质量的生产工艺”，这就要求企业适用2007年版《药品注册管理办法》第113条的补充申请程序，向监管部门提出申请。[2]

（四）解释性规则的司法适用

从比较法观之，在美国的司法审查中，解释性规则没有控制力，但是构成了“有说服力的先例”（persuasive precedent），应获得“实质性的尊重”（substantial deference）。[3]法院认为解释性规则构成了富有经验、见多识广的判断，其尊重程度有赖于其考量是否全面、推理是否有效，以及解释性规则与此前、此后规则的一贯性。[4]

《中华人民共和国行政诉讼法》（以下简称《行政诉讼法》）第63条规定了行政审判的法律适用，规定依据法律、行政法规和地方性法规，参照规章，规范性文件不构成行政审判的法律依据。但根据《最高人

1 《关于事业单位申请〈互联网药品信息服务资格证〉有关问题的批复》，国家食品药品监督管理局，国食药监稽函〔2010〕30号，2010年4月16日。

2 《国家食品药品监督管理局关于生产原料药混合粉有关问题的批复》（国食药监注函〔2011〕49号），2011年5月30日。

3 Bradley Lipton, Accountability, Deference, and the Skidmore Doctrine, 119 *Yale L. J.* 2133 (2010).

4 ［美］理查德·皮尔斯：《立法性规则和解释性规则的区别》，宋华琳译，载浙江大学公法与比较法研究所编：《公法研究》第2辑，商务印书馆2004年版，第447页。

民法院关于适用〈中华人民共和国行政诉讼法〉的解释》[1]第100条的规定，人民法院审理行政案件，可以在裁判文书中引用合法有效的其他规范性文件。根据最高人民法院印发的《关于审理行政案件适用法律规范问题的座谈会纪要》的规定，解释性规则作为指导法律执行或者实施行政措施而做出的具体应用解释和制定的其他规范性文件，不是正式的法律渊源，对法院不具有法律规范意义上的约束力。但是，法院经审查认为被诉行政行为依据的解释性规则合法、有效并合理、适当的，在认定被诉行政行为合法性时应承认其效力，法院可以在裁判理由中对解释性规则是否合法、有效、合理或适当进行评述。[2]

药品监管领域的解释性规则每每蕴含了微妙、复杂的科学因素，这往往超出了法院的“机构能力”（institutional competence）的范围。[3]笔者搜集到的药品行政诉讼案例更多体现了司法对解释性规则的尊重和援引。（1）司法会援引解释法律概念的解释性规则。例如，在“海宁康洲参茸保健品有限公司、海宁市市场监督管理局食品药品安全行政管理（食品、药品）二审案”中，法院援引了《中国药典》（2015年版）对“饮片”概念的解释。[4]（2）司法会援引解释法律构成要件内容的解释性规则。例如，在“孙丁丁与张家港市市场监督管理局行政监督二审案”中，法院援引了国家食品药品监督管理总局办公厅发布的《关于药品经营单位销售中药材有关问题的复函》，指出未进入药用渠道的中药材，鉴于各地有不同食用传统，不宜强调其药品属性。[5]

1　2017年11月13日由最高人民法院审判委员会第1726次会议通过，自2018年2月8日起施行。

2　《最高人民法院关于印发〈关于审理行政案件适用法律规范问题的座谈会纪要〉的通知》，法〔2004〕96号，2004年5月18日。

3　宋华琳：《制度能力与司法节制——论对技术标准的司法审查》，《当代法学》2008年第1期。

4　浙江省嘉兴市中级人民法院行政判决书，（2019）浙04行终44号。

5　江苏省苏州市中级人民法院行政判决书，（2019）苏05行终253号。

当解释性规则的内容涉及对法律概念、法律构成要件内容的解释时，司法对解释性规则的尊重程度相对较高；涉及对本监管部门职权的解释，或涉及由其他行政部门负责实施的法律、法规、规章的解释时，或解释性规则的内容涉及对此前解释性规则的修正时，司法对解释性规则的尊重程度则相对较低。

在药品行政诉讼案例中，法院有可能对解释性规则的合法性、合理性加以评述。例如，在“陕西益德生物药业有限公司与陕西省食品药品监督管理局处罚上诉案”中，[1]法院在判决中指出：“国家食品药品监督管理局做出的国食药监法〔2007〕74号关于《药品管理法》《药品管理法实施条例》‘违法所得’问题的批复，属于规章以下的规范性文件，内容合法、合理，不存在与上位法冲突的情形，可以作为认定本案益德公司违法所得的依据。”

《行政诉讼法》第53条规定了对行政行为提起诉讼时，对所依据的规范性文件进行一并审查的制度。尽管目前尚未能检索到对解释性规则进行一并司法审查的恰当例示，但当行政相对人对药品监管领域的行政行为合法性进行挑战时，即存在对相应解释性规则提请一并司法审查的制度空间。

四、解释性规则中运用的解释方法

“工欲善其事，必先利其器。”要让解释性规则获得正当性，应从法律方法入手，明确解释方法的选取标准。目前，行政机关从事行政解释实践工作的同志虽在自觉或不自觉地运用一些法律解释方法，但并没有对法律解释中需考虑的因素有足够的体认。在解释性规则内容形成过程中，应考虑文义解释、体系解释、目的解释等方法，以改进解释性规则内容的合理性。

1 西安铁路运输中级法院，行政判决书（2016）陕71行终222号。

(一)文义解释

文义解释又被称为语义解释或文理解释(literal rule),是按照成文法律规范中条文用语中的字面含义和通常使用的方式进行解释,来阐释法律规范的意蕴和内容。[1]文义解释构成了法律解释的出发点,构成了解释法律文本的最基本方法,解释不能背离文字意义的可能性范围。

文义解释中最常见的是探寻法律的平义解释(plain meaning)。药品法律规范取材于现实的医药活动,很多法律用语都取材于日常生活用语,因此一般应首先按照词句的通常意义进行解释。例如,2020年颁布的《药物临床试验质量管理规范》[2]第2条规定“药物临床试验质量管理规范是药物临床试验全过程的质量标准”,此规范即构成了对《药品管理法》第17条“药物临床试验质量管理规范”含义的解释。

药品监管具有较强的专业技术性,对于明显具有专业特色的法律规范语词,应适用特殊文义解释。例如,《药品生产质量管理规范》第312条对“产品”“包装”“放行”“交叉污染”等概念的解释,则更多体现了医药行业和药品监管领域所形成的技术共识。

(二)体系解释

罗马法学家曾云:“如不考虑法律整体的精神和意识,只从其中特定一部分来判断或解答,是不文明或不符合罗马市民法的。”[3]体系解释涉及部分和全部的关系。法律秩序是由协调、规范的价值标准组成的

1 郑永流:《法律方法阶梯》,北京大学出版社2012年8月第2版,第128页。

2 《国家药监局、国家卫生健康委关于发布药物临床试验质量管理规范的公告》,国家药监局、国家卫生健康委公告2020年第57号。

3 吴庚:《政法理论与法学方法》,中国人民大学出版社2007年版,第302页。

有序规范结构，没有任何一个法律规范是独立存在的，必须将其作为整体法律秩序的部分要素来理解。体系解释是指依据某一具体规范在法律体系，包括在相关法律规范群、整体法律秩序和支配相关领域一般原则的位置，对法律规范加以理解和解释。体系解释不仅要关注形式逻辑上的体系，还要关注法律价值上的体系。[1]

大部分法律条文具有不完全性，此类不完全法条要和其他条文相互补充，才能构成完整的规定。[2]体系解释要求考虑特定法律规定所处的条文脉络，还应对不同法律规范中的相关规定加以考虑。就药品行政解释而言，所需考虑的规范体系包括《药品管理法》《疫苗管理法》等法律，包括《药品管理法实施条例》等行政法规，包括调整药品研发、生产、经营、使用、上市后监管、监督管理等的若干部门规章，以及一系列规范性文件。例如，药品监管部门对体外诊断试剂的法律性质和适用注册程序进行解释时，不仅援引了作为行政法规的《药品管理法实施条例》，还援引了作为部门规章的《药品注册管理办法》《体外诊断试剂注册管理办法》，得出对"用于血源筛查和采用放射性核素标记的体外诊断试剂"按照药品而非医疗器械进行管理的结论。[3]

当药品监管部门制定解释性规则时，更多关注主要由药品监管部门主导制定、负责实施的法律和行政法规，关注由药品监管部门颁布的部门规章和规范性文件，但还应"左顾右盼"，对由其他行政部门主导的法律规范加以系统考量，进行体系解释。例如，2020年《国家药监局综合司关于医疗机构委托配制中药制剂法律适用有关问题的复函》，[4]

---

1 李洪雷：《行政法释义学》，中国人民大学出版社2014年版，第137页。

2 黄茂荣：《法学方法与现代民法》，中国政法大学出版社2001年版，第280—281页。

3 《国家食品药品监管总局办公厅关于经营体外诊断试剂相关问题的复函》，食药监办械监函〔2015〕646号，2015年10月22日。

4 《国家药监局综合司关于医疗机构委托配制中药制剂法律适用有关问题的复函》，药监综法函〔2020〕281号，2020年4月23日。

在对医疗机构委托中药制剂的法律适用进行解释时，不仅提及了《药品管理法》，还对《中医药法》第31、56条进行了解释。又如，2012年《关于直接接触药品工作人员体检有关问题的复函》[1]在就直接接触药品工作人员体检时是否检测乙肝加以解释时，不仅提及了《药品生产质量管理规范》，还援引了人力资源和社会保障部、教育部、卫生部于2010年2月10日联合发布的《关于进一步规范入学和就业体检项目维护乙肝表面抗原携带者入学和就业权利的通知》(人社部发〔2010〕12号)以及《卫生部办公厅关于加强乙肝项目检测管理工作的通知》(卫办医政发〔2010〕38号)。

在解释性规则中引入体系解释的方法，还有助于避免或排除法律秩序中的"体系违反"，避免或化解"规范矛盾"，以解决数个不同的法律规范对同一个法律事实加以规范并赋予不同法律效果的矛盾。[2]例如，《关于医疗机构使用固定处方煎制中药液定性问题的意见》指出，医疗机构无证配制制剂给患者使用的行为不仅违反了2001年版《药品管理法》第23条禁止无证配制制剂的规定，还符合该法第48条规定的"按假药论处"的情形，针对此法条竞合的情形，此行政解释确立了"从一重处罚"的原则，规定"选择其中处罚较重的一条规定予以适用"，以实现加强药品监督管理的目的。

(三)目的解释

目的解释是指以法律规范的目的为依托，来阐明法律含义。每条法律规则的产生都源于某种目的，法律背后都隐藏着动机。[3]解释法律

1　国家食品药品监督管理局办公室，食药监办安函〔2012〕140号，2012年4月11日。

2　黄茂荣：《法学方法与现代民法》，中国政法大学出版社2001年版，第280页。

3　郑永流：《法律方法阶梯》，北京大学出版社2012年8月第2版，第151页。

应以探求法律条文背后的目的为要务。例如，通过对现行《药品管理法》第1条的解读，可探知药品管理立法目的包括“药品质量”“用药安全”“公众健康”。有时，法律中并未出现“为了”“目的”“旨在”此类词语，但可以从法律规范的名称中分析相关立法目的，或发掘法律具体规定中蕴含的“基本价值判断”，来“逆推”出相关立法目的。[1]对立法目的的探求，可以成为阐述法律意义的钥匙。

在以解释性规则解释成文法规范时，不仅要探讨《药品管理法》的整体立法目的，还要去考察《药品管理法》具体法律条文、特定药品监管法律制度的立法目的。[2]例如，根据《药品管理法》第16条规定，药品注册制度的立法目的之一在于支持药物创新，推动药品技术进步。《药品管理法》第27条规定，“优化审评审批流程，提高审评审批效率”。《药品注册管理办法》第四章规定了“药品加快上市注册程序”，包括突破性治疗药物程序、附条件批准程序、优先审评审批程序、特别审批程序，这体现了以药品注册制度支持药物创新的立法目的。同时，目的解释方法从根本上是向前看的，是积极和富有建设性的，并不拘泥于法律条文本身的含义，而是强调法律规范现实应具有的合理含义。

进行目的解释时，需对涉及各方当事人、利益相关方的利益状态及公共利益加以衡量，需在有效实现行政任务和保障行政相对人权益的目标之间进行衡量，防止行政解释中出现价值判断矛盾，防止出现显失公平的不合理现象。[3]例如，《食品药品违法行为举报奖励办法》第7条规定，对同一举报人提起的两个或者两个以上有包含关系的举报事项，相同内容部分不重复奖励，此条款立法目的实为遏制恶意的重复举报，防止行政资源的浪费。据此，北京市食品药品安全委员会办公室2017

1 杨仁寿：《法学方法论》，中国政法大学出版社1999年版，第127页。

2 梁慧星：《民法解释学》，中国政法大学出版社1995年版，第227页。

3 参见陈清秀：《依法行政与法律的适用》，载翁岳生编：《行政法》，中国法制出版社2009年版，第220页。

年12月18日印发《关于对〈一人同时举报多个单位的相同违法经营行为如何给予举报奖励的请示〉的批复》，指出"一人同时举报多个单位的同一类违法经营行为，可视为同一事项的举报，给予一次奖励"。[1]

五、解释性规则的制度完善之道

药品监管是一个法律规范修改频仍、市场组织形态和违法行为各异的风险规制领域。药品监督管理部门有权颁布解释性规则，这见证了监管型国家下权力分立框架的位移。解释性规则填补了法律规范的内容，推进了法律规范的平等适用，一定程度上减少了行政的恣意，确保了监管的理性化。因此，更应完善解释性规则的制定程序，并确保解释性规则内容的合法性，进而提高解释性规则的质量。

（一）完善解释性规则的制定程序

国务院药品监督管理部门颁布的解释性规则往往经由了"下级行政机关申请——上级行政机关函复"的程序，很多时候是下级行政部门就法律适用问题发函请示，国务院药品监督管理部门经业务司局研究，经分管领导审查，以"批复""函复"的形式做出解释。制定解释性规则一般注重征求下级监管部门及工作人员的意见，包括吸纳一线行政执法人员在法律解释和适用实践中凝练出的建议。但解释性规则制定程序似乎成了纯内部式的程序，不曾引入听取行政相对人意见的程序；解释性规则的公开与否，也成为听由行政裁量判断的事项。

药品监管中的解释性规则内容并非与行政相对人毫无关系，解释

1　蒋勇与北京市密云区食品药品监督管理局一审行政判决书，北京市密云区人民法院行政判决书，(2018)京0118行初50号，2018年9月13日。

性规则的规定很可能涉及药品研发、生产、经营者的许可程序流程、申请材料要求、内部管理体系、合规策略等内容，进而涉及行政相对人权利义务。例如，《国家食品药品监督管理局关于〈药品说明书和标签管理规定〉有关问题解释的通知》[1]即为药品生产企业的药品说明书和标签修改，为药品名称、药品商标的适用，设定了要求。在解释性规则制定过程中不告知行政相对人并征求相对人意见，不利于保障行政相对人的程序权利，不利于提升解释性规则的质量。

解释性规则的制定不能仅成为行政机关的“炉内灶”，药品监管中的解释性规则内容多与药品研发、生产、经营等活动密切相关，对行政相对人利益或者权利义务可能产生重大影响，为此应采取座谈会、实地走访、书面征求意见、向社会公开征求意见、问卷调查等方式，充分听取利益相关方的意见建议，以符合程序公正的要求。

将解释性规则的内容予以公开，置于公众监督之下，有助于改进解释性规则内容的合法性、合理性，[2]增强药品监管制度和政策的稳定性、可预期性。[3]建议在监管部门网站上开设专栏，来公开发布解释性规则，这有助于各级监管部门对解释性规则的统一适用，有助于促进公正行政，提高行政过程的透明度。

（二）确保解释性规则内容的合法性

法官在个案中做出的行政法解释，旨在综合且慎重地运用各种法律解释方法，进行行政行为合法性审查的工作，以探究法律真意，维护法律体系性，保证法律的忠实履行。监管部门颁布的解释性规则，则更

1　国食药监注〔2007〕49号，2007年1月24日。

2　参见［日］平冈久：《行政立法与行政基准》，宇芳译，中国政法大学出版社2014年版，第226页。

3　《中共中央　国务院关于加快建设全国统一大市场的意见》，2022年3月25日。

多体现了行政任务导向下的法律解释，解释性规则的内容是对行政执法实践经验的总结，并承载了特定的监管目标。[1]但也要谨防在行政法解释和适用的过程，违法增设行政相对人义务或剥夺行政相对人权利，乃至出现过于有利于行政权，而不利于行政相对人的现象。

解释性规则内容的形成，应恪守依法行政原则的要求。药品监管部门应在法定职权范围内制定解释性规则，当解释性规则内容涉及对卫生、中医药、医保部门所负责实施法律规范的解释时，建议在出台解释性规则之前征求相关部门的意见。解释性规则的内容不得与法律、法规、规章等上位法的规定相抵触。解释性规则的内容应当是对法律、法规、规章内容的解释，不得违法增设行政相对人权利或减损行政相对人合法权益。

1　黄丞仪：《洁净空气，如何解释？从Duke Energy（2007）与*Massagechusetts v. EPA*（2007）论美国行政法中立法目的、行政解释和司法审查之关系》，《台湾大学法学论丛》2015年第44卷第3期。

第六章
药品认证制度的法律改革*

有学者在较为宽泛的意义上使用“认证”一词，认为认证是影响汲取、再分配与规制的自变量，是以中央政府为代表的国家收集、确认、识别境内有关人、财、物、行、事的名称、位置、数量、流动方向、真假优劣等基本事实，进而建立并执行相应分类、规则、标准和规范的整个过程。[1]但这是广义的理解，如以实定法律规范为基点，则认证是由认证机构证明产品、服务、管理体系符合相关技术规范、相关技术规范的强制性要求或者标准的合格评定活动。[2]

认证是一种重要的监管与治理工具。对行政机关而言，认证为产品、服务和管理体系设定绩效标准与管理体系标准，引导生产经营者的行为，有助于实现确保产品安全和质量的行政任务。对生产经营者而

* 本章主要内容以“行政法学视角下的认证制度及其改革——以药品GMP认证为例”为题，刊于《浙江学刊》2018年第1期，收入本书时，笔者做了较多修改和完善。

1 欧树军：《国家基础能力的基础》，中国社会科学出版社2013年版，第14页。

2 《中华人民共和国认证认可条例》（2003年8月20日国务院第18次常务会议通过，2003年9月3日中华人民共和国国务院令第390号公布施行，根据2016年2月6日《国务院关于修改部分行政法规的决定》第一次修订，根据2020年11月29日《国务院关于修改和废止部分行政法规的决定》第二次修订）。

言，认证有助于生产经营者持续改进质量与服务，开展以质量型、差异化为主的竞争，推动经济转型升级。[1]对消费者而言，认证证书和认证标志有助于保障消费者知悉其购买、使用的商品或者接受的服务的真实情况的权利。[2]认证融科学、经济学、政策与法律于一身。认证涉及对事实问题的评判，这关乎科学；认证成本关乎经济学；认证权力关乎政治政策与治理网络；认证的性质和效力则关乎法律。[3]如何把握认证等相对崭新且很难类型化的活动方式，把握行政法原理的适用和变化，是行政法学亟待直面的课题。

本章力图从行政法学的视角，以20世纪80年代末至2018年存续的《药品生产质量管理规范》(Good Manufacturing Practice，以下简称GMP)认证制度为例证，对认证主体、认证程序、认证标准加以研究，探讨认证制度的动态演进、制度现况、存在问题及制度改革的方向。本章还将在多中心治理的关照下，聚焦药品认证制度及其改革，探讨行政体系在认证制度中的作用，探究引入第三方认证的可能性，剖析企业在认证制度中的作用，探讨认证与其他活动方式之间的关系，从而试图得出若干更具一般性意义的学术见解。

一、药品GMP认证制度的历史流脉

药品GMP被视为药品生产企业质量管理体系的一部分，是药品生产管理和质量控制的基本要求。中国曾在无法律规范强制要求的情况下，以行政力量来推行药品GMP认证；在2001年修订《药品管理法》后，药品GMP认证成为法定的强制性认证；2013年机构改革后，我

1　Judith Areen, Accreditation Reconsidered, 96 *Iowa L. Rev.* 1479 (2011).

2　参见《消费者权益保护法》第8、9条。

3　Jaye Ellis, Constitutionalization of Nongovernmental Certification Programs, 20 *Ind. J.Global Legal Studies* 1035 (2013).

国又在反思药品GMP认证制度的弊端，探求引入替代管理方式的可能性；在2018年后，药品认证制度则逐渐消隐，其功能逐渐为检查制度所取代。

（一）药品GMP制度的推行：1984—1992年

在1969年第22届世界卫生大会上，世界卫生组织建议各成员国药品生产采用GMP制度以确保药品质量，参加“国际贸易药品质量签证体制”。这构成了药品全面质量管理的重要组成部分，是保证药品质量，并将发生差错事故、混药、各类污染的可能性降到最低程度的必要条件和可行办法。[1]20世纪80年代，美国、日本、英国、法国、澳大利亚等国家监管部门已经制定了药品GMP，要求按照GMP进行生产和管理。世界卫生组织中的国际贸易药品质量签证体制要求出口药品的生产企业必须按照GMP要求进行生产，GMP已经成为国际性的药品质量控制和检查的根据。中国医药工业公司于1982年制定了《药品生产管理规范（试行本）》，并于1985年将其修订为《药品生产管理规范》。作为行业的GMP要求，此规范对推动药品生产企业遵守GMP发挥了积极作用，但其属于全国行政性公司制定的规范，应被视为行业自律性规范，不具有强制性。

1984年颁布的《药品管理法》[2]第9条规定“药品生产企业必须按照国务院卫生行政部门制定的《药品生产质量管理规范》的要求，制定和执行保证药品质量的规章制度和卫生要求”。在此，法律授予了国务院卫生行政部门制定药品生产质量管理规范的权力。药品监管事务专业

1 《〈药品生产质量管理规范〉起草说明》，《中国药事》1988年第3期。

2 第六届全国人民代表大会常务委员会第七次会议1984年9月20日通过，1985年7月1日起施行。

性很强，法律对行政的授权呈现出目的导向的规定形态。立法者相对欠缺监管领域的知识，只能让行政介入细部政策内容的填补与形塑。[1]

法定GMP的起草发轫于1984年，卫生部药政局委托天津市药检所举办了GMP讲习班，聘请专家讲授WHO及发达国家的GMP内容。讲习班参加人员为北京等七省市药政药检人员35人，其中15名学员分赴天津等六省市，对18个生产质量管理较好的药品生产企业进行调研，了解企业的人员、厂房、设备、原料、工艺、质量、卫生、包装、销售等生产和质量管理的现状与水平。调研组提出了GMP可行性调研报告，并以世界卫生组织的GMP为基础，正式起草了《药品生产质量管理规范（草案）》，并多次征求医药工业管理部门、药品生产企业以及全国各省市药政、药检系统意见。卫生部于1988年3月17日颁布了《药品生产质量管理规范》，共14章49条。[2]卫生部于1992年颁布了修订后的《药品生产质量管理规范》，包括总则、人员、厂房、设备、卫生、原料辅料包装材料、生产管理、包装和贴签、生产管理和质量管理文件、质量管理部门、自检、销售记录、用户意见和不良反应报告、附则，共14章76条。

根据1984年版《药品管理法》的规定，药品生产企业在“制定和执行保证药品质量的规章制度和卫生要求”时，有遵守药品GMP的义务，但就其他生产质量管理环节和要素而言，生产企业依然有选择是否遵守药品GMP的裁量权。1988年颁布的《药品生产质量管理规范》为药品生产企业实施GMP设定了“努力义务”，但并未要求一定强制实施。卫生部1988年3月17日颁布的《关于颁布〈药品生产质量管理规范〉的通知》写道：

根据我国制药企业现状和国家经济状况，全面施行本《规范》

1　参见黄舒芃：《行政命令》，三民书局2011年版，第39—40页。

2　《关于颁布〈药品生产质量管理规范〉的通知》，卫生部，1988年3月17日。

需要有个时间过程，各药品生产企业应当紧密结合生产技术改造的进行，制订实施本《规范》的规划，努力使本企业尽快达到本《规范》的要求。[1]

1989年2月27日，在经国务院批准后，卫生部颁布了《中华人民共和国药品管理法实施办法》。[2]在当时，由国务院批准并由国务院部门颁布的“办法”被视为行政法规。该实施办法针对不同主体的不同活动，对药品GMP合规提出了不同要求。该办法要求新建药品生产企业和现有企业的扩建、改建部分必须符合药品GMP要求；要求现有企业制定和执行保证药品质量的规章制度和卫生要求，并“逐步有计划地达到《药品生产质量管理规范》的要求”。

1988年版、1992年版药品GMP并非以规章形式颁布，而是冠以“规范”之名，以“通知”的形式颁布。彼时，药品GMP不具有法律规范的外观，将其归为行政指导之列，或许更为妥当。药品GMP规范类似于日本法上的“指导纲要”。日本《行政程序法》第36条规定了“以多数人员为对象的行政指导”，即“为实现同一行政目的而对符合一定条件的多数人员做出行政指导”，这在学理上被称为“指导纲要”或“指导基准”。[3]当时强制推行GMP的条件还不成熟，这主要体现为当时我国药品生产企业众多，除了合资企业和少数重点药品生产企业，大部分企业的厂房、设备以及环境卫生、工艺卫生都与药品GMP要求有较大差距，而大部分药品中小企业缺少改造药品GMP所需的资金，因此，推

---

1 《关于颁布〈药品生产质量管理规范〉的通知》，卫生部，1988年3月17日。

2 参见《国务院关于〈中华人民共和国药品管理法实施办法〉的批复》，国务院国函〔1989〕3号，1989年1月7日；《中华人民共和国药品管理法实施办法》，卫生部令第1号，1989年2月27日。

3 参见［日］室井力、芝池义一、浜川清主编：《日本行政程序法逐条注释》，朱芒译，上海三联书店2009年版，第246—251页。

行GMP合规进展缓慢。

在上述背景下，2001年之前，我国推行药品GMP，但未在法律中规定药品GMP认证制度，也未对药品生产企业未按照药品GMP进行生产、未制定和执行相关规章制度及卫生要求的行为，设定相应的法律责任。药品GMP推行客观上面临着“胡萝卜不甜，大棒不疼”的情景，推行工作步履维艰。

（二）自愿性药品GMP认证制度的形成：1993—1998年

1. 国家推行产品质量认证制度的背景

1991年颁布的《中华人民共和国产品质量认证管理条例》（以下简称《产品质量认证管理条例》），[1]将产品质量认证（以下简称“认证”）界定为“依据产品标准和相应技术要求，经认证机构确认并通过颁发认证证书和认证标志来证明某一产品符合相应标准和相应技术要求的活动”，将认证的目的界定为“为保证产品质量，提高产品信誉，保护用户和消费者的利益，促进国际贸易和发展国际质量认证合作”。该条例第3条规定，企业对有国家标准或者行业标准的产品，可以向国务院标准化行政主管部门设立的或者授权部门设立的行业认证委员会申请认证。

20世纪90年代初，我国进一步认识到质量工作的意义，并强调发挥认证在质量管理中的作用。1992年发布的《国务院关于进一步加强质量工作的决定》将产品质量认证视为“市场机制”，并强调：

> 产品质量认证机构要积极开展认证工作，加强对已获得质量认证产品的监督和管理，确保其质量一致性、可靠性和稳定性。各

1　中华人民共和国国务院令第83号，1991年5月7日。

地区、各部门要在总结试点经验的基础上，逐步扩大质量体系审核注册的范围，同时要尽快制定相应的统一管理办法。发挥各方面认证和审核机构的作用，开展企业质量体系的审核注册工作。要加强国际合作，积极参与国际认证，发展双边和多边认证，为我国企业参与国际竞争，促进更多的产品进入国际市场创造条件。[1]

1993年版《产品质量法》第9条第1款对企业质量体系认证制度做了规定，“国家根据国际通用的质量管理标准，推行企业质量体系认证制度。企业根据自愿原则可以向国务院产品质量监督管理部门或者国务院产品质量监督管理部门授权的部门认可的认证机构申请企业质量体系认证。经认证合格的，由认证机构颁发企业质量体系认证证书”。这为企业质量体系认证赋予了法律依据。药品GMP是药品生产企业管理生产和质量的基本准则，推行药品GMP认证，相当于推行《产品质量法》中规定的企业质量体系认证。

2. 药品GMP认证制度的建构

在此背景下，当时的卫生部、国家医药管理局等考虑推行药品GMP认证制度。政策制定者认为药品GMP认证有助于药品生产企业贯彻执行GMP，提高药品质量，有助于国家有关部门掌握产品质量情况，为制定经济政策和质量政策提供依据；对用户和消费者而言，认证增加了质量保证的可信度，起到了导购作用，成为指导消费者选购满意商品的指南；对企业而言，认证起到了质量信誉证明的作用，增强药品在国内和国际市场的竞争力，还可让企业免除其他检查，享有施行优质优价、优先推荐参评国家优质产品等国家规定的优惠。[2]

---

1 《国务院关于进一步加强质量工作的决定》，国发〔1992〕41号，1992年7月25日。

2 参见高增荣：《药品生产质量管理规范认证问题的讨论》，《西北药学杂志》1993年第2期；黄得惠：《我国质量认证制度与药品认证工作》，《中国药业》1996年第5期。

卫生部在1993年2月颁布的《关于执行〈药品生产质量管理规范〉(1992年修订)的通知》中，首次引入了药品GMP认证制度，针对不同企业（车间）的不同情况，分别设定了强制性认证、自愿性认证的要求。新建、改建和扩建的药品生产企业（车间）必须按照1992年版药品GMP的要求进行设计、建筑、安装、调试，经省级卫生行政部门验收合格后，报卫生部申请认证，这属于强制性认证；其他药品生产企业（车间）具备条件后，可向所在地省级卫生行政部门申请认证，这属于自愿性认证。[1]

1993年6月，国家技术监督局质量认证办公室召开了药品认证工作论证会，卫生部药政局、国家医药管理局、国家中医药管理局、国内贸易部、中国药品生物制品检定所等有关部门的领导和专家参加了会议。会上，有关领导同志介绍了国际上开展质量认证的概况、国际标准化组织对各国认证制度的基本要求及我国为适应这一要求而颁发的有关法规和条例。通过论证，代表们一致认为，必须建立我国的药品认证制度，在认证工作中，要注意多方合作、统一认证，防止多头发证。会议最后决定成立药品认证委员会筹备小组，着手研究认证机构的建立、认证范围及与国际接轨等各方面的问题。该筹备小组由卫生部任组长，国家医药局、国家中医药局任副组长，其他有关单位为组员。[2]

在《产品质量认证管理条例》的框架下，1994年国家技术监督局出具了《关于批准成立中国药品认证委员会的函》，批准成立中国药品认证委员会，将该委员会定位为“我局授权的代表国家独立地对药品进行第三方公正评价的机构，依据药品标准和药品生产质量管理规范

1　《关于执行〈药品生产质量管理规范〉(1992年修订)的通知》，卫生部，卫药发(1993)第8号，1993年2月9日。

2　姚世文：《中华人民共和国药品认证委员会筹备小组成立》，《中国生化药物杂志》1993年第4期。

(GMP)的要求开展药品和GMP认证”。中国药品认证委员会第一届委员会委员由30人组成,时任卫生部副部长张文康任主任委员,卫生部药政管理局局长潘学田、国家医药管理局副局长刘永纲、国家中医药管理局副局长张洪魁任副主任委员,卫生部张爱萍任秘书长,国家医药管理局质量管理司司长黄得惠任副秘书长。委员来自卫生部、国家医药管理局、国家中医药管理局、国内贸易部、农业部、总后勤部医药局、总后勤部卫生部、武警后勤部、中国核工业总公司、中国药品生物制品检定所,联络员来自国家技术监督局。

1995年4月17日,国家技术监督局批准了《中国药品认证委员会章程》、《中国药品认证委员会认证管理办法》和药品认证标志。中国药品认证委员会制定了药品GMP认证工作程序和检查工作程序。药品生产企业(车间)GMP认证对象是企业(车间)。申请药品GMP认证的,需填写《药品GMP认证申请书》,报送相关资料,认证需开展现场GMP检查。GMP认证证书有效期为5年。[1]

1995年7月11日,卫生部颁布了《关于开展药品GMP认证工作的通知》,将药品GMP认证定位为“国家依法对药品生产企业(车间)和药品品种实施药品GMP监督检查并取得认可的一种制度,是国际药品贸易和药品监督管理的重要内容,也是确保药品质量的稳定性、安全性和有效性的一种科学的、先进的管理手段”。该通知说明,药品GMP认证的组织机构为“中国药品认证委员会”[2]。

3. 作为行政指导的自愿性药品GMP认证

在1998年国家药品监督管理局成立之前,一方面,当时卫生部仍将药品GMP认证定位为自愿性认证,企业自主决定是否申请认证,自主

---

1 参见《中国药品认证委员会认证管理办法》,《中国卫生质量管理》1995年第3、4期合刊。

2 《关于开展药品GMP认证工作的通知》,卫生部,卫药发(1995)第53号,1995年7月11日。

决定申请认证的形式，自主选择认证机构，不受其他组织、部门的干扰。[1]在此意义上，此阶段的药品GMP认证类似于行政指导，相对人可以选择是否申请药品GMP认证。

但另一方面，国家在推行药品GMP认证的过程中又辅之以正向的利益诱导与负向的不利制裁。卫生部1995年颁发的《关于开展药品GMP认证工作的通知》中规定取得药品GMP认证证书的企业（车间）有如下特权：在申请新药时享受优先受理；在参与国际药品贸易时，可向卫生部申请办理药品出口销售的证明；可向物价部门重新申请核定药品价格。这些是正面的利益诱导。同时，未能通过GMP认证的，国家也施之以后续的不利处理。国务院办公厅在1996年提出："对现有未达到《药品生产企业质量管理规范》的企业，由卫生部和国家医药管理局、国家中医药管理局共同提出限期整顿改造的措施，逾期仍未达到规范标准的企业要予以淘汰。"[2]卫生部则规定，到1998年6月30日，未取得药品GMP认证的药品企业（车间），将不再受理其新药生产的申请。[3]这也符合行政指导的特征，行政主体以法律上的权限为背景，通过后续的许可、制裁等措施，以及以职权为后盾的有形或无形的精神压力、利益诱导，实际上要求相对人服从其行政指导，申请药品GMP认证。

尽管如此，药品生产企业参与自愿性GMP认证的意愿并不强烈。因为药品GMP认证要求企业实施药品GMP改造，需要对药品厂房、设备设施、工艺管道、环境卫生、工艺布局等进行改造。以1997年对河南8家药品企业的调查为例，完成全部改造需要3.1亿元人民币，而相关部门并未给实施药品GMP改造的企业以资金信贷、税收减免、外汇留成

1　黄得惠：《我国质量认证制度与药品认证工作》，《中国药业》1996年第5期。

2　《国务院办公厅关于继续整顿和规范药品生产经营秩序　加强药品管理工作的通知》，国办发（1996）14号，1996年4月16日。

3　《关于开展药品GMP认证工作的通知》，卫生部，卫药发（1995）第53号，1995年7月11日。

等方面的支持。因此，药品GMP认证推行进度并不快，不少企业无力开展药品GMP改造，申请药品GMP认证，而发出“早改造早死，不改造等死”的喟叹。[1]截至1998年底，全国只有87家药品企业（车间）通过了GMP认证。[2]许多国有企业和民营企业都对GMP认证持观望态度。

（三）强制性行政认证制度的设定

在1998年国家药品监督管理局成立后，国家药品监督管理局根据国务院授予的工作职能，规定自1999年1月1日起，由国家药品监督管理局受理审批药品GMP认证工作。国家药品监督管理局以原卫生部药品认证管理中心为基础，组建了国家药品监督管理局药品认证管理中心，承担药品GMP认证检查工作。2000年国家药品监督管理局以国药管办〔2000〕216号发文，批准了药品认证管理中心的主要职责、内设机构和人员编制，其职责包括参与制定、修订药品GMP，组织对申请GMP认证的药品企业实施现场检查。[3]

另外，国家药品监督管理局明确了实施GMP不是企业自愿行为，而是药品监管部门为保证药品质量和用药安全而采取的强制措施，加大了药品GMP实施力度。1999年6月，国家药品监督管理局以部门规章的形式，颁布了《药品生产质量管理规范》（1998年修订）。1998年版GMP共14章88条，自1999年8月1日起施行。[4]此前，不少医药企业

1　参见张橡楠：《GMP强制实施及相应政策之我见》，《开封医专学报》1997年第3期。

2　参见白慧良：《当前实施药品GMP制度的现状与发展》，《中国药事》2003年第11期。

3　参见曹彩：《对SDA药品认证中心认证工作简介》，《中国临床药理学杂志》2000年第6期。

4　《药品生产质量管理规范》（1998年修订），国家药品监督管理局令第9号，1999年6月18日颁布。

抱怨卫生部颁布的1992年版药品GMP标准过高，条文过严过细，乃至认为“不符合中国国情”，而在1998年版GMP中，洁净度、温湿度、压力差、风量、噪声等具体技术指标要求都有所调低，这也有助于降低药品生产企业的认证成本。[1]

1999年国家药品监督管理局印发《药品GMP认证管理办法》《药品GMP认证工作程序》，将药品GMP认证制度视为“国家对药品生产企业监督检验的一种手段，是药品监督管理工作的重要内容，也是保证药品质量的一种科学的先进的管理方法”，提出“实施GMP工作要按照药品监督管理体制组织实施，把GMP的实施、监督检查工作纳入药品监督管理工作的范围，作为药品监督管理工作的重要手段”。[2]就药品GMP认证的实施而言，监管部门在1999年将认证定位为国家对药品生产企业进行监督检查的手段，是对药品生产企业实施GMP情况的检查认可过程，其程序包括申请认证、资料审查、现场检查、审批、发证等环节。[3]

1999年7月起，国务院药品监管部门即开始研究修改药品管理法的思路和需要重点解决的问题。2000年8月，第九届全国人大常委会第十七次会议对《药品管理法修正案（草案）》进行第一次审议，时任国家药品监督管理局局长郑筱萸在做说明时，指出“为了保证药品质量，保障人民用药安全，明确药品生产企业和经营企业分别按照《药品生产质量管理规范》和《药品经营质量管理规范》管理，是十分必要的”。[4]

1　参见刘鹏：《转型中的监管型国家建设——基于对中国药品管理体制变迁（1949—2008）的案例研究》，中国社会科学出版社1979年版，第263页。

2　《关于印发〈药品GMP认证管理办法〉等有关文件的通知》，国家药品监督管理局，国药管安〔1999〕105号，1999年4月21日。

3　《关于印发〈药品GMP认证管理办法〉等有关文件的通知》，国家药品监督管理局，国药管安〔1999〕105号，1999年4月21日。

4　《关于〈中华人民共和国药品管理法修正案（草案）〉的说明》，第九届全国人民代表大会常务委员会第十七次会议，2000年8月21日。

但《药品管理法修正案(草案)》一审稿只是规定“药品生产企业必须按照《药品生产质量管理规范》组织生产”,并未规定药品GMP认证制度。

2000年12月第九届全国人大常委会第十九次会议对《药品管理法修正案(草案)》进行第二次审议,之后全国人大法律委员会和全国人大常委会法制工作委员会再次召开中央有关部门座谈会,“有的部门提出,为使药品生产企业、经营企业分别达到《药品生产质量管理规范》《药品经营质量管理规范》的要求,药品监督管理部门对药品生产企业、经营企业实施了有关规范的认证制度。对这项重要制度应当在本法中做出规定。药品监督管理部门还应对经其认证合格的企业加强监督检查,对不符合有关规范要求的应当依法处理,药品监督管理部门不依法履行这一职责的,也应承担相应的法律责任”。[1]据此,法律委员会建议在修订后的《药品管理法》中增加药品GMP认证的规定,于是2001年2月28日修订通过的《药品管理法》第9条规定“药品生产企业必须按照国务院药品监督管理部门依据本法制定的《药品生产质量管理规范》组织生产。药品监督管理部门按照规定对药品生产企业是否符合《药品生产质量管理规范》的要求进行认证;对认证合格的,发给认证证书”。[2]药品GMP认证由此成为由行政机关实施的法定强制性认证。

2002年8月4日,国务院颁布了修订的《药品管理法实施条例》。在这部行政法规中,有37处出现“认证”两字。该条例将药品认证界定为“药品监督管理部门对药品研制、生产、经营、使用单位实施相应质量管理规范进行检查、评价并决定是否发给相应认证证书的过程”。[3]《药品管

1 《全国人大法律委员会关于〈中华人民共和国药品管理法修正案(草案)〉审议结果的报告》,第九届全国人民代表大会常务委员会第二十次会议,2001年2月26日。

2 2001年2月28日第九届全国人民代表大会常务委员会第二十次会议修订,2001年12月1日起实施。

3 参见《药品管理法实施条例》第77条。

理法实施条例》第5条规定了国家和省两级药品监管部门认证工作的分工；第6条规定了新开办药品生产企业、药品生产企业新建药品生产车间或者新增生产剂型时需申请认证；第7条规定了GMP认证检查员开展认证检查的权限。《药品管理法实施条例》第58条则为未通过GMP认证设定了法律责任，规定针对开办药品生产企业、药品生产企业新建药品生产车间或者新增生产剂型，在国务院药品监督管理部门规定时间未通过药品GMP认证的，按照《药品管理法》第78条处罚，可以科处的行政处罚形式包括警告、责令限期盖章、停产停业整顿、罚款、吊销资格等。

（四）强制性行政认证制度的实施

任何监管制度的实施，都无法脱离相关的产业水平、社会环境及历史文化因素。在2001年，中国相当一部分药品生产企业在短期内无法达到药品GMP要求，所以2001年版《药品管理法》第9条第2款规定，《药品生产质量管理规范》的具体实施办法、实施步骤由国务院药品监督管理部门规定。

因此，国家药品监督管理局要求，粉针剂（含冻干粉针剂）、大容量注射剂和基因工程产品生产应在2000年底前符合药品GMP要求，通过药品GMP认证；小容量注射剂生产应在2002年底前符合药品GMP要求，通过药品GMP认证。国家药品监督管理局于2001年发布了《关于全面加快监督实施药品GMP工作进程的通知》，[1]规定“2004年6月30日以前，我国所有药品制剂和原料药的生产必须符合GMP要求，并取得‘药品GMP证书’”。国家药品监督管理局于2003年1月1日起施行《药品生产质量管理规范认证管理办法》，该办法对药品GMP认证申

1　《关于全面加快监督实施药品GMP工作进程的通知》，国家药品监督管理局，国药监安〔2001〕448号，2001年10月12日。

请、审查、现场检查、审批、发证、监督管理程序等加以规定。

1999年共有166个企业和车间通过了药品GMP认证，2000年通过认证的企业和车间则上升到615个，2001年有489家药品生产企业取得药品GMP证书594张，到2001年底，累计有1 001家药品生产企业获得1 256张药品GMP认证证书。[1]截至2004年6月30日，中国5 071家制剂和原料药生产企业中，有3 237家通过GMP认证，占企业总数的64%。[2]这也初步实现了引入强制药品GMP认证的意图，即打破“劣币驱逐良币”的局面，将不符合条件的药品生产企业逐出市场。

2011年1月，卫生部以部门规章的形式发布了《药品生产质量管理规范（2010年修订）》，[3]新版药品GMP引入了美国和欧盟GMP的理念，更为注重质量风险管理和药品生产全过程管理。国家食品药品监督管理局于2011年10月颁布了修订后的《药品生产质量管理规范认证管理办法》，对认证程序、现场检查、认证管理等加以规定。[4]药品GMP认证促进了药品生产质量管理体系的改进，推动了医药产业的升级与发展。

（五）药品GMP认证的功能与局限

1. 功能

我国药品监管部门长期将药品GMP认证作为药品生产质量监管中最为主要的手段之一。如官方文件所指出的，“药品GMP认证是药

1　参见刘鹏：《转型中的监管型国家建设——基于对中国药品管理体制变迁（1949—2008）的案例研究》，中国社会科学出版社1979年版，第264页。

2　参见曹燕、吴世玉、姜卫、黄锐：《对我国医药企业实施GAP与GMP认证中存在问题的思考》，《中国药师》2005年第7期。

3　中华人民共和国卫生部部令第79号，2011年1月17日。

4　《关于印发药品生产质量管理规范认证管理办法的通知》，国家食品药品监督管理局，国食药监安〔2011〕365号，2011年8月2日发布。

品监督管理部门依法对药品生产企业药品生产质量管理进行监督检查的一种手段，是对药品生产企业实施药品GMP情况的检查、评价并决定是否发给认证证书的监督管理过程”。[1]

药品GMP某种意义上体现了“内部管理型”监管，它规定了企业质量体系和质量管理的要点，对药品生产企业的硬件和软件加以规范，硬件主要涉及对厂房、人员、设施、设备等方面的规定，软件主要涉及生产管理、文件管理和质量管理等。药品GMP为企业提供内部管理的基本框架，具有行政指导的知识传授功用；在推行药品GMP时，允许企业在立法框架下自主形成内部更为细化、更量体裁衣式的管理规则，让其承担适当的知识观察义务和质量管理改进义务，进而为药品监管立法的完善积累经验；渗透和影响企业微观管理流程中的业务操作，有助于培育药品生产企业的守法文化。[2]

改革开放之初，我国控制药品质量的基本手段是通过《中国药典》进行成品检验，而没有考虑对药品生产过程进行严格规范的管理。药品GMP认证推动了药品生产质量管理体系的健全与完善。企业通过药品GMP认证后，产品质量管理由质量检验为主的质量控制，转变成全过程质量保证。企业建立起相对完整规范、科学、标准的质量文件体系，对生产活动的一致性和标志性加以规范。药品生产企业按照药品GMP要求，开展对厂房、公用设施、生产设备、清洁、生产工艺、质量控制方法等方面的验证和再验证，以证实生产工艺的稳定性，避免生产过程发生污染，保证药品均一性。[3]

实施药品GMP认证，成为促进我国药品行业结构调整和产业升级

1　《关于印发药品生产质量管理规范认证管理办法的通知》，国家食品药品监督管理局，国食药监安〔2011〕365号，2011年8月2日发布。

2　参见谭冰霖：《论政府对企业的内部管理型规制》，《中外法学》2019年第6期。

3　参见国家食品药品监督管理局：《确保公众饮食用药安全——中国食品药品监管改革与发展》，中国医药科技出版社2009年版，第109页。

的政策工具。当时药品生产企业多、小、散、乱现象突出，产业结构不合理，也带来药品质量和药品安全的隐患。实施GMP认证，客观上淘汰了一批技术落后、生产条件较差、产品质量落后的药品生产企业，原有的若干作坊式、手工式的药厂被淘汰，药品生产企业数量明显减少，这有效提高了药品行业准入壁垒，提高企业的规模集中度，有助于扼制过度竞争、规范医药产业活动。[1]

2. 局限

药品GMP认证制度在实施中也逐步凸显出其局限性。GMP认证资源有限，药品GMP认证与《药品生产许可证》的核发一定程度上构成重复监管，药品GMP认证无法反映出药品生产企业合规守法的动态状况。

问题之一，1998年之后强制推行药品GMP认证之初，相对规模庞大的待认证企业数量而言，中央层面的认证技术和人力资源有限。在2001年版《药品管理法》及2002年版《药品管理法实施条例》实施后，GMP认证由国家一级受理检查发证，改为按剂型国家局和省级局两级受理检查发证。[2]实行两级认证后，除注射剂、放射性药品和国家药监局规定的生物制品GMP认证外，省级药品监督管理部门全面负责GMP的初审、检查方案制订、选派检查员、实施现场检查、检查结果的审核和发证等工作。[3]认证工作下放到地方后，有一些已通过认证的大企业担心认证实施中的地方保护主义，担心因擅自降低认证标准而出现不平等竞争。[4]一些地方药品监管部门还亲自帮助企业过关。据知情人士回

1 参见刘鹏：《转型中的监管型国家建设——基于对中国药品管理体制变迁（1949—2008）的案例研究》，中国社会科学出版社1979年版，第268页。

2 参见《国家药品监督管理局安全监管司司长白慧良在2002年全国药品安全监督管理工作会议上的讲话》，《中国药品监督管理年鉴》（2003），化学工业出版社2003年版，第139页。

3 参见《齐心协力打好攻坚战，依法实现全面监督实施药品GMP的工作目标》，《中国药品监督管理年鉴》（2005），化学工业出版社2005年版，第162页。

4 参见杨阳等：《正确对待两级认证》，《中国医药报》2002年11月12日。

忆,“国家制定政策初衷是好的,但是没有‘摸准脉’,当时地方保护经济真的可以集中优势力量帮助企业通过认证”。[1]当时在个别地方存在“监管俘获”的现象,由于企业通过认证需要购买大量的制药器械、辅助设备以及信息软件等,一些地方药监部门甚至直接规定药企在指定的企业、设计院和咨询机构购买相关设备和资料,才能通过GMP认证。这带来了认证的异化。[2]

问题之二,药品GMP认证与《药品生产许可证》的核发在一定程度上构成了重复监管,加剧了行政相对人的守法负担。《药品管理法》规定了《药品生产许可证》制度,《药品生产许可证》的核发需要申请、受理、书面审查、现场检查等程序,其程序和药品GMP认证有一定的重复性。《药品管理法》概括性列举了开办药品生产企业的条件,其内容要点与药品GMP认证中对生产管理和质量控制的要求,也有一定程度的重复。这增加了行政相对人的守法成本。

问题之三,药品GMP认证无法反映出药品生产企业合规守法的动态状况。药品GMP认证是相对静态的过程,是以某个时间节点为基点做出的行政处理,无法反映出药品生产企业在生产过程中遵守药品GMP与否的状况。认证并非药品质量的“保险箱”,对认证的倚重,容易让企业更为注重对认证的应对,而忽视日常的守法与合规。

(六)药品GMP认证制度的取消和药品检查制度的兴起

随着医药产业的发展,以认证制度推进药品生产质量管理的思路也呈现出不足。在美国,药品审评程序包括对企业生产现场进行

1　参见高军:《药品认证曾经的尴尬》,《首都医药》2013年6月(上)。

2　参见刘鹏:《转型中的监管型国家建设——基于对中国药品管理体制变迁(1949—2008)的案例研究》,中国社会科学出版社1979年版,第331页;王强:《药监设租之祸》,《商务周刊》2007年第2期。

GMP检查，同时FDA会对药品生产企业和向美国出口药品的外国药品生产企业进行定期GMP检查，以确保上市药品的质量受到监管。药品生产质量监管的精髓，或许在于要求药品生产全过程持续符合法定要求。药品监管部门做的不再是认证，而是在药品审评、药品监督检查、上市后风险监管的过程中，确保药品生产企业符合GMP的要求。

或是出于上述关切，2013年3月国务院办公厅印发的《国家食品药品监督管理总局主要职责内设机构和人员编制规定》规定“将药品生产行政许可与药品生产质量管理规范认证……逐步整合为一项行政许可”。[1]但在2013年至2018年间，药品监管部门仍在进行药品GMP认证，向特定企业颁发药品GMP证书。

2001年版《药品管理法》第9条规定了药品GMP认证制度。2019年2月28日修订，2019年12月1日正式实施的新版《药品管理法》取消了药品GMP认证制度，转而将“符合国务院药品监督管理部门依据本法制定的药品生产质量管理规范要求”作为从事药品生产活动应当具备的条件，即获得药品生产许可的条件。[2]企业还应依据GMP建立健全药品生产质量管理体系。现行《药品管理法》第43条规定，“从事药品生产活动，应当遵守药品生产质量管理规范，建立健全药品生产质量管理体系，保证药品生产全过程持续符合法定要求”。《药品管理法》第126条对未遵守药品生产质量管理规范等相关质量管理规范的行为设定了法律责任。

国家药品监督管理局于2019年11月29日发布公告，自2019年12月1日起，取消药品GMP认证，不再受理GMP认证申请，不再发放药品

1 《国务院办公厅关于印发国家食品药品监督管理总局主要职责内设机构和人员编制规定的通知》，国办发〔2013〕24号，2013年3月26日。

2 参见《药品管理法》第42条。

GMP证书。[1]取消GMP认证后，药品生产质量管理规范仍然是药品生产活动的基本遵循和监督管理的依据。取而代之的是药品GMP符合性检查，这是指药品监管部门依据药品监管法律法规及有关规定，对药品上市许可持有人、药品生产企业（车间、生产线）和药品品种实施药品生产质量管理规范情况开展的监督检查活动。[2]以行政检查取代行政认证，这体现了监管方式的改革，有助于提高监管效能，减轻企业负担。由五年一次的认证检查，改为通过上市前检查、许可检查、上市后检查、行政处罚等措施，随时对GMP执行情况进行检查，监督企业将GMP贯穿于药品生产全过程。[3]

以上是对我国药品GMP制度流脉的勾勒，从推行药品GMP到自愿开展药品GMP认证，再到依法强制实施药品GMP认证，到今天以药品检查替代药品GMP认证，此过程不仅隐含了从事前监管到事中事后监管的变迁，也折射出政府与企业的复杂关系。因此，更需在合作治理和简政放权的背景下，分析引入第三方认证的可能性，探讨企业在认证中的作用，进而思考认证制度的发展与改革。

二、行政认证制度在行政法学上的定位

1998年至2019年间，药品GMP认证是依法规定，由行政机关实施的强制性产品认证制度。国家对必须经过认证的产品，应对相应技术

1 《国家药监局关于贯彻实施〈中华人民共和国药品管理法〉有关事项的公告》(2019年第103号)，2019年11月29日。

2 温雯、朱晓东、熊磊、张军平、张瑜华、李平：《关于药品GMP符合性检查实施的综述》，《药品评价》2022年第9期。

3 参见张瑜华：《从〈药品生产监督管理办法〉谈GMP符合性检查》，《中国医药报》2020年8月21日。

规范中的强制性要求做出统一规定，并统一认证标准，统一认证程序。[1] 本节将以药品GMP认证制度的运行史为素材，对行政认证制度的性质、主体、标准及程序予以探讨。

（一）行政认证活动的法律定位

传统的行政行为形式理论将纷繁复杂的行政活动形式提炼为行政活动的各种基本单元，试图厘清各基本单元的内涵与外延、容许性与适法性要件，界定相应的法律效果。但此种方式很难对新型行政活动方式予以妥当的定位，也很难对其他多元主体和多边法律关系加以关照。[2] 在对认证制度加以研究时，更需考虑认证制度的规范目的及行政任务，考虑认证制度与行政检查、行政处罚的关联，分析认证制度涉及的不同主体及利益，对认证过程予以整体式的考察。[3]

1. 行政机关的强制性认证是法律行为

药品GMP认证存续期间，其作为2001年《药品管理法》设定的法定强制性行政认证，具有法律上的拘束力，具有规制的性质，属于法律行为，而非事实行为，构成行政处理。[4] 要开展法定的行政认证，需对产品生产质量管理进行监督检查，需对生产企业实施质量管理规范情况进行检查、评价。这是对生产企业的既有生产质量管理状况等法律事实进行甄别，做出肯定或否定的评价，给予证明并加以宣告，本身不设立、变更或终止某种权利义务关系。

认证不是行政许可。首先，药品GMP认证是药品监督管理部门对

1 参见《认证认可条例》第28条。

2 参见赵宏：《法律关系取代行政行为的可能与困局》，《法学家》2015年第3期。

3 参见赖恒盈：《行政法律关系论之研究：行政法学方法论评析》，元照出版公司2003年版，第63页。

4 参见李洪雷：《行政法释义学》，中国人民大学出版社2014年版，第277页。

药品生产企业实施相应质量管理规范进行检查、评价并决定是否发给相应认证证书的过程。药品生产企业的生产行为在先，因此，药品GMP认证不是药品生产企业从事生产活动的前提。其次，药品GMP认证是对药品生产过程是否符合质量管理要求的认证，不是对特定活动的事前控制。因此，对产品和服务的认证并非行政许可。[1]

2. 行政认证是行政过程的一环

行政过程是指一系列法律性或非法律性作用构成的，复合的、连锁的行政作用的组合所形成的过程。[2]行政法学中的行政过程论强调，不能仅对某种行为方式做“局部的考察”，而是要从整体上考察在行政过程中具体形成、变更或消灭法律关系的动态过程，注重行政过程中各种行为方式之间的联系。[3]

一个完整的行政活动往往是由若干环节或步骤组成的连续过程。认证与行政检查、行政处罚等活动方式有着较为密切的关联。[4]认证决定的做出，需以监管部门对认证申请者的检查结果为前提。如果申请药品GMP认证的企业所主张的事实符合行政机关对事实的基本要求，行政机关可以对申请人所主张的事实予以检查，并以检查结果为基础，做出是否发放《药品GMP证书》的认证决定。[5]监管部门还有义务对通过认证的企业进行后续监督检查。药品监管部门应对持有药品GMP证书的药品生产企业组织跟踪检查，药品认证检查机

1　参见王鹏:《对我国药品GMP认证制度的行政法思考》，山东大学硕士学位论文，2008年9月20日，第23页。

2　参见江利红:《日本行政过程论研究》，中国政法大学出版社2012年版，第200页。

3　参见江利红:《日本行政过程论研究》，中国政法大学出版社2012年版，第137页。

4　Timothy D. Lytton, Competitive Third-Party Regulation: How Private Certification Can Overcome Constraints That Frustrate Government Regulation, 15 *Theoretical Inq. L.* 541 (2014).

5　参见国家食品药品监督管理局:《药品生产质量管理规范认证管理办法》第二章、第三章。

构负责制订检查计划和方案，确定跟踪检查的内容及方式，并对检查结果进行评定。[1]后续监督检查的方式之一是飞行检查，是指药品监督管理部门根据监管需要随时对药品企业开展的不预先告知的监督检查。[2]

药品GMP的推行及药品GMP认证制度的实施，是希望企业能履行相应的义务，使得药品生产管理和质量控制能符合最为基本的要求。行政处罚则被视为直接或间接保障企业履行相应行政义务的手段。例如，《药品管理法实施条例》第58条第1款规定，“开办药品生产企业、药品生产企业新建药品生产车间、新增生产剂型，在国务院药品监督管理部门规定的时间内未通过《药品生产质量管理规范》认证，仍进行药品生产的”，由药品监督管理部门给予处罚。这也反映出行政处罚在确保认证实施中的作用。

（二）认证活动中的行政组织

行政组织本身是由人员、工作技术、行为惯例以及激励动机等各种因素组成的有机整体，影响着行政活动。规范行政组织的行政组织法并不直接控制个别行政活动的内容，而是去影响行政活动的结构性前提要件。[3]在行政认证网络中，行政组织具有法律、行政法规的授权，具有相应的组织架构、行政资源和信息资源，是认证规则的设计者和实施者。但认证也应引入监管的“新治理”模式，没有一刀切的解决方案。

1 《国家食品药品监督管理局关于印发药品生产质量管理规范认证管理办法的通知》，国食药监安〔2011〕365号，2011年8月2日。

2 参见《药品医疗器械飞行检查办法》（国家食品药品监督管理总局令，2015年6月29日公布）第2条。

3 张桐锐：《行政行为形式-行政任务-行政调控：德国行政法总论改革的轨迹》，《月旦法学》2005年第5期。

认证也需从监管走向治理，从自上而下来实现监管目标的模式，走向反思、合作的模式，通过治理网络填补认证规制的罅隙。[1]

1. 行政监管部门的角色

药品监管部门作为行政机关，以自己的名义，做出认证决定，承担相应的法律后果。[2]药品监管部门所面临的挑战在于：其一，认证涉及较为专业性、技术性的事项，行政机关如何能制定和修订反映监管需要、产业水平的认证检查标准；其二，药品GMP认证作为药品生产监管的一部分，专司其责的行政机关工作人员甚少，加之人力资源、专业知识等方面的局限性，使其很难展开对药品GMP认证的技术审查、现场检查等工作。

2. 行政认证机构的作用

《药品生产质量管理规范认证管理办法》第5条规定，药品认证检查机构作为同级药品监管部门"设立的药品认证检查机构"，"承担药品GMP认证申请的技术审查、现场检查、结果评定等工作"。[3]但此办法为规范性文件，并非法律、行政法规和规章，因此，药品认证机构所承担的职能并无法律、法规的授权，只是药品监管部门对药品认证机构的委托。药品监管部门和药品检查机构的关系，是行政法上的委托关系。[4]药品认证机构协助药品监管部门处理技术性事务，没有独立的决定权限。我国事业单位参与行政认证和检查，属于行政体系内的技术性履行辅助。行政主体行使认证权限，事业单位没有被委托行使该认证事

1　Tacy Katherine Hass, New Governance: Can User-Promulgated Certification Schemes Provide Safer, Higher Quality Food? 68 *Food & Drug L. J.* 78 (2013).

2　药品监管部门作为有独立经费的机关，具有机关法人资格。参见《中华人民共和国民法典》第97条。

3　参见《药品生产质量管理规范认证管理办法》第5条。

4　参见《行政检查业务委托民间办理法制之研究》，台湾地区"行政院研究发展考核委员会"编印，1998年版，第91页。

务的权限，但相应必要的事实行为全部或部分由事业单位来履行。[1]

药品认证机构为了开展药品GMP认证，搜集、检查、验证企业建立和实施药品质量管理体系的状况，是药品GMP认证活动中的中间环节，此行为不具有“处理性”，是为形成行政行为而开展的准备行为。[2]但药品认证机构对事实的认定，对药品监管部门最终做出怎样的后续决定产生了至为重要的影响。为此应从程序层面和实体层面，对药品检查机构的相关活动加以规范。

2014年2月13日，国家食品药品监督管理局药品认证管理中心正式更名为国家食品药品监督管理总局食品药品审核查验中心；2018年12月10日，该机构更名为国家药品监督管理局食品药品审核查验中心（以下简称“审核查验中心”），目前审核查验中心的工作由认证转向检查，负责组织制定修订药品检查制度规范和技术文件，承担药品注册现场检查、药品生产环节的有因检查和药品境外检查，承担国家级检查员考核、使用等管理工作。[3]

3. 检查员制度的改进

行政组织的运作离不开人员的保障。药品GMP认证的展开，有赖于相应认证检查人员的检查。根据《药品管理法实施条例》第7条的规定，国务院药品监管部门应设立药品GMP认证检查员库，药品GMP认证检查员须符合国务院药品监管部门规定的条件。应从药品GMP认证检查员库中随机抽取认证检查员，组成认证检查组进行认证检查。

我国在2009年至2011年间，公开聘任了891名药品检查员，检查

1 ［日］米丸恒治:《私人行政——法的统制的比较研究》，洪英、王丹红、凌维慈译，中国人民大学出版社2010年版，第38—39页。

2 参见胡建淼主编:《行政行为基本范畴研究》，浙江大学出版社2005年版，第283页（苏苗罕撰）。

3 《国家药品监督管理局食品药品审核查验中心主要职责》，见国家药品监督管理局食品药品审核查验中心、国家疫苗检查中心官网。

员来自药品监管部门、药品认证检查机构、药品检验机构等，但问题在于：第一，检查员多来自药品监管系统，缺少药品生产一线工作经验，很难真正开展认证检查；第二，对检查员的专业技能、职业履历等缺少明确要求，对检查员缺少充分的专门培训，其素养难以适应药品行业的要求；第三，检查员作为兼职人员，很难保障有充分的时间用于认证检查，很难完成所需承担的认证检查任务；第四，检查过程中还存在检查标准不统一、检查质量不易保证等问题。[1]

现行《药品管理法》第99条规定了药品监督检查制度，药品监督管理部门应当依照法律、法规的规定对药品研制、生产、经营和药品使用单位使用药品等活动进行监督检查。《疫苗管理法》第71条则规定，国家建设中央和省级两级职业化、专业化药品检查员队伍，加强对疫苗的监督检查。2019年颁布的《国务院办公厅关于建立职业化专业化药品检查员队伍的意见》将职业化专业化药品检查员界定为经药品监管部门认定，依法对管理相对人从事药品研制、生产等场所、活动进行合规确认和风险研判的人员，是加强药品监管、保障药品安全的重要支撑力量。[2]

药品检查人员是否能胜任药品检查等工作关系到药品监管与治理能力。为此应努力做到如下四点：

第一，根据监管事权、药品产业规模以及检查任务等，机构编制部门、财政部门会同药品监管部门科学、合理确定职业化、专业化药品检查员队伍规模。可通过直接划转监管部门内部有资质的监管人员、培训考核相关专业人员、面向社会公开招聘等方式，不断充实检查员队伍。

1 参见邓婷、施健、杨成钢：《我国GMP认证专职检查员队伍建设模式及对策研究》，《中国药事》2016年第8期。

2 《国务院办公厅关于建立职业化专业化药品检查员队伍的意见》，国办发〔2019〕36号，2019年7月9日。

第二，药品检查员应符合相应的条件，具备相称的专业能力、工作及检查经历，熟悉药品科学的专业知识，能掌握检查信息，展开独立、客观的判断。

第三，应逐步建立职业化、专业化的药品检查员队伍，将检查工作作为检查员的主要工作内容。加强疫苗、血液制品等高风险品种检查员的配备，保证检查员数量与生产企业相匹配。[1]

第四，健全利益冲突回避制度。药品检查人员在承担认证检查等工作时，在与质量管理认证的企业及其人员存在金钱上的利害关系，或存在作为亲属关系人员的利害关系，或存在其他可能影响结果公正性的情形时，应主动回避，以确保认证检查活动的公正性。

（三）认证程序的展开

1. 事实认定程序的展开

认证活动的展开，有赖于正确解释所需适用的认证法律规则，还有赖于正确认定所有重要的事实。在认证过程中，认证主体应通过设计适宜的事实认定程序，来查清申请企业是否符合认证的条件。认证主体有权决定检查的类型和范围，决定如何检查。检查涉及的事实不限于申请人提交的事实和材料，而包括所有对申请人有利和不利的重要事实。[2]应通过认证程序的设计和实施，来确保认证、检查、检测的完整、客观与真实，不得增加、减少或遗漏程序。[3]

应完善认证过程的书面审查程序。在认证程序中，书面审查程序

1　参见《食品药品监管总局关于切实做好实施药品生产质量管理规范有关工作的通知》，国家食品药品监督管理总局，食药监药化监〔2015〕277号，2015年12月30日发布。

2　参见林明锵：《欧盟行政法——德国行政法总论之变革》，新学林出版股份有限公司2009年版，第61页。

3　参见《中华人民共和国认证认可条例》第22条的规定。

包括形式审查程序和实质审查程序。形式审查程序是对申请材料的形式要件进行审查，审查认证申请材料是否齐全，是否符合法定形式。实质审查程序则表现为技术审查，认证检查机构在现有的科学技术水平和审查能力下，对申请材料进行慎重、合理的审查，尽合理的注意义务，审查申请资料的合法性、真实性，审查申请资料是否与客观事实一致。[1]

现场检查通过对特定的人员、物品、场所等进行直接检查，可以更为直观、确切地确定相关事实是否存在，确定事实的性质和程度。在药品认证程序中，通过现场检查，来确认动态状态下药品生产系统是否安全可靠。药品认证检查机构制订现场检查工作方案，做好现场检查记录。在现场检查结束后，检查组应客观、公正地对检查中发现的缺陷进行风险评定，结合风险评估原则提出评定建议。药品认证检查机构可结合企业整改情况对现场检查报告进行综合评定，评定的结果为“符合”或“不符合”。

2. 以程序保障当事人权益

因认证有可能带来不利影响，当事人权益应受到程序性保障。在认证程序的设计中，不仅要注重对事实的查明，还要通过程序平等、说明理由、信息公开等制度，保障认证活动中当事人的权益。

应注重认证程序中的程序平等，这包括认证程序设计和实施过程中的平等。在药品认证过程中，应针对不同的申请企业，掌握统一的检查标准，一以贯之地把握风险管理要求，统一风险评估尺度，平等地对待不同当事人。

对于不予通过药品认证的决定，应说明理由，理由说明应尽可能展示出认证决定的具体判断过程，在事实认定、法律适用和拟做出的认证

1　参见汪菲：《行政登记审慎合理审查标准研究——基于中国行政审判案例（第10号）而展开的分析》，载章剑生主编：《公法研究》第16卷，浙江大学出版社2017年版，第9页。

决定之间建立起必要的逻辑联系，并说明裁量时所考虑的要素，[1]以增强认证决定的可接受性，保障行政相对人的救济权利。

认证结果及相关认证资料应当公开。目前，监管部门以互联网为载体，以发布认证公告的形式，主动公开认证结果，对通过认证的企业名称、地址、认证范围、认证日期和有效期加以公告。[2]但是否应公开现场检查报告、检查员记录及相关认证资料，在理论和实务上都有争议。认证报告和认证资料的公开，或许构成了不同机构间的“比较商店”，[3]有助于让消费者更透彻地理解哪些机构、产品或服务更好，有助于让消费者切实“享有知悉其购买、使用的商品或者接受的服务的真实情况的权利”，[4]这或许是未来制度改革的方向。

三、引入第三方认证的可能性及制度架构要点

以上结合现行药品GMP认证制度的论述，更多讨论了行政认证制度本身的运作，但就认证制度改革的趋势而言，行政主体不再在一线冲锋陷阵，转而引入“第三方认证”(third-party verification)，这是公私合作监管的体现，有助于克服监管失灵，改进认证绩效。[5]2014年颁布的《国务院关于促进市场公平竞争维护市场正常秩序的若干意见》[6]也指出，“发挥市场专业化服务组织的监督作用”，“推进检验检测认证机构

1 参见宋华琳:《英国行政决定说明理由研究》,《行政法学研究》2010年第2期。

2 例可参见《药品GMP认证公告》(第234号)，国家药品监督管理局官网。

3 Timothy Stoltzfus Jost, Confidentiality and Disclosure in Accreditation, 57 *Law & Contemp. Probs.* 173 (1994).

4 参见《消费者权益保护法》第8条第1款。

5 Lesley K. McAllister, Regulation by Third-Party Verification, 53 *B.C. L. Rev.* 1–6 (2012).

6 《国务院关于促进市场公平竞争维护市场正常秩序的若干意见》，国发〔2014〕20号，2014年6月4日发布。

与政府脱钩、转制为企业或社会组织的改革……有序放开检验检测认证市场，促进第三方检验检测认证机构发展”。应加快发展第三方认证服务，鼓励不同所有制的认证机构平等参与市场竞争。

（一）第三方认证的功能与作用

引入第三方认证的意义之一在于，有助于弥补行政资源和能力的不足，降低监管成本。例如，美国FDA每年只能对24%的企业进行检查。[1]美国联邦环保署环境巡查办公室（Office of the Inspector General）的2007年报告指出，环保署就“被监管实体本身或其守法状况的变化情况，并没有最新的、完整的数据”。[2]尽管政府经常要求企业进行自我监督，定期向政府报告，但所报告数据质量堪忧。[3]

行政主体可能欠缺必要的认证、检查、检验检测资源，引入第三方认证有助于减少行政支出，减少预算、经费、人事等方面的约束，使得认证活动更为灵活快捷，这实际上用私人的手段实施了公共的任务，扩张了公权力的范围，使得公权力不至于停留在抽象而实际上很难执行的状态。[4]监管部门也可以利用第三方认证机构的认证结果，来确定本部

1　Elena Fagotto, Governing a Global Food Supply: How the 2010 FDA Food Safety Modernization Act Promises to Strengthen Import Safety in the US, 3 *Erasmus L. Rev.* 257, 266 (2010).

2　U.S. EPA Office of Inspector Gen., Evaluation Report No. 2007-P-00027, *Overcoming Obstacles to Measuring Compliance: Practices in Selected Federal Agencies* 1 (2007).

3　Lesley K. McAllister, Regulation by Third-Party Verification, 53 *B. C. L. Rev.* 21 (2012). U.S. Gen. Accounting Office, GAO/RCED-93-21, *Environmental Enforcement: EPA Cannot Ensure the Accuracy of Self-Reported Compliance Monitoring Data* 2-5 (1993).

4　参见[日]米丸恒治：《私人行政——法的统制的比较研究》，洪英、王丹红、凌维慈译，中国人民大学出版社2010年版，第38—39页；《行政检查业务委托民间办理法制之研究》，台湾地区“行政院研究发展考核委员会”1998年2月编印，第98页。

门实施的检查频率以及重点检查领域。

引入第三方认证的意义之二在于，第三方认证机构可以更好地履行认证任务。第三方认证机构可能拥有更多的专业知识，更容易理解产业界实践层面的考虑，更好地回应产业界和消费者的需求，更为快捷地制定出更具回应性、可行性的认证标准。第三方认证可以更具主动性和前瞻性，在产品、服务或问题的生命周期中的较早阶段即行介入，更多展开对问题的预判，而非仅仅是对问题的回应。[1]

引入第三方认证的意义之三在于，有助于发展出更具合作性的监管进路。第三方认证机构通常不具有行政权手中握有的工具箱，在认证过程中更需和被认证企业展开合作。生产企业也渴望通过第三方认证，它们更多将第三方认证主体视为市场伙伴，而非行政秩序的维护者，这更有利于发展出持续、稳定的合作监管。[2]

引入第三方认证的方略有三。其一，由法律授权第三方机构开展某项认证活动。其二，法律既未规定，但也未禁止第三方认证。其三，法律规定了第三方机构的认证，但同时针对未获第三方认证的产品、服务或管理体系，设定相应的法律责任。在笔者看来，在涉及安全、健康和环境的领域，第三种方略或许更为可取，这也体现了行政监管和第三方监管的结合。

我国2001年《药品管理法》的制度设计是由行政机关进行药品GMP认证，2019年以来的制度设计是取消药品GMP认证。但在笔者看来，可以摒弃“全或无”的思维方式和制度安排，可以考虑引入和培育社会第三方机构，容许第三方开展药品认证活动。第三方认证整合了传统的自上而下式的监管模式以及市场和社会领域本已存在的自愿监

1 Ross E. Cheit, *Setting Safety Standards: Regulation in the Public and Private Sectors* 202–203 (1990).

2 Timothy D. Lytton, Competitive Third-Party Regulation: How Private Certification Can Overcome Constraints That Frustrate Government Regulation, 15 *Theoretical Inq. L.* 567 (2014).

管模式。第三方认证的引入，并不代表公权力的完全退出，而是代表着监管资源的优化配置。[1]

（二）第三方认证机构的能力与资格

第三方认证机构是指具有可靠的执行认证制度的必要能力，并在认证过程中能客观、公正、独立地从事认证活动的机构，它们独立于制造商、销售商和消费者，具有独立的法人资格。这些机构应具备相应的专业知识、经验、权威，有能力与动力来实施认证规则，进行有效、公正的第三方监管。[2]

需要思考的问题包括：第一，第三方认证机构是否有能力制定出整齐划一的标准，并对产品和服务的特征加以确证？第二，第三方认证机构是否有足够的人员和资源，来公正无私地行使此权力？第三，政府选择某个第三方认证机构，是否构成对其他组织的不利，阻碍了公平竞争？第四，政府对第三方机构的选择，是否有可能不当影响质量标准，是否有可能扭曲产品和服务质量的信息？[3]

第三方认证机构应具有法人资格，具有民事权利能力和民事行为能力，依法独立享有民事权利和承担民事义务的组织，有自己的名称、组织机构、住所、财产或者经费。[4]第三方认证机构还应具备与从事相关认证活动相适应的检查、检测等技术能力，有相适应的专职认证人员，

1 苏苗罕：《作为美国食品安全监管工具的第三方审核机制研究》，《北京行政学院学报》2012年第3期。

2 Douglas C. Michael, Federal Agency Use of Audited Self-Regulation as a Regulatory Technique, 47 *Admin. L. Rev.* 243–245 (1995).

3 Eleanor D. Kinney, Private Accreditation as A Substitute for Direct Government Regulation in Public Health Insurance Programs: When Is It Appropriate?, 57 *Law & Contemp. Probs.* 47–48 (1994).

4 参见《中华人民共和国民法典》第57、58条。

建立符合认证要求的管理制度，实施技术性、合目的性、以规则为基础的检查、检验或检测，开展专业化的判断。[1]例如，日本《营业法》规定，技术监督组织"保证对需监督设备进行技术性、合目的性、与对安全的关注和规则相对应的均等的检查"。[2]

第三方认证机构应独立于行政机关，独立于产业界。独立于行政机关，意味着认证机构不得与行政机关存在利益关系，[3]如果认证机构隶属于相应行政主管部门，则应逐步转企改制，依照政企分开、政资分开的原则，与原行政主管部门脱钩，这有助于防止认证机构成为行政机关的附庸或工具。独立于产业界，意味着第三方认证机构不得接受任何可能对认证活动的客观公正产生影响的资助，不得从事任何可能对认证活动的客观公正产生影响的产品开发、营销等活动，不得与被认证企业存在资产、管理方面的利益关系。[4]这有助于第三方认证机构免受商业利益的影响，防止第三方机构成为其客户的"俘虏"，防止出现认证即通过、收费即放行的现象。

（三）第三方认证规则的形成

认证规则是用以鼓励追求或者实现特定价值、目标或结果的工具，但它并不具体规定为实现认证目标需要采取的措施。[5]制定和公布认证

1　参见《中华人民共和国认证认可条例》第10条，［日］米丸恒治：《私人行政——法的统制的比较研究》，洪英、王丹红、凌维慈译，中国人民大学出版社2010年版，第85页。

2　［日］米丸恒治：《私人行政——法的统制的比较研究》，洪英、王丹红、凌维慈译，中国人民大学出版社2010年版，第85页。

3　参见《认证认可条例》第13条第1款。

4　参见《认证认可条例》第13条第2款。

5　Colin Scott, Standard-Setting in Regulatory Regimes, in Robert Baldwin, Martin Cave and Martin Lodge (Editors), *The Oxford Handbook of Regulation*, Oxford University Press, 105 (2010).

规则的意义在于：第一，有助于在实施认证过程中公正地履行裁量权，提高认证过程的透明度，让类似情形得到类似处理，实现对认证权力的自我拘束。第二，使申请认证的企业能对认证决定有更为稳定的预期，更好地改进质量管理体系。第三，有助于认证网络中的不同主体更好地参与规则制定，使认证规则能更充分地反映利害关系人的利益，使规则更具可接受性。

认证规则的着力点并不在于产品或产品生产过程的属性，而是对质量管理体系的内容加以规定，但不具体规定实现此绩效的方法。[1]或可将相关基准与指南视为以不特定企业为对象的行政指导，[2]文件所承载的内容并非法律规范，更多是技术性的规定，体现了对申请认证企业的技术要求，体现了监管政策和监管理念的导向。相对于法律、法规、规章而言，这些指导性文件更易根据技术发展和政策考量的变化适时做出修正。[3]

应合理确定认证标准的水平。认证是企业与组织提高管理和服务水平的方式之一，[4]不宜将认证标准等同于现有企业的质量管理水平，应令认证标准高于现有企业的质量管理水平，使其成为推动企业质量管理创新的引擎。例如，相较于此前版本，现行的2010年版药品GMP即针对药品生产质量管理体系、文件管理、药品质量风险管理等事项，提出了更高的要求。

认证规则的制定和修订过程是动态演进的过程。生产企业在履行认证规则的过程中，改进了自身的质量管理能力，这进而又影响了认证

1　Robert Baldwin & Martin Cave, *Understanding Regulation; Theory, Strategy and Practice*, Oxford University Press, 119–120 (1999).

2　参见［日］室井力、芝池义一、浜川清主编：《日本行政程序法逐条注释》，朱芒译，上海三联书店2009年版，第246页。

3　参见朱芒：《日本〈行政程序法〉中的裁量基准制度》，《华东政法学院学报》2006年第1期。

4　参见王凤清、李适时主编：《中华人民共和国认证认可条例释义》，中国标准出版社2004年版，第1页。

规则体系的发展。[1]在修订认证规则的过程中，应关注规则的日常实施和动态演进，关注企业合规的日常实践，关注如何以可度量的形式来衡量企业质量管理体系，如何增加被监管者合规的灵活性。[2]在形成认证规则的过程中，应借鉴国外同类认证规则的内容，还应听取行业协会、企业和专家等利益相关方的见解，以增强规则的可接受性。

（四）对第三方认证机构的监督与问责

未来，在特定领域，并非仅仅容许存在一家第三方认证机构，而是可以尝试引入多家认证机构，引入认证机构之间、认证服务之间的竞争。[3]同时，应依据《反垄断法》[4]的规定，防止具有市场支配地位的第三方认证机构滥用市场支配地位，排除、限制竞争。

与第三方认证相伴的是行政角色的转变，行政不再对相关企业进行认证和监督，转而对第三方认证机构的资格资质及履职绩效进行监督。[5]行政监管部门可以设定认证机构的遴选规则、绩效规则和报告规则，明确如何遴选和批准适格的第三方认证机构，如何衡量第三方认证机构的绩效，规定第三方认证机构要向行政监管部门报告哪些信息。行政监管部门可以要求第三方认证机构向社会公开认证基本规范、认证规则和收

---

1 参见［美］詹姆斯·马奇、马丁·舒尔茨、周雪光：《规则的动态演变——成文组织规则的变化》，童根兴译，上海人民出版社2005年版，第53—54、69页。

2 Timothy Stoltzfus Jost, Medicare and the Joint Commission on Accreditation of Healthcare Organizations: A Healthy Relationship? 57 *Law & Contemp. Probs.* 17 (1994).

3 Clark C. Havighurst, Foreword: The Place of Private Accrediting Among the Instruments of Government, 57 *Law & Contemp. Probs.* 10 (1994).

4 参见《中华人民共和国反垄断法》（2007年8月30日第十届全国人民代表大会常务委员会第二十九次会议通过，根据2022年6月24日第十三届全国人民代表大会常务委员会第三十五次会议《关于修改〈中华人民共和国反垄断法〉的决定》修正）第7条的规定。

5 Lesley K. McAllister, Regulation by Third-Party Verification, 53 *B. C. L. Rev.* 33 (2012).

费标准等信息，[1]并对第三方认证机构的违法行为进行行政处罚。[2]

第三方认证机构亦应承担相应的民事责任。第三方认证机构出具的检验结果或者认证证明不实，造成损失的，应当承担相应的赔偿责任。[3]第三方认证机构侵权责任的归责原则适用过错责任原则，其构成要件包括：第一，认证机构出具了错误的认证文件；第二，消费者权益遭受了损失；第三，认证机构存在过错；第四，错误的认证文件与消费者遭受的损失之间存在因果关系。[4]

四、企业在认证制度中的作用

既往的研究更多关注立法及行政主体的活动，强调被监管主体的守法义务。这是"自动售货机"的假设，假设国家投入了立法和行政监管资源，就能达到可欲的公共秩序和法律效果，而忽略了被监管主体在政策执行网络中的能动作用。[5]在认证活动中，被认证企业不仅是具有自主性、相对独立性的节点，也是治理网络中的重要节点。被认证企业有通过认证的动力，应符合认证规范的要求，并努力通过自我规制设定更高的要求。

（一）企业通过认证的动力

企业通过认证的动力大致有三：

1　参见《中华人民共和国认证认可条例》第20条。

2　参见《中华人民共和国认证认可条例》第六章"法律责任"。

3　参见《产品质量法》第57条第2款。

4　王竹、钟琴：《论产品质量检验、认证机构侵权责任——以本次〈消费者权益保护法〉的修改为中心》，《东方法学》2013年第5期。

5　参见李娜：《守法作为一种个体性的选择——基于对建筑工人安全守法行为的实证研究》，《思想战线》2015年第6期。

第一，认证是对涉及安全、健康、环境等产品、服务和管理体系进行有效监管的重要手段，企业必须通过法定的强制性认证。

第二，认证有助于企业不断改进自身的质量管理。认证规范蕴含了对企业运营诸多方面的相关政策、标准、条件和要求。[1]企业在接受认证、进行日常生产质量管理、接受后续检查的过程中，在动态变化的治理环境下，通过反馈、调适与修正来不断学习，这是一种组织化的学习方式（organizational learning），不断改进自身质量管理，这也是实验主义治理的体现。[2]

第三，认证有助于企业提高企业在国内和国际市场的竞争力。通过认证，是就产品质量和服务向供应商或消费者发出的信号，供应商和消费者会倾向于选择通过认证的产品和服务。[3]产业的全球化程度越高，进入全球市场的必要性越迫切，相关企业通过认证的动力也会越强。相较于小企业和市场集中化程度较低的企业，大中型企业和市场集中化程度较高的企业通过认证的动力会更高。

（二）企业对认证规范的遵守

《药品管理法》第42、43条规定了从事药品生产活动需符合药品GMP的义务，药品GMP则以部门规章的形式，为药品生产企业设定了药品生产管理和质量控制的基本要求。据此，药品生产企业有遵守相关法律、部门规章和规范性文件的义务，其质量管理、质量控制与质量

---

1 Magali A. Delmas, Barriers and Incentives to the Adoption of ISO 14001 by Firms in the United States, 11 *Duke Envtl. L. & PoL'Y F.* 1, 3–4 (2000).

2 参见贾开：《激励与协调："实验主义治理"理论下的食品安全监管》，《社会治理》2016年第2期。

3 Jaye Ellis, Constitutionalization of Nongovernmental Certification Programs, 20 *Ind. J. Global Legal Studies* 1041 (2013).

保证等都应符合药品GMP的要求。在认证过程中，药品生产企业应如实提交有关资料，反映真实情况，对提交材料实质内容的真实性负责，企业有协助和配合相关检查的义务。

通过药品GMP认证的药品生产企业，不应仅仅是在接受认证检查时合规，而应持续合规，持续符合药品质量管理法律法规、技术规范、技术标准的要求。实践中，存在通过GMP认证的企业后续违法的现象。例如，在2005年《药品GMP飞行检查暂行规定》颁布后不久，国家药品监督管理局根据举报对全国13家药品生产企业进行检查，即发现个别企业存在不按GMP生产的问题。问题主要有以下几种情况：一是认证资料造假。某企业不具备药学技术人员而伪造技术人员资料、药学及相关技术人员档案，该企业工程技术人员、技术工人登记表显示共有技术人员40名，实际只有4名。二是企业认证后擅自变更生产地址。某药业有限公司生产区内有蓖麻油（500毫升玻瓶）生产线，却一直在非生产区与成品库相通的一个放杂物的房内生产500毫升口服蓖麻油。三是认证通过后严重违反GMP要求生产。某企业在青霉素车间生产牛初乳片、氟康唑片，在头孢车间生产氟康唑片。[1]《药品管理法》第126条对未遵守药品质量管理规范的行为设定了法律责任。

法律、规章和规范性文件为药品生产企业设定了基本要求，也为药品生产者保留了一定程度的灵活性。例如，新版药品GMP中关于质量管理、机构与人员、厂房与设施等实体的章节第一节都为“原则”，这在给药品企业以导引的同时，也为其结合实际情况自主改进质量管理体系留下了制度空间。但法律也为药品生产企业未通过药品GMP认证的行为设定了法律责任。[2]这在监管理论中被称为“元规制”，体

1　参见《〈药品GMP飞行检查暂行规定〉制定》，载国家食品药品监督管理局编：《中国食品药品监督管理年鉴》（2006），化学工业出版社2006年版，第168页。

2　参见《药品管理法实施条例》第58条第1款。

现了行政规制与自我规制的结合，体现了“对行为的训导”（conduct of conduct），体现了法律规范对内部规范系统和企业自我规制的间接控制。[1]

（三）企业的自我规制

自我规制是自然人、法人或非法人组织基于基本权利的主体地位，在行使自由权、追求私益的同时，自愿性地负担起实现公共任务的责任。[2]在产品、服务、管理体系的认证过程中，认证规范、认证标准所设定的要求只是最低限度的要求，企业还可以通过遵循更高的技术要求，推行更为先进的质量管理体系，来推行更高水平的、更具差异性的自我规制，以使得企业有更好的声誉，在面对消费者时有更多比较优势，乃至努力成为行业的引领者。[3]

五、结语

本章以药品GMP认证制度的演进与运行为例证，对行政认证制度进行了评述。本章探究了以下问题：行政认证活动的法律性质，行政部门、认证检查机构及检查人员在认证过程中的作用；如何设计和修正认证规则，实现认证规则的动态演进；如何设计认证程序，确保正确认定

1 Colin Scott, *Regulation in the Age of Governance: The Rise of the Post-Regulatory State*, in Jacint Jordana and David Levi-Faur (Editors), *The Politics of Regulation: Institutions and Regulatory Reforms for the Age of Governance*, Edward Elgar (2014).

2 参见詹镇荣：《德国法中“社会自我管制”机制初探》，《政大法学评论》总第98期，第84页。

3 Cary Coglianese and Jennifer Nash (Editors), *Regulating from the Inside: Can Environmental Management Systems Achieve Policy Goals?* Resources for the Future, 16 (2001).

事实,并保障当事人权益。

本章也试图立足认证制度的改革,探讨引入第三方认证的可能性、第三方认证机构的能力与资格、对第三方认证的监督与问责。本章还指出,在行政监管与自我规制相结合的背景下,企业不仅要遵守认证规范,还可以通过自我规制,为自己设定更高的要求。

作为行政法学人,不能过于强调行政主体在行政活动中的作用。当市场竞争机制、行业组织或者中介机构的自律机制能发挥作用时,就不一定要通过行政管理方式来解决。[1]在认证制度的运行过程中,还应关注由行政机关、第三方认证机构、企业以及行业协会、专家等共同形成的"监管空间"(regulatory space),[2]在监管空间中,不同的主体有着不同的立场、知识、信息、资源和能力,应关注如何通过多元主体的相互依存、相互合作,开展认证活动,实现行政任务。

但是,认证的功能和局限性为何?是否有可能通过设定许可条件、开展行政检查、实施行政处罚、引入信用治理等方式,来替代认证制度?认证的范围为何?如何审视强制性认证与自愿性认证的关系?如何从法律与社会的视角,审视认证制度的实效性?这些都构成未来进一步研究的课题。

---

1 参见《国务院关于印发全面推进依法行政实施纲要的通知》(国发〔2004〕10号,2004年3月22日印发)。

2 Colin Scott, Analysing Regulatory Space: Fragmented Resources and Institutional Design, *Public Law* 329–350 (2001).

第七章

药品检查制度的法律建构*

无论制定一般性政策，维系日常的运作，还是针对行政相对人采取必要的监管措施，药品监管部门都要以从行政相对人一方获取常规信息或特定事件信息为前提。“情报是燃料，没有它行政机器就无法发动。”[1]信息的获取构成了行政监管的前提，而获取这些信息以进行行政决策或个案执法的最主要手段，即行政检查。

2019年修订的《药品管理法》第99条规定了药品监管部门对药品研制、生产、经营和药品使用单位使用药品活动的检查权，《药品管理法》第103条规定了药品监管部门对药品上市许可持有人等有关主体遵守相关质量管理规范情况的检查权。2019年颁布的《疫苗管理法》第70条规定了药品监管部门对疫苗质量的监督检查。《药品管理法》第104条、《疫苗管理法》第71条则规定了职业化、专业化药品检查员队伍。2021年5月24日，国家药品监督管理局颁布了《药品检查管理办法（试行）》，该办法对检查类型、检查机构和人员、检查程序加以规定，

---

* 本章的主要内容以“药品检查法律制度的发展与改革”为题，刊于《中国食品药品监管》2019年第4期，原系与刘炫合作，收入本书时，笔者做了较多修改。

1 ［美］伯纳德·施瓦茨：《行政法》，徐炳译，群众出版社1986年版，第82页。

对许可检查、常规检查、有因检查等检查类型逐一详加规定，对检查与稽查的衔接、跨区域检查的协作、检查结果的处理内容加以规范。[1]

药品检查是药品监督管理部门为保证药品的安全性、有效性和质量稳定性，对药品研制、生产、经营、使用等环节执行法律法规、相关质量管理规范和药品标准等情况进行检查的行为。[2]本章力图从行政法学的视角，对药品检查主体、检查规则、检查程序加以研究，探讨药品检查制度的现有问题及改革方向，来把握这一相对新颖且体系较庞杂的活动。本章还努力探究引入第三方检查的可能性并提出架构建议，剖析药品企业在检查制度中的作用，探讨药品检查与行政处罚等其他活动方式的关系，从而试图得出一般性见解。

一、药品检查的制度定位

药品检查是药品监管部门依法对药品企业进行合规性检查的直接有效的监管行为，具有不可替代的作用。在对药品检查进行研究时，需考虑检查制度的规范目的及行政任务，考虑检查制度与行政处罚的关联，分析检查制度涉及的不同主体及利益，对检查过程予以整体性考察。[3]

（一）药品检查是事实行为

药品检查是药品监督管理部门为保证药品的安全性、有效性和质

1　《国家药监局关于印发〈药品检查管理办法（试行）〉的通知》，国药监药管〔2021〕31号，2021年5月24日。

2　参见《药品检查管理办法（试行）》第3条。

3　赖恒盈：《行政法律关系论之研究：行政法学方法论评析》，元照出版公司2003年版，第63页。

量稳定性，对药品研制、生产、经营、使用等环节执行法律法规、质量管理规范、技术标准等情况进行调查、评价的行政行为。该行政行为不具有法律上的约束力，属于行政事实行为，而非法律行为，构成行政检查。药品检查是对既有药品生产、经营、使用等事实进行调查，做出肯定或否定的评价，否定评价可能会引起行政处罚等后续法律行为，但药品检查本身不直接设立、变更或终止某种权利义务关系。

（二）药品检查的类型

药品监督管理是药品监管部门依照法律法规的授权，依据相关法律法规的规定，对药品的研制、生产、流通和使用环节进行管理的过程。药品监管部门在监管过程中对行政相对人做出某种决定时，需要一定的信息，从行政相对人一方获取信息最主要的方法是行政检查，因此，药品检查在药品监管过程中是不可或缺的。[1]根据检查性质和目的，可将药品检查分为许可检查、常规检查、有因检查和其他检查。

1. 许可检查

《行政许可法》第34条规定，根据法定条件和程序，需要对申请材料的实质内容进行核实的，行政机关应当指派两名以上工作人员进行核查。药品检查中的许可检查，是药品监管部门在开展药品生产经营许可申请审查过程中，对申请人是否具备从事药品生产经营活动条件开展的检查。[2]许可检查应为现场检查。

2. 常规检查

在开展常规检查时，药品监管部门依据风险原则制定药品检查计划，确定被检查单位名单、检查内容、检查重点、检查方式、检查要求

1 参见［日］盐野宏：《行政法总论》，杨建顺译，北京大学出版社2008年版，第170页。

2 参见《药品检查管理办法（试行）》第7条。

等。[1]常规检查的内容主要包括：(1) 遵守药品管理法律法规的合法性；(2) 执行相关药品质量管理规范和技术标准的规范性；(3) 药品生产、经营、使用资料和数据的真实性、完整性；(4) 药品上市许可持有人质量管理、风险防控能力；(5) 药品监督管理部门认为需要检查的其他内容。[2]

3. 有因检查

当存在下列11种情形时，药品监督管理部门经风险评估，可以开展有因检查：(1) 投诉举报或者其他来源的线索表明可能存在质量安全风险的；(2) 检验发现存在质量安全风险的；(3) 药品不良反应监测提示可能存在质量安全风险的；(4) 对申报资料真实性有疑问的；(5) 涉嫌严重违反相关质量管理规范要求的；(6) 企业有严重不守信记录的；(7) 企业频繁变更管理人员登记事项的；(8) 生物制品批签发中发现可能存在安全隐患的；(9) 检查发现存在特殊药品安全管理隐患的；(10) 特殊药品涉嫌流入非法渠道的；(11) 其他需要开展有因检查的情形。[3]

（三）药品检查与后续决定的关系

药品检查与后续行政行为有着较为密切的关联。药品监管决定的做出，经常要以药品检查结果为前提，可以说不存在没有先行调查的行政决定。例如，对有证据证明可能存在安全隐患的，药品监管部门根据检查情况，应当采取告诫、约谈、限期整改以及暂停生产、销售、使用、进口等措施，并及时公布处理结果。[4]实施药品检查制度，是希望市场主体能全面履行药品法律、法规、规章等规范中设定的相应义务，使得药品

1　参见《药品检查管理办法（试行）》第40条。
2　参见《药品检查管理办法（试行）》第7条。
3　参见《药品检查管理办法（试行）》第43条。
4　参见《药品管理法》第99条第3款。

生产、经营、使用管理和质量控制能符合最为基本的要求，强化安全风险防控。

二、药品检查中的行政组织

在药品检查的治理网络中，药品监管行政组织涉及药品监管部门、检查机构及检查人员。法律法规并没有对药品检查机构进行明确的规定，但在监管实践中，药品检查机构也具有相应的组织架构、资源配置。

（一）药品监管部门的角色

药品监管部门作为行政机关，有权依法对药品的研制、生产、经营、使用实施监督检查，必要时可以对为药品研制、生产、经营、使用提供产品或者服务的单位和个人进行延伸检查，有关单位和个人有协助义务，不得拒绝和隐瞒。[1]

应明确药品监管部门就检查事务的事权划分。国务院药品监管部门主要承担药品研发过程现场检查，以及药物非临床研究质量管理规范、药物临床试验质量管理规范执行情况合规性检查；承担药品境外现场检查以及生产环节重大有因检查。省级药品监管部门主要承担药品生产过程现场检查，以及有关生产质量管理规范执行情况合规性检查；承担药品批发企业、零售连锁总部、互联网销售第三方平台相关现场检查。市县级市场监管部门则开展药品经营、使用环节现场检查，以及有关经营质量管理规范执行情况合规性检查。[2]

1 参见《药品管理法》第99条、《药品管理法实施条例》第56条。

2 参见《国务院办公厅关于建立职业化专业化药品检查员队伍的意见》，国办发〔2019〕36号，2019年7月9日。

药品监管部门所面临的挑战在于：其一，药品检查涉及专业性、技术性较强的事项，行政机关如何确定反映监管需要、产业水平的检查内容、检查标准，殊为不易；[1]其二，药品企业数量众多，药品检查涉及药学、材料学、生物学等众多学科，药品检查时间有限，[2]但专司其责的行政机关人员甚少，人力资源、专业知识等方面的局限性可能使药品检查缺乏有效性、专业性、技术性。

（二）药品检查机构的作用

根据《药品管理法》第11条的规定，药品监督管理部门设置或者指定的药品专业技术机构，承担依法实施药品监督管理所需的核查工作。实践中，药品检查机构往往是隶属于药品监管部门的事业单位，行使药品检查的职能。[3]各级药品监管部门依法设置或者指定的药品检查机构，依据国家药品监管法律法规等开展相关的检查工作，并出具《药品检查综合评定报告书》。《药品检查综合评定报告书》应当包括药品上市许可持有人信息、企业名称、地址、实施单位、检查范围、任务来源、检查依据、检查人员、检查时间、问题或者缺陷、综合评定结论等内容。[4]药品监管部门根据《药品检查综合评定报告书》或者综合评定结论，做出相应处理。

（三）药品检查员制度的改进

行政组织的运作离不开人员的保障。药品检查的展开，有赖于相

1　参见宋华琳：《行政法学视角下的认证制度及其改革——以药品GMP认证为例》，《浙江学刊》2018年第1期。

2　高振宇：《构建药品检查知识管理系统的探讨》，《中国药事》2012年第11期。

3　参见臧克承：《我国药品检查规制刍议》，《中国食品药品监管》2018年第5期。

4　参见《药品检查管理办法（试行）》第30条。

应检查人员的检查活动。我国在2015年至2017年间，公开聘任了649名国家级药品检查员，检查员来自各级药品监管部门、药品检查机构、药品检验机构、药品审评机构以及药品不良反应监测机构等。但药品检查员的能力建设亟待加强。

药品监管工作具有较强的专业性，建立专业化、职业化的检查员队伍，有助于解决药品监管队伍长期存在的专业素养不高、人员短缺等问题。根据2019年修订的《药品管理法》第104条、制定的《疫苗管理法》第71条规定，国家建立职业化、专业化药品检查员队伍。药品检查员的专业化水平，是药品监管与治理能力的重要组成部分。加强检查员队伍建设，应努力做到以下几点：[1]

其一，合理确定队伍规模。根据监管事权、药品产业规模以及检查任务等，机构编制部门、财政部门会同药品监管部门科学、合理确定职业化、专业化药品检查员队伍规模，在统筹考虑现有各级药品监管人员、编制的基础上，进一步加强国家级和省级专职药品检查员队伍人员配备，合理保障工作需要。有疫苗等高风险药品生产企业的地区，还应配备相应数量的具有疫苗等高风险药品检查技能和实践经验的药品检查员。

其二，实行检查员分级分类管理。国务院药品监管部门建立检查员分级分类管理制度。按照检查品种，将检查员分为药品、医疗器械、化妆品三个检查序列，并根据专业水平、业务能力、工作资历和工作实绩等情况，将检查员划分为初级检查员、中级检查员、高级检查员、专家级检查员四个层级，每个层级再细分为若干级别，对应不同的任职条件、职责权限、技术职称和考核标准，享有相应的薪酬待遇。

其三，药品检查员应当熟悉药品法律法规，具备药品专业知识。药

1 参见《国务院办公厅关于建立职业化专业化药品检查员队伍的意见》，国办发〔2019〕36号，2019年7月9日。

品检查员应具备相称的专业能力、工作及检查经历，熟悉药品科学的专业知识，能掌握检查信息，及时发现问题，展开独立、客观的判断。

三、药品检查程序的制度设计

（一）药品检查程序的制度框架

药品检查活动的展开，有赖于正确认定所有重要的事实，只有查清事实，检查主体才能做出客观正确的结果评定。在药品检查过程中，检查主体应通过设计适宜的事实认定程序，来查明药品企业是否符合检查标准。

在实施检查前，应当根据检查任务，制订检查方案，明确检查事项、时间、人员构成、检查方式等，但并不对外公开。检查主体有权决定检查内容及重要事项。应通过检查程序的设计和实施，来确保药品检查的完整、客观与真实，不得增加、减少或遗漏程序。

药品检查多为现场检查，通过对特定的人员、物品、场所等进行直接检查，可以更为直观、确切地确定相关事实是否存在，确定事实的性质和程度，进而确认药品企业是否符合法律法规、质量管理规范以及技术标准的要求。药品检查主体按照事先制订的检查方案当场通报检查事项及要求，做好现场检查记录，及时、准确、完整、客观、真实反映现场检查情况。

（二）以程序保障当事人权益

因检查有可能带来不利影响，当事人权益应受到程序性保护。在药品检查过程中，不仅要注重事实的查明，还要通过程序平等、说明理由、信息公开等制度，保障被检查企业的权益。

应注重检查程序中的程序平等，包括检查程序制定和实施过程的平等。在药品检查过程中，针对不同的药品企业，采用统一的检查标准，适用统一的风险管理要求，把握统一的风险评估尺度，平等对待不同当事人。对于可能引起行政处罚等决定的检查结果，检查主体应当说明理由，展示作为行政处罚中认定事实的依据，增强检查结果的可接受性。

检查结束后，检查组应客观、公正地撰写检查报告，包括现场检查过程的记录，发现的缺陷、问题及相关证据，风险评估和检查结论以及处理建议等，及时反馈给企业并向社会公开。对检查结果良好的企业并不公开信息，但对于检查存在缺陷的企业，则应在药品监管部门网站上，对企业名称及地址、检查单位及日期、检查事由、检查发现问题以及处理措施予以公开通报，这既是对被检查企业存在缺陷的客观事实加以公开，也有助于消费者更透彻地了解所选择企业及其药品的真实情况。检查机构应当将公开的检查结果详细化，除报告具体的缺陷项，增加缺陷项的程度说明及被检查企业总体质量管理水平的评价，便于市场直观地了解、客观地评价被检查企业。

（三）检查结果与后续程序

药品检查的现场检查结论和综合评定结论分为符合要求、基本符合要求和不符合要求。[1]药品监管部门根据《药品检查综合评定报告书》或者综合评定结论，做出相应处理。

其一，综合评定结论为符合要求的，即未发现缺陷或者缺陷质量安全风险轻微、质量管理体系比较健全。此时，药品监督管理部门或者药品检查机构应当将现场检查报告、《药品检查综合评定报告书》及相关

1 参见《药品检查管理办法（试行）》第26条。

证据材料、整改报告等进行整理归档保存。

其二，综合评定结论为基本符合要求的，即发现缺陷有一定质量安全风险，但质量管理体系基本健全。药品监督管理部门应当按照《中华人民共和国药品管理法》第99条的规定，采取告诫、约谈、限期整改以及暂停生产、销售、使用、进口等控制措施，并将现场检查报告、《药品检查综合评定报告书》及相关证据材料、整改报告、行政处理和风险控制措施相关资料等进行整理归档保存。

其三，综合评定结论为不符合要求的，即缺陷为严重质量安全风险，质量体系不能有效运行，药品监督管理部门应当于第一时间采取暂停生产、销售、使用、进口等风险控制措施，消除安全隐患。当构成对药品质量管理规范的违反时，药品监督管理部门应当按照《药品管理法》第126条等相关规定进行处理，依法给予警告、罚款、责令停产停业整顿、吊销许可证、从业限制等行政处罚。药品监管部门还应将现场检查报告、《药品检查综合评定报告书》及相关证据材料、行政处理相关案卷资料等进行整理归档保存。

四、药品检查规则的形成与细化

药品检查规则用以实现药品的安全性、有效性和质量稳定性，保证人们安全用药，保障人们的生命健康权等价值、目标的工具，但并不具体规定为实现检查目标需要采取的措施。制定和公布药品检查规则的意义在于：第一，有助于在药品检查过程中，公正地履行裁量权，提高检查过程的透明度，让类似情形得到类似处理，实现对检查权力的自我约束。第二，使药品企业能对检查内容、检查决定有更为稳定的预期，更好地改进质量管理体系。第三，有助于药品检查中不同主体更好地参与规则制定，使检查规则与药品行业态势、企业发展水平相适应，使规则更具可接受性。

在美国，为协调药品上市申请、工厂检查以及与之相关的合规性检查，2017 年，FDA的药品评价与研究中心（Center for Drug Evaluation and Research，简称CDER）和监管事务办公室（Office of Regulatory Affairs，简称ORA）联合发布了《人用药工厂评估和产品检查协作：基本原则》，详细规定了检查职责，对批准前工厂评估和检查（Pre-approval Facility Evaluations and Inspections）、批准后工厂检查（Post-approval Facility Inspections）、常规检查（Surveillance Facility Inspections）、有因检查（For-cause Facility Inspections）的检查任务发起、组织实施、沟通现场检查发现的缺陷项以及检查结果分类等内容加以规定。[1]

在我国，药品检查规则包括《药品检查管理办法（试行）》《药品医疗器械飞行检查办法》以及相关基准、指南。相关检查办法系统地规定了检查的内容、程序，但并不具体规定实现此绩效的方法。相关基准与指南包括《中药材生产质量管理规范认证检查评定标准》《药品生产企业现场检查风险评定原则》《无菌药品检查指南》等，可以将这些规范性文件视为针对不特定药品生产经营企业的行政指导。未来，可将药品检查依据的法律法规、部门规章、规范性文件和技术指导原则加以汇总，编纂成系统化、可执行的指导手册，并在监管平台或检查平台上统一发布，供检查员和企业参考使用，这有助于统一执法标准，也有助于企业遵守相关法规要求。[2]

检查规则的制定和修订过程是动态演进的过程。药品企业通过药品检查，改进自身的质量管理能力，进而又影响了检查机构专业技术以及检查规则体系的发展。在修订检查规则的过程中，应关注规则的日常实施和动态演进，关注企业的日常实践，关注药品行业的重点问题、潜在风险，关注如何提高被检查者合规的灵活性。在形成检查规则的

1 参见张联：《美国药品检查机制对我国的启示》，《中国医药工业杂志》2021 年第 7 期。

2 参见张联：《美国药品检查机制对我国的启示》，《中国医药工业杂志》2021 年第 7 期。

过程中，应借鉴国外的先进经验，听取行业协会、专家和企业等利益相关方的意见，增强规则的可接受性。

五、引入第三方检查的可能性

药品检查任务日趋繁重，应构建科学的药品检查体系。通过法律规定引入第三方技术力量，实现检查方式由单一的“政府检查，企业整改”向“政府监管，第三方专业服务，企业整改”的转变。[1]应加快发展第三方检查机构，鼓励不同所有制的检查机构平等参与市场竞争。

（一）第三方检查的功能和作用

引入第三方检查的意义在于：第一，有助于弥补行政资源和能力的不足，降低监管成本。药品监管部门可能欠缺必要的药品检查的资源，引入社会第三方检查，有助于减少财政、专业人员等方面的约束，使得检查活动更灵活机动。这实际上用私人的手段实施了公共的任务，实现社会共治。

第二，第三方检查机构可以更好地履行药品检查任务。专业化第三方检查机构有可能拥有更多的专业知识、更高的检查技能，更容易理解产业界实践层面的考量，更好地回应产业界和消费者的需求，更快捷地制定出更具回应性、可行性的检查方案。药品检查多是有因检查，行政机关被动启动检查程序，而第三方检查更具主动性和前瞻性，在药品的全生命周期中的较早阶段即行介入，更多展开对问题的预判，而非仅仅是对问题的回应。

1　陆耀光：《GMP从认证到检查第三方服务价值将凸显》，《医药经济报》2017年12月7日第2版。

第三，有助于发展出更具合作性的监管进路。第三方检查机构通常不具有行政权手中握有的工具箱，在检查过程中更需和被检查企业展开合作。药品企业也渴望通过药品检查，更多将第三方检查主体视为市场伙伴，而非行政秩序的维护者，这更有利于发展出持续、稳定的合作式监管。

如何在法律规定层面引入第三方检查？在药品领域，更可取的方略或许是法律规定第三方机构的检查，同时针对未获第三方检查的产品、服务或管理体系设定相应的法律责任，这体现了第三方检查与行政监管的结合。

目前，药品监管部门加大了药品全生命周期检查的力度，同时，药品检查频次之高、数量之多，考验着监管部门的监管能力。监管任务与资源配置之间的矛盾日益突出，应考虑引入和培育社会第三方检查机构，容许第三方开展药品检查工作。

（二）第三方检查机构的能力与资格

第三方检查机构是指具有可靠的实施检查规则的必要能力，具有相应的药品检查的专业知识，在药品检查过程中能客观、独立、有效、公正地从事检查活动的机构。第三方检查机构独立于药品生产、经营企业和消费者，具有独立的法人资格，应当是具有民事权利能力和民事行为能力，依法独立享有民事权利和承担民事义务的组织，有自己的名称、组织机构、住所、财产和经费。第三方检查机构还应具备与相关检查活动相适应的技术能力、专职专业人员，建立符合检查要求的管理制度，实施技术性、专业性、合目的性、以规则为基础的检查，进行专业化判断。

第三方检查机构独立于行政机关，应与行政机关脱离隶属关系。第三方检查机构应独立于产业界，这意味着第三方检查机构不得接受任何可能影响检查活动客观性和公正性的资助，应免受商业利益的影响，保持独立性。

（三）对第三方检查机构的监督与问责

未来，在药品检查领域，可以尝试引入多家第三方检查机构。同时，应依据《反垄断法》的规定，防止具有市场支配地位的第三方检查机构滥用支配地位限制竞争。[1]

第三方检查的引入，带来行政角色的转变。行政不再是检查的发动者、组织者，转而扮演制定规则、咨询指导和监督的角色。[2]行政机关转而对第三方检查机构的资格资质及履职绩效进行监督。药品监管部门可以协同专家组、行业协会等组织设定检查机构的遴选规则、绩效规则和报告规则，明确如何遴选和批准适格的第三方检查机构，如何衡量第三方检查机构的绩效，规定第三方检查机构向行政机关报告哪些信息。药品监管部门可以要求第三方检查机构向社会公开检查规则等基本信息。药品监管部门可对第三方检查机构的违法行为进行行政处罚。构成民事违法的，第三方检查机构还应独立承担相应的民事责任。

六、企业在药品检查制度中的作用

在药品检查活动中，被检查企业具有自主性、相对独立性，在监管治理网络中具有能动作用，也是治理网络中的重要节点。被检查企业有通过检查的动力，被检查企业应符合检查规则的要求，并努力通过自我规制设定更高的要求。

1　参见《反垄断法》第22、23、24条。

2　参见洪文玲：《论行政调查》，载台湾地区“行政法学会”主编：《行政法争议问题研究》（下），五南图书出版社2000年版，第742页。

(一)企业通过药品检查的动力

无论药品检查是按年度检查计划开展的常规检查,还是因药品抽检、投诉举报、不良反应监测等风险开展的有因检查,被检查企业都渴望通过药品检查。药品检查是监管企业药品质量安全的重要手段,药品企业必须通过这一法定的强制性检查。

(二)企业配合药品检查的义务

检查者在进行检查过程中,为查明事实真相,依法由当事人进行协助,以确定违法构成要件的存在与否。[1]药品企业有配合药品检查、接受业务指导的义务。[2]《药品生产质量管理规范》《药品经营质量管理规范》以部门规章的形式,为药品生产、经营企业设定了药品生产经营管理和质量控制的基本要求。在药品检查中,被检查企业有义务及时按照检查组要求,配合相关检查,保持正常生产经营状态,提供真实、有效、完整的相关材料,如实回答检查组询问。[3]

(三)企业的自我规制

药品检查规则所设定的要求只是最低限度的要求,企业为了维护自身良好的信誉评价,会通过遵循更高的技术要求,推行更为先进的质量管理体系,进行更高水平的、更具差异性的自我规制,从而改进企业

1 参见洪家殷:《行政罚调查程序中之当事人协力义务》,载台湾地区"行政法学会"主编:《当事人协力义务/行政调查/国家赔偿》,元照出版公司2006年版,第122页。

2 参见《药品管理法》第99条。

3 参见《药品医疗器械飞行检查办法》第16条。

的竞争力。例如，为应对检查，企业会组织内部培训，针对缺陷项集中的重点环节，结合自身实际情况进行自检或模拟检查，改进自身的药品质量管理体系。

七、结语

本章结合行政法原理，探究了药品检查的法律性质，行政机关、检查机构及检查人员在检查过程中的作用；探讨了设计、修订检查规则，实现检查规则的动态演进；如何规范检查程序，确保正确认定事实，并保障当事人权益。本章也试图立足检查制度的改革，探讨引入第三方检查的可能性，第三方检查机构的能力与资格，对第三方检查的监督与问责。本章还指出，在行政规制与自我规制相结合的背景下，企业不仅要遵守检查规则，还可以通过自我规制，为自身提出更高的要求。

本章力图说明，不能只强调行政主体在药品检查中的作用。在检查制度的运行过程中，还应关注由行政机关、第三方检查机构、企业及行业协会、专家等共同形成的“规制空间”。在未来的药品检查中，应考虑现代科技（如人工智能技术）的引入，通过利用互联网、大数据、在线监测和人工智能手段，来更好地开展药品检查。还需研究，检查机构如何通过大数据分析，根据药品市场主体违法行为的类型、发生环节、发生频率，对风险相对较高、违法行为频次相对较高的领域，适时启动检查，并提高检查频次。

第八章

药品监管中的企业责任制度*

本章探索在中国药品安全领域，如何通过企业自我规制和行政监管的结合，充分发挥多元主体的作用，实现药品监管共治，建立并落实企业责任首负制度。本章将在解析企业首责制度含义的基础上，以法学理论、公共治理和政府规制理论为关照，在结合国外自我规制和元规制的制度经验，剖析中国药品安全问题的基础上，进行企业责任制度研究，明确企业责任机制和归责主体，真正落实生产经营者第一责任人制度。

一、企业责任制度的法理概说

（一）企业责任的优先性

《药品管理法》第7条规定，从事药品研制、生产、经营、使用活动，应当遵守法律、法规、规章、标准和规范，保证全过程信息真实、准确、完

* 本章内容以2014年国家食品药品监督管理总局委托课题“企业首责制度研究”研究报告为基础，杨金晶博士贡献良多，收入本书时，笔者做了较多修改，予以完善。

整和可追溯。该规定在某种意义上明确了企业是药品安全的第一责任人地位。但企业为何要承担首要责任？或可从责任自负原则、补充性原则、民事赔偿优先以及药品监管的特点予以解释。

1. 责任自负原则

责任自负原则是指行为人要对自己行为造成的后果承担相应责任。在药品生产经营领域，生产经营者要为自己的产品造成的风险损害承担法律责任，这是责任自负原则的要求。[1]但在现代风险社会，企业仅为其生产的产品承担责任，不足以预防和消除风险。药品流通的普遍性更加剧了风险的不确定性，这种风险并非某一企业能独自应对。因此，国家可对企业内部的安全治理进行适当干预，例如，要求企业遵守标准、披露信息、加强内部质量管理及履行风险控制义务。[2]

2. 补充性原则

"补充性"源自拉丁文"subsidium"，原为古罗马的军事用语，有支援、辅助、后备的含义，即当先遣部队武力不足时，由后续支援部队递补支援。[3]补充性原则又称辅助性原则，其理念在于建构不同社会层级间任务分配的基准，同时揭示了社会及国家应将补充协助置于私人的地位。辅助性原则涉及个人、社会与国家以及社会中较小的下位组织与较大的上位组织之间的优先次序问题，即当公民个人或较小的下位组织能够胜任某事项时，社会或较大的上位组织就不应干预，而应集中于指导、监督、敦促或约束等专属职能；反之，当个人或较小的下位组织不能胜任某事项时，社会、国家或较大的上位组织就不能无视公益受到侵

1　杜飞进：《试论法律责任的原则及其根据》，《学习与探索》1991年第4期。

2　王贵松：《企业对食品安全的组织化保障义务》，《北京行政学院学报》2012年第3期。

3　詹镇荣：《民营化法与管制革新》，元照出版公司2005年版，第283页。

害，而应积极协助，必要时则可以亲力亲为，以保障社会目标的实现。[1]秉承辅助性原则的理念，私主体从事药品生产经营活动中产生的问题，应优先由私主体承担责任。相对药品生产经营者而言，国家始终处于辅助的地位。

3. 民事责任优先

《民法典》第187条规定，民事主体因同一行为应当承担民事责任、行政责任和刑事责任的，承担行政责任或者刑事责任不影响承担民事责任；民事主体的财产不足以支付的，优先用于承担民事责任。《产品质量法》第64条规定："违反本法规定，应当承担民事赔偿责任和缴纳罚款、罚金，其财产不足以同时支付时，先承担民事赔偿责任。"以上规定体现了民事责任优先原则，该原则是指当违法民事主体的财产不足以承担民事责任、行政责任和刑事责任时，应优先承担民事责任。[2]

民事责任优先原则体现了民事赔偿的优先性，其理由主要有二：第一，行政或刑事赔偿的承担基础是国家财政收入，由所有纳税人承担，如果让国家财政来优先承担特定私人之间造成的侵害责任，有违一般法理。第二，行政赔偿和刑事赔偿相对于民事赔偿责任具有间接性，即如果没有国家监管的存在，相应的民事侵害仍会发生，故应强调民事赔偿责任的优先性。[3]

4. 药品监管的特点

药品作为关系公众健康的产品，用之得当，可治病救人，但药品在研制、生产、经营、使用等环节存在固有风险。药品生产经营活动具有

1　詹镇荣：《民营化法与管制革新》，元照出版公司2005年版，第285页。

2　王利明编：《〈中华人民共和国侵权责任法〉释义》，中国法制出版社2010年版，第19页。

3　参见杜仪方：《行政不作为中行政与民事赔偿的责任分担》，《社会科学》2009年第10期。

相当的专业性，监管部门和药品生产经营者之间存在信息不对称。药品监管可以削减药品风险，但不能消除药品风险。产品缺陷的责任主体是生产经营者，而非监管机构。[1]因产品存在缺陷造成他人损害的，生产者应当承担侵权责任。[2]因产品缺陷危及他人人身、财产安全的，被侵权人有权请求生产者、销售者承担停止侵害、排除妨碍、消除危险等侵权责任。[3]产品的质量不是检查出来的，而是生产出来的，生产经营者的生产经营活动直接决定了药品的质量与安全。

(二) 企业责任的制度基础

随着近年来药品安全事件的发生以及政府与社会关系的转型，企业责任日益凸显。企业要承担的责任不只是经济责任、社会责任，更重要的还在于法律责任。

我国法律制度对药品生产经营者法律责任做了较为全面的规定，例如，《民法典》第1202条规定，因产品存在缺陷造成他人损害的，生产者应当承担侵权责任。《民法典》第1203条规定，因产品存在缺陷造成他人损害的，被侵权人可以向产品的生产者请求赔偿，也可以向产品的销售者请求赔偿。《民法典》第1223条规定："因药品、消毒产品、医疗器械的缺陷，或者输入不合格的血液造成患者损害的，患者可以向药品上市许可持有人、生产者、血液提供机构请求赔偿，也可以向医疗机构请求赔偿。"《刑法》第141、142条规定了生产制售假药、劣药的刑事法律责任。此外，《药品管理法》对药品生产经营者的相关法律责任做了明确规定。

1　参见张建平：《药品缺陷认定中的基本法律问题》，《法治研究》2013年第9期。

2　参见《民法典》第1202条、《产品质量法》第41条。

3　参见《民法典》第1205条。

（三）企业首责的制度基础

“首责”的字面含义即为第一责任，“企业首责”是指药品生产经营者对产品存在的安全问题承担第一位的法律责任。若要准确理解企业责任首负制度，应明确企业首责的不同界定。在药品的生产经营环节中，与产品安全相关的主体有生产者、销售者及行政监管部门。因此，围绕企业首责的界定，存在两个不同层次的划分。

1. 生产者与销售者的责任划分

药品生产者与销售者的责任划分实则是民事责任的划分。《民法典》第1203条规定了产品侵权赔偿的首负责任制，因产品存在缺陷造成他人损害的，被侵权人可以向产品的生产者请求赔偿，也可以向产品的销售者请求赔偿。产品缺陷由生产者造成的，销售者赔偿后，有权向生产者追偿。因销售者的过错使产品存在缺陷的，生产者赔偿后，有权向销售者追偿。

《药品管理法》第144条规定了药品责任的首负责任制，因药品质量问题受到损害的，受害人可以向药品上市许可持有人、药品生产企业请求赔偿损失，也可以向药品经营企业、医疗机构请求赔偿损失。接到受害人赔偿请求的，应当实行首负责任制，先行赔付；先行赔付后，可以依法追偿。医疗机构可被理解为药品管理中的药品使用单位，但从功能意义出发，或可将医疗机构视为《民法典》意义上的“销售者”。《民法典》《药品管理法》中的规定明确了产品责任中生产者、销售者之间的连带责任原则，这有助于防止药品上市许可持有人、药品生产企业、药品经营企业、医疗机构之间相互推诿，有助于维护受害人的合法权益。[1]

---

1 参见袁杰、王振江、刘红亮、刘沛主编：《〈中华人民共和国药品管理法〉释义》，中国民主法制出版社2019年版，第259页。

在适用《药品管理法》第144条的首付责任制规定时，也必须考虑与民法典的体系和谐。现今的法律体制下，销售者需要承担无过错责任，在确认销售者承担无过错责任的前提下，应考虑平衡销售者责任和生产者的责任，使销售者承担不重于生产者的责任，明确生产者是主要责任人。

2. 药品生产经营者与行政机关的责任划分

上文已经述及的责任自负原则、补充性原则、民事赔偿优先以及药品监管的特点，都决定了相较于政府，药品生产经营者承担主要的责任。面对药品安全问题，政府应依法履行药品监管职责，但究其根本，有赖于药品生产经营者依法从事药品生产经营活动。因此，行政机关承担的是辅助性的监管责任，生产经营者须承担首要责任。

（四）企业首责的理论基础

之所以要突出药品生产经营者的责任，是因为生产经营者应当依照法定要求从事生产经营活动，承担捍卫药品安全的责任。如果药品生产经营者出现违法行为，违反了保证产品安全的义务，危害公众的健康安全，就应承担相应的法律责任。相对于其他责任主体而言，生产经营者要承担首要责任。

企业首责的理论基础首先涉及企业的守法义务理论，强调企业作为社会治理的主体之一，具有依法从事生产经营活动的义务。其次，企业首责的理论基础涉及监管理论的适用，传统的命令控制型监管模式强调政府监管一切，被监管者享有极低的裁量空间，此种监管模式已经难以适应繁杂多样的行政任务要求。在此背景下，催生了自我规制理论和元规制理论，该理论意在强调赋予被监管者一定的裁量权，引入私主体参与监管过程，发动被监管者进行自我规制，减轻行政负担。

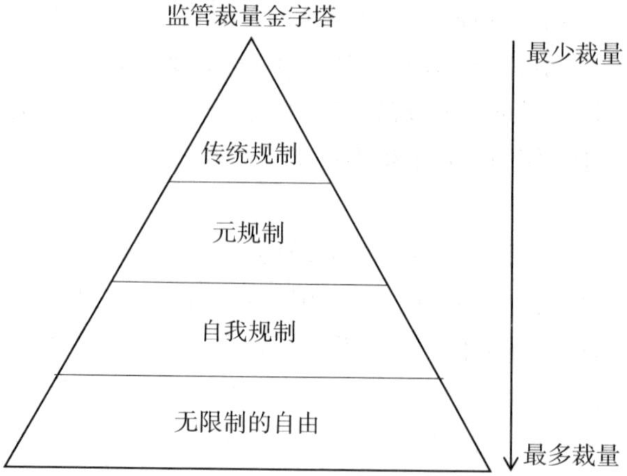

图8-1　来源：Cary Coglianese and Evan Mendelson, Meta-Regulation and Self-Regulation, in Robert Baldwin, Martin Cave and Martin Lodge (eds.), *Oxford Handbook on Regulation*, 152 (2010).

本章将对药品生产经营者的守法理论、自我规制和元规制理论进行具体阐述。

第一，生产经营者具有守法义务。生产经营者有义务依照法定要求从事生产经营活动，若行为构成违法，生产经营者要承担相应的责任。

第二，企业的自我规制。药品生产经营活动的行政监管涉及高密度的专业知识，也产生相对高昂的执法成本，单纯依靠政府监管难以确保监管的质量。因此，企业自我规制的作用得以凸显。

第三，元规制制度。监管实践不能完全倚重生产经营者的自律性监管，自我规制实践中仍会存在企业自利的弊端，因此需要引入元规制制度，即政府对企业的自我规制行为进行规制，这体现了他律和自律的结合。

二、企业的守法义务

长期以来，理论界和实务界都相对注重立法、执法和司法等问题，而对守法问题疏于关注。《宪法》第5条第4款规定："一切国家机关和武装力量，各政党和各社会团体、各企业事业组织都必须遵守宪法和法律。"《宪法》第53条规定："中华人民共和国公民必须遵守宪法和法律。"企业作为社会关系的基本参加者，作为市场主体，需遵守宪法和法律，乃至遵守相关的法规、规章、标准和规范。[1]

（一）企业守法义务的理论基础

简而言之，守法是对法律的遵守，指的是组织和个人依照法律规定进行或不进行某一行为的活动，包括作为的守法和不作为的守法。[2]我国《产品质量法》第2条第1款规定："在中华人民共和国境内从事产品生产、销售活动，必须遵守本法。"《药品管理法》第2条规定："在中华人民共和国境内从事药品研制、生产、经营、使用和监督管理活动，适用本法。"企业如果不守法，无论监管机制设计得如何完善，也无法保证产品的安全与质量。[3]

企业为什么要守法？传统观点认为法是社会一般价值观和认识态度的反映，[4]相关的研究理论主要包括社会契约论、功利主义论、暴力

1　参见崔令之：《论守法》，《当代法学》2001年第4期。

2　游劝荣：《守法成本及其控制》，《国家检察官学院学报》2006年第5期。

3　Margaret Levi, Tom Tyler and Audrey Sacks, The Reasons for Compliance with Law, paper for the workshop on the Rule of Law, Yale University, March 28–29, 2008.

4　Lawrence M. Friedman, Legal Culture and Social Development, 4 *Law & Society Review* 29, 31–33 (1969).

威慑论和法律正当论，都意在论证个人为什么具有守法的义务。[1]国外有学者认为可从工具性视角（instrumental perspective）和规范性视角（normative perspective）解释公民为什么守法。工具性视角以威慑理论（deterrence theory）为基础，将人们的行为、处罚与法律的遵守联系起来，以此判断个人行为的得失，更接近暴力威慑论和功利主义论。例如，对犯罪行为施以明确严厉的惩罚，以降低犯罪率。工具性视角下的守法是由外在因素施加的，以强制力作为保障，通常对人们的行为起塑造作用，因此，政府决策者在考虑如何确保公民守法时，往往会采纳此种观点。规范性视角则更强调公民个人的作用，其认为公民之所以守法是因为法律具有正当性（legitimacy），代表了正义（justice），且守法也是一种道德上的义务，正是法律正当性和道德的作用，促使人们愿意遵守法律。[2]

还有学者从理性人理论（rationalist theory）和规范性理论（normative theory）解释了企业守法的原因。理性人理论主要由威慑理论和行为决策理论（behavioral decision theory）构成，它主张企业作为理性主体，有存在避免接受法律惩罚、追求企业最大利益的动力，因此会遵守法律的规定。规范性理论则认为企业实质上愿意守法，因为企业认为经过公平制定和实施的法律应该得到遵守，形成了“守法规范”（compliance norm）。[3]之所以存在违法的现象，可能是因为法律规范繁复、内容难以理解、修订变化快，影响了企业对法律规范的遵从。[4]

---

1 丁以升、李清春：《公民为什么遵守法律——评析西方学者关于公民守法理论的理论（上）》，《法学评论》2003年第6期。

2 Tom R. Tyler, *Why People Obey the Law*, Yale University Press, 3–6 (1990).

3 Timothy F. Malloy, Regulation, Compliance and the Firm, 76 *Temp. L. Rev.* 451, 451–475 (2003).

4 Dave Grossman and Durwood Zaelke, An Introduction to Theories of Why States and Firms Do (and Do not) Comply with Law, paper for Seventh International Conference on Environmental Compliance and Enforcement.

无论持何种理论，均可推演出企业具有守法的义务。企业若违反了法律的规定，将遭受相应的制裁。

（二）企业守法的实践

在我国，晚近药品监管立法日渐为企业设定了较为严格、细密的法定义务，企业的法定义务与企业的主体责任似乎趋于等同。一方面，企业应就安全生产、质量管理、营销宣传、售后服务、信息公示等方面，履行一般法律规范中设定的义务。[1]例如，依据《中华人民共和国安全生产法》（以下简称《安全生产法》）的要求，企业应建立健全全员安全生产责任制和安全生产规章制度。[2]依据《产品质量法》的要求，企业应建立健全内部产品质量管理制度，严格实施岗位质量规范、质量责任以及相应的考核办法。[3]依据《消费者权益保护法》的规定，经营者不得对其商品的性能、功能、质量、销售状况、用户评价、曾获荣誉等作虚假或者引人误解的商业宣传，欺骗、误导消费者。[4]

另一方面，企业应遵守实体药品法律规范为其设定的特定义务，这包括遵守药品法律、法规设定的义务，遵守药品规章、标准和规范提出的具体条件和技术要求，这包括而不限于如下几方面的义务：第一，生

1　《国务院关于“先照后证”改革后加强事中事后监管的意见》（国发〔2015〕62号，2015年10月13日发布）。

2　参见《安全生产法》（2002年6月29日第九届全国人民代表大会常务委员会第二十八次会议通过，根据2009年8月27日第十一届全国人民代表大会常务委员会第十次会议《关于修改部分法律的决定》第一次修正，根据2014年8月31日第十二届全国人民代表大会常务委员会第十次会议《关于修改〈中华人民共和国安全生产法〉的决定》第二次修正，根据2021年6月10日第十三届全国人民代表大会常务委员会第二十九次会议《关于修改〈中华人民共和国安全生产法〉的决定》第三次修正）第4条。

3　参见《产品质量法》第3条。

4　参见《消费者权益保护法》第20条。

产经营过程符合要求。例如,《药品管理法》第44条要求药品应当按照国家药品标准和经药品监管部门核准的工艺进行生产,第57条要求药品经营企业购销药品必须有购销记录,第58条为药品经营企业零售药品、调配处方等设定要求。第二,人员资格符合要求。例如,根据《疫苗管理法》第23条的要求,疫苗上市许可持有人的生产管理负责人、质量管理负责人、质量受权人等关键岗位人员应当具有相关专业背景和从业经历。第三,建立质量体系与质量管理制度。例如,从事药品生产活动,应当遵守药品生产质量管理规范,保证药品生产全过程持续符合法定要求。[1]第四,强制信息披露的义务。例如,《药品管理法》第49条规定,药品包装应当按照规定印有或者贴有标签并附有说明书,该条款还规定了药品标签、说明书应注明的事项。

三、企业的自我规制

传统的监管形式中,行政监管机构可以赋予企业完全的自由,让其按照自己想要的方式行事。同时,监管机构也可以拿走企业的自由,对企业的准入、退出、行为、技术、成本和绩效等进行监管,这往往被称为命令控制型监管。[2]当代行政事实上是“混合行政”“混合监管”,是企业等私人主体与政府共同发挥监管作用的机制。[3]但现行的药品安全责任在设计上多强调政府监管,以政府责任弱化了企业和行业组织的责任,相对于较多依赖行政许可、行政检查、行政强制、行政处罚等传统的

1 参见《药品管理法》第43条。

2 Cary Coglianese and Evan Mendelson, Meta-Regulation and Self-Regulation, in Robert Baldwin, Martin Cave and Martin Lodge (eds.), *The Oxford Handbook on Regulation*, 146 (2010).

3 参见[美]朱迪·弗里曼:《合作治理与新行政法》,毕洪海、陈标冲译,商务印书馆2010年版,第141页。

命令控制手段而言，未能凸显“企业是第一责任人”的理念，也未能有效实现政府规制与企业自我规制的结合。[1]因此，落实企业自我规制应成为药品监管改革的趋势。

(一)自我规制的概念

自我规制是组织和利益群体规制自身的方式，自我规制规则是自愿采用、自我界定、自我监督及自我实施。德国学者认为，自我规制是“个人或团体基于基本权主体的地位，在行使自由权、追求私益的同时，也志愿性地肩负起实现公共目的的责任”。[2]因此，自我规制不是国家基于规制者地位对被规制对象的外部式他律行为，而是被规制对象的内部式自律行为；自我规制主体在此并非法律、法规授权的组织，也非受委托的组织，而是实质意义的私人，它们在行使基本权利的同时，附带实现公益目标。在自我规制过程中，自我规制的规制主体也是被规制对象，两者合二为一。

就产业界的自我规制而言，它既包括企业自愿性的评价、检查、检验、监测与其他主动采取的措施，也包括产业界团体来设定和实施自我规制规则。它不依赖传统的命令控制型规制手段，来实现相应的规制目标。[3]自我规制经常涉及对团体或个人行为的限制或义务的负担，所以也是“自我设限”或“自负义务”。[4]例如，《标准化法》的标准是农

1　杜仪方:《建立综合性食品安全法律责任体系——关于〈食品安全法〉法律责任修订的若干意见》,《宏观质量研究》2013年第2期。

2　詹镇荣:《德国法中“社会自我管制”机制初探》,《政大法学评论》2003年总第78期。

3　参见廖义铭:《产业自律性管制》,翰芦图书出版公司2005年版,第32页。

4　詹镇荣:《德国法中“社会自我管制”机制初探》,《政大法学评论》2003年总第78期。

业、工业、服务业以及社会事业等领域需要统一的技术要求。学会、协会、商会、联合会、产业技术联盟等社会团体协调相关市场主体，共同制定满足市场和创新需要的团体标准，[1]企业可以根据需要自行制定或者与其他企业联合制定企业标准。[2]团体标准、企业标准的制定，是对相关市场主体、特定企业行为的自我设限，令标准的适用主体自负义务。

就药品生产经营而言，企业的自我规制是指企业自愿遵从强制性法律的规则或采取自愿性规则的行为。其包含两层含义：一是药品企业遵照法律法规的要求，通过加强生产的质量检测、控制、监督体系，对产品的安全性进行自主检验和控制；二是药品企业基于利益的考虑，在自愿的基础上设立或遵照更严格的生产标准和准则，实施自我监控、自我审查和自我纠正。[3]

（二）自我规制的特征

在规制谱系中，自我规制相对更为接近于不规制（no regulation），即完全没有法律规制的情形。尽管不能将自我规制置于法律之外，但自我规制的首要合法性来源并非法律。法律规范最为重要的特征是义务性与可执行性，立法机关与行政机关创设法律规范，来规制行政相对人的行为，而自我规制的特征在于自愿性和公益取向性。

1. 自愿性

自我规制的首要特征在于自愿性。个人和团体对于是否设定和实施自我规制有决定的自由；即使自我规制有法律规范的基础，或者国家对是否实施自我规制设定了正面激励和负面制裁，个人和团体也依然

1 参见《标准化法》第18条。

2 参见《标准化法》第19条。

3 参见谭珊颖：《企业食品安全自我规制机制探讨——基于实证的分析》，《学术论坛》2007年第7期。

保有选择权。例如，虽然《标准化法》第18条规定，国家鼓励学会、协会、商会、联合会、产业技术联盟等社会团体协调相关市场主体共同制定团体标准，但社会团体和市场主体依然有选择不去制定团体标准的自由。社会团体和市场主体可以权衡自我规制的收益和不利后果，自由决定其是否参与自我规制制度的设定与实施，是否接受自我规制机制的约束。[1]

法律规范不一定能让行政相对人心悦诚服，但行政相对人有遵守法律的义务。法律体系每天如常运作，相对人无须考虑遵守法律是否值得的问题。相应地，自我规制意味着某个社群适用了特定的规则，以促进特定的共通利益。除非社群中的大多数人实际上都遵守规则，否则自我规制规则没有实际意义。处于自我规制体系中的行政相对人不一定就会遵守规则，除非他们发觉实施自我规制的要求事实上会促进自己的利益。[2]

行政相对人可能会以正式或非正式的方式，表述对法律规范的不同意见，但他们还是会遵守法律，因为他们知道，违反法律规范将受到相应的制裁，承担相应的行政法律责任。但当行政相对人面对自我规制的要求时，他们很可能得出这样做将不符合自己利益的结论，而选择不去遵守自我规制的要求。

自我规制促进了“自下而上式”（bottom-to-up）的规制，这构成了对行政规制的补充。自我规制机制下的成员在自愿和不受国家任何干预的情况下，在自我决定权的基础上，发展出自己的伦理规则和行为规则，自由决定接受这类自我规制规则的约束，承认规则的拘束力，并对违反规则者科处制裁。个人行为与自我规制规则都应以不违反法律规

1　Lóránt Csink & Annamária Mayer, How To Regulate? The Role of Self-Regulation and Co-Regulation, *Hungarian Y.B. Int'l L. & Eur. L.* 406 (2014).

2　Lóránt Csink & Annamária Mayer, How To Regulate? The Role of Self-Regulation and Co-Regulation, *Hungarian Y. B. Int'l L. & Eur. L.* 406 (2014).

定为前提。[1]

2. 公益取向性

从社会与国家二元论的角度，个人作为基本权利的主体，可以为自己的利益行使自由与权利，没有实现公益的义务。但在某种意义上，自我规制也构成了行政规制的手段和组成部分，通过私人主体实现公共利益。当有法律规范作为自我规制基础时，更是以成文法的方式，让自我规制作为实现公益的工具。[2]例如，根据《药品管理法》第59条的规定，药品经营企业应当制定和执行药品保管制度。根据《药品管理法》第56条的规定，药品经营企业购进药品，应当建立并执行进货检查验收制度。这些自我规制措施不仅具有法律依据，而且以“加强药品管理，保证药品质量，保障公众用药安全和合法权益，保护和促进公众健康”等公共利益考量为依归。

（三）自我规制的类型

根据自我规制的主体不同，可将自我规制分为个体自我规制（individual self-regulation）和团体自我规制（self-regulation by groups），在此意义上，自我规制可以指代私人行政（企业、学校、医院等）以及专业群体、商业组织的秩序规范。[3]团体自我规制某种意义上是行业自我规制（industry self-regulation），是指由不同于政府或企业层面的行业组

1 Lóránt Csink & Annamária Mayer, How To Regulate? The Role of Self-Regulation and Co-Regulation, *Hungarian Y. B. Int'l L. & Eur. L.* 407 (2014).

2 詹镇荣：《德国法中“社会自我管制”机制初探》，《政大法学评论》2003年总第78期，第82页。

3 Luc Huyse and Parmentier Stephen, Decoding Codes: The Dialogue Between Consumers and Suppliers through Codes of Conduct in the European Community, 13 *Journal of Consumer Policy* 253, 259 (1990).

织，自行制定与行业内成员行为相关的规则和标准。[1]

根据自我规制所适用的行政领域不同，可将自我规制分为经济性自我规制（economic self-regulation）和社会性自我规制（social self-regulation），前者关注对市场及经济生活方面的控制，后者旨在保护公众或环境免受企业生产经营活动的危害。[2]

根据政府介入自我规制的程度，可将自我规制分为如下三种形式：第一种是自愿性自我规制（voluntary self-regulation），指独立于政府直接规制，生产经营者或行业组织自行制定和执行规制规则，市场主体在此间具有主动地位。第二种是完全命令型的自我规制（mandated full self-regulation），由企业制定并实施自我规制的规则，当企业违反自我规制的规则时，由政府部门进行惩罚，政府监督企业自我规制的实施，并可采取必要措施，以确保自我规制的有效性。第三种是部分命令型的自我规制（mandated partial self-regulation），即对企业经营者的部分自我规制职能加以限制，可将制定和执行规制规则的主体进行分离。[3]相较而言，第二种和第三种自我规制类型更可能适用于我国的现实情况。

（四）自我规制的功能

随着时代的发展，行政机关发现药品监管、环境保护、劳工保护等方面的工作越来越困难，有学者明确指出，大政府的时代已经过去，至

1　Neil Gunningham & Joseph Rees, Industry Self-Regulation: An Institutional Perspective, 19 *Law & Pol'y* 363, 365 (1997).

2　Keith Hawkins and Bridget M. Hutter, The Response of Business to Social Regulation in England and Wales: An Enforcement Perspective, 15 *Law & Pol'y*, 199 (1993).

3　Neil Gunningham and Joseph Rees, Industry Self-Regulation: An Institutional Perspective, 19 *Law & Pol'y* 363, 365 (1997).

少行政执法资源已经有所缩减。[1]有学者从经济学、组织学和政治学的角度分析了行业自我规制存在的原因，认为在成本更低、行业趋同化程度更高、企业实力更均衡的情况下，相对更易形成自我规制。[2]但学者们普遍认为，在专业知识和监管效率方面，自我规制具有明显的优势。

1. 汲取专业知识

行政决策的专家模型假定行政机关是由技术精英组成，假定专业化的行政机关在知识和信息上都有着自己的优势，认为它可以更好地整合信息和技术资源，超越私人利益而为了公共利益制定标准，从而矫正信息不对称和外部性带来的信息失灵。[3]但相对于产业界而言，政府官员不一定是相关技术领域的专家。监管官员可能更为熟悉相关的政策法规和工作流程，更为熟稔文书案牍工作，而不一定能始终跟踪药品研发、生产、经营的前沿动态。相对于药品监管官员而言，药品行业协会、药品生产经营者拥有更多关于医药行业的信息、知识和经验。市场主体推行的自我规制，相对更容易得到接受和遵从。[4]

2. 提升规制效能

自我规制提升了规制效率，因为自我规制者与被规制者关系更加密切，从而降低了获取信息和监督检查的成本。自我规制行为还相对具有非形式化的特点，且倾向于更为倚重对被规制主体的信任，这使得自我规制能够以相对灵活平缓的方式，适应行业条件和规制机制的变化，提高监管效率。

---

1 Richard J. Pierce, Jr., Judicial Review of Agency Actions in a Period of Diminishing Agency Resources, 49 *Admin. L. Rev.* 66 (1997).

2 Anil K. Gupta and Lawrence J. Lad, Industry Self-Regulation: An Economic, Organizational, and Political Analysis, 8 *The Academy of Management Review* 416 (1983).

3 Anthony Ogus, *Regulation: Legal Form and Economic Theory*, Clarendon Press, 152 (1994).

4 Robert Baldwin, Martin Cave, Martin Lodge, *Understanding Regulation: Theory, Strategy, and Practice*, Oxford University Press, 139 (2012).

（五）自我规制的不足

英国知名学者安东尼·奥格斯（Anthony Ogus）认为自我规制同时包含了制定、执行以及制裁的力量，因此，可将自我规制视为一个微型的政府体系，而在面对行政法原则时，自我规制便会面对一些法理难题。[1]自我规制可能的缺失包括：第一，自我规制可能欠缺民主正当性。自我规制的实施每每更多考虑产业界成员的利益，而忽视了对公共利益的保护。[2]第二，自我规制可能欠缺可问责性。自我规制主体并非行政机关，很难对其进行外部监督，很难对其行为进行司法审查，其相对较少受外在因素的制约。[3]第三，自我规制可能欠缺程序上的公平性。自我规制者在做出决定或者制定政策前，往往没有咨询规制治理网络中其他多元角色的义务，也没有义务对其做出的行为说明理由。[4]

在我国，行业协会未能在自我规制中发挥应有的作用。理想中的行业协会是发挥行业自律和专业服务功能的互益性非营利组织，为会员服务，承担相应的社会责任，维护社会公共利益，促进行业公平竞争和有序发展。药品行业协会应当是企业自愿加入，并维护行业共同利益的产物。行业协会在为行业内会员提供服务，协助政府进行质量和安全管理的同时，更加重要的角色应当是行业共同利益的代言人，它应

1　Anthony Ogus, Rethinking Self-Regulation, 15 *Oxford Journal of Legal Studies* 97–108 (1995).

2　Robert Baldwin, Martin Cave, Martin Lodge, *Understanding Regulation: Theory, Strategy, and Practice*, Oxford University Press, 141–142 (2012).

3　Robert Baldwin, Martin Cave, Martin Lodge, *Understanding Regulation: Theory, Strategy, and Practice*, Oxford University Press, 142–144 (2012).

4　Robert Baldwin, Martin Cave, Martin Lodge, *Understanding Regulation: Theory, Strategy, and Practice*, Oxford University Press, 145–146 (2012).

当更加积极地代表行业发声，并主动参与规制政策制定过程。行业协会还应是行业自律规则的倡导者、探索者和监护者。

但在我国，行业协会尚未成为真正意义上的行业整体利益的代言人，现有的行业协会多具有较强的行政色彩，药品行业协会较为明显的短板之一，就在于未能充分代表行业利益去发声。有些医药行业协会依附于大型国有医药企业，并由原监管部门或行业主管部门退休的领导担任协会负责人。行业协会一定程度上具有行政主导色彩，并在行事理念上习惯于成为政府的帮手，未能代表行业与政府形成某种协商与博弈的互动关系。行业协会的发展不够充分，这不利于形成和实施全行业的自律性监管。

在药品安全治理中，企业涉及产品质量的一切行为准则多来自监管部门，有的企业只是按照监管部门要求完成规定动作，缺乏主动控制产品质量的激励；在产品成本与品质发生冲突时，有的企业会把对经济利益的考量放在首位，乃至为降低成本而使得药品质量不合标准；企业质量管理有时只是为了应对监管部门的执法检查，企业自主的规范约束缺失；即便在发生药品安全事件或舆论对其药品质量有负面报道时，涉案的企业有时也不主动阐述情况和承担责任，对事件的处理处置一切都听凭监管机构定夺。

因此，在我国的药品监管中，行业协会和企业的自我规制都未能充分开展。企业往往缺少制定和实施自律性规则的动力，甚至未能充分履行守法的义务。生产经营活动中有可能不遵守标准和信息披露要求，未能遵守法律最低限度的要求。在现代国家意义上，自我规制不再以社会自治为出发点，而是应在法治国家的框架下展开，违反自我规制所体现的承诺义务，也将承担法律后果。[1]

1　杜仪方：《建立综合性食品安全法律责任体系——关于〈食品安全法〉法律责任修订的若干意见》，《宏观质量研究》2013年第2期。

四、元规制：行政规制与自我规制的结合

（一）元规制概述

1995年，德国联邦宪法法院法官霍夫曼·里姆将“受规制的自我规制”引入德国行政法学界。令“受规制的自我规制”纳入国家设定的框架下，依照法律规范进行自我规制，国家采取举措，让自我规制的过程能受规制。[1]受规制的自我规制不是自我规制与行政规制的简单叠加或混合，而是国家与私人主体通过合作，实现处于纯自我规制与行政规制之间的一种规制理念与模式。[2]

英美法律和规制理论对此存在很多类似但不完全相同的表述。有较多学者引入“元规制”（meta-regulation）的表述，也有学者将“元规制”称为“基于管理的规制”（management-based regulation），其要义是“为了执法进行的自我规制”（enforced self-regulation）或“强制性自我规制”（mandated self-regulation）。赫特（Hutter）将其界定为“国家对自我规制安排的监督”，帕克（Parker）将元规制界定为“对规制者的规制”，无论这些规制者是公共机构、作为私人的自我规制者还是作为第三方的看门人。摩根（Morgan）认为，元规制“涵盖了自反性地思考规制的要求，这不是对社会和个人行为加以直接规制，规制过程本身成了被规制对象”。通过元规制，通过各种水平和垂直维度的整合，对不同主体间相互的规制加以规制。[3]这在功能上与德国法中的“受规制的自

1　参见金健：《受规制的自我规制与行政法的嬗变》，载沈岿主编：《行政法论丛》第25卷，法律出版社2020年版，第3—4页。

2　参见刘绍宇：《论互联网分享经济的合作规制模式》，《华东政法大学学报》2018年第3期。

3　参见［英］罗伯特·鲍德温、马丁·凯夫、马丁·洛奇编：《牛津规制手册》，宋华琳、李鸻、安永康、卢超译，上海三联书店2017年版，第164页。

我规制”相当类似。

（二）元规制的制度设计

1. 以法律激活企业自我规制性质的制度设计

在进行元规制的制度设计时，外部规制者有意促使被规制者本身针对公共问题，做出内部式的、自我规制性质的回应。行政规制者的首要任务不再是开展行政检查，而是鼓励市场主体设置自己的内部控制和管理体系，由规制者对这种体系进行监督。元规制并非以规定的方式进行控制，而是努力通过法律来激活企业的内部自组织形式。[1]但这时行政规制者并非无所事事，它在奉行“保持距离型的规制”，要求企业证明自己建立并实施了自我规制规则，对企业的自我规制体系和相关内部规程、文件加以审查，判断企业的体系和程序是否符合自我规制所设定的要求。[2]

2. 需考虑药品监管领域的结构

引入“元规制”或“受规制的自我规制”时，应考虑相应经济部门或社会领域的结构，自我规制运行的前提是存在一定规模的行业协会或利益团体，以防止整个行业处于过度碎片化的状态。经济部门需具备充分的组织性，这时，行政作为后设规制方，可以有协商对话的对象，也可以期望相当数量的企业参与自我规制。[3]例如，2019年6月新颁布的《疫苗管理法》第13条规定，疫苗行业协会应当加强行业自律，建立健全行业规范，推动行业诚信体系建设，引导和督促会员依法开展生产

---

1 参见［英］罗伯特·鲍德温、马丁·凯夫、马丁·洛奇编：《牛津规制手册》，宋华琳、李鸻、安永康、卢超译，上海三联书店2017年版，第150页。

2 参见［英］罗伯特·鲍德温、马丁·凯夫、马丁·洛奇编：《牛津规制手册》，宋华琳、李鸻、安永康、卢超译，上海三联书店2017年版，第151页。

3 参见金健：《受规制的自我规制与行政法的嬗变》，载沈岿主编：《行政法论丛》第25卷，法律出版社2020年版，第8页。

经营等活动。当时我国虽然有20余家医药行业协会，但并没有疫苗行业协会。该法颁布后，在国家工信部、国家市场监管总局、国家药监局、国家卫健委、国务院国资委、民政部等6部委领导和指导下，以原中国医药企业发展促进会为基础，由疫苗及其相关生物制品行业的企事业单位、社会团体和个人组建了中国疫苗行业协会，并于2019年10月15日召开成立大会。[1]截至2023年1月31日，中国疫苗行业协会有会员单位355家，分支机构34个，涵盖我国主要疫苗企业与生物制品企业。[2]一般而言，行业协会或利益团体的形成应先于合作规制制度的设定，先有《疫苗管理法》的规定，后依法成立中国疫苗行业协会，由行政来引导行业组建行业协会，固然有合规的良好意愿，但并不一定是值得倡导的次序与方略。

3. 对自我规制体系运行情况的公开

要让相应的自我规制体系在社会发生效用，需对自我规制体系的运行情况加以公开。例如，《疫苗管理法》第74条规定了疫苗上市许可持有人的信息公开制度，疫苗上市许可持有人应按照规定在其网站上及时公开疫苗产品信息、说明书和标签、药品相关质量管理规范执行情况、批签发情况、召回情况、接受检查和处罚情况以及投保疫苗责任强制保险情况等信息。药品企业公开自我规制体系运行情况的信息，是履行企业主体责任的一种方式，有助于加强行政对自我规制的规制，有助于保障公众的知情权和参与权。

（三）元规制的功能

相对于自我规制而言，元规制更强调政府规制与自我规制的相互

1　《中国疫苗行业协会成立大会在京举行》，中华人民共和国工业和信息化部官网，2019年10月16日。

2　《中国疫苗行业协会简介》，中国疫苗行业协会官网。

作用，也更多地关注于外部规制，同时涵盖了自我规制的精髓，即被规制对象自身可以出台并实施具有自我拘束力的规则。[1]元规制还将风险控制的职能授予企业，由企业来落实最基本的控制责任，规制者的角色转化为制度的审查者、监督者和激励者。

药品安全的实现有赖于企业自律和国家规制的共同作用，企业的自我规制是药品安全的基础，但国家的必要规制也不可或缺。传统观点认为企业享有法定的经营自由权，国家只有在发生安全事故时才能进行干预和制裁。但这种消极的防御策略无法充分保障公众的健康安全，这也催生了元规制理论。元规制有助于企业以更低的成本、更灵活的方式去遵守法律，改进内部管理，也有助于提高药品监管效能。

如果从企业的角度加以观察，企业在实施自我规制时具有一定的裁量权，所以其规制成本也更为低廉有效，进而可以弥补命令控制型规制成本高昂、机制僵化的不足。在元规制下，药品企业将制定符合法律规定，且契合行业整体状况和企业个体实际的可操作规则，这些规则将接受外部监管部门的监督。而且，针对药品企业的具体规则要比适用于整个医药行业的规则更具针对性，使得企业守法的成本更低。[2]

行政监管部门的执法资源有限，很难对药品企业进行全方位的监督检查。元规制可以拓展监管的疆域，减轻公共财政的负担。在元规制体系中，企业合规部的工作人员比外部检查人员掌握更多的专业知识，更容易发现监管的问题所在，他们在推进元规制体系实施的过程中

---

1 Cary Coglianese and Evan Mendelson, Meta-Regulation and Self-Regulation, in Robert Baldwin, Martin Cave and Martin Lodge (eds.), *The Oxford Handbook on Regulation*, 150 (2010).

2 Neil Gunningham & Joseph Rees, Industry Self-Regulation: An Institutional Perspective, 19 *Law & Pol'y* 363–414 (1997).

发挥着重要作用。[1]在元规制体系下，可针对违规的药品生产经营者，提高行政检查的频率和严格程度，扩大检查范围。

传统监管手段往往要以掌握与特定产品或者生产模式相关的风险信息为前提，规制者需要了解潜在风险的严重性以及相应风险发生的可能性。而元规制方略下，通过自我规制与元规制的结合，规制者在缺少资源或信息不完全时也能够解决特定问题，这同样适用于问题较为复杂或者产业活动变动不居、产业结构多元、产业违法行为较难查处的情形。[2]

（四）元规制的不足

需要指出，一些违反法律法规开展生产经营活动的药品企业，以及数量众多的中小医药企业，并不一定能完善自我规制制度。此外，在元规制框架下，由企业或企业联盟自行起草规则，可能导致产业俘获（industry capture），导致规则更容易体现产业界的经济利益，而相对忽视消费者利益和公共利益。[3]企业会为了起草符合自身利益的规则，而花费不菲的成本。监管部门制定规章和规范性文件时，为实现公共利益，会涉及公众参与程序，保障消费者和利益相关者参与规则制定程序，进而促进规则形成的科学性与民主性。但企业在自行制定自我规制规则时，往往很难设计让多元利益主体有效参与的程序。[4]出于对传统规制

1　Robert Baldwin, Martin Cave, Martin Lodge, *Understanding Regulation: Theory, Strategy, and Practice*, Oxford University Press, 148 (2012).

2　Cary Coglianese and Evan Mendelson, Meta-Regulation and Self-Regulation, in Robert Baldwin, Martin Cave and Martin Lodge (eds.), *The Oxford Handbook on Regulation*, 152 (2010).

3　Robert Baldwin, Martin Cave, Martin Lodge, *Understanding Regulation: Theory, Strategy, and Practice*, Oxford University Press, 151 (2012).

4　Rena I. Steinzor, Reinventing Environmental Regulation: The Dangerous Journey from Command to Self-Control, 22 *Harv. Envtl. L. Rev.* 103 (1998).

方式的反思，元规制的方式更能激发企业的自我规制能力，但也蕴含着自我规制活动背离公益目标的风险。[1]

五、企业责任的制度改革方向

《药品管理法》《疫苗管理法》及相关法律法规所设定的具体监管措施，实际上彰显了企业主体责任，也是元规制与自我规制理论的实践应用。根据《药品管理法》《疫苗管理法》的规定，药品上市许可持有人、疫苗上市许可持有人应当加强药品全生命周期质量管理，依法对药品和疫苗研制、生产、经营、使用全过程中的安全性、有效性和质量可控性负责。贯彻企业责任制度，应转变守法理念，鼓励自我规制，通过元规制策略的引入，实现政府规制与自我规制的结合。

（一）转变守法理念

"守法"不仅仅意味着守法者对法律规范的被动服从，还应包括对义务性法律规范的自觉履行。[2]传统上，人们一直将守法等同于服从，实际上这只是守法的消极层面。如今，我们更应倡导积极的守法，要求"守法者以法律的主人自居，充分认识并认同法律蕴含的价值、准则，从而主动自觉地去做有利于法律秩序的一切事情，包括遵守法律、维护法律以及巩固和完善法律等"。[3]就药品监管而言，早在20世纪60年代，美国食品药品监督管理局就开展了企业"自我守法"项目（self-

1　Robert Baldwin, Martin Cave, Martin Lodge, *Understanding Regulation: Theory, Strategy, and Practice*, Oxford University Press, 157 (2012).

2　胡旭晟：《"守法"现代化是中国法制现代化的一个关键》，《南京社会科学》1994年第4期。

3　冯粤：《论积极守法》，《伦理学研究》2008年第3期。

compliance program)，发挥企业的主动性，鼓励企业自行采用更高的产品检验标准，开展自我认证(self-certification)以保证药品产品的质量安全。这是政府监管部门和药品企业之间协商的产物，该项目的目标是在最大程度上确保所有药品都达到法定合格标准。该项目的优势在于，若想迅速控制某一缺陷产品的流通，如果是基于政府与企业协议的自我守法项目，只需要最少的控制节点就可确保药品的质量。[1]监管部门不可能有足够的人力资源去检查每一个药品企业，因此，可靠的监管必须鼓励企业融入监管流程。[2]企业“自愿守法”不仅能够提高行政监管的效率，还可充分发挥企业作为守法主体的直接优势，以降低行政机关不必要的执法监督成本，减少企业经营者与行政机关的法律对抗。

(二)鼓励自我规制

鼓励自我规制意在发挥企业的自身优势进行自我管理，具体可从以下几个方面着手：

1. 鼓励制定团体标准和企业标准

尽管《药品管理法》第28条规定了国家药品标准，《药品管理法》第44条规定了省级中药饮片炮制规范作为地方标准的法律效力，但并不意味着药品领域没有团体标准和企业标准的存在空间。

《标准化法》第18条第1款规定：“国家鼓励学会、协会、商会、联合会、产业技术联盟等社会团体协调相关市场主体共同制定满足市场和创新需要的团体标准。”团体标准是依法成立的社会团体为满足市场和创新需要，协调相关市场主体，按照自行规定的标准制定程序制定并发

---

1 B. F. Daubert, Voluntary Compliance, 22 *Food Drug Cosm. L. J.* 672–674 (1967).

2 John T. Scholz, Voluntary Compliance and Regulatory Enforcement, 6 *Law & Pol'y* 385 (1984).

布，供团体成员或社会自愿采用的标准。[1]自律性的团体标准更好适应了产业或行业的变化，激发了社会的力量，利用专业的知识来寻求自我规制，缩短规则制定者和公众之间的距离，有可能更好地得以实施，与作为他律的国家标准、行业标准、地方标准可以互为替代和补充，从而构成交叠的规则体系。[2]医药行业协会可以在药品及辅料、包装材料、容器领域制定团体标准。

《标准化法》第19条规定，企业可以根据需要自行制定企业标准，或者与其他企业联合制定企业标准。《标准化法》第21条规定，企业标准的技术要求不得低于强制性国家标准的相关技术要求。国家鼓励企业制定高于推荐性标准相关技术要求的企业标准。企业标准更为具体、精确，更有利于企业遵守，提高企业的市场竞争力。企业根据需要自主制定、实施企业标准，并建立企业标准自我声明公开制度，落实企业责任。在要求企业遵守国家标准的同时，鼓励药品企业和行业协会制定并公布高于国家标准的企业标准及团体标准，有助于促进药品行业的技术转型和进步。

2. 颁布自我规制规则

在元规制理论导引下，《药品管理法》《疫苗管理法》等法律法规为药品市场主体设定了制定若干自我规制规则的义务。市场主体应依法制定并执行相关制度，制定相关方案，出台相关文件，签订相关协议。例如，开展药物临床试验时，应制定临床试验方案。[3]药品上市许可持有人、药品生产企业应当建立药品上市放行规程。[4]药品上市许可持有人、

---

1 参见《团体标准管理规定》第3条;《团体标准化第1 部分：良好行为指南》(GB/T 20004.1—2016，2016年4月25日发布)。

2 Thomas Vesting, The Autonomy of Law and the Formulation of Network Standards, 5 *German Law Journal* 647 (2004).

3 参见《药品管理法》第20条。

4 参见《药品管理法》第33、47条。

药品生产企业、药品经营企业应当与受托方签订委托协议。[1]药品上市许可持有人、药品生产企业、药品经营企业和医疗机构应当建立并实施药品追溯制度。[2]从事药品生产活动时，企业应制定保证药品质量的规章制度。[3]从事药品零售连锁经营活动的企业总部，应当建立统一的质量管理制度。[4]药品经营企业、医疗机构应当建立并执行进货检查验收制度、药品保管制度。[5]

3. 开展药品上市后风险管理

药品监管是全生命周期的监管，涵盖了化合物筛选、非临床安全性和药效学研究、临床试验、上市后研究及再评价等环节。研究工作也伴随于药品上市前和上市后的整个生命周期，是有效性和安全性数据不断积累、质量不断完善提高的过程，也是一个动态评估与决策的过程。药品的上市前研究，为其质量、安全性、有效性和风险收益评估提供充分证据，以满足上市的基本要求，对于评价一个药物的研发成功与否至关重要。申办者获得药品注册证书，意味着符合了法定的上市条件，但不意味着药品就绝对没有风险，也不意味着申办者就可以在药品上市后，豁免后续的药品上市后风险管理义务。

因此，药品上市许可持有人应制订药品上市后风险管理计划，主动开展药品上市后研究，对药品的安全性、有效性和质量可控性进行进一步确证，加强对已上市药品的持续管理。[6]药品上市许可持有人应当开展药品上市后不良反应监测，主动收集、跟踪分析疑似药品不良反应

1　参见《药品管理法》第35条。
2　参见《药品管理法》第36条。
3　参见《药品管理法》第42条。
4　参见《药品管理法》第53条。
5　参见《药品管理法》第56、59、70、71条。
6　参见《药品管理法》第77条。

信息，对已识别风险的药品及时采取风险控制措施。[1]药品上市许可持有人、药品生产企业、药品经营企业和医疗机构应当经常考察本单位生产、经营、使用的药品质量、疗效和不良反应。[2]

4. 主动召回药品

药品召回，是指药品上市许可持有人按照规定的程序收回已上市的存在质量问题或者其他安全隐患的药品，并采取相应措施，及时控制风险、消除隐患的活动。[3]药品上市许可持有人经调查评估后，确定由于研制、生产、储运、标识等原因导致药品不符合法定要求，或者其他可能使药品具有危及人体健康和生命安全的不合理危险，导致药品存在质量问题或者其他安全隐患的，应当立即决定并实施召回。[4]

药品上市许可持有人应当制定药品召回信息公开制度，依法主动公布药品召回信息。[5]药品上市许可持有人通过企业官方网站或者药品相关行业媒体向社会发布召回信息，召回信息应当包括以下内容：药品名称、规格、批次、持有人、药品生产企业、召回原因、召回等级等。[6]药品上市许可持有人应当明确召回药品的标识及存放要求。[7]持有人对召回药品的处理应当有详细的记录，记录应当保存五年且不得少于药品有效期后一年。[8]

（三）落实元规制

落实元规制制度意在强调自我规制与政府规制的结合，具体可从

1 参见《药品管理法》第80条。
2 参见《药品管理法》第81条。
3 参见《药品召回管理办法》第3条。
4 参见《药品召回管理办法》第4、15条。
5 参见《药品召回管理办法》第9条。
6 参见《药品召回管理办法》第15条。
7 参见《药品召回管理办法》第18条。
8 参见《药品召回管理办法》第19条。

以下几个方面着手：

1. 强化对药品注册标准的核准

新修《药品管理法》第28条第1款新增了对“经国务院药品监督管理部门核准的药品质量标准”的规定。根据新修《药品管理法》第25条第2款的规定，国务院药品监督管理部门在审批药品时，对药品的质量标准一并核准。因此，申请人提交药品注册申请时，应一并提交关于药品质量标准的技术材料，国务院药品监督管理部门在审查药品注册申请时，也对药品质量标准及相关资料加以审核。

药品监管部门对药品质量标准的核准，是附随于对特定申请人药品注册申请的批准。因此，药品注册申请时提交并获国务院药品监督管理部门核准的药品质量标准，是药品上市许可持有人拟订并提交的标准，但经过了国务院药品监督管理部门核准。此标准的拟订、核准与实施，体现了自我规制与政府规制的结合，体现了监管部门“对自我规制的规制”，它应成为拘束药品生产、经营、使用活动的强制性法定要求，各级药品监督管理部门可以依据“经核准的药品质量标准”进行管理。药品不符合经核准的药品质量标准的，有可能构成《药品管理法》第98条规定的假药或劣药。[1]

2. 推行强制信息披露

在科技发达、专业化程度较高的社会里，消费者在信息上处于劣势地位。就信息收集、交涉能力以及背后的资金支持等各方面因素而言，作为个人的消费者和组织化、专业化程度较高的企业有着较大的差距。在药品领域，消费者和企业之间存在着高度的信息不对称。有的商品是“搜寻商品”（search goods），购买之前就可以确定这些商品的质量；有的商品则是“经验商品”（experience goods），只有消费后才了解商品

1　参见宋华琳：《药品标准法律制度的体系化建构》，《医药经济报》2019年10月10日。

质量，如二手车、照相机、家用电器、药品等。自由的药品市场如果不能提供所谓的“最佳”信息量，消费者就将遭受福利损失。如果法律不设定药品市场主体的强制信息披露义务，那么企业可能会不及时充分披露信息，或仅仅披露正面信息，选择性地“报喜不报忧”，隐瞒负面信息。

我国药品监管中的强制信息披露主要体现于对药品标签、说明书等的要求。《药品管理法》就药品标签、说明书等设定了强制信息披露制度。国务院药品监管部门在审批药品时，对药品的标签和说明书一并核准。[1]药品的标签是指药品包装上印有或者贴有的内容，分为内标签和外标签。[2]药品说明书应当包含药品安全性、有效性的重要科学数据、结论和信息，用以指导安全、合理使用药品。[3]标签或者说明书应当注明药品的通用名称、成分、规格、上市许可持有人及其地址、生产企业及其地址、批准文号、产品批号、生产日期、有效期、适应症或者功能主治、用法、用量、禁忌、不良反应和注意事项。标签、说明书中的文字应当清晰，生产日期、有效期等事项应当显著标注，容易辨识。[4]

药品的标签应当以说明书为依据，其内容不得超出说明书的范围，不得印有暗示疗效、误导使用和不适当宣传产品的文字和标识。[5]药品包装必须按照规定印有或者贴有标签，药品生产企业生产供上市销售的最小包装必须附有说明书。[6]药品说明书和标签的文字表述应当科学、规范、准确。[7]

《药品管理法》第125条就“使用未经核准的标签、说明书”的行为

1 参见《药品管理法》第25条。
2 参见《药品说明书和标签管理规定》第9条。
3 参见《药品说明书和标签管理规定》第16条。
4 参见《药品管理法》第49条。
5 参见《药品说明书和标签管理规定》第3条。
6 参见《药品说明书和标签管理规定》第4条。
7 参见《药品说明书和标签管理规定》第5条。

设定了法律责任。《药品管理法》第128条针对药品包装未按照规定印有、贴有标签或者附有说明书，以及标签、说明书未按照规定注明相关信息或者印有规定标志的行为，设定了责令改正、给予警告直至吊销药品注册证书的法律责任。

（四）结语

最好的监管往往是不同监管主体和不同监管工具的组合。[1]自我规制和元规制在整个监管体系中占据重要地位，相对于命令控制型规制工具更具优势。就监管工具的组合而言，其核心要义在于如何设计和找到最佳的监管组合，以及如何满足合法性、正当性的标准，同时也应注意监管网络的协调。[2]我国应推崇行政规制与生产经营者自我规制的结合，以法律、行政法规和规章的形式明确药品生产经营者的义务，并辅之以相应的制度保障和法律责任设计，保障企业责任制度的落实。

药品监管部门在实践中已自觉或不自觉地运用元规制的理论，例如，设定和实施强制信息披露，对药品市场主体活动的合规性进行监督检查，要求市场主体履行相应的提交材料、报告信息、备案管理义务。但哪些要求应当构成企业的守法义务？应当就哪些事项给予被规制企业以自主空间？应当对哪些自我规制活动加以后续规制？如何设定相应的法律责任？这些都构成了我国药品监管制度设计中所面临的现实问题。

1　A. Murray and Colin Scott, Controlling the New Media: Hybrid Responses to New Forms of Power, 65 *Modern Law Review* 491–516 (2002).

2　Robert Baldwin, Martin Cave, Martin Lodge, *Understanding Regulation: Theory, Strategy, and Practice*, Oxford University Press, 164 (2012).

第九章

药品管理法律责任的发展与改革*

法律责任是为保障立法目的的实现，对特定主体设定的不履行法定义务的不利后果。[1]就药品管理法律责任而言，其以法律为从事药品研制、生产、经营、使用和监督管理活动的主体预先设定义务为前提；追究法律责任，需以违反《药品管理法》《疫苗管理法》等药品法律规范的规定为前提；法律规范中对药品法律责任的设定，实则是与行为规范相对应的制裁规范。没有责任的保障，义务便难以履行；没有严格的法律责任，法律规范便丧失威慑力。因此，应完善药品管理法律责任的制度体系，对行政责任、民事责任、刑事责任加以妥善配置。

在2019年修订后的《药品管理法》中，法律责任部分由2001年版《药品管理法》的28条增加到38条，占法律全文的四分之一。《疫苗管理法》则以18条的篇幅规定了法律责任。立法者设定了更为严格的法律责任，提高了行政罚款幅度，对法人违法适用双罚制度，做到处罚到人，并对法人及其责任人员加大资格罚力度。立法者通过依法设定

---

* 本章主要内容以“构建系统完备的法律责任制度”为题，载国家药品监督管理局编：《药品管理法疫苗管理法读本》，法律出版社2021年版，第208—242页，收入本书时，笔者做了较多增删修改。

1 参见张越：《法律责任设计原理》，中国法制出版社2010年版，第10页。

药品管理法律责任，综合利用行政、民事和刑事法律责任机制，提高违法者违法成本，减少药品违法事件的发生，保障公众用药安全和合法权益，同时提高了法律责任的可预见性。

一、设定更严格药品管理法律责任的制度背景

（一）“四个最严”的落实

药品监管立法目的在于保障公众用药安全和合法权益，保护和促进公众健康。对违反药品监管法律规范的行为，应科处相应的法律责任，这体现了药品法律规范体系的完整性。依法设定违反药品法律规范的责任，提高了违法者的违法成本，能够有效遏制违法行为，规范药品行业。

2015年5月29日，习近平总书记主持中央政治局集体学习时强调，要切实加强食品药品安全监管，用最严谨的标准、最严格的监管、最严厉的处罚、最严肃的问责，加快建立科学完善的食品药品安全治理体系，坚持产管并重，严把从农田到餐桌、从实验室到医院的每一道防线。在2019年《药品管理法》的修改过程中，在设置法律责任时，立法坚持严惩重罚，着力提高违法成本，发挥处罚的威慑作用。这具体表现为：

第一，强调对刑事责任的追究。《药品管理法》保持对药品安全犯罪行为的高压态势，把刑事责任放在所有法律责任的首位。“法律责任”章节之首，即第114条规定，“违反本法规定，构成犯罪的，依法追究刑事责任”。

第二，加大对生产、销售假劣药的财产罚力度。《药品管理法》将生产、销售假药的罚款从“货值金额的2—5倍”提高到“货值金额的15—30倍”；生产、销售劣药的罚款从“货值金额的1—3倍”提高至“货值

金额的10—20倍”。[1]

第三，提高货值金额计算的下限。药品违法行为多为谋利型违法，因此，行政处罚的罚款数额多按照货值金额的一定倍数计算。原《药品管理法》对无证生产经营药品、生产销售假劣药等违法行为，只规定了按照货值金额一定倍数罚款，没有规定罚款的下限。实践中针对一些生产销售量较大，但产品价格低廉的违法行为，出现罚款几千元或几百元的情形，这无法达到惩戒效果。[2]修订后的《药品管理法》《疫苗管理法》针对相应的违法行为，在多处设定货值金额计算的最低金额，继而确定了罚款的下限。[3]

第四，加大资格罚力度。对假药劣药相关违法行为责任人的资格罚由原来的十年禁业提高到终身禁业，对生产销售假药被吊销许可证的企业，十年内不受理其相关的申请。[4]同时，增加了对有关伪造变造许可证、骗取许可证、严重违反质量管理规范的行为相关责任人的资格罚。[5]

第五，增加自由罚手段。对生产销售假药和生产销售劣药情节严重的，伪造变造许可证、骗取许可证等情节恶劣的行为，可以由公安机关对相关责任人处5日至15日的行政拘留。[6]

第六，落实违法行为处罚到人的要求。对有严重违法行为的企业，

---

1 参见《药品管理法》第116、117条。

2 参见国家药品监督管理局编:《药品管理法疫苗管理法读本》，法律出版社2021年版，第208—209页。

3 例如，《药品管理法》第116条规定，违法生产销售假药，货值金额不足十万元的，按十万元计算；第117条规定，违法生产、批发劣药，货值金额不足十万元的，按十万元计算；违法零售劣药，货值金额不足一万元的，按一万元计算。另可参见《药品管理法》第115、117、124、129、133、135条及《疫苗管理法》第80、81、85、86、91条的规定。

4 参见《药品管理法》第116条。

5 参见《药品管理法》第123条。

6 参见《药品管理法》第118条。

在对企业进行处罚的同时，也可对企业的法定代表人、主要负责人、直接负责的主管人员和其他责任人给予一定的处罚，包括财产罚、资格罚、自由罚等处罚措施。

第七，实行惩罚性赔偿。生产假药、劣药或者明知是假药、劣药仍然销售、使用的，受害人或者其近亲属除请求赔偿损失外，还可以请求支付价款十倍或者损失三倍的赔偿金；增加赔偿的金额不足一千元的，为一千元。惩罚性赔偿有助于提高违法者违法成本，惩罚和阻止特定的违法行为。

（二）危机事件与议程设定

从政府监管和危机社会学的原理出发，监管立法往往伴随着危机、灾难、悲剧或丑闻。面对与药品有关的悲剧和危机，市场的缺陷得到更为充分的暴露，公众的意见和愤怒经由媒体而被放大。如是“危机时刻”的出现，有时会使得本来没有成为公共议程一部分的议题，变成当下公共议程的迫切要务；有时它则成为政治家实现其抱负的助力，药品安全成为公共议题有可能加速监管立法的进程。[1]

2018年7月，吉林长春长生公司问题疫苗案件发生，党中央、国务院高度重视，习近平总书记、李克强总理多次做出重要指示批示，要求加快健全疫苗药品监管长效机制，完善相关法律法规和制度规则。中共中央政治局常务委员会2018年8月16日召开会议，听取关于吉林长春长生公司问题疫苗案件调查及有关问责情况的汇报。会议强调，疫

1 参见Daniel Carpenter & Gisela Sin, Policy Tragedy and the Emergence of Regulation: The Food, Drug, and Cosmetic Act of 1938, 21 *Studies in American Political Development* 149–180(2007)；宋华琳：《危机时刻与规制变迁：公共议程的设定与美国1938年食品、药品和化妆品法的形成史》，载傅蔚冈、宋华琳主编：《规制研究》第1辑，格致出版社、上海人民出版社2008年版，第150—164页。

苗关系人民群众健康，关系公共卫生安全和国家安全。要深刻汲取教训，举一反三，重典治乱，去疴除弊，加快完善疫苗药品监管长效机制，坚决守住公共安全底线，坚决维护最广大人民身体健康。要提高违法成本，对那些利欲熏心、无视规则的不法企业，对那些敢于挑战道德和良知底线的人，要严厉打击，从严重判，决不姑息。[1]

2019年6月29日通过的《疫苗管理法》，将习近平总书记对疫苗药品管理的要求和党中央关于疫苗管理的重大改革决策部署转化为法律，成为国家意志，通过建立最严谨的标准，对疫苗研制、疫苗上市和上市后管理、疫苗生产、疫苗批签发、疫苗流通、预防接种、问题疫苗处理环节严格把关，对疫苗管理方面的违法行为处以最严厉的处罚。《疫苗管理法》第79条规定，违反疫苗管理法规定，构成犯罪的，依法从重追究刑事责任；同时，落实处罚到人的要求，对违法单位的法定代表人、关键岗位人员和其他责任人员，规定了行政处罚；还强化了信用联合惩戒，建立信用记录制度并纳入全国信用信息共享平台，按照规定公示相关主体的严重失信信息，实施联合惩戒。

二、综合运用行政、民事、刑事法律责任手段

（一）药品监管多管齐下的原因

1. 药品具有高风险属性

药品作为一种特殊商品，存在固有的风险：其一，在药品设计、研制、生产、经营、使用等环节，都可能存在风险；其二，有时很难判断药品

1 《中共中央政治局常务委员会召开会议听取关于吉林长春长生公司问题疫苗案件调查及有关问责情况的汇报 中共中央总书记习近平主持会议》，《人民日报》2018年8月17日。

风险发生的时间或阶段；其三，不存在零风险的药品，药品风险只能被削减，而无法被完全消除；其四，药品风险有可能和其他安全、健康风险叠加，构成复合风险；其五，药品风险有可能超越国界，构成全球风险；其六，药品风险有时会带来严重的、不可逆的损害后果；其七，公众有时难以理性认知药品风险，有可能高估或低估药品风险。

新修订的药品立法体现了风险监管和风险治理的理念，以真实、准确、完整、可追溯的信息为基础，系统建构了药品风险评估、风险管理、风险警示、风险监管等制度，进行利益衡量，防范药品风险。因此，需要引入风险预防原则，加强药品行政监管，明确违法者的行政责任。传统民事侵权责任的体系建立在自然人侵权的基础上，针对药品风险带来的民事侵权，应设定相应的民事责任。风险刑法以防范风险发生为目的，以一般危险性和预防必要性为依据划定可罚性界限，《中华人民共和国刑法修正案（十一）》[以下简称《刑法修正案（十一）》]对药品犯罪内容的修订，也体现了以刑法回应药品风险挑战的理念。行政、民事、刑事责任多管齐下，才能更有效地防范药品风险。

2. 药品关乎公众健康

《药品管理法》第1条规定了立法目的，即“加强药品管理，保证药品质量，保障公众用药安全和合法权益，保护和促进公众健康”。[1]药品作为“用于预防、治疗、诊断人的疾病，有目的地调节人的生理机能并规定有适应症或者功能主治、用法和用量的物质”，[2]用之得当，可以治病救人；用之不当，会危及健康。药品安全是人民群众最关心、最直接、最现实的利益问题，是需要常抓不懈、不可有丝毫放松的重大民生问题，药品安全也是社会安定与公共秩序良好的重要体现。在现代社会，公众对药品安全有更高的期望。因此，更需要多管齐下，通过不同法律责

1　参见《药品管理法》第1条。

2　参见《药品管理法》第2条第2款。

任机制的协同，来维护药品安全秩序，捍卫公众健康。

3. 疫苗管理的特殊性

疫苗是将病原微生物及其代谢产物，经过人工减毒、灭活或利用基因工程等方法制成的，用于预防传染病的自动免疫制剂。疫苗接种人体后可刺激机体免疫系统产生特异性体液免疫和/或细胞免疫应答，使人体获得对相应病原体的免疫力，以预防、控制传染病的发生、流行。《疫苗管理法》第4条规定，国家坚持疫苗产品的战略性和公益性。疫苗预防接种是保障公众健康的基础性制度，是预防控制传染病最经济、安全、有效的措施。面对全球非传统安全风险，疫苗在维护国家安全和社会稳定方面发挥着不可替代的作用。

疫苗不同于一般药品的特殊性体现于：一、疫苗主要供健康人群使用，且使用人群以婴幼儿为主。二、疫苗直接关系公共安全，社会关注度更高、敏感性更强、容忍度更低。三、疫苗作为生物制品，难以依靠最终检验控制质量，必须以过程控制为主。四、疫苗生产企业相对较少，使用主体则以疾病预防控制机构为主，公众选择权相对更少，市场竞争不如一般药品充分。五、疫苗专业人员非常稀缺，关键岗位人员要求更高，同时管理难度更大，监管能力薄弱问题更加突出。

因此，更需通过行政、民事和刑事法律责任的设定和实施，来全方位地维护疫苗安全，打击违法犯罪行为，为受种者构建完善的权益保障机制。首先，疫苗的行政监管体现于国家对疫苗实施最严格的管理制度，坚持安全第一、风险管理、全程管控、科学监管、社会共治，对生产、销售假劣疫苗和数据造假等违法行为，设定并实施行政处罚。其次，疫苗存在质量问题，或者疾病预防控制机构、接种单位因违反预防接种工作规范、免疫程序、疫苗使用指导原则、接种方案的，疫苗上市许可持有人、疾病预防控制机构、接种单位应依法承担民事责任。[1]最后，违反

1 参见《疫苗管理法》第96条。

《疫苗管理法》构成犯罪的,依据生产、销售假药罪和生产、销售劣药罪等罪名,依法追究刑事责任,而且还应从重追究刑事责任。[1]

(二)行政法律责任的作用

在药品法律责任中,行政法律责任占据最为重要的比重。相对其他制裁方式而言,行政法律责任有助于更好地维护公共利益和社会秩序,保障行政机关有效实施行政管理。药品监管部门有着相应的人力、财力、物力资源,积累了相对丰富的监管经验,因此更有利于及时查处药品违法案件。相对司法程序而言,行政程序更为快捷、更有效率。通过依法设定行政法律责任,对违反药品行政管理秩序的行政相对人,以减损权益或增加义务的方式予以惩戒,有助于进一步规范药品市场秩序,更有效率地惩处违法行为。药品行政法律责任承载了惩罚、维护秩序、教育、预防和补救等功能,不仅能惩罚和消除已有的违法行为,还对潜在的违法者产生威慑。

《中华人民共和国行政处罚法》(以下简称《行政处罚法》)第9条将行政处罚的种类分为声誉罚、财产罚、资格罚、行为罚、人身罚,并以明示的方式列出了13种行政处罚形式。其一,声誉罚包括警告和通报批评。其中警告是行政机关对公民、法人或者其他组织违反行政管理法律规范行为的谴责和警示。警告往往与责令改正同时适用。《药品管理法》《疫苗管理法》都针对违法行为设定了警告这一处罚形式。

其二,财产罚包括罚款、没收违法所得、没收非法财物等方式。法律在设定药品行政法律责任时,加大了对生产、销售假劣药的财产罚力度,提高了货值金额的计算下限,以期解决违法成本低、处罚力度弱的问题。

1　参见《疫苗管理法》第79条。

其三，资格罚包括暂扣许可证件、降低资质等级、吊销许可证件，立法以这些方式来暂时或永久剥夺违法者从事生产经营的权利。针对违反药品管理法律规范的行为，法律设定了吊销药品批准证明文件、药品生产许可证、药品经营许可证或者医疗机构制剂许可证的处罚形式。

其四，行为罚包括限制开展生产经营活动、责令停产停业、责令关闭、限制从业等。针对生产、销售假劣药品等违法行为，药品法律规范设定了责令停产停业整顿的处罚形式；《药品管理法》第115条针对未取得许可证生产、销售药品的行为，设定了责令关闭的处罚形式。同时，《药品管理法》加大了限制从业的力度，对假药劣药违法行为责任人的资格罚由原来的十年禁业提高到终身禁业；对生产销售假药被吊销许可证的企业，十年内不受理其相关的申请。

其五，人身罚包括行政拘留。行政拘留是公安机关对违反治安管理法律法规的公民，在短期内限制其人身自由的一种处罚措施，也是治安管理处罚措施中最严厉的一种。药品管理法律规范设定了人身罚制度，规定对相关违法主体的法定代表人、主要负责人、直接负责的主管人员和其他责任人员，可以由公安机关处以五日以上十五日以下行政拘留。[1]

（三）刑事法律责任的作用

刑法的任务在于用刑罚同一切犯罪行为作斗争，以保护公民私人所有的财产，保护公民的人身权利和其他权利，维护社会秩序和经济秩序。药品安全领域需要刑法及时、积极介入，积极构建药品领域刑事法治，注重发挥刑法在维护药品安全、保障公众用药安全和合法权益方面的作用，并充分发挥刑法对药品市场秩序和药品研发、生产、经营行为

1 参见《药品管理法》第118、122、123、124条和《疫苗管理法》第80、81条。

规范的指引、评价功能，为市场主体提供明确的行为指引。

2020年12月26日通过的《刑法修正案（十一）》，对涉药犯罪的罪名名称和内容进行了修正。《刑法修正案（十一）》将原《刑法》第141条规定的“生产、销售假药罪”调整为“生产、销售、提供假药罪”；将原《刑法》第142条规定的“生产、销售劣药罪”调整为“生产、销售、提供劣药罪”;《刑法》第143条新增设了“妨害药品管理罪”。药品刑事责任的设定与优化，有助于完善药品犯罪打击范围，加大打击力度，更好保障人身财产安全法益和药品管理秩序法益。

《刑法修正案（十一）》坚持了刑事违法性在判断上的相对独立，使刑法上假劣药的认定标准与《药品管理法》上的标准在明面上脱钩；另一方面，它又顺应了前置法上的修法动向，尝试将药品管理秩序与公众健康生命法益适当分离，并竭力保持规范目标上的纯化。《刑法修正案（十一）》还试图拓展和完善药品犯罪的打击范围，并覆盖生产、销售之外的申请注册与药品使用等环节。这些修正使药品犯罪的保护客体、行为对象、行为方式等核心规范要素得以优化。[1]

（四）民事法律责任的作用

我国2020年颁布的《民法典》对药品管理有关内容加以规定，例如，针对人体基因和胚胎科研活动、生物安全、伦理审查、产品侵权等加以调整。[2]我国药品管理法律规范中也规定了民法上的损害赔偿责任、首负责任制、惩罚性赔偿等制度。通过并用《民法典》规范与药品法律规范中设定的民事法律规范，可促使药品市场主体依法履行民事义

1 参见杜宇：《〈刑法修正案（十一）〉中药品犯罪修订之得失》，《法学》2021年第3期。

2 参见国家药品监督管理局编：《药品管理法疫苗管理法读本》，法律出版社2021年版，第215页。

务、承担民事责任,以保护药品活动中各主体的合法权益,维护药品管理秩序。

民事主体依照法律规定或者按照当事人约定,履行民事义务,承担民事责任。《药品管理法》第144条第1款规定了药品损害赔偿责任;《疫苗管理法》第96条规定了疫苗损害赔偿责任;《药品管理法》第144条第2款规定了首负责任制,第144条第3款规定了惩罚性赔偿制度。

三、行政法律责任的强化

药品监管立法目的在于保障公众用药安全和合法权益,保护和促进公众健康。对违反药品监管法律规范的行为,应科处行政处罚,这体现了药品法律规范中规则体系的完整性。依法设定违反药品法律规范的行政责任,提高违法者的违法成本,进而有效遏制违法行为、规范药品行业,不仅必要,而且可能。

第一,相对于其他制裁方式而言,行政处罚具有简便、经济、有效的优势。药品监管部门作为专业监管机构,具有较强的专业性,有着相应的人力、财力、物力资源,因此更能够及时查处药品违法案件。相对司法程序而言,行政程序更为简便易行。依法设定和实施行政处罚,有助于进一步规范涉及药品全生命周期的各种活动。

第二,行政处罚是药品法律规范得以遵守的重要保障。完整的药品法律规范应该包括行为模式和法律后果。遵守药品法律规范者将享有法律赋予的权利与利益,违法者则将被科处行政处罚,因而行政处罚法律规范既是执行药品法律规范的现实保障,也是药品法律规范的有机组成部分。

第三,药品行政处罚承载了惩罚、维护秩序、威慑、教育、预防和补救等功能。它可以通过对药品活动中的诸多失范行为加以惩戒,促进药品行业的健康有序发展。威慑式策略具有非难性与对抗性,将资源用于发现违法行为，通过对违法行为查处并施以足够严厉的处罚，进而实现行政处罚的威慑功能。[1]药品活动中的违法相对人主要是追求利润最大化的企业和个人，其威慑功能侧重于经济上的扼制效果。基于“禁止任何人在违法中获益”的法理，罚款应足以追缴相对人从违法行为中所获的不法利益，即确保违法成本大于守法成本，而且罚款应高于违法所得。[2]处罚不仅可以消除已有的违法行为，而且将对潜在的违法者起到威慑作用，做到了“惩前毖后，治病救人”。

行政处罚是指行政机关依法对违反行政管理秩序的公民、法人或者其他组织，以减损权益或者增加义务的方式予以惩戒的行为。[3]《行政处罚法》规定了声誉罚、财产罚、资格罚、行为罚、人身罚和其他行政处罚，这些构成了有效实施药品监管和保障药品法律贯彻施行的重要手段。《药品管理法》《疫苗管理法》设定了作为声誉罚的警告；设定了作为财产罚的罚款、没收违法所得、没收非法财物；设定了作为资格罚和行为罚的吊销许可证件、责令停产停业、责令关闭、限制从业；设定了作为人身罚的行政拘留。以2020年全国查处的药品违法案件为例，罚款金额达5.31亿元，没收违法所得金额为8 785.36万元，吊销生产许可证、经营许可证的案件分别为11件、80件，责令停产停业262户，责令关闭72户。[4]

设定和实施行政处罚应当以事实为依据，与违法行为的事实、性质、情节以及社会危害程度相当。[5]在设定和实施药品行政处罚时，应考虑违法者是企业还是个人，违法行为存续时间长短，违法者给公众和社

1　参见［英］罗伯特·鲍德温、马丁·凯夫、马丁·洛奇编：《牛津规制手册》，宋华琳、李鸻、安永康、卢超译，上海三联书店2017年版，第134页。

2　参见谭冰霖：《环境行政处罚规制功能之补强》，《法学研究》2018年第4期。

3　参见《行政处罚法》第2条。

4　参见《药品监督管理统计年度报告》（2020年），国家药品监督管理局综合和规划财务司、国家药品监督管理局信息中心，2021年4月，第39页。

5　参见《行政处罚法》第4条第2款。

会造成的损害大小，违法者是否在法定期限内改正了自己的行为等。

(一) 声誉罚的拓展

声誉罚是对违法者的名誉、荣誉、信誉或精神上的利益造成一定损害的行政制裁，以剥夺、限制或贬损违法者声誉权益为内容，[1]具体种类有警告、通报批评、信用惩戒等。声誉罚是公权力主体披露相对人负面信息、降低相对人评价的行为。随着信息技术的发展和监管方式的转型，声誉罚作为自动化、普遍化的监管方式，成为弥散于制裁网络的基础性监管工具。[2]

1. 警告

针对特定违法行为，《药品管理法》《疫苗管理法》明文设定了警告制度。警告能使当事人形成一定的心理压力，同时营造对其不利的社会舆论环境，促使被处罚人认识其行为的违法性和对社会的危害性，从而纠正违法行为，使违法状态不再持续。

警告制度适用于相对较为轻微的违法行为，并通常伴有责令改正违法行为的要求。《药品管理法》第117、126、127、128、130、132、134条和《疫苗管理法》第82、83、84、85、86、87、88、89条以及第91条第1款、第92条第2款均设定了警告制度。警告属于相对较轻的行政处罚，主要起到警示和督促改正的作用。被警告的主体可以是自然人，也可以是法人或非法人组织。当给予违法相对人以警告，而违法相对人拒不改正违法行为时，法律对此种情形一般附加设定了行政罚款。

1 参见贺译葶:《公布行政违法信息作为声誉罚：逻辑证成与制度构设》,《行政法学研究》2020年第6期。

2 参见王瑞雪:《声誉制裁的当代图景与法治建构》,《中外法学》2021年第2期。

药品法律规范有时也规定了警告与罚款、没收制度的并处。例如，《药品管理法》第138条规定，对于药品检验机构出具虚假检验报告的行为，不仅给予警告，还对单位并处二十万元以上一百万元以下的罚款；针对疫苗违法行为，《疫苗管理法》第86、87条在规定依法给予警告的同时，还规定需一并没收违法所得。

在由不同监管工具组成的监管金字塔中，警告是一种干预强度相对较低的监管工具。面对同一违法行为，当违法情节较为轻微时，立法机关设定了警告；而当违法行为情节相对更为严重，针对加重的情节，立法机关则设定了吊销许可证件、责令停产停业整顿等更具制裁性的行政处罚。

2. 信用惩戒制度的建构

国务院2014年颁布的《社会信用体系建设规划纲要（2014—2020年）》指出，社会信用体系是社会主义市场经济体制和社会治理体制的重要组成部分，它以法律、法规、标准和契约为依据，以健全覆盖社会成员的信用记录和信用基础设施网络为基础，以信用信息合规应用和信用服务体系为支撑，依法对失信行为进行惩戒和约束。[1]当行政相对人被纳入失信名单时，这直接降低了其在相应社会关系环境中的可信程度，直接减损了其名誉，降低了其社会评价，在形式上与"通报批评"的制裁法律效果相同，因而从功能意义出发，或可将行政机关施加的信用惩戒归入行政处罚中的"通报批评"之列。[2]

《药品管理法》第105条、《疫苗管理法》第72条规定了药品安全信用记录和信用惩戒制度。药品监督管理部门应建立药品上市许可持有人、药品生产企业、药品经营企业、药物非临床安全性评价研究机构、药

1　《国务院关于印发社会信用体系建设规划纲要（2014—2020年）的通知》，国发〔2014〕21号，2014年6月14日。

2　参见朱芒：《作为行政处罚一般种类的"通报批评"》，《中国法学》2021年第2期。

物临床试验机构和医疗机构药品安全信用档案，建立疫苗上市许可持有人及其相关人员的信用记录，记录许可颁发、日常监督检查结果、违法行为查处等情况。所记录的这些信息直接反映了相关主体的药品安全信用情况，也是监管部门有的放矢采取监管措施的依据。

当事人违反药品法律、行政法规，性质恶劣、情节严重、社会危害较大，受到监督管理部门较重行政处罚的，由监管部门依照《市场监督管理严重违法失信名单管理办法》的规定，将其列入严重违法失信名单。此处所称"较重行政处罚"包括依照行政处罚裁量基准，按照从重处罚原则处以罚款；降低资质等级，吊销许可证件、营业执照；限制开展生产经营活动、责令停产停业、责令关闭、限制从业；法律、行政法规和部门规章规定的其他较重行政处罚。[1]当事人生产销售假药、劣药，或违法生产、销售国家有特殊管理要求的药品，或生产、进口、销售未取得药品批准证明文件的药品的，都应被列入严重违法失信名单。[2]

在进行药品监管信用等级评定时，一般以遵守药品监管法律、法规、规章和受行政处罚的情况作为信用等级评定的主要标准。以违法行为情节的轻重、主观过错的大小和对社会危害的程度作为信用等级评定的辅助标准。[3]在判定违法行为是否属于性质恶劣、情节严重、社会危害较大等严重违法失信的情形时，应综合考虑主观恶意、违法频次、持续时间、处罚类型、罚没款项数额、产品货值金额、对人民群众生命健康的危害、财产损失和社会影响等因素。

对失信行为的行政性约束和惩戒方式包括纳入失信记录、提醒告

1　参见《市场监督管理严重违法失信名单管理办法》（国家市场监督管理总局令第44号，2021年9月1日起施行）第2条。

2　参见《市场监督管理严重违法失信名单管理办法》第6条。

3　参见《宁夏回族自治区药品生产经营信用分级分类管理办法（试行）》，宁夏回族自治区药品监督管理局、宁夏回族自治区发展和改革委员会，宁药监规发〔2021〕5号，2021年12月20日。

诚、列为重点监管对象、从严审核行政许可、限制获得财政资金和经济支持等公共资源或政策扶持、公开失信信息等。[1]力图通过强化信用惩戒，弥补现有法律约束的不足，强化政府监管，促进法律实施。《药品管理法》第105条、《疫苗管理法》第72条规定了联合惩戒制度。加快构建跨地区、跨行业、跨领域的失信联合惩戒机制，有助于从根本上解决失信行为反复出现、易地出现的问题。[2]2016年国家发展和改革委员会、原国家食品药品监管总局等25家部门联合签署了《关于对食品药品生产经营严重失信者开展联合惩戒的合作备忘录》，规定药品监管部门可以采取的惩戒措施包括列为重点监管对象，加密日常监督检查频次，提升企业风险管理等级，在一定期限内限制从事生产经营活动，责令企业定期开展药品安全自查或者邀请第三方进行检查评价，对违法行为从严从重处罚等。

《中华人民共和国政府信息公开条例》第19条规定，对涉及公众利益调整、需要公众广泛知晓或者需要公众参与决策的政府信息，行政机关应当主动公开。药品监管部门应依法向社会公布药品安全信用档案，并及时更新。[3]药品监管部门还应对疫苗上市许可持有人及其相关人员的严重失信信息加以公示。[4]

（二）财产罚的合理配置

财产罚，是指使被处罚的当事人的财产权利和利益受到损害的行政处罚，财产罚对当事人的财产权予以剥夺，并不影响违法者的人

1　参见沈岿：《社会信用体系建设的法治之道》，《中国法学》2019年第5期。

2　参见《国务院办公厅关于加快推进社会信用体系建设，构建以信用为基础的新型监管机制的指导意见》，国办发〔2019〕35号，2019年7月9日。

3　参见《药品管理法》第105条。

4　参见《疫苗管理法》第72条。

身自由和进行其他活动的权利。财产罚主要表现为没收其不合法占有的财物和金钱，或使其缴纳一定数额的金钱，即没收违法所得、没收非法财物和罚款。财产罚主要适用于以下三种情况：第一，有经济收入的公民或者有固定资产的法人或者组织所实施的违法行为；第二，在从事以营利为目的的活动中实施的违法行为；第三，行为人实施违法行为所造成的危害后果，可以通过剥夺其财产予以补偿。财产罚必须以制裁违法行为为目的。药品领域的违法行为多为逐利型违法，药品法律规范通过设定罚款、没收违法所得、没收非法财物等处罚方式，加大了财产罚的处罚力度，以期解决违法成本低、处罚力度弱的问题。

1. 行政罚款幅度的提高

违法者试图通过规避药品法律规范的约束，来攫取高昂的利润。因此，罚款也是药品安全监管中最常适用的法律责任种类，它既剥夺了被处罚人的一定经济利益，也对被处罚人科以惩罚性义务。

修订后的药品法律规范提高了行政罚款幅度。行政罚款设定的方式包括区间倍率式和区间数值式。由于药品领域违法行为主要以直接或间接获取经济利益为目的，或者说违法行为造成的损害直接与经营性行为相关，当有可能以货币来衡量潜在违法者的预期收益与造成的损害时，可以选择适当的罚款基数，作为衡量违法行为所获得利益的基准，并根据违法行为的社会危害性强弱以及制裁该违法行为的目的，来设定行政罚款的倍率区间。[1]在药品管理法律规范中，对于能确定货值金额、违法所得等基数，且社会危害程度相对较高、违法行为性质较为恶劣、情节较为严重的牟利型违法行为，立法相对倾向以区间倍率

1　参见张红：《行政罚款设定方式研究》，《中国法学》2020年第5期；徐向华：《行政处罚中罚款数额的设定方式——以上海市地方性法规为例》，《法学研究》2006年第6期。

式的形式来设定行政罚款。例如,《药品管理法》第115、116、117、118、120、122、124、129条和《疫苗管理法》第80、81条都以区间倍率式的方式设定了行政罚款,同时较大幅度提高了行政罚款倍率区间的下限与上限。[1]

在药品管理中,当以区间倍率式的方式设定行政罚款时,所选择的基准多为"货值金额""所获收入"而非"违法所得"。例如,对于未经许可生产销售药品、生产销售假药、生产销售劣药等违法行为,其处罚倍率基准都为"货值金额",也有相关条文将相应处罚倍率基准进一步限定为"违法生产、进口、销售的药品货值金额""违法销售制剂货值金额""应召回药品货值金额"等。计算货值金额时,应包括已售出和未售出的药品。

《药品管理法》第151条规定了处以罚款时货值金额的计算方法,将其分为两种情况:第一,违法生产、销售的药品有标价的,按照标价计算。"标价"是指药品的生产者、销售者等以价格表、价格签或其他标价方式标明的药品销售价格。货值金额为标价乘以违法生产、销售药品的总数量。[2]第二,违法生产、销售的药品没有标价的,按照同类药品的市场价格计算。"同类药品的市场价格"是指同种类、同型号合法药品一定时期内在市场上销售的平均价格,货值金额为平均价格乘以违法生产、销售药品的总数量。[3]实践中,当存在无证企业违法生产经营、合法生产企业违法生产假劣药品但尚未销售、生产销售国务院药监部门

1　例如,针对未经许可生产、销售药品的情节严重行为,将罚款幅度由违法生产、销售的药品货值金额的两倍至五倍提高到货值金额的十五倍至三十倍;针对生产、销售假药的行为,将罚款幅度由违法生产、销售的药品货值金额两倍以上五倍以下提高到货值金额的十五倍以上三十倍以下。

2　参见袁杰、王振江、刘红亮、刘沛主编:《〈中华人民共和国药品管理法〉释义》,中国民主法制出版社2019年版,第270页。

3　参见袁杰、王振江、刘红亮、刘沛主编:《〈中华人民共和国药品管理法〉释义》,中国民主法制出版社2019年版,第271页。

禁止使用的药品、医疗机构从无资格企业购进药品、相关企业或人员给予或收受不正当利益等情况时，对“货值金额”的认定则相对困难。[1]

在以区间倍率式的方式设定行政处罚时，可能存在罚款基准金额畸轻，因此处罚额度相对较低的情形，此时无法有效发挥行政处罚的威慑效应，立法针对此现象设定了“倍率式+数值式”的行政罚款处罚方式。例如，在对无证生产销售药品、生产销售假药、违法生产批发劣药的行为进行行政处罚时，规定“货值金额不足十万元的，按十万元计算”；[2]在对生产、销售的疫苗属于假药或劣药的行为进行行政处罚时，则规定“货值金额不足五十万元的，按五十万元计算”。[3]

在药品法律规范中，也有以区间数值式的方式设定行政罚款的诸多实例。区间数值式明确规定了行政罚款的上限和下限，要求行政机关根据违法情节，在规定的区间内选择罚款金额。此种方式一方面赋予了行政机关裁量权，另一方面又为裁量权行使幅度设定了明确边界，使过罚相当原则与比例原则有可能得以较好践行。[4]例如，根据《药品管理法》第127条的规定，对开展生物等效性试验未备案、未及时调整临床试验方案、未按照规定建立并实施药品追溯制度、未按照规定提交年度报告、未按照规定对药品生产过程中的变更进行备案或者报告的违法行为，警告后逾期不改正的，“处十万元以上五十万元以下的罚款”。

一方面，提高罚款幅度强化了行政处罚的威慑效力，通过严厉的罚款制度遏制违法行为的发生；另一方面，诸如“五倍到三十倍”“十五倍

1　参见宋长琳：《药品医疗器械行政违法案件中“违法所得”和“货值金额”认定问题研究》，《中国食品药品监管》2020年第6期。

2　参见《药品管理法》第115、116、117、124条。

3　参见《疫苗管理法》第80、81条。

4　参见《药品管理法》第117、122、123、125、126、127、131、134、135、138、140、141条和《疫苗管理法》第82、83、85、86、89、91条的规定。

到三十倍”“处十万元以上五十万元以下的罚款”的规定给予了执法机关较为宽广的行政裁量权。面对抽象、概括的法律规定，行政机关在执法过程中宜通过制定统一的裁量基准，令执法人员遇到相同或类似事实时做相同或类似的处理，从而有利于规范和控制行政裁量权，也有助于行政执法决定产生良好的社会效果。

2. 没收违法所得

没收违法所得，是指特定的行政机关依法将违法行为人的违法所得收归国有的处罚种类。违法所得是指违法行为人从事非法经营所获得的利益。虽然违法所得不是合法财产，但在被查处之前实际处于当事人的控制和支配之下，对之予以剥夺会对当事人产生惩戒和制裁的效果，也会对当事人的精神造成强制和压力，从而使当事人从违法行为中获利的愿望落空。没收违法所得也体现了风险预防的作用，包括对违法当事人的特殊预防，以及对潜在行为人的一般预防。[1]

违法所得有五个方面特性：第一是非法性，这部分财物在来源和取得方式上都具有明显的违法性；第二是物质性，需存在物质收益或财产利益；第三是关联性，违法所得需与违法行为有一定的因果关系；第四是实际所有性，财物必须被违法行为人实际所有；第五是应受没收性。没收违法所得的主要目的不在于对行为人主观意思的责难，而是为调整客观上因违法行为所改变的财产秩序，使其恢复合法状态。[2]没收违法所得是基于公平正义理念，为填补制裁漏洞进行的制度设计。[3]

---

1 参见郑琳：《行政处罚上违法所得的认定和处置研究》，《财经法学》2022年第3期。

2 参见林明昕：《论不法利得之剥夺：以行政罚法为中心》，《台大法学论丛》2006年第3期。

3 参见廖义男：《夏虫语冰录（一一六）——行政罚法不当利得之追缴》，《法令月刊》2017年第9期。

《行政处罚法》第28条规定，当事人有违法所得，除依法应当退赔的外，应当予以没收。诸多药品管理法律规范条款都设定了没收非法所得制度。[1]其中，《药品管理法》第118、126条针对违法行为相关责任人员，规定“没收违法行为发生期间自本单位所获收入”；《药品管理法》第120条针对为生产销售假劣药等提供便利的行为，规定“没收全部储存、运输收入”。这几条表述虽未出现“违法所得”，但在功能意义上仍构成《行政处罚法》意义上的“没收违法所得”。而被没收的违法生产、销售的药品属于与“违法所得”并列的“非法财物”，本身不构成“违法所得”。

违法所得数额隐蔽性强，认定相对困难，且受到各种主客观因素制约。《行政处罚法》第28条规定，违法所得是指实施违法行为所取得的款项。《药品管理法》《疫苗管理法》中规定的“违法所得”，一般是指“实施违法行为的全部经营收入”。药品监管的对象是关乎个人生命和身体健康领域的违法事项，对违法所得的计算秉承“总额说”而非“差额说”，不考虑违法行为成本和税费等，相对容易界定当事人一次或多次违法行为获得的违法所得，并更好发挥没收违法所得的制裁作用。[2]

在具体执法过程中应结合案件认定的事实与证据，按照行政处罚的基本原则依法认定违法所得。[3]

3. 没收非法财物

没收非法财物是指行政机关依照法定行政处罚程序，对违反行政法上义务的相对人，剥夺其对违法工具、物品和违禁品等特定标的物的

---

1 参见《药品管理法》第115、116、117、118、120、122、124、125、126、129、131、133、138、141、142、145条及《疫苗管理法》第80、81、82、85、86、87、91条的规定。

2 参见郑琳：《行政处罚上违法所得的认定和处置研究》，《财经法学》2022年第3期。

3 《关于〈药品管理法〉〈药品管理法实施条例〉“违法所得”问题的批复》，国家药品监督管理局，国食药监法〔2007〕74号，2007年2月8日。

所有权，并将其收归国有的处罚形式。[1]其目的是使行为人不能因违法行为而获得财产上的不法利益。没收非法财物原则上以受处罚者所有的财物为限。出于维护社会安全、公共秩序及预防目的的考量，违法生产、销售的药品以及专门用于生产假劣药或违法生产销售的原料、辅料、包装材料、容器和生产设备等物品，其持有具有危险性，容易危害公共安全、公共利益或人民群众的生命身体健康，因此需采取预防性的保全措施，对这些物品加以没收。[2]

《药品管理法》第115、116、117条规定了"没收违法生产、销售的药品"。违法生产、销售的药品在法律上不具有合法性，其安全性得不到保障，继续在市场上存在和流通可能给消费者带来隐患，因此，没收违法药品有助于惩戒违法行为、维护市场秩序。

对专门用于生产假劣药或违法生产销售的原料、辅料、包装材料、容器和生产设备等物品，也应依法予以没收。[3]例如，《药品管理法》第118条第2款规定"对生产者专门用于生产假药、劣药的原料、辅料、包装材料、生产设备予以没收"。此规定旨在防止违法生产者利用这些物品，再次实施生产销售假劣药品或其他违法行为。但执法时要严格限定没收的范围，只能对专门用于生产的原料、辅料、包装材料、容器和生产设备予以没收，不能扩大到所有原料、辅料、包装材料、容器和生产设备，这也是比例原则的体现。

药品监管部门不得随意处理没收的非法财物。除依法应当予以销毁的物品外，依法没收的非法财物必须按照国家规定公开拍卖或者按照国家有关规定处理。[4]

1　参见陈信安：《行政罚法利得剥夺及没入规定与刑法没收规定竞合问题之研究》，《台大法学论丛》2020年第3期。

2　参见陈清秀：《行政罚法》，新学林出版股份有限公司2017年版，第278页。

3　参见《药品管理法》第118、124、125条及《疫苗管理法》第80、81条。

4　参见《行政处罚法》第74条第1款。

（三）行为罚的设定

2021年修订的《行政处罚法》第9条规定了行为罚的种类，包括限制开展生产经营活动、责令停产停业、责令关闭。药品管理法律责任的相关规定主要涉及责令停产停业、责令关闭。

1. 责令停产停业

责令停产停业是指行政主体依法命令当事人在一定期限内暂停某项生产或经营活动的行政处罚，具有防止违法行为危害后果继续扩大的效果。[1]责令停产停业的特点在于：第一，责令停产停业是限制实际生产或营业能力的一种处罚，其针对的是单位或自然人的行为能力；第二，责令停产停业是针对单位或自然人科以不作为义务的处罚，单位或自然人在现有条件下不得继续从事生产经营活动，但可以积极创造条件，努力对违法或不合规之处进行整改；第三，责令停产停业决定一般应附有明确的期限，如果期限届满时，其违法或不合规之处已完全消除，则可以继续恢复相应的生产经营活动；第四，责令停产停业一般适用于较为严重的违法行为。

药品管理法律规范以如下三种方式，规定了责令停产停业的适用情形：

第一，出现特定违法行为时，直接适用停产停业处罚。例如，对于《药品管理法》第116条规定的生产、销售假药行为，《药品管理法》第124条规定的未取得药品批准证明文件生产、进口药品等行为，《药品管理法》第125条规定的未经批准开展药物临床试验等行为，当这些违法行为发生时，行政机关即有责令相关责任主体停产停业整顿的义务，而

1　参见袁雪石：《〈中华人民共和国行政处罚法〉释义》，中国法制出版社2021年版，第80页。

没有选择是否适用责令停产停业整顿的裁量权。以“天津市博爱生物药业有限公司生产假药小败毒膏案”为例，该公司将生产外用药的原料颠茄流浸膏用于该涉案批次小败毒膏生产，导致所含成分与国家药品标准规定不符，因此，涉案批次药品被认定为假药。在依据《药品管理法》第116条做出的行政处罚中，除处以没收、没收违法所得、罚款、吊销药品批准证明文件等处罚外，行政机关还对该公司处以责令停产停业整顿的处罚。[1]

第二，当出现特定违法行为，且情节严重或后果严重时，责令停产停业整顿。例如，《药品管理法》第117条针对生产、销售劣药行为设定处罚时，《药品管理法》第126条针对未遵守药品生产质量管理规范等相关质量管理规范的行为设定处罚时，都规定当情节严重时，适用责令停产停业整顿的处罚。

第三，当违法行为逾期未改正时，责令停产停业整顿。例如，根据《药品管理法》第134条的规定，对于药品上市许可持有人未按照规定开展药品不良反应监测或者报告疑似药品不良反应的行为，或药品经营企业未按照规定报告疑似药品不良反应的行为，责令限期改正，给予警告，当逾期不改正时，责令停产停业整顿。

2. 责令关闭

2021年修订的《行政处罚法》第9条将“责令关闭”明确列为一种行政处罚类型。针对违法行为做出的责令关闭决定，具有制裁性，属于行政处罚。责令关闭是比责令停产停业更为严格的处罚措施。责令停产停业是在一定时间内限制违法行为人的生产经营权，而责令关闭是永久性的限制，在做出时一般不附加期限限制。[2]

1 《国家药监局公布5起药品安全专项整治典型案例》，国家药品监督管理局，2022年4月20日。

2 参见宗珊珊：《责令关闭网站的法律属性》，《互联网天地》2021年第10期。

2019年修订前的《药品管理法》规定，未取得药品生产许可证、药品经营许可证、医疗机构制剂许可证而生产、经营药品的，依法予以取缔。修订后的《药品管理法》第115条将“依法予以取缔”改为“责令关闭”。未取得合法许可证件生产、销售药品的“黑工厂”“黑窝点”等，在形式上无合法证件，处于非法生产经营的地位；在实质上不具有进行生产经营的条件，由其生产的药品一旦进入市场，将危及公众用药安全和公众健康，因此应依法责令其关闭，停止无证生产、销售的违法行为。[1]2021年前三季度合计关闭违法主体41户。[2]

（四）资格罚的嬗变

资格罚是以剥夺、终止或限制被处罚人从事一定职业与活动的权利资格为内容的处罚。2021年修订的《行政处罚法》规定的资格罚包括暂扣许可证件、降低资质等级、吊销许可证件等。[3]就药品管理法律责任而言，资格罚主要涉及吊销许可证件和限制从业。

1. 吊销许可证件

吊销许可证件是行政主体取消违法行为人已取得的从事某项活动的权利或资格证书，永久性剥夺被处罚人从事某项活动的权利或资格的处罚类型。相对停产停业整顿，吊销许可证件针对行政相对人更为严重的违法行为，施加了确定性的法律后果，是对违法相对人从事活动权利或资格的永久性剥夺。

行政许可作为重要的事前监管工具之一，有助于预防药品安全风

1 参见袁杰、王振江、刘红亮、刘沛主编：《〈中华人民共和国药品管理法〉释义》，中国民主法制出版社2019年版，第214页。

2 《药品监督管理统计报告》(2021年第三季度)，国家药品监督管理局综合和规划财务司、中国食品药品监管数据中心，2022年3月。

3 参见《行政处罚法》第9条。

险，维护药品市场秩序，在药品管理中发挥着重要作用，例如，《药品管理法》第25条规定了药品注册证书制度，第41条规定了药品生产许可证制度，第51条规定了药品经营许可证制度，第74条规定了医疗机构制剂许可证制度。当相应市场主体有性质较为严重的违法行为时，仅科处罚款或责令停产停业整顿已不足以实现边际威慑效应，而应吊销相应的许可证件，剥夺违法市场主体相应的权利或资格。药品管理法律规范的诸多条文针对违法行为设定了吊销许可证照的行政处罚，吊销许可证照的处罚往往以存在情节严重的违法行为为前提。[1]

《药品管理法》第115条至第138条主要规定了吊销药品生产许可证、药品经营许可证、医疗机构制剂许可证、药品批准证明文件、医疗卫生人员执业证书及撤销药品检验机构检验资格、药品临床试验许可、药品生产许可、药品经营许可、医疗机构制剂许可或者药品注册证书等法律责任。根据《行政许可法》的规定，行政机关在做出行政许可决定后，还应当对被许可人从事行政许可事项的活动实施有效监督，对被许可事项进行事后监管。为保障监督管理的有效性、统一性、连续性，根据《药品管理法》第139条的规定，撤销许可、吊销许可证件的，由原批准、发证的部门决定。[2]

2. 限制从业

限制从业，是指行政主体为实现特定任务，维护行政管理秩序，依据法律规定，禁止相对人在一定期限内乃至终身从事某种业务或活动，或剥夺其某种任职资格。限制从业制度的思路，是基于对违法相对人资质、能力与信誉的已有评价，认为相对人不具备从事特定业务或活动所需的资质、能力和信誉，因此禁止其未来从事特定业务或活动，以更

1　参见《药品管理法》第116、117、119、122、124、125、126、128、129、130、132、135、141、142条和《疫苗管理法》第80、81、82、85、86、87、88、89条的规定。

2　参见袁杰、王振江、刘红亮、刘沛主编：《〈中华人民共和国药品管理法〉释义》，中国民主法制出版社2019年版，第252页。

好保护公众的生命、自由、身体和财产。[1]

限制从业制度是防止违法者以后再次实施违法活动、危害公共利益的有效方式。在关系人身健康的药品等行业,限制从业制度既是维护公共利益的需要,也是对违法者的一种否定性评价,这是因其已然的违法行为,禁止其终身或者在一定期限内从事特定活动的制裁性措施。我国2021年修订后的《行政处罚法》明确将限制从业列为行政处罚类型。2019年修订的《药品管理法》进一步强化了限制从业制度在药品监管中的作用。

美国《联邦食品、药品与化妆品法》第306条对限制从业予以系统规定,这包括强制性禁入与非强制性禁入。个人在任何药品许可申请中犯有联邦法上的重罪(felony),将被终身禁止申请药品许可。公司、合伙企业和社团如果在简化药品申请中犯有联邦法中的重罪,那么应禁止其再提交或帮助提交此类申请,禁止期为一年至十年,在此期间,如再次犯有导致此类禁止的行为,那么将被终身禁入。

美国《联邦食品、药品与化妆品法》第306条还设定了非强制性禁入,进而赋予了监管部门裁量权。规定公司、合伙企业或社团在简化药品申请中如犯有联邦法上的轻罪(misdemeanor)或州法上的重罪,个人在简化药品申请中如犯有联邦法上的轻罪、州法上的重罪或有受贿、违法馈赠、欺诈、伪证、虚假声明、敲诈、勒索、强取、篡改记录、阻碍调查或刑事起诉等行为,可禁止其申请药品,禁止期限为五年以下。[2]

此外,为了规范美国的仿制药研究开发和申请,1992年美国《仿制药实施法》授权对违反FDA药品法规的特定个人或公司,禁止从事药品相关的任何活动。这部法案又被称为"禁入法案"(debarment act),

1 参见宋华琳:《禁入的法律性质及设定之道》,《华东政法大学学报》2020年第4期。

2 FD&C Act Chapter III: Prohibited Acts and Penalties, §335a. Debarment, temporary denial of approval, and suspension,美国国会官网。

如果制药公司雇用了受禁的个人，哪怕只是聘这些人为顾问或是合同制雇佣的关系，也可被处以一百万美元以下的罚款；继续在药业供职的违禁个人，将被处以最高二十五万美元的罚款。

药品监管中设定从业限制的意义有三：第一，促使行政处罚功能的有效发挥。限制从业制度不仅涉及对单位的处罚，也涉及对个人的处罚，该制度设置弥补了传统上仅处罚违法单位，造成责任主体与行为主体相分离的缺陷。

第二，从业限制不仅对行政法义务的违反者科以资格罚，还要考虑如何更好地发挥处罚的威慑功能。这不仅包括特别威慑（specific deterrence），即通过从业限制的实施，违法者无法再次违反行政法规定的义务；还包括一般威慑（general deterrence），即通过对违法主体的从业限制，其他从事同样生产经营活动的市场主体感受到禁入可能带来的不利后果，进而减少未来实施违法行为的动力。

第三，行政相对人曾有严重违法行为，或有事实证明相对人不具备从事药品活动所需的资质、能力和信誉，因此禁止其未来从事特定药品生产、经营、管理业务或活动，防止可能的违法者通过生产经营不合格药品等行为来损害公共利益，以保护消费者的生命权、财产权和健康权等基本权利。[1]

我国修订前的《药品管理法》规定了限制从业制度，但范围相对限缩，仅规定从事生产、销售假药及生产、销售劣药情节严重的企业或者其他单位，其直接负责的主管人员和其他直接责任人员十年内不得从事药品生产、经营活动。现行《药品管理法》第116、118、122、123、124、125、126、141条和《疫苗管理法》第80、81、82、86、87、88条均对限制从业制度加以规定。相较于此前立法，现行药品管理法律规范对限制从

1　参见宋华琳：《禁入的法律性质及设定之道》，《华东政法大学学报》2020年第4期；李桥：《论药品监管领域限制从业制度的困境与出路》，《中国药事》2022年第3期。

业制度的适用对象、构成要件和适用期限均有所扩展和补充。

立法应根据限制对象在违法行为中所扮演的角色、发挥的作用，来严格限定限制对象的范围。例如，在《药品管理法》第119、122、124、125、126条等条款中，立法将从业限制的对象界定为“法定代表人、主要负责人、直接负责的主管人员和其他责任人员”。对法定代表人、主要负责人设定从业限制，是因为他们在药品生产经营过程中，未能履行内部的监督管理义务；对直接负责的主管人员和其他责任人员设定从业限制，是因为他们直接实施了违法的生产经营活动。[1]限制从业对象主要是自然人，也可以是法人或其他组织。例如，根据《药品管理法》第126条的规定，当未遵守药品质量管理规范且情节严重时，“药物非临床安全性评价研究机构、药物临床试验机构等”五年内不得开展药物非临床安全评价、药物临床试验。

立法也规定了限制从业的构成要件。考察药品管理法律规范对限制从业的设定，可知从业限制的实施，多以相对人实施了违法行为为前提，一般无须相应后果的发生。例如，《药品管理法》第118条针对生产、销售假药的行为，对相关人员设定了终身的从业限制。但有时法律对从业限制的规定，以违法行为“情节严重”为前提，例如，《药品管理法》第124条针对未取得药品批准证明文件生产、进口药品等违法行为，所设定的从业限制以“情节严重”为前提。有时，针对“情节严重”的违法行为，法律对违法者设定和实施相对更长的从业限制期限。

法律规范中设定从业限制的期限，实则是在设定从业限制措施的法律效果，所设定的从业限制期限应当与违法行为的严重性相当，这是比例原则的要求。药品管理法律规范中对从业限制期限的设定方式有如下三种：

1　参见宋华琳：《禁入的法律性质及设定之道》，《华东政法大学学报》2020年第4期。

其一，就限制从业期限设定一定的范围，从而赋予行政执法机关一定的裁量权。例如，《药品管理法》第124、125、126条将从业限制的期限设定为“十年直至终身禁止”。以“沈阳盛京国大药房连锁有限公司违反药品经营质量管理规范案”为例，在该案中，沈阳盛京国大药房连锁有限公司存在严重违反药品经营质量管理规范的行为，法定代表人赵某林从未在该公司实际工作，未能履行相关管理职责。2022年1月，辽宁省药监局依据《药品管理法》第126条以及《辽宁省药品监督管理局行政处罚裁量权适用规定》第12条第1款第7项的规定，认为违法行为符合情节严重情形，除对该公司处以罚款125万元的行政处罚外，还对该公司法定代表人处以终身禁止从事药品生产经营活动的行政处罚。[1]

其二，针对实施特定违法行为的主体，设定固定的从业限制期限。例如，《药品管理法》第126、142条规定了五年的从业限制期限；《药品管理法》第116、122条规定了十年的从业限制期限。

其三，将从业限制期限规定为终身禁入。例如，《药品管理法》第118条针对生产销售假药、生产销售劣药且情节严重的行为，《药品管理法》第141条第2款针对在药品研制、生产、经营中向国家工作人员行贿的行为，规定了终身禁止从业。

为了保障从业限制规定能得以有效实施，《药品管理法》第140条规定，药品上市许可持有人、药品生产企业、药品经营企业或者医疗机构违反本法规定聘用人员的，由药品监督管理部门或者卫生健康主管部门责令解聘，处五万元以上二十万元以下的罚款。药品上市许可持有人、药品生产企业、药品经营企业或者医疗机构在聘用相关人员时，应查看相关人员信息，如其属于被禁止从事药品生产经营活动的人员，则不得聘用。违法聘用处于从业限制期限内的被限制人员，由监管部门责令解聘。

1　《国家药监局公布5起药品安全专项整治典型案例》，国家药品监督管理局，2022年4月20日。

（五）人身罚的引入

《行政处罚法》第9条将行政拘留明确界定为一种处罚类型。行政拘留属于人身罚，一般指的是针对违法行为的行政处罚，是由法定的行政机关（目前通常是公安机关）依法对违反行政法律规范的自然人，在短期内限制人身自由的一种行政处罚。《行政处罚法》第10条规定，行政拘留作为限制人身自由的行政处罚，只能由法律设定。[1]

《药品管理法》第118、122、123、124条规定，行政拘留的对象是违法市场主体的"法定代表人、主要负责人、直接负责的主管人员和其他责任人员"，还规定"并可以由公安机关处五日以上十五日以下的拘留"，此处赋予了公安机关决定是否科处行政拘留的裁量权。而在《疫苗管理法》第80、81条中，针对特定的疫苗违法行为，行政拘留的对象是违法市场主体的"法定代表人、主要负责人、直接负责的主管人员和关键岗位人员以及其他责任人员"；针对行政拘留的适用，法律则规定"由公安机关处五日以上十五日以下的拘留"，此时公安机关没有决定是否科处行政拘留的裁量权，而是必须对违法市场主体的相关人员科处行政拘留，但仍有确定拘留期限的裁量权。

四、建立行为规范与法律责任之间的关联性

法律责任是行为规范的"牙齿"，未设定相应法律责任的行为规范会失去其强制力与威慑力，缺乏法律责任则难以保障行为规范的施行。修改后的《药品管理法》近乎无疏漏地为保留的义务性行为规范和新

---

1 参见罗杰：《药品管理行政拘留制度法律适用与完善》，《中国药学杂志》2020年第15期。

增的义务性行为规范条款设定了相应的法律责任。《药品管理法》第115、116、117条针对无证生产、销售药品，针对生产、销售假药，针对生产、销售劣药，设定了相应的行政法律责任。《药品管理法》第122条至第135条对伪造、变造许可证或药品批准文件，骗取药品许可证，未取得药品批准证明文件生产、进口药品，未经批准开展药物临床试验，违反各项质量管理规范等各种违反药品管理法律规范的行为，根据违法行为的事实、性质、情节以及社会危害程度，设定了相应的法律责任。

（一）无证生产、销售药品行为的法律责任

《药品管理法》第115条规定了无证生产、销售药品行为的法律责任。《药品管理法》第41条规定了药品生产许可证制度。无药品生产许可证的，不得生产药品。《药品管理法》第51条规定了药品经营许可证制度。无药品经营许可证的，不得经营药品。《药品管理法》第74条规定了医疗机构制剂许可证制度，无医疗机构制剂许可证的，不得配置制剂。因此，未取得药品生产许可证、药品经营许可证或者医疗机构制剂许可证而生产、销售药品的，应依据《药品管理法》第115条规定承担法律责任，适用责令关闭、没收和罚款的行政处罚。

对未取得药品生产许可证、药品经营许可证或者医疗机构制剂许可证生产、销售药品的，应责令关闭其“黑工厂”“黑窝点”，没收违法生产、销售的药品和违法所得，并处违法生产、销售的药品货值金额十五倍以上三十倍以下的罚款；货值金额不足十万元的，按十万元计算。货值金额包括已售出和未售出的药品金额。

（二）生产、销售、使用假劣药品等行为的法律责任

在《药品管理法》修订过程中，如何界定假劣药品是各方较为关注

的问题。各方意见认为，修订前的《药品管理法》中关于假劣药范围界定较为宽泛，标准不够统一，既有根据药品质量界定的情形，又有未经批准生产的药品等按假劣药论处的情形；法律规定的有些假劣药与普通群众关于假劣药品的朴素认知不太一致，影响一些案件处理的社会效果，也不利于精准惩治违法行为。[1]因此，新修订的《药品管理法》删除了“按假药论处”“按劣药论处”的分类，主要以药品质量功效为分类标准，使假劣药回归本来面目，并设定了生产、销售、使用假劣药品等行为的法律责任。

1. 生产、销售假药行为的法律责任

根据《药品管理法》第98条的规定，假药包括四种情形：

一是药品所含成分与国家药品标准规定的成分不符。此规定是对修订前《药品管理法》第48条第2款第1项关于假药界定内容的保留。《药品管理法》第28条规定，药品应当符合国家药品标准。经国务院药品监督管理部门核准的药品质量标准高于国家药品标准的，按照经核准的药品质量标准执行；没有国家药品标准的，应当符合核准的药品质量标准。《药品管理法》第44条规定，药品应当按照国家药品标准进行生产。药品成分直接影响药品质量，甚至直接决定某种产品是不是药品。药品所含成分与国家药品标准规定的成分不符的，应当认定为假药。

二是以非药品冒充药品或者以他种药品冒充此种药品。此规定是对修订前《药品管理法》第48条第2款第2项关于假药界定内容的保留。凡是在标签、说明书中宣称具有功能主治、适应症或者明示预防疾病、治疗功能或药用疗效等，以及产品名称与药品名称相同或类似的食品、保健用品、保健食品、化妆品、消毒产品，未标示产品批准文号

1 参见袁杰、王振江、刘红亮、刘沛主编：《〈中华人民共和国药品管理法〉释义》，中国民主法制出版社2019年版，第183页。

的产品，可视为以非药品冒充药品。无论是以非药品冒充药品，还是以他种药品冒充此种药品，都无法达到药品的应有功效，应当认定为假药。

三是变质的药品。此种情况是修订前法律中规定的"按假药论处"的情形。药品经营、使用过程都有严格的要求，药品经营企业、医疗机构等药品使用单位应当制定和执行药品保管制度，采取必要的冷藏、防冻、防潮、防虫、防鼠等措施，保证药品质量。如果措施不力或保管不当，药品会变质。变质的药品，不能达到药品本来的功效，应当被认定为假药。

四是标签或说明书所标明的适应症或者功能主治超出规定范围的药品。此种情况是修订前法律中规定的"按假药论处"的情形。药品包装应当按照规定印有或者贴有标签并附有说明书，标签或者说明书应当注明药品的适应症或者功能主治。根据《药品管理法》第25条的规定，国务院药品监督管理部门在审批药品时，对药品的标签、说明书一并核准。如果药品所标明的适应症或者功能主治超出经核准的内容，夸大功能，应当认定为假药。

《药品管理法》第116条规定了生产、销售假药行为的法律责任。生产、销售假药的，没收违法生产、销售的药品和违法所得，责令停产停业整顿，吊销药品批准证明文件，并处违法生产、销售的药品货值金额十五倍以上三十倍以下的罚款；货值金额不足十万元的，按十万元计算；情节严重的，吊销药品生产许可证、药品经营许可证或者医疗机构制剂许可证，十年内不受理其相应申请；药品上市许可持有人为境外企业的，十年内禁止其药品进口。

2. 生产、销售劣药行为的法律责任

合格药品是质量与药品标准要求一致的药品，而劣药是质量不符合药品标准的药品。根据修订后《药品管理法》第98条的规定，劣药包括如下七种情形：

一是药品成分的含量不符合国家药品标准。此规定是对修订前的《药品管理法》第49条第2款关于劣药界定内容的保留。药品成分的含量决定了药品功效,药品成分的含量不符合国家药品标准,必然导致药品不能达到预期的功效,应当认定为劣药。

二是被污染的药品。在修订前的《药品管理法》中,被污染的药品"按假药论处"。但被污染的药品本身并不是假药,而是储存不当等外在因素造成原本质量符合规定的药品产生变化。因此,在新法中将"被污染的药品"认定为劣药,更符合事物的本质。

三是未标明或者更改有效期的药品。此规定是对修订前的《药品管理法》第49条第3款"按劣药论处"规定中第1项情形的保留。药品标签或者说明书应当注明药品的有效期。未标明或者更改有效期的药品,难以判断其是否处于有效的状态,应当认定为劣药。

四是未注明或者更改产品批号的药品。此规定是对修订前的《药品管理法》第49条第3款"按劣药论处"规定中第2项情形的保留。药品标签或者说明书应当注药品的产品批号。产品批号是用于识别一个特定批次的数字和/或字母的组合,具有唯一性。未注明或者更改产品批号的药品,因难以确定药品的信息,不能进行追溯,应当认定为劣药。[1]

五是超过有效期的药品。此规定是对修订前的《药品管理法》第49条第3款"按劣药论处"规定中第3项情形的保留。在有效期内的药品才能发挥预期的功效,药品超过有效期,将会导致功效衰减,应当认定为劣药。

六是擅自添加防腐剂、辅料的药品。根据《药品管理法》第25条的规定,国务院药品监督管理部门在审批药品时,对相关辅料一并审评。

1　参见袁杰、王振江、刘红亮、刘沛主编:《〈中华人民共和国药品管理法〉释义》,中国民主法制出版社2019年版,第184—185页。

防腐剂从广义上说也是辅料，但对其单列，更具针对性。擅自添加未经批准的辅料，可能影响药品有效成分的纯度，降低药品功效，应当认定为劣药。

七是其他不符合药品标准的药品。这是一项兜底性规定，药品不符合药品标准，说明药品质量不达标，应当被认定为劣药。这里的药品标准包括国家药品标准、经核准的药品质量标准，也包括省级药品监督管理部门制定的中药饮片炮制规范等标准。

《药品管理法》第117条第1款规定了生产、销售劣药行为的法律责任。生产、销售劣药的，没收违法生产、销售的药品和违法所得，并处违法生产、销售的药品货值金额十倍以上二十倍以下的罚款；违法生产、批发的药品货值金额不足十万元的，按十万元计算，违法零售的药品货值金额不足一万元的，按一万元计算；情节严重的，责令停产停业整顿直至吊销药品批准证明文件、药品生产许可证、药品经营许可证或者医疗机构制剂许可证。

3. 药品使用单位使用假劣药的法律责任

《药品管理法》第119条规定了药品使用单位使用假劣药品的法律责任。药品使用单位包括医疗机构、戒毒所等使用药品的单位。《药品管理法》第六章对医疗机构药事管理做了规定：第70条规定，医疗机构购进药品，应当建立并执行进货检查验收制度，验明药品合格证明和其他标识，不得购进和使用不符合规定要求的药品；第71条规定医疗机构有“保证药品质量”的义务；第72条第2款规定，医疗机构以外的其他药品使用单位，应当遵守药品管理法有关医疗机构使用药品的规定。按照《药品管理法》第119条的规定，药品使用单位使用假药的，按照销售假药的规定处罚，适用《药品管理法》第116、118条等规定；药品使用单位使用劣药的，按照零售劣药的规定处罚，适用《药品管理法》第117、118条等规定，违法零售的药品货值金额不足一万元的，按一万元计算。

4. 为生产销售假劣药等提供便利行为的法律责任

《药品管理法》第120条规定了为生产销售假劣药等提供便利的违法行为的法律责任。但在做出行政处罚决定时，应考虑当事人的主观状态。《行政处罚法》第33条第2款规定，当事人有证据足以证明没有主观过错的，不予行政处罚。为药品生产经营者等提供储存、运输等服务的单位或者个人，并不一定知道所储存、运输药品的质量状况。对客观上为假劣药等提供了储存、运输等服务的单位或者自然人，应根据其主观状态区别对待。

对于主观上知道或者应当知道属于假药、劣药或者《药品管理法》第124条第1款第1项至第5项规定的药品，而为其提供储存、运输等便利条件的，适用《药品管理法》第120条进行处罚，包括没收全部储存、运输收入，并处违法收入一倍以上五倍以下的罚款；情节严重的，并处违法收入五倍以上十五倍以下的罚款；违法收入不足五万元的，按五万元计算。与修订前按违法收入的一半以上三倍以下处以罚款相比，此次修订大幅提高了罚款幅度。

（三）为违法行为无遗漏地设定对应的法律责任

《药品管理法》《疫苗管理法》不仅为市场主体设定行为规范，还对违反行为规范的行为设定了相应的法律责任，从而促使实现特别威慑与一般威慑的结合。所谓特别威慑，是通过对违法行为的处罚，使违法者很难再次违反行政法上的义务；所谓一般威慑，是通过对违法行为的处罚，使其他同样从事相应生产经营活动的市场主体，感受到违法行为可能带来的不利后果，进而减少未来实施违法行为的概率。[1]

1 参见宋华琳：《禁入的法律性质及设定之道》，《华东政法大学学报》2020年第4期。

《药品管理法》设定了药品生产许可、药品经营许可、医疗机构制剂许可证、药物临床试验审批、药品注册证书等许可制度，《行政许可法》第80条规定，被许可人涂改、倒卖、出租、出借行政许可证件，或者以其他形式非法转让行政许可的，行政机关应当依法给予行政处罚。涂改许可证主要是为了超越许可的条件和范围从事非法生产经营等活动，倒卖、出租、出借行政许可证件则主要为了通过不法手段牟利。[1]《药品管理法》第122条针对伪造、变造、出租、出借、非法买卖许可证或者药品批准证明文件的行为，设定了法律责任，包括一般情况下对单位的处罚，以及情节严重情况下对单位及其责任人员的处罚。

《行政许可法》第31条规定，申请人申请行政许可，应当如实向行政机关提交有关材料和反映真实情况，并对其申请材料实质内容的真实性负责。《行政许可法》第69条第2款规定，被许可人以欺骗、贿赂等不正当手段取得行政许可的，应当予以撤销。《药品管理法》第123条规定了骗取许可的法律责任。《药品管理法》第123条针对提供虚假的证明、数据、资料、样品或者采取其他手段骗取临床试验许可、药品生产许可、药品经营许可、医疗机构制剂许可或者药品注册等许可的违法行为，规定了应撤销相关许可，并追究其相应法律责任。

《药品管理法》第124条规定了对七种违法行为的处罚，从而形成了与相应行为规范的有机链接。违法行为之一是未取得药品批准证明文件生产、进口药品，《药品管理法》第98条已规定，禁止未取得药品批准证明文件生产、进口药品。违法行为之二是使用采取欺骗手段取得的药品批准证明文件生产、进口药品，《药品管理法》第24条已规定，申请药品注册，应当提供真实、充分、可靠的证据。违法行为之三是使用未经审评审批的原料药生产药品，《药品管理法》第98条第4款已规定，禁

1　参见许安标、武增、刘松山、童卫东：《〈中华人民共和国行政许可法〉释义及实用指南》，中国民主法制出版社2004年版，第315页。

止使用未按照规定审评、审批的原料药生产药品。违法行为之四是应当检验而未经检验即销售药品,《药品管理法》第68条已规定,需由指定药品检验机构对特定药品实施检验。违法行为之五是生产、销售国务院药品监督管理部门禁止使用的药品,《药品管理法》第67、83条对禁止使用的药品加以规定。违法行为之六是编造生产、检验记录,《药品管理法》第44条第1款明确规定,生产、检验记录应当完整准确,不得编造。违法行为之七是未经批准在药品生产过程中进行重大变更,《药品管理法》第79条规定,属于重大变更的,应当经国务院药品监督管理部门批准。

《药品管理法》第125条规定了未经批准开展药物临床试验等三种违法行为的法律责任。违法行为之一是未经批准开展药物临床试验,这违反了《药品管理法》第19条关于药物临床试验审批的规定。违法行为之二是使用未经审评的直接接触药品的包装材料或者容器生产药品,或者销售该类药品。这违反了《药品管理法》第25条第2款对直接接触药品的包装材料和容器需一并审评的规定,而且《药品管理法》第98条第4款规定,禁止使用未按照规定审评、审批的原料药、包装材料和容器生产药品。违法行为之三是使用未经核准的标签、说明书,这违反了《药品管理法》第25条第2款关于药品标签、说明书核准的规定。

《药品管理法》第42、43条规定了药品生产质量管理规范制度,《药品管理法》第52、53条规定了药品经营质量管理规范制度,《药品管理法》第17条规定了药物非临床研究质量管理规范、药物临床试验质量管理规范制度,上述条文将这些质量管理规范制度作为开展药品相关活动的基本遵循。《药品管理法》第126条对药品上市许可持有人、药品生产企业、药品经营企业、药物非临床安全性评价研究机构、药物临床试验机构等未遵守药品生产质量管理规范、药品经营质量管理规范、药物非临床研究质量管理规范、药物临床试验质量管理规范等的行为,设定了相应的法律责任。

此外,《药品管理法》第127条对开展生物等效性试验未备案等七种违法行为设定法律责任。第128条就药品包装未按照规定印有、贴有标签或者附有说明书,标签、说明书未按照规定注明相关信息或者印有规定标志的行为,设定了法律责任。第129条规定了相关主体未从合法渠道购进药品的法律责任。第130条对购销药品未按照规定进行记录、零售药品未正确说明用法用量、未按照规定调剂处方的违法行为,设定了法律责任。第131条针对药品网络交易第三方平台提供者未履行资质审核义务、报告义务和停止提供网络交易平台服务义务的违法行为,设定了法律责任。第132条规定了进口药品未按照规定备案的法律责任。第133条规定了医疗机构将配置制剂在市场上销售的法律责任。第134条就相关责任主体未按规定开展药品不良反应监测或报告疑似药品不良反应的行为,设定了法律责任。第135条就相关责任主体拒不召回存在质量问题或其他安全隐患药品的行为,设定了法律责任。

五、药品行政法律责任适用的疑难问题

(一)行政处罚适用规则的建构

《行政处罚法》第5条第2款规定,设定和实施行政处罚必须以事实为依据,与违法行为的事实、性质、情节以及社会危害程度相当,此规定也是行政法上比例原则的体现。在药品监管行政处罚中,行政机关在决定处罚方式和处罚幅度方面,均具有裁量权,为此应建构行政处罚裁量的适用规则,明确从轻处罚、减轻处罚、不予处罚、从重处罚的情形,从而更为精准地打击违法犯罪行为,保障公众的用药安全与合法权益。

1. 从轻处罚与减轻处罚

从轻处罚,是指在依法可以选择的处罚方式和处罚幅度内,适用程

度较轻或数量较少的处罚种类，或者在一种处罚方式内，选择较低的处罚幅度进行处罚。所谓减轻处罚，是指行政机关在法定的处罚方式和处罚幅度最低限度以下，对违法行为人适用处罚。《行政处罚法》第32条规定了应当依法从轻或者减轻行政处罚的五种情形，包括主动消除或者减轻违法行为危害后果，受他人胁迫或者诱骗实施违法行为，主动供述行政机关尚未掌握的违法行为，配合行政机关查处违法行为有立功表现，以及法律、法规、规章的规定其他应当从轻或者减轻的行政处罚。

对于符合《行政处罚法》第32条规定的，应当适用从轻、减轻处罚的轻微违法行为，执法机关需进行“量”的判断，即通过判断消除或减轻危害后果的程度、受胁迫的严重程度及次数、立功的大小等，来界定适用从轻处罚还是减轻处罚。除了法律规定，当事人积极配合行政部门调查，如实陈述事实并主动提供证据材料的，在共同违法行为中起次要或辅助作用等情况的，可以依法从轻或者减轻行政处罚。[1]

2. 不予处罚

不予处罚，是指因存在法律、法规规定的法定事由，行政机关对某些形式上违法但实质上不应承担法律责任的人不适用行政处罚。不予处罚的适用是便宜原则的体现，从违法行为的意义与处罚所要追求的目的出发，违法行为对法律秩序的侵害较为轻微。就具体情况而言，其违法性可能很低，只是抽象危害法律秩序，若科以行政处罚，反而不适当或根本不必要。[2]对符合法律构成要件的行为，行政机关依然有决定是否予以处罚的裁量权，行政机关应以最小的成本，达到最高的行政效能。[3]

1 参见袁雪石：《〈中华人民共和国行政处罚法〉释义》，中国法制出版社2021年版，第215页。

2 参见陈清秀：《行政罚法》，新学林出版股份有限公司2017年版，第73页。

3 参见袁雪石：《〈中华人民共和国行政处罚法〉释义》，中国法制出版社2021年版，第219页。

从2018年热映的电影《我不是药神》及其故事原型陆勇案，到2019年的聊城假药案，境外抗癌新药在国内被认定为假药一度引发广泛关注。为回应社会关切，精准惩治、精准打击违法行为，在广泛征求意见和深入论证的基础上，现行《药品管理法》第124条第3款规定："未经批准进口少量境外已合法上市的药品，情节较轻的，可以依法减轻或者免予处罚。"这体现了行政处罚裁量权的合法运用。此条适用时应把握以下几点：第一，未经批准进口少量境外已合法上市的药品，仍是违反我国药品注册管理秩序的行为，仍是违法行为。第二，适用本条减轻或者免于处罚的规定，其前提包括"少量"、不具有商业目的且药品在境外已合法上市。第三，对未经批准进口药品的减轻或者免于处罚，需以"情节较轻"为前提，还需遵守《行政处罚法》第32条有关从轻或减轻处罚以及第33条有关不予处罚的规定。[1]

《药品管理法》第120条针对为生产销售假劣药等提供储存、运输等便利条件的违法行为，设定了法律责任，但这以当事人的主观状态为前提，如果当事人主观上"知道或者应当知道"属于假药、劣药或者《药品管理法》第124条第1项至第5项中的药品，而仍提供帮助或条件的，则应对其予以处罚。根据《行政处罚法》第33条第2款的规定，当事人有证据足以证明没有主观过错的，不予行政处罚。

《行政处罚法》第33条规定了三种不予处罚或者可以不予处罚的情形：第一，违法行为轻微并及时改正，没有造成危害后果的，不予行政处罚；第二，初次违法且危害后果轻微并及时改正的，可以不予行政处罚；第三，当事人有证据足以证明没有主观过错的，不予行政处罚。

当对是否构成"违法行为轻微"加以判定时，考虑因素包括主观过错较小、初次违法、违法行为持续时间较短、及时中止违法行为、没有违

1　参见袁杰、王振江、刘红亮、刘沛主编：《〈中华人民共和国药品管理法〉释义》，中国民主法制出版社2019年版，第224页。

法所得或者违法所得金额较小、涉案货值金额较小、涉案药品合格或者符合标准以及其他能够反映违法行为轻微的因素。当判定何为“危害后果轻微”时，考虑因素包括危害程度较轻、危害范围较小、危害后果易于消除或者减轻、主动消除或者减轻违法行为危害后果、主动与违法行为对象达成和解以及其他能够反映危害后果轻微的因素。当判定何为“及时改正”时，其可能涵盖在药品监管部门发现违法行为线索之前主动改正，在药品监管部门发现违法行为线索之后责令改正之前主动改正，以及在药品监管部门责令改正后按要求改正三种情形。在认定当事人是否存在“主观过错”时，需考虑当事人对违法行为是否明知或者应知，当事人是否有能力控制违法行为及其后果，当事人是否履行了法定的生产经营责任，涉案药品来源是否合法、可追溯，以及其他能够反映当事人主观状态的因素。[1]

河南、山西、湖北、贵州等省药品监管部门已经制定并公布了药品监管领域轻微违法行为不予处罚清单。结合已有清单和监管实务考察，目前药品监管领域不予处罚的轻微违法行为主要涉及未遵守药品质量管理规范、销售不符合药品标准的中药饮片、药品标签或者说明书存在瑕疵、购销药品没有及时登记购销记录、未经批准进口少量境外已合法上市的药品、药品经营企业和医疗机构未按照规定报告疑似药品不良反应等行为。各地药品监管部门应建立不予处罚清单定期评估机制，评估执行情况、施行效果、存在的问题及原因等，并根据评估结果动态调整不予处罚清单。[2]

在对轻微违法或首次违法免予处罚的同时，行政机关也履行其教育义务，使违法相对人认识到其行为的违法性。对当事人的违法行为

1　参见《山西省药品监督管理局关于印发〈药品监管领域轻微违法行为不予处罚规定（试行）〉的通知》，晋药监规〔2022〕2号，2022年10月20日。

2　参见《关于全面推行轻微违法行为依法不予行政处罚的指导意见》，上海市人民政府官网，2022年8月16日。

依法不予行政处罚的，行政机关应当对当事人进行教育。[1]

3. 从重处罚

从重处罚是行政机关在依法可以选择的处罚方式和处罚幅度内，对行政违法行为人适用程度较重、数量较多的处罚种类，或在一种处罚方式内适用较高的处罚幅度。在实际操作中，从重处罚的数额一般在从最低限到最高限这一幅度中较高的30%部分。[2]

《药品管理法》第137条规定，对六种违法行为应从重处罚。

第一，以麻醉药品、精神药品、医疗用毒性药品、放射性药品、药品类易制毒化学品冒充其他药品，或者以其他药品冒充上述药品。麻醉药品、精神药品、医疗用毒性药品、放射性药品、药品类易制毒化学品具有一定的特殊性，违法冒用将会给人体健康和生命安全造成严重危险或危害。因此，对以上述药品冒充其他药品或以其他药品冒充上述药品的违法行为，应当从重处罚。

第二，生产、销售以孕产妇、儿童为主要使用对象的假药、劣药。孕产妇、儿童属于特殊人群，在生理功能上与普通人有较大差异，使用假药、劣药更易危害其生命健康，造成人身损害。生产、销售以孕产妇、儿童为主要使用对象的假药、劣药的行为，比针对一般人群的生产、销售假劣药的行为更恶劣，应当从重处罚。[3]

第三，生产、销售的生物制品属于假药、劣药。生物制品（如疫苗）是特殊药品，具有战略性和公益性。生物制品关系到公共安全，因此对生产、销售生物制品属于假药、劣药的，应当从重处罚。

第四，生产、销售假药、劣药，造成人身伤害后果。《药品管理法》第

1　参见《行政处罚法》第33条第3款。

2　参见《关于规范市场监督管理行政处罚裁量权的指导意见》，国家市场监督管理总局，国市监法规〔2022〕2号，2022年10月8日。

3　参见袁杰、王振江、刘红亮、刘沛主编：《〈中华人民共和国药品管理法〉释义》，中国民主法制出版社2019年版，第249页。

116、117条规定了生产、销售假药、劣药的法律责任，对生产销售假劣药的违法行为，造成人身伤害后果不是实施处罚的必要条件，但如果造成了人身伤害后果，则属于更为严重的情形，应在《药品管理法》第116、117条规定的处罚种类和处罚幅度内从重处罚。

第五，生产、销售假药、劣药，经处理后再犯。违法行为人生产销售假劣药，其受处罚后，应当对相关法律规定和自己的违法行为有充分的认识。如经处理再犯，则具有明显的主观恶意，相对于首次违法，应对其科处更严厉的处罚。这体现了处罚的逐步递进原则和实际的累加效果，增强了行政处罚本身的威慑力。

第六，拒绝、逃避监督检查，伪造、销毁、隐匿有关证据材料，或者擅自动用查封、扣押物品。药品立法赋予了药品监督管理部门监督检查权，行政相对人有配合药品监督管理部门进行监督检查，并提供相应药品、文件和信息的义务，行政相对人不得妨碍和抗拒药品监督管理部门执法。对规避或抗拒执法的行为，应科处更重的处罚。

对这六类违法行为，在法律规定的处罚幅度内从重处罚。这有助于更好地引导行政监管者依法行使行政裁量权，使其对情节严重的违法行为予以更为严格的惩戒。这不仅体现了过罚相当原则，也为行政监管部门留下了依具体情境处置的裁量空间。

（二）行政处罚裁量基准的制定

我国法律和行政法规往往对行政处罚等的构成要件只做概括和抽象的规定，因此，行政裁量基准担任着使这些要件内容具体化或补充其内容的角色。[1]行政裁量基准是行政机关结合本地区本部门行政管理实

---

1 参见［日］恒川隆生：《审查基准、程序性义务与成文法化——有关裁量自我拘束的一则参考资料》，朱芒译，载《公法研究》第3辑，商务印书馆2005年版，第414页。

际，按照裁量涉及的不同事实和情节，对法律、法规、规章中的原则性规定或者具有一定弹性的执法权限、裁量幅度等内容进行细化量化，以特定形式向社会公布并施行的具体执法尺度和标准。[1]行政裁量基准通常就裁量事项中相同或类似的事项做一般性的规定，使得执法人员遇到相同或类似的事项时做相同或类似的处理，从而有助于规范和控制行政裁量权，增加行政相对人对行政行为结果的可预期性。[2]

2021年修订后的《行政处罚法》第34条规定，行政机关可以依法制定行政处罚裁量基准，规范行使行政处罚裁量权，行政处罚裁量基准应当向社会公布。应鼓励地方药品监管部门制定裁量基准，这不仅有利于使本地方的行政执法保持一定的灵活性，能切合本地或本系统的具体情况，还有利于使行政执法具有一定的一贯性，让执法保持相对统一的尺度。针对情节、性质、事实、后果基本相同或相似的违法情形，应处以基本相同或类似的行政处罚。

山东、青海、河北、浙江、安徽、四川、北京等省市已颁布了本区域内的药品行政处罚裁量基准。上级药品监管部门已经制定行政处罚裁量权基准的，下级监管部门原则上应当直接适用；若下级监管部门不能直接适用，则可以结合地区经济社会发展状况，在法律、法规、规章规定的行政处罚裁量权范围内进行合理细化、量化，但不宜超出上级监管部门划定的阶次或者幅度。[3]

裁量基准往往按照减轻、从轻、一般、从重等程度来区分不同阶次的处罚裁量情节，并设定对应的不同行政处罚裁量阶次。药品行政处

1　参见《国务院办公厅关于进一步规范行政裁量权基准制定和管理工作的意见》，国办发〔2022〕27号，2022年7月29日。

2　［日］恒川隆生：《审查基准、程序性义务与成文法化——有关裁量自我拘束的一则参考资料》，朱芒译，载《公法研究》第3辑，商务印书馆2005年版，第412页。

3　参见《关于规范市场监督管理行政处罚裁量权的指导意见》，国家市场监督管理总局，国市监法规〔2022〕2号，2022年10月8日。

罚裁量基准应当包括违法行为、法定依据、裁量阶次、适用条件和具体标准等内容，在制定和修订药品行政处罚裁量基准时，应依照《行政处罚法》的有关规定，明确不予处罚、免予处罚、从轻处罚、减轻处罚、从重处罚的裁量阶次，有处罚幅度的要明确情节轻微、情节较轻、情节较重、情节严重的具体情形。[1]

（三）针对单位违法的双罚制

单位违法是单位作为一个整体实施的违法行为，违法主体是单位。单位的行为需要由单位的法定代表人、主管人员、直接责任人员等具体人员实施，他们负有正确履行职责的义务，以保证单位整体活动的合法性和正确性。如果仅仅处罚单位，难以实现维护公共利益和社会秩序的目的。考虑到法益侵害的严重性，对于部分社会危害程度较高的单位违法行为，不仅应当对单位进行行政处罚，还应追究相关责任人违反行政法上的义务和未尽单位管理义务的责任，对其予以严格的行政处罚。[2]

在药品活动中，从事相关生产、经营等活动须以单位名义获得行政许可，大部分违法行为也是由成员和单位结合完成的，因此，药品领域的诸多违法行为属于纯正的单位违法，成员的违法行为依附于单位。[3]药品监管中单位违法"双罚制"的构成要件在于：第一，以单位违法为前提。第二，责任人有主观过错。第三，责任人未尽管理和防止义务，导致单位违反行政法上的义务。实践中，应结合具体个案情形，根据违

1　参见《国务院办公厅关于进一步规范行政裁量权基准制定和管理工作的意见》，国办发〔2022〕27号，2022年7月29日。

2　参见杨东升：《单位行政违法双罚制实证分析——以〈医疗器械监督管理条例〉为例》，《东北农业大学学报（社会科学版）》2022年第2期。

3　参见谭冰霖：《单位行政违法双罚制的规范建构》，《法学》2020年第8期。

法单位规模、组织架构、药品管理法规的内容、药品活动的风险程度、管理可能性等因素，确定责任人应尽的管理和防止义务。[1]

国外药品法典对单位违法原则上适用双罚制，既处罚单位整体，又处罚单位中负有责任的主管人员和直接责任人员。我国药品管理法律规范不仅明确了单位的整体法律责任，也对单位内部实施严重违法行为的责任人进行处罚。针对单位违法行为，对单位的法定代表人或者主要负责人、直接负责的主管人员和其他直接责任人员分别设定了没收收入、罚款、吊销执业证书、行政拘留等处罚形式，乃至对相关人员处以十年直至终身禁业的处罚。[2]如《药品管理法》第118条规定，生产、销售假药，或者生产、销售劣药且情形严重的，对相关责任人员，没收违法所得、罚款。第119条规定对使用假药劣药的医疗卫生机构责任人员，吊销执业证书。第124条对相关责任人员规定了十年直至终身禁止从事药品生产经营活动，以及处五日以上十五日以下拘留的行政处罚。

药品监管双罚制中，应受处罚的成员包括“法定代表人、主要负责人、直接负责的主管人员和其他责任人员”。依照法律或者法人章程的规定，代表法人从事民事活动的负责人为法人的法定代表人。[3]公司法定代表人依照公司章程的规定，由董事长、执行董事或者经理担任，并依法登记。[4]法定代表人可以代表单位的意思和行为。但仅仅处罚法定代表人的做法以民法观念为基础，未能体现行政处罚的制度逻辑。在业务分工制的背景下，法定代表人和高层组织本身只是确定基本的方针，并不直接指挥和监督具体的业务，主要负责人、直接负责的主管人

1　参见杨东升：《单位行政违法双罚制实证分析——以〈医疗器械监督管理条例〉为例》，《东北农业大学学报（社会科学版）》2022年第2期。

2　参见《药品管理法》第118、119、122、123、124、125、126、135、138、141条及《疫苗管理法》第80、81、82、85、86条等。

3　参见《中华人民共和国民法典》第61条。

4　参见《中华人民共和国公司法》第13条。

员和其他责任人员等被授予宽广的裁量权。[1]因此,应当将主要负责人、直接负责的主管人员和其他责任人员也作为药品监管双罚制的处罚对象。

(四)行刑衔接机制的完善

《行政处罚法》第8条第2款明确规定禁止以罚代刑,“违法行为构成犯罪,应当依法追究刑事责任的,不得以行政处罚代替刑事处罚”。《药品管理法》第114条规定:“违反本法规定,构成犯罪的,依法追究刑事责任。”上述规定要求通过行政执法与刑事司法的衔接,使违法犯罪行为得到应有、充分的惩罚。

《药品管理法》第113条规定了药品监管行刑衔接中的双向移送程序。其一,药品监督管理部门发现药品违法行为涉嫌犯罪的,应当及时将案件移送公安机关。不能有案不移、以罚代刑。其二,对依法不需要追究刑事责任或者免予刑事处罚,但应当追究行政责任的,公安机关、人民检察院、人民法院应当及时将案件移送药品监督管理部门。本条规定的案件双向移送制度,可以保证所有被查办的药品案件都能得到合适的处理,避免药品监管部门、公安机关、人民检察院、人民法院等因工作衔接不畅而出现违法行为漏处理或违法行为轻处理的情况,以更好地打击药品领域的违法犯罪行为。此外,法律还要求及时移送,不得延误。

药品监管行刑衔接存在的现实困难包括:第一,案件移送困难。药品监管部门因难以识别药品案件是否构成犯罪,以及移送案件程序较为烦琐等,移送案件积极性不高;公安机关受专业认知困难和警力资源有限等因素制约,受理移送案件不积极。第二,药品案件定性困难,

---

1 参见[日]佐伯仁志:《制裁论》,丁胜明译,北京大学出版社2018年版,第131页。

包括是否构成犯罪认定难，构成何种犯罪认定难。第三，案件证据的收集、认定难。第四，涉案物品检验检测困难，包括检验检测标准和方法缺失，检验检测费用高，检验检测周期长等。第五，涉案物品处置困难。涉及的物品数量庞大，需要大量的资金和专业知识以及多部门的合作。第六，执法信息共享渠道不畅，缺乏部门间信息交换渠道与机制。[1]

原国家食品药品监督管理总局、公安部、最高人民法院、最高人民检察院、国务院食品安全办于2015年12月联合印发了《食品药品行政执法与刑事司法衔接工作办法》，国务院于2020年颁布了修订后的《行政执法机关移送涉嫌犯罪案件的规定》。药品监管部门向公安机关移送涉嫌犯罪案件时，应当附有涉嫌犯罪案件的移送书、涉嫌犯罪案件情况的调查报告、涉案物品清单、有关检验报告或者鉴定意见，以及其他有关涉嫌犯罪的材料。公安机关认为需要补充材料的，药品监管部门应当及时提供。[2]

《刑事诉讼法》第54条第2款规定："行政机关在行政执法和查办案件过程中收集的物证、书证、视听资料、电子数据等证据材料，在刑事诉讼中可以作为证据使用。"行政执法证据转化为刑事司法定案证据的前提在于，需经法庭查证属实，且收集程序符合有关法律、行政法规的规定。[3]药品监管部门在行政执法和查办案件过程中依法收集的物证、书证、视听资料、电子数据、检验报告、鉴定意见、勘验笔录、检查笔录等证据材料，经公安机关、人民检察院审查和人民法院庭审质证确认，可以作为证据使用。

1　参见陈涛：《药品安全行刑衔接的困境与案件衔接体系构建》，《中国食品药品监管》2021年第8期。

2　《食品药品监管总局 公安部 最高人民法院 最高人民检察院 国务院食品安全办关于印发食品药品行政执法与刑事司法衔接工作办法的通知》，2015年12月22日。

3　参见《最高人民法院关于适用〈中华人民共和国刑事诉讼法〉的解释》（2020年12月7日最高人民法院审判委员会第1820次会议通过，自2021年3月1日起施行）第75条。

在药品监管行政执法中，实物证据包括物证、书证、视听资料、电子数据、勘验和检查等笔录。对于行政活动中获取的实物证据，主要通过关联法则和合法性法则来把握其是否具有刑事证据能力，司法机关需审查实物证据的取证程序是否合法，审查实物证据的整个保管链条是否完整，确保实物证据来源于案件事实。[1]

在药品监管行政执法中，言词证据主要为陈述、证言和供述以及检验报告、鉴定意见等。对于行政执法中搜集到的证人证言、当事人陈述等言词证据，如果相关人员能直接到庭以言词的方式陈述，经法庭审查记录可以被法庭认可；反之，则不能作为证据使用。对于药品监管行政执法中所获取的鉴定意见、检验报告或检测结论，由于其是药品监管部门或药品检验机构等的职务行为，且公职人员具有诚实、正确记载其公务行为的义务，很少有编造、篡改记录的情况，可信度较高。[2]

《最高人民法院关于适用〈中华人民共和国刑事诉讼法〉的解释》第98条明确规定了鉴定意见不得作为定案根据的九种情形。据此，当药品检验机构不具备法定资质、检验事项超出检验机构业务范围与技术条件、送检材料与样本来源不明、样本因污染不具备鉴定条件、鉴定对象与送检材料或样本不一致、鉴定程序违反规定、鉴定过程和方法不符合相关专业的规范要求、鉴定文书缺少签名或盖章，或鉴定意见与案件事实没有关联时，此检验报告不能作为药品犯罪案件的定案根据。

公安机关、人民检察院、人民法院商请药品监督管理部门、生态环境主管部门等部门提供检验结论、认定意见以及对涉案药品进行无害化处理等协助的，有关部门应当及时提供，予以协助。[3]药品监管部门等

1　参见董坤：《论行刑衔接中行政执法证据的使用》，《武汉大学学报（哲学社会科学版）》2015年第1期。

2　参见董坤：《论行刑衔接中行政执法证据的使用》，《武汉大学学报（哲学社会科学版）》2015年第1期。

3　参见《药品管理法》第113条第3款。

相关领域的主管部门具有丰富的监管经验和专业技术优势，可以为公安机关等办理药品犯罪案件提供技术协助。

（五）假劣药处罚决定对质量检验结论的载明

修订前的《药品管理法》规定，对假药、劣药的处罚通知，必须载明药品检验机构的质量检验结果，但原《药品管理法》第48条第3款第1、2、5、6项和第49条第3项规定的情形除外。其主要考虑是，有些假药、劣药无须经过药品检验机构检验即可判定。修订后的《药品管理法》第121条规定："对假药、劣药的处罚决定，应当依法载明药品检验机构的质量检验结论。"在行政处罚过程中，应依法展开行政调查，准确认定事实。要求依法载明质量检验结论，旨在切实保护相对人的合法权益，保证行政处罚的准确、公正。

《药品管理法》第121条未规定做出行政处罚无须载明质量检验结论的情形，但在此强调"依法载明"，其意图在于，由相关法律、行政规章、规章及规范性文件规定哪些情形下做出处罚无须载明药品检验机构的质量检验结论。[1]国家药监局经商全国人大法工委后，以《国家药监局综合司关于假药劣药认定有关问题的复函》（药监综法函〔2020〕431号）的形式，说明了无须载明药品检验机构出具的质量检验结论的情形。2022年3月3日发布的《最高人民法院、最高人民检察院关于办理危害药品安全刑事案件适用法律若干问题的解释》第19条第2款，进一步说明了在危害药品安全的刑事案件中，认定《刑法》第141、142条规定的"假药""劣药"时，在哪些情况下，需载明药品检验机构出具的质量检验结论；在哪些情况下，仅由药品监管部门出具认定意见即可。

1　参见袁杰、王振江、刘红亮、刘沛主编：《〈中华人民共和国药品管理法〉释义》，中国民主法制出版社2019年版，第224页。

对假药、劣药的处罚决定，当根据《药品管理法》第98条第2款第2项“以非药品冒充药品或者以他种药品冒充此种药品”、第4项“药品所标明的适应症或者功能主治超出规定范围”认定相关药品为假药，以及根据《药品管理法》第98条第3款第3项至第7项认定相关药品为劣药，即药品未标明或更改有效期的、未注明或更改产品批号、超过有效期、擅自添加防腐剂或辅料，以及存在其他不符合药品标准情形时，若能根据现场查获的原料、包装，结合当事人陈述等证据材料做出判断的，可以由地市级以上药品监督管理部门出具认定意见。[1]此时需要事实认定，但不需要对涉案药品进行检验，处罚决定无须载明药品检验机构的质量检验结论。因为这些违法现象相对直观，无须检验即可判定违法情形的存在，这是对药品监管实践的尊重，也是对行政效能的关注。

总之，对违法行为的事实认定，应当以合法、有效、充分的证据为基础，药品质量检验结论并非总是认定违法行为的必要证据，除非法律、法规、规章等明确规定对涉案药品依法进行检验并根据质量检验结论才能认定违法事实，或者不对涉案药品依法进行检验就无法对案件所涉事实予以认定。如黑窝点生产的药品无须检验就能确定是假药，因为其属于无证生产的情形。在实践中，认定违法事实是否需要进行质量检验，应当根据案件调查取证的情况具体案件具体分析。

（六）对中药饮片不符合药品标准的处罚

《药品管理法》第44条第1款规定，药品应当按照国家药品标准生产。但中药饮片是按中医药理论、中药炮制方法，将中药材进行加工炮制后制成的，具有一定规格的，可直接用于中药临床的中药。因各地的

---

1 参见《最高人民法院、最高人民检察院关于办理危害药品安全刑事案件适用法律若干问题的解释》(2022年3月3日公布)第19条。

中药材品种、质量不同，若要求所有中药饮片都遵循由国家制定统一的炮制标准，目前条件还不具备，也不符合实际情况。

鉴于中药饮片的特殊性，《药品管理法》第44条对此做了特别规定，对已有国家标准的应当按照国家标准炮制，国家标准没有规定的，按照省级人民政府药品监督管理部门制定的炮制规范炮制，省级人民政府药品监督管理部门制定的炮制规范应报国务院药品监督管理部门备案。目前，我国已形成由《中华人民共和国药典》和省级中药饮片炮制规范构成的中药饮片标准体系，31个省（区、市）均颁布了地方炮制规范。药典和炮制规范作为药品标准，都是强制性标准，根据《药品管理法》第44条第2款的规定，中药饮片不符合国家药品标准，或者不按照省级药品监管部门制定的炮制规范炮制的，不得出厂、销售。

相较于中成药、西药，中药饮片直接源于中药材，质量易受外界影响，修订后的《药品管理法》充分考虑到中药饮片的特点，对中药饮片不符合标准的现象，没有简单地按照生产、销售劣药的行为进行处罚。《药品管理法》第117条第2款针对中药饮片不符合标准的现象，做出了有针对性的规定，明确了生产、销售的中药饮片不符合药品标准，尚不影响安全性、有效性的，责令限期改正，给予警告，可以处十万元以上五十万元以下罚款。需要指出，这里的“不符合药品标准，尚不影响安全性、有效性”主要是指根据《药品管理法》第98条第3款第7项规定的“其他不符合药品标准的情形”。对此行为给予相对较轻的处罚，是考虑我国中药饮片产业的实际情况，也是过罚相当原则的体现。至于是否对生产、销售中药饮片的相应行为进行罚款，可根据违法情节轻重、影响范围等，结合具体案情决定。[1]

中药饮片所含成分与国家药品标准规定成分不符，则属于假药，应

1　参见袁杰、王振江、刘红亮、刘沛主编：《〈中华人民共和国药品管理法〉释义》，中国民主法制出版社2019年版，第219页。

当按照生产、销售假药给予处罚；中药饮片成分含量不符合国家药品标准、被污染、未标明或者更改有效期、未注明或者更改产品批号、超过有效期、擅自添加防腐剂或者辅料的，则属于《药品管理法》第98条第3款所界定的“劣药”，会影响中药饮片安全性、有效性，此时应适用《药品管理法》第117条第1款对生产、销售劣药的规定给予处罚。

（七）药品上市许可持有人的法律责任

《药品管理法》系统地规定了药品上市许可持有人制度，这有助于厘清和落实药品全生命周期中各参与主体的法律责任。《药品管理法》第一章“总则”第6条规定，药品上市许可持有人依法对药品研制、生产、经营、使用全过程中药品的安全性、有效性和质量可控性负责。《药品管理法》第三章题为“药品上市许可持有人”，该章对药品上市许可持有人建立质量保证体系、生产药品、建立药品上市放行规程、自行或委托销售药品、委托储存和运输药品、建立追溯制度、建立年度报告制度、转让药品上市许可等加以系统规定。《药品管理法》第30条第2款进一步规定了药品上市许可持有人的主体责任，即药品上市许可持有人应依照本法规定，对药品的非临床研究、临床实验、生产经营、上市后研究、不良反应监测及报告与处理等承担责任。

《药品管理法》第30条第3款规定，药品上市许可持有人的法定代表人、主要负责人对药品质量全面负责，此规定有助于促使单位切实履行法定义务，有助于强化法定代表人、主要负责人的守法意识，有助于改进具体管理制度。《药品管理法》第39条就中药饮片生产企业履行持有人义务加以规定，因为除审批目录内的中药饮片外，其他中药饮片上市不需要获得监管部门许可，也不存在法律意义上的“上市许可持有人”。考虑到中药饮片生产企业的特殊性，《药品管理法》第39条要求中药饮片生产企业履行药品上市许可持有人的相关义务，对中药饮片生产、销售实行全过程管理，建立中药饮片追溯体系，保证中药饮片安全、有效、可追溯。

当药品上市许可持有人为境外企业时，由于企业在我国境内没有经营场所、财产，需要有一个在我国境内的责任主体来具体履行相应义务。《药品管理法》第38条规定，药品上市许可持有人为境外企业的，应当由其指定的在中国境内的企业法人履行药品上市许可持有人义务，与药品上市许可持有人承担连带责任。这有助于强化药品上市许可持有人对药品质量安全的主体责任，有助于形成以上市许可持有人为核心的全过程全链条监管模式，落实对境外药品上市许可持有人履行法律责任的监管要求。[1]《药品管理法》第136条规定，药品上市许可持有人为境外企业的，其指定的在中国境内的企业法人未依照本法规定履行相关义务的，适用《药品管理法》有关药品上市许可持有人法律责任的规定。

六、刑事法律责任的完善

《刑法修正案（十一）》对涉药犯罪的罪名和内容进行了修正，彰显了积极主义的刑事立法观。刑法更为及时、积极地介入药品安全领域，从而发挥刑法在维护药品安全、保障公众用药安全和合法权益方面的作用，着眼于药品风险防控，积极构建药品领域的刑事法治。这旨在以刑法手段防卫社会安全风险和保护人民群众利益，并发挥刑法对药品市场秩序和药品研发、生产、经营行为规范的指引、评价功能，为市场主体提供行为指引。

在《药品管理法》第十一章“法律责任”中，第114条位于篇首，规定“违反本法规定，构成犯罪的，依法追究刑事责任”。在2020年12月

1　参见袁杰、王振江、刘红亮、刘沛主编：《〈中华人民共和国药品管理法〉释义》，中国民主法制出版社2019年版，第98页。

26日通过的《刑法修正案(十一)》中,立法对涉药犯罪的罪名名称和内容进行了修正,取消原《刑法》第141条规定的“生产、销售假药罪”罪名,设立“生产、销售、提供假药罪”;取消原《刑法》第142条规定的“生产、销售劣药罪”罪名,设立“生产、销售、提供劣药罪”;《刑法》第143条则新增设了“妨害药品管理罪”。《疫苗管理法》第79条还规定了对疫苗犯罪从重追究刑事责任。

(一)生产、销售、提供假药罪

《刑法修正案(十一)》对涉药犯罪罪名名称和内容进行了修正,将原《刑法》第141条规定的“生产、销售假药罪”调整为“生产、销售、提供假药罪”。现行《刑法》第141条第1款规定,生产、销售假药的,处三年以下有期徒刑或者拘役,并处罚金;对人体健康造成严重危害或者有其他严重情节的,处三年以上十年以下有期徒刑,并处罚金;致人死亡或者有其他特别严重情节的,处十年以上有期徒刑、无期徒刑或者死刑,并处罚金或者没收财产。修订后的《药品管理法》删除了按假药论处的情形,因此修订后的《刑法》中假药也不再包括此前按假药论处的情形。根据现行《药品管理法》第98条的规定,生产、销售、提供假药罪中“假药”的范围包括:(1)药品所含成分与国家药品标准规定的成分不符;(2)以非药品冒充药品或者以他种药品冒充此种药品;(3)变质的药品;(4)药品所标明的适应症或者功能主治超出规定范围。

在我国司法实践中,对药品使用单位人员的刑事责任约束相对不足,存在药品使用单位的有关人员明知是假药、劣药而提供给他人使用的情况,原《刑法》对此缺少明确规定。在此背景下,新修订的《刑法》第141条第2款明确规定:“药品使用单位的人员明知是假药而提供给他人使用的,依照前款的规定处罚。”此条针对药品使用单位人员未积极履行职责的处罚,以其具备“明知”的主观故意要件为前提。

（二）生产、销售、提供劣药罪

《刑法修正案（十一）》取消了原《刑法》第142条规定的“生产、销售劣药罪”，设立“生产、销售、提供劣药罪”。现行《刑法》第142条第1款规定，生产、销售劣药，对人体健康造成严重危害的，处三年以上十年以下有期徒刑，并处罚金；后果特别严重的，处十年以上有期徒刑或者无期徒刑，并处罚金或者没收财产。值得注意的是，生产、销售、提供劣药罪与生产、销售、提供假药罪定罪量刑时最主要的区别在于，生产、销售、提供假药罪系行为犯，其成立无须以对人体健康造成严重危害为前提；生产、销售、提供劣药罪则系结果犯，其成立必须以对人体健康造成严重危害为前提。

修订后的《药品管理法》删除了按劣药论处的情形，因此，修订后的《刑法》中劣药也不再包括此前按劣药论处的情形。根据现行《药品管理法》第98条的规定，生产、销售、提供劣药罪中“劣药”的范围包括：（1）药品成分的含量不符合国家药品标准；（2）被污染的药品；（3）未标明或者更改有效期的药品；（4）未注明或者更改产品批号的药品；（5）超过有效期的药品；（6）擅自添加防腐剂、辅料的药品；（7）其他不符合药品标准的药品。

《刑法》第141条第2款规定了药品使用单位使用假药的犯罪，与之类似，《刑法》第142条第2款新设规定：“药品使用单位的人员明知是劣药而提供给他人使用的，依照前款的规定处罚。”此条针对药品使用单位人员未积极履行职责的处罚，以其具备“明知”的主观故意要件为前提。

（三）妨害药品管理罪

2019年修订后的《药品管理法》对假药、劣药的定义和范围做了调整，删除了“按假药论处”“按劣药论处”的分类，将药品质量功效作为界定假劣药的主要标准，对于违反药品管理秩序未经批准生产、进口药品等违法行为，不再以假药论处，而是规定了另外的法律责任。这一修改直接影响了《刑法》相关规定的适用。如何追究之前按生产、销售假药罪论处的相关行为的刑事责任，在刑法上留下了空白，需要明确对违反药品管理秩序的有关行为的《刑法》适用。为了与修改后的《药品管理法》相衔接，在总结长春长生疫苗事件等案件经验教训的基础上，《刑法修正案（十一）》第7条将一些此前以假药论处的情形以及社会危害性相对较高的行为单独规定为一类犯罪，即妨害药品管理罪，这体现在修订后新增的《刑法》第142条之一的规定中。

《刑法》第142条之一第1款规定，违反药品管理法规，有下列情形之一，足以严重危害人体健康的，处三年以下有期徒刑或者拘役，并处或者单处罚金；对人体健康造成严重危害或者有其他严重情节的，处三年以上七年以下有期徒刑，并处罚金：（1）生产、销售国务院药品监督管理部门禁止使用的药品的；（2）未取得药品相关批准证明文件生产、进口药品或者明知是上述药品而销售的；（3）药品申请注册中提供虚假的证明、数据、资料、样品或者采取其他欺骗手段的；（4）编造生产、检验记录的。

《刑法》第142条之一规定的犯罪情形，多可归入修改前《药品管理法》第48条规定的“按假药论处”的情形。在《刑法》《药品管理法》修改前，这些行为适用“生产、销售假药罪”，为行为犯，只要有行为发生，即至少处三年以下有期徒刑或者拘役，致人死亡或者有其他特别严重情节的，处十年以上有期徒刑、无期徒刑或者死刑。在《刑法》《药品管理法》修改后，同样的行为则不再“按假药论处”，而是衡量是否符合《刑法》第142条之一规定的犯罪构成要件。在新增的《刑法》第142条第1款中，法定刑被设置为两档，一档是三年以下有期徒刑，以“足以严重危害人体健康”为条件，系危险犯；另一档是三年以上七年以下有期徒刑，则以“对人体健康造成严重危害或者有其他严重情节的”为条件，系结果犯。相较于之前的规定，现行立法的刑期相对较短，而且由此前的行为犯变为现今的危险犯或结果犯，这在客观上减轻了量刑幅度。需要指出，此类违反药品管理秩序的违法行为，相较于生产、销售、使用假药或劣药的行为，其违法程度相对较轻，社会危害性也相对较小，因此定罪量刑相对较轻，这也是罪责刑相适应的体现。

《刑法》第142条之一第1款设立了四种犯罪行为。其一为“生产、销售国务院药品监督管理部门禁止使用的药品的”。国务院药品监督管理部门依法禁止使用特定药品，是药品监管部门应尽的职责，此种行为也承继了原《药品管理法》第48条“按假药论处”的规定。其二是“未取得药品相关批准证明文件生产、进口药品或者明知是上述药品而销售的”。未经许可生产、进口或销售药品，不仅破坏了药品管理秩序，更将人民健康法益置于不确定的危险境地，现行《药品管理法》第98条第4款明确规定，“禁止未取得药品批准证明文件生产、进口药品”。此犯罪行为规定的主要内容也承继了原《药品管理法》第48条“按假药论处”的规定。其三是“药品申请注册中提供虚假的证明、数据、资料、样品或者采取其他欺骗手段的”。《药品管理法》第123条为此种行为设定了行政法律责任，若此种行为“足以严重危害人体健康的”，则构成犯罪。其四是“编造生产、检验记录的”。《药品管理法》第44条第1款规定，生产、检验记录应当完整准确、不得编造，《药品管理法》第124条针对“编造生产、检验记录”设定了行政法律责任，若此种行为“足以严重危害人体健康”，则构成犯罪。

《刑法》第142条之一规定的行为属于违反药品管理法规的行为，实质在于妨害药品管理秩序，确定为“妨害药品管理罪”更为准确。《刑法》第142条之一第2款规定：“有前款行为，同时又构成本法第141、142条规定之罪或者其他犯罪的，依照处罚较重的规定定罪处罚。”其含义在于，相较于生产、销售、使用假药罪和生产、销售、使用劣药罪的规定，本条配置的刑罚较轻，但在适用《刑法》第142条之一时，可能出现法条竞合问题，当涉及的药品经鉴定属于假药、劣药的，应当按照生产、销售假劣药罪与本罪从一重罪处罚。

（四）对疫苗犯罪从重追究刑事责任

在《疫苗管理法》立法过程中，立法者认为对生产销售假劣疫苗等行为，除规定比一般药品违法行为更严厉的行政处罚外，构成犯罪的，还应依法从重追究刑事责任，这体现了“四个最严”精神。据此，《疫苗管理法》第79条明确规定：“违反本法规定，构成犯罪的，依法从重追究刑事责任。”对违反疫苗管理法构成犯罪的行为，在刑法规定的定罪量刑幅度内，依法从重追究刑事责任。

七、民事法律责任的嬗变

一国的药品法是否详细规定民事责任关系，取决于该国法律体系的架构以及公法与私法的关系。如果民事法律规范比较发达，作为公法的药品法未必要过多涉足民事问题。尽管我国已经颁布了《民法典》，但《民法典》中并未对药品民事责任予以特别关照；我国药品管理规范则规定了损害赔偿责任、首负责任制、惩罚性赔偿等制度。通过并用民法规范与药品法律规范设定的民事法律规范，促进民事责任制度的体系化建构，令药品活动中的市场主体依法履行民事义务，承担民事责任，以保护药品活动中各主体的合法权益，维护药品管理秩序。

（一）损害赔偿责任的完善

《药品管理法》第144条第1款规定了药品市场主体的民事责任，即损害赔偿责任，规定药品上市许可持有人、药品生产企业、药品经营企业或者医疗机构违反本法规定，给用药者造成损害的，依法承担赔偿责任。《药品管理法》对药品上市许可持有人、药品生产企业、药品经营企业或者医疗机构的药品质量管理做了规定，例如，《药品管理法》第30条第2款规定了药品上市许可持有人的主体责任；《药品管理法》第47条规定药品生产企业应当对药品进行质量检验，不符合药品标准的，不得出厂；《药品管理法》第53条规定，从事药品经营活动，应当保证药品经营全过程持续符合法定要求；《药品管理法》第71条要求医疗机构"保证药品质量"。

药品是特殊产品，《民法典》《产品质量法》等对产品缺陷造成损害的赔偿责任和具体赔偿方式加以规定。例如，《民法典》第1002条规定，因产品存在缺陷造成他人损害的，生产者应当承担侵权责任。根据《民法典》第46条的规定，民法典所称"缺陷"，是指产品存在危及人身、他人财产安全的不合理的危险。药品有保障人体健康和人身、财产安全的国家标准，因此药品的缺陷是指不符合国家药品标准。《产品质量法》第42条规定，由于销售者的过错使产品存在缺陷，造成人身、他人财产损害的，销售者应当承担赔偿责任。销售者不能指明缺陷产品的生产者也不能指明缺陷产品的供货者的，销售者应当承担赔偿责任。侵害他人造成人身损害的，应当赔偿医疗费、护理费、交通费、营养费、住院伙食补助费等为治疗和康复支出的合理费用，以及因误工减少的收入；造成残疾的，还应当赔偿辅助器具费和残疾赔偿金；造成死亡的，还应当赔偿丧葬费和死亡赔偿金。[1]侵害自然人人身权益造成严重精神损害的，被侵权人有权请求精神损害赔偿。[2]

作为药品管理的特别法律规范，《疫苗管理法》第96条对疫苗损害赔偿责任加以规定。《疫苗管理法》明确了疫苗上市许可持有人对疫苗

1　参见《民法典》第1179条。

2　参见《民法典》第1183条。

质量的主体责任，因疫苗质量问题造成受种者损害的，疫苗上市许可持有人应当依法承担赔偿责任。

《疫苗管理法》第96条第2款规定了疾病预防控制机构、接种单位的赔偿责任，《疫苗管理法》第44条第3款规定，接种单位应当加强内部管理，开展预防接种工作应当遵守预防接种工作规范、免疫程序、疫苗使用指导原则和接种方案。《疫苗管理法》第87条规定，接种疫苗未遵守预防接种工作规范、免疫程序、疫苗使用指导原则、接种方案，对疾病预防控制机构、接种单位予以行政处罚。相应地，《疫苗管理法》第96条第2款规定，疾病预防控制机构、接种单位因违反预防接种工作规范、免疫程序、疫苗使用指导原则、接种方案，造成受种者损害的，应当依法承担赔偿责任。

（二）首负责任制的引入

首负责任制体现于《药品管理法》第144条第2款，该条款规定，因药品质量问题受到损害的，受害人可以向药品上市许可持有人、药品生产企业请求赔偿损失，也可以向药品经营企业、医疗机构请求赔偿损失。接到受害人赔偿请求的，应当实行首负责任制，先行赔付；先行赔付后，可以依法追偿。首负责任制的法理在于便利受害人求偿，有利于维护受害人的合法权益，有助于防止药品上市许可持有人、药品生产企业、药品经营企业、医疗机构之间相互推诿，有助于督促药品全生命周期各环节的主体依法履行质量管理职责。

首负责任者先行赔付，并不意味着其要承担实质意义的法律责任。先行赔付是首负责任制的必要条件而非充分条件，有首负责任制当有先行赔付，但有先行赔付未必一定有首负责任制。[1]先行赔付系指受害

1　参见曾文远：《论〈食品安全法〉民事责任条款的适用——以第147条和第148条为例》，《沈阳工业大学学报（社会科学版）》2017年第4期。

人因药品质量问题受到损害时，由并非真正承担赔偿责任的主体向受害人先行赔付的情形。《药品管理法》第144条规定，先行赔付后，可以依法追偿。《民法典》第1203条第2款也规定，产品缺陷由生产者造成的，销售者赔偿后，有权向生产者追偿。因销售者的过错使产品存在缺陷的，生产者赔偿后，有权向销售者追偿。

（三）惩罚性赔偿的设计

惩罚性赔偿又称示范性赔偿或报复性赔偿，惩罚性赔偿是以私法机制达成公法目的的一种特殊法律责任制度，是与补偿性赔偿相对应的一项特殊民事赔偿制度，是赔偿数额超出实际损害数额的赔偿。惩罚性赔偿是加重赔偿的一项原则，目的是在针对被告过去的故意侵权行为造成的损失进行弥补之外，对被告进行处罚，以防止其将来再次实施侵权行为，通过让加害人承担超出实际损害数额的赔偿，以达到惩罚和遏制严重侵权行为的目的。在药品管理领域，针对特定违法行为引入惩罚性赔偿，有助于弥补公共资源的不足，发挥个体维护自身权益的优势。药品领域的违法者依法被科处惩罚性赔偿，既符合其应受报应的观念，又能使其受到惩罚性赔偿责任的威慑。

行政处罚借助相对简易的行政程序，规模化、低成本地处理大部分违规案件，维护监管秩序；而惩罚性赔偿则依赖更为严密的司法程序，在深入认定行为人主观状态和行为后果的基础上，更加精细化地惩罚那些更具危害性的被告。[1]《民法典》第1207条规定："明知产品存在缺陷仍然生产、销售，或者没有依据前条规定采取有效补救措施，造成他人死亡或者健康严重损害的，被侵权人有权请求相应的惩罚性赔偿。"《药品管理法》第144条第3款引入了惩罚性赔偿制度，其制度要点包

1　参见赵鹏：《惩罚性赔偿的行政法反思》，《法学研究》2019年第1期。

括：第一，惩罚性赔偿针对的对象是“生产假药、劣药或者明知是假药、劣药仍然销售、使用的”法人、自然人或其他组织。第二，受害人或者其近亲属有权提起惩罚性赔偿请求。第三，惩罚性赔偿请求的标的为赔偿损失及赔偿金，赔偿金的计算方式是选择式的，可以请求支付价款十倍或者损失三倍的赔偿金；增加赔偿的金额不足一千元的，为一千元。《药品管理法》第144条第3款设定的惩罚性赔偿以相应违法行为发生为前提，但不以实际损害后果的发生为要件。

第十章
药品网络销售监管的法律改革

一、药品网络销售监管的法律制度沿革

我国药品网络销售历经二十余年探索和实践。1999年，原国家药品监督管理局颁布的《处方药与非处方药流通管理暂行规定》明确，处方药、非处方药“暂不允许采用网上销售方式”。2000年6月，原国家药品监督管理局颁布的《药品电子商务试点监督管理办法》规定，在北京、上海、广州、福建四地，符合条件的药品经营企业，经与药品电子商务试点网站签订协议，可在该网站从事药品交易。这标志着网络售药的萌芽。2001年版《药品管理法》未对药品网络销售做明确规定。2002年版《药品管理法实施条例》[1]第19条规定：“通过互联网进行药品交易的药品生产企业、药品经营企业、医疗机构及其交易的药品，必须符合《药品管理法》和本条例的规定。”并授权国务院药品监督管理部门会同国务院有关部门制定互联网药品交易服务管理办法。

1　2002年8月4日中华人民共和国国务院令第360号公布，根据2016年2月6日国务院第666号令《国务院关于修改部分行政法规的决定》修订。

在上述法律制度演进的基础上，原国家食品药品监督管理局于2005年9月颁布《互联网药品交易服务审批暂行规定》，搭建网络售药制度框架，明确界定“互联网药品交易服务”范围，指出“互联网药品交易服务包括为药品生产企业、药品经营企业和医疗机构之间的互联网药品交易提供的服务，药品生产企业、药品批发企业通过自身网站与本企业成员之外的其他企业进行的互联网药品交易以及向个人消费者提供的互联网药品交易服务”。该规定第21条明确：“向个人消费者提供互联网药品交易服务的企业只能在网上销售本企业经营的非处方药，不得向其他企业或者医疗机构销售药品。”

2017年，国务院办公厅发布的《关于进一步改革完善药品生产流通使用政策的若干意见》指出，应当以满足群众安全便捷用药需求为中心，积极发挥“互联网+药品流通”在减少交易成本、提高流通效率、促进信息公开、打破垄断等方面的优势和作用，引导“互联网+药品流通”规范发展，支持药品流通企业与互联网企业加强合作，推进线上线下融合发展，培育新兴业态。

在2019年《药品管理法》修订过程中，立法机关综合多方意见，坚持线上线下相同标准、一体监管的原则，对网络售药做出原则性规定。《药品管理法》于2019年8月26日修订通过，自2019年12月1日起施行，该法第61条为网络销售药品设定了规则，第62条规定了药品网络交易第三方平台提供者的义务。

在现代监管型国家的背景下，法律主要规定监管框架，还需行政立法来填补监管的罅隙，为监管设定明确的法律规则。《药品管理法》第61条第1款规定，由国务院药品监督管理部门会同国务院卫生健康主管部门等部门针对网络销售药品制定具体管理办法。2022年9月1日，国家市场监督管理总局以总局令第58号的形式颁布了《药品网络销售监督管理办法》（以下简称《办法》）。此部门规章共6章42条，明确了从事药品网络销售活动的要求，落实了第三方平台管理责任，加强了监管部门监督检查的力度，为违法行为设定了法律责任。[1]网络药品销售新规引入了风险监管、全程监管、社会共治的理念，将行政监管、自我规制与合作监管相结合，将事前监管与事中事后监管方式相结合。该《办法》通过对药品网络销售活动加以全链条统筹整合、系统谋划思考，针对药品网络销售的不同主体、不同环节，设定了相应的监管要求，对药品网络销售监管制度进行了体系化建构。

二、依法规范药品网络销售新业态的思路

（一）认真对待药品网络销售新业态

2018年，国务院办公厅印发《关于促进"互联网+医疗健康"发展的意见》，明确"完善'互联网+'药品供应保障服务。对线上开具的常见病、慢性病处方，经药师审核后，医疗机构、药品经营企业可委托符合条件的第三方机构配送"。[2]这为促进网络售药快速发展注入活力，随着相关法律制度的出台实施，药品网络销售发展迅速。特别是新冠肺炎疫情防控期间，在限制社交距离、人员居家隔离的情况下，网订店送的网络售药模式，在保障公众基本用药方面发挥了积极作用。相对于线下售药而言，网络销售药品品种丰富，覆盖面广泛，可为消费者提供更多选择，也在一定程度上打破购药时间和空间限制，显著提高公共服务效率和质量，优化药品流通资源配置。

此外，互联网天然具有"痕迹"，通过行之有效的追溯体系，可以清晰显示药品流向。网络销售药品这一特点，也使得假劣药的追溯更加

---

1 《药品网络销售监督管理办法》，国家市场监督管理总局总局令第58号，2022年9月1日发布，自2022年12月1日起施行。

2 《国务院办公厅关于促进"互联网+医疗健康"发展的意见》，国办发〔2018〕26号，2018年4月25日。

容易，降低了监管者事后追查的难度，便于监管部门进行药品追溯和事后追查，从而促使商家更加重视药品的安全性和有效性。从事药品网络销售、提供药品网络交易服务，应当采取有效措施，保障资料、信息和数据的真实、完整与可追溯，还应理性对待网络售药风险，依法加强事中事后监管，保障消费者合法权益。

互联网药品销售或许会在短期内对药品零售行业产生一定的冲击，但这客观上推动了药品零售业态的转型升级，促进了互联网平台和药品网络销售者的合作，促进了药品零售业态与药品网络销售者的合作，促进了药品零售业态与互联网平台的合作，进而促进线上线下融合发展，优化资源配置，创新服务模式，提高服务效率，降低服务成本，满足人民群众日益增长的医疗卫生健康需求。

（二）以包容审慎法理促进药品网络销售监管

《中华人民共和国电子商务法》（以下简称《电子商务法》）[1]第4条规定："国家平等对待线上线下商务活动，促进线上线下融合发展，各级人民政府和有关部门不得采取歧视性的政策措施，不得滥用行政权力排除、限制市场竞争。"对网络销售药品的管理，应做到线上线下一视同仁，更应秉承《电子商务法》第3条的规定，"推进电子商务诚信体系建设，营造有利于电子商务创新发展的市场环境，充分发挥电子商务在推动高质量发展、满足人民日益增长的美好生活需要、构建开放型经济方面的重要作用"。应全面、准确认识网络销售药品的社会和经济意义，以更好地满足公众寻医问药的需求，促进新兴业态的发展。

包容审慎监管要求监管者对新业态持宽容态度，要鼓励创新、保护

1　2018年8月31日第十三届全国人民代表大会常务委员会第五次会议通过。

创新、宽容创新。在互联网医药等新兴领域，某些形式上的违法行为，实质上反而增进了公共福祉。针对新兴领域、新生事物，应分类量身定制监管规则和标准。对看得准、有发展前景的，要引导其健康规范发展；对一时看不准的，设置一定的“观察期”，防止对其简单封杀，防止一禁了之。[1]

应推进线上线下一体化监管，完善与创新创造相适应的包容审慎监管方式。[2]药品监管部门应当按照鼓励创新的原则，对药品网络销售催生的药品流通新技术、新产业、新业态、新模式等实行包容审慎监管，针对其性质、特点分类制定和实行相应的监管规则和标准。[3]应当为网络药品销售留足发展空间，同时确保质量和安全底线，不得简单化地予以禁止或者不予监管。药品网络销售监督管理应坚持鼓励创新、包容审慎、严格监管、平等对待、线上线下一体化监管的原则，厘清政府与市场的边界，确定哪些应当由行政监管规范来调整，哪些应当交由市场来调节。

（三）以风险治理保障互联网医药安全

《药品管理法》第1条规定的立法目的包括“保障公众用药安全和合法权益”。“安全”表示免于危险或没有危险的状态，在现代社会中，公众对药品安全有着更高的期望。药品安全与风险治理休戚相关。《办法》体现了风险治理的理念：

其一，要求市场主体采取有效措施，保证交易全过程信息真实、准

1　《国务院关于加强和规范事中事后监管的指导意见》，国发〔2019〕18号，2019年9月6日发布。

2　《中共中央 国务院印发〈法治政府建设实施纲要（2021—2025年）〉》，中国政府网，2021年8月11日。

3　参见《优化营商环境条例》第55条。

确、完整、可追溯,[1]要求药品网络销售企业建立追溯制度。[2]

其二,疫苗、血液制品、麻醉药品、精神药品、医疗用毒性药品、放射性药品、药品类易制毒化学品等为国家实行特殊管理的药品,根据《药品管理法》第61条第2款规定,不得通过网络销售。《办法》第8条明确疫苗、血液制品、麻醉药品、精神药品、医疗用毒性药品、放射性药品、药品类易制毒化学品等国家实行特殊管理的药品不得在网络销售,并设定了禁售药品目录制度。

其三,药品网络销售企业应建立并实施风险控制制度,[3]对存在质量问题或安全隐患的药品依法采取风险控制措施。[4]

其四,规定风险警示制度。要求处方药销售时,应当在每个药品展示页面下突出显示"处方药须凭处方在药师指导下购买和使用"等风险警示信息,处方药销售前应向消费者充分告知相关风险警示信息,并经消费者确认知情。[5]风险警示制度有助于引导消费者合理从事网购药品活动,使得消费者更好了解药品安全风险,在选择、使用时具有判断力。以上风险治理制度的体系建构有助于进行利益衡量,防范药品风险,保障药品安全。

三、药品网络销售监管制度的体系建构

(一)遵守法律中药品经营的相关规定

根据《药品管理法》第61条第1款规定,网络销售药品,"应当遵守

1 参见《药品网络销售监督管理办法》第5条。
2 参见《药品网络销售监督管理办法》第10、14、15条。
3 参见《药品网络销售监督管理办法》第10条。
4 参见《药品网络销售监督管理办法》第16条。
5 参见《药品网络销售监督管理办法》第13条。

本法药品经营的有关规定”。《药品管理法》第2条和第7条分别明确，从事药品经营活动，应适用本法规定；从事药品经营活动，应当遵守法律、法规、规章、标准和规范，保证全过程信息真实、准确、完整和可追溯。《药品管理法》第五章“药品经营”则对从事药品经营活动的要求做出系统规定。从体系解释的方法出发，药品网络销售不仅要符合《药品管理法》第61、62条的要求，还应符合法律中其他关于药品经营的法律规定。也就是说，从事网络售药活动，应符合《药品管理法》第52、53条相关规定，满足从事药品经营活动的四个条件；遵守药品经营质量管理规范，建立健全药品经营质量管理体系，保证药品经营全过程持续符合法定要求。

（二）明确药品网络交易第三方平台提供者义务

药品网络交易第三方平台是独立于买卖双方的服务组织，是在网络药品交易活动中为购销双方提供交易服务的网络系统。药品网络交易第三方平台在电子商务中，为药品交易活动中双方或多方提供网络经营场所、信息发布、在线采购、在线交易、在线支付、药品跟踪、配合地面仓储和物流等医药流通服务，供交易双方或多方独立开展交易活动。第三方平台履行重要的公共职能，平台应积极承担与其权力相匹配的公共责任。

在互联网药品交易活动中，药品网络交易第三方平台相当于平台市场的“看门人”，还应承担防范风险、消除平台内违法行为的责任。《药品管理法》第62条第2款规定，第三方平台提供者应当依法对申请进入平台经营的药品上市许可持有人、药品经营企业的资质等进行审核，保证其符合法定要求，并对发生在平台的药品经营行为进行管理；第62条第3款规定，第三方平台提供者发现进入平台经营的药品上市许可持有人、药品经营企业有违反药品管理法规定行为的，应当及时制止并立即报告所在地县级人民政府药品监督管理部门，发现严重违法行为的，应当立即停止提供网络交易平台服务。

《药品管理法》第62条第1款明确规定，药品网络交易第三方平台提供者有向药品监管部门备案的义务。第三方平台应恪守法律规范的要求，依法进行信息备案。[1]应规范第三方平台提供者的信息披露制度，公示平台相关基本信息，依法展示药品信息。[2]第三方平台有配合监督检查、案件查办、事件处置等行政监管活动的义务。

药品网络监管的制度设计体现了“对自我规制的规制”理念。监管者有意促使被监管者本身针对药品网络销售风险，做出内部式的、自我规制性质的回应。行政监管者鼓励第三方平台设置自己的内部控制和管理体系，由监管者对这种体系进行监督。《办法》对第三方平台的组织架构提出要求，要求平台建立药品质量安全管理机构。第三方平台应建立并实施药品质量安全、药品信息展示、处方审核、处方药实名购买、药品配送、交易记录保存、不良反应报告、投诉举报管理等制度，[3]平台还负有对药品展示、交易记录与投诉举报等的信息保存义务。[4]网售药监管的制度设计有助于实现监管目标，又赋予了第三方平台一定灵活性。第三方平台在建立并实施相关制度时，也应充分听取商家、消费者、行业协会、专家学者等的意见，考虑不同利益相关方的需求和建议。

在药品网络销售活动中，第三方平台构成了平台市场的监管式“看门人”，它们可以以相对丰富的资源、相对合理的成本，积极承担防范风险、消除平台内违法行为的责任。以《药品管理法》第62条第2、3款为

1 《药品网络销售监督管理办法》第18条。
2 《药品网络销售监督管理办法》第19条。
3 《药品网络销售监督管理办法》第17条。
4 《药品网络销售监督管理办法》第21条。

依据,《办法》细化了平台对药品网络销售企业资质审核的要求,[1]明确了停止提供网络交易平台服务、停止展示药品相关信息的要件。[2]

(三) 细化药品网络销售企业法定义务

从事药品经营活动,应当遵守法律、法规、规章、标准和规范,保证全过程信息真实、准确、完整和可追溯。网络销售药品,应当遵守药品管理法有关药品经营的规定。药品网络销售活动的从业者作为电子商务经营者,还应遵循自愿、平等、公平、诚信的原则,履行消费者权益保护、网络安全与个人信息保护等方面义务,接受政府和社会的监督。

《办法》为药品网络销售企业规定了较为严格、细密的法定义务,细化了《药品管理法》的相关要求。这体现为:第一,资格资质和经营范围符合要求。从事药品网络销售,应当具备保证网络销售药品安全的能力,经营方式和经营范围获批准。第二,建立质量体系与质量管理制度。药品网络销售企业应建立并实施药品质量安全管理、风险控制、药品追溯、储存配送管理、不良反应报告、投诉举报处理、在线药学服务等制度。[3]第三,销售活动符合法定要求。《办法》为药品网络销售企业设定了信息报送、药品配送、出具销售凭证、完整保存记录等要求。以上举措针对互联网药品销售的特点,为药品网络销售设定了一套完整、系统的质量保证措施和管理规范。第四,强制信息披露的义务。药品网络销售企业有持续公示许可资质、人员资格信息的义务。[4]药品网络销售企业展示的药品相关信息应真实、准确、合法,以克服药品交易活动

1 《药品网络销售监督管理办法》第20条。
2 《药品网络销售监督管理办法》第23条。
3 《药品网络销售监督管理办法》第10条。
4 《药品网络销售监督管理办法》第12条。

中消费者和市场主体之间的信息不对称。[1]

四、加强处方药网络销售监管

我国实行处方药与非处方药分类管理制度，根据药品品种、规格、适应症、剂量及给药途径不同，对药品分别按处方药与非处方药进行管理，凭医师处方才可调配、购买和使用处方药。从比较法的角度审视，美国、荷兰、英国、瑞典等国都已在不同程度上放开处方药网络销售，并且形成了各具特色的运营模式和监管体系。

《药品管理法》未禁止网售处方药，这为网售处方药活动提供了制度空间，但在《办法》颁布之前，还缺少关于网售处方药活动的完备行为规则，网售处方药活动的监管框架还有待细化，网售处方药活动也游走于合法性的边缘。

《办法》第9条强化了对网售处方药中处方的要求，要求处方来源真实、可靠；要求药品网络零售企业、第三方平台与电子处方提供单位签订协议。此制度设计旨在加强网售处方药的溯源管理，从源头上防患于未然。《办法》第13条对网售处方药的信息展示提出了详尽的要求，要求药品网络零售企业将处方药与非处方药区分展示，在相关网页上显著标示，并在每个药品展示页面下突出显示"处方药须凭处方在药师指导下购买和使用"等风险警示信息。《办法》第13条还为药品网络零售企业设定了向消费者充分告知警示信息的义务。通过风险警示信息的展示与告知，克服市场主体与消费者之间的信息不对称。《办法》第15条还为处方药的网络销售者设定了保存处方、在线药学服务记录等义务。

《办法》中的制度安排，在有效防范网售处方药安全风险的同时，

1 《药品网络销售监督管理办法》第13条。

也系统建构了网售处方药监管制度,网售处方药不再是“犹抱琵琶半遮面”,而是以合法化的方式登堂入室。这有助于推进供给侧结构改革,推动“医药分开”,打破医疗机构对药品市场的垄断,推动“互联网+医疗”“互联网+医药”“互联网+医保”制度的推进,进而缓解寻医问药难题,保障患者用药的可及性,保障患者获得医疗卫生服务的权利。

五、药品网络销售监管方式的推陈出新

在多元共治的监管网络中,不同主体并非处于相同的地位。在我国强调国家治理体系和治理现代化的背景下,尽管治理改变了国家与社会的关系,但依然由监管部门来履行监管职能,并征募市场与社会的力量,以实现规范药品网络销售和药品网络交易平台服务的目标。《办法》试图运用事前监管和事后监管方式,综合运用行政许可、监督检查、强制信息披露、药品网络交易监测、告诫、约谈、违法事实公布等多种监管方式,更好地进行药品网络销售监管。

(一)监督检查

监督检查是准确查明事实、做出后续决定的重要前提。监管部门可以依职权主动对第三方平台和药品网络销售企业进行检查,自行决定检查的种类与范围,决定采集何种证据。《办法》第26条规定了监管部门的监督检查权,《办法》第27条规定了监管部门在检查时实施现场检查、进行抽样检验、询问、查阅复制资料、采取查封扣押措施等权力。

(二)强制信息披露

强制信息披露并非行政机关来披露信息,而是通过为市场主体设

定法定的信息披露义务，通过信息披露来克服消费者和市场主体之间的信息不对称。《办法》第12条要求药品网络零售企业公示许可信息、展示药学技术人员资格信息;《办法》第19条要求第三方平台公示相关行政许可、备案等信息，从而让消费者了解企业和平台主体资格的合法性。《办法》第13条为药品网络零售企业展示药品信息，特别是展示处方药信息提出了严格要求。《办法》第17条规定，第三方平台应当建立并实施药品信息展示制度。这是强制信息披露工具的具体应用，通过披露真实、准确、完整的信息，保障公众知情权和选择权，令市场主体接受社会公众的监督。

（三）药品网络交易监测

药品网络交易监测制度是药品网络销售监管中的重要制度。为适应药品网络销售新业态监管需要，国家药品监督管理局从2016年开始，组织国家药监局南方医药经济研究所（以下简称“南方所”）筹建国家药品网络销售监测平台，坚持“以网管网”的监管理念，组织开展药品网络销售监测，目前已实现对国内1.8万余家网站（包含网店）的日常监测，平均每月监测近750万产品页。其中，国家药品网络销售监测平台从2020年3月启用至2022年3月间，监测网页总频次超过6 900万页次。2022年1月至2月间，南方所监测发现药品网络销售违法违规线索160条，涉及19个省（区、市），药品监督管理部门根据南方所提供的网络监测线索，依照职责对相应违法行为进行调查处置。[1]

《办法》第29条规定了药品网络销售监测制度。省级药品监督管理部门建立的药品网络销售监测平台，应当与国家药品网络销售监测

1 《强化药品网络销售监测 推进药品安全专项整治》，国家药品监督管理局官网，2022年3月15日。

平台实现数据对接。药品监督管理部门对网络销售违法行为的技术监测记录资料，可以依法作为实施行政处罚或者采取行政措施的电子数据证据。

（四）回应型监管工具的引入

《办法》第30条规定，对有证据证明可能存在安全隐患的，药品监督管理部门可采取告诫、约谈、限期整改以及暂停生产、销售、使用功能、进口等措施，并及时公布检查处理结果。这些监管工具相对更为柔软、灵活，更具有弹性和创新性，这些伴有磋商色彩的回应性监管工具有助于强化监管者与被监管者之间的信息交流与角色互动，执法成本和守法成本相对较低，有助于被监管者及时纠正自己的违规行为，完善内部合规体系，更好地实现监管目标。

六、结语

药品网络销售的合作监管在以命令手段为特征的行政监管和市场主体的自我规制之间进行勾连，形成了“铰链”，从而在药品网络销售市场主体与药品监管部门之间形成了一种具有规范意蕴的法律结构。[1]合作监管开辟了一张“疏而不漏”的罗网，给行业自我规制留足了活动的弹性空间，但制度绵密之处在于，当出现第三方平台和企业个体自我规制的失灵时，还可以通过药品监管部门的介入，经由药品法律责任条款的规定，来保障药品网络销售监管结构的安定性，以更好地履行监管任务，保护公众健康福祉。

1　参见金健：《受规制的自我规制与行政法的嬗变》，载沈岿主编：《行政法论丛》第25卷，法律出版社2020年版，第7页。

第十一章

国家组织药品集中采购的法治路径*

在2022年举行的第七批国家组织的药品集中采购中，有60种药品采购成功，295家企业的488个产品参与投标，217家企业的327个产品获得拟中选资格。其中，6家国际药企的6个产品中选，211家国内药企的321个产品中选，投标企业中选比例为73%，拟中选药品平均降价48%，预计每年可节省费用185亿元。[1]这给患者带来了福祉，减少了患者医药费用支出，但需要思考：为何进行药品集中采购？法律依据为何？法律程序如何展开？实行药品集中采购后，如何应对可能与“吐血大降价”相伴的药品断供？如何保证中选药品的质量与安全？这些都是我们需要面对的课题。

一、药品集中采购的制度流变

我国药品集中采购制度建立已有三十余年时间，2000年2月，《国

---

* 本章内容以笔者之前为澎湃新闻“法治的细节”栏目撰写的《药品集中采购如何确保降价不降质》（2022年7月28日）一文为基础，收入本书时，笔者做了扩充和完善。

1 《第七批国家组织药品集采拟中选药品平均降价48%》，中国政府网，2022年7月12日。

务院办公厅转发国务院体改办等部门关于城镇医药卫生体制改革的指导意见》(国办发〔2000〕16号)中指出，根据《中华人民共和国招标投标法》(以下简称《招标投标法》)进行药品集中招标采购工作试点，对招标、投标、开标、评标、中标以及相关的法律责任等进行探索，提出规范药品集中招标采购的具体办法。[1]原卫生部等六部门印发的《关于进一步做好医疗机构药品集中招标采购工作的通知》[2]指出“2001年底，争取地级以上城市普遍开展药品集中招标采购工作”，要求集中招标采购必须坚持公开、公平竞争的原则。当时的关切是“积极引进竞争机制，降低药品虚高价格，杜绝假劣药流入医疗机构，切实减轻患者和社会的不合理医药费用负担”。

2010年7月，原卫生部等七部委联合印发《医疗机构药品集中招标采购工作规范》(卫规财发〔2010〕64号)，提出实行以政府主导、以省(区、市)为单位的医疗机构网上药品集中采购工作。[3]2015年2月，国务院办公厅印发《关于完善公立医院药品集中采购工作的指导意见》，指出坚持以省(区、市)为单位的网上药品集中采购方向，实行一个平台、上下联动、公开透明、分类采购，采取招生产企业、招采合一、量价挂钩、双信封制、全程监控等措施，加强药品采购全过程综合监管。但这个时期推进的省级药品集中招标采购确定招标价格而不确定招标量，可谓只招不采，中标不带量，难以有效压缩药价虚高空间，对破除以药补医机制的作用有限。

1　《国务院办公厅转发国务院体改办等部门关于城镇医药卫生体制改革指导意见的通知》，国办发〔2000〕16号，国务院办公厅，2000年2月21日。

2　《关于进一步做好医疗机构药品集中招标采购工作的通知》，卫规财发〔2001〕208号，卫生部、国家计委、国家经贸委、国家药品监督管理局、国家中医药管理局、国务院纠风办，2001年7月23日。

3　《关于印发医疗机构药品集中采购工作规范的通知》，卫规财发〔2010〕64号，卫生部、国务院纠风办、国家发展改革委、监察部、财政部、国家工商行政管理总局、国家食品药品监督管理局，2010年7月7日。

在2018年3月推行的党和国家机构改革中，我国组建了作为国务院直属机构的国家医疗保障局，其职责包括制定药品、医用耗材的招标采购政策并监督实施，指导药品、医用耗材招标采购平台建设。2018年11月14日，中央全面深化改革委员会第五次会议审议通过了《国家组织药品集中采购试点方案》，提出了国家组织、联盟采购、平台操作的总体思路，提出试点目的是探索完善药品集中采购机制和以市场为主导的药价形成机制，降低群众药费负担，规范药品流通秩序，保障群众用药安全。2019年1月，国务院办公厅印发了《国家组织药品集中采购和使用试点方案》，选择北京、天津、上海、重庆、沈阳、大连、厦门、广州、深圳、成都、西安11个城市，从通过质量和疗效一致性评价（简称一致性评价）的仿制药对应的通用名药品中遴选试点品种，确立了“带量采购、以量换价，招采合一、保证使用”等原则。[1]

2020年2月，中共中央、国务院印发《关于深化医疗保障制度改革的意见》，要求“坚持招采合一、量价挂钩，全面实行药品、医用耗材集中带量采购”。根据《国务院办公厅关于推动药品集中带量采购工作常态化制度化开展的意见》（国办发〔2021〕2号）的要求，[2]按照保基本、保临床的原则，重点将基本医保药品目录内用量大、采购金额高的药品纳入采购范围，逐步覆盖国内上市的临床必需、质量可靠的各类药品。国家组织药品集中采购，意在发挥战略购买优势，运用需求引导供给、供给创造需求的经济杠杆，引导医药领域供给侧结构改革，通过带量采购、以量换价，引导药品价格回归合理水平，让公众用上质优价宜的药品。

1 《国务院办公厅关于印发国家组织药品集中采购和使用试点方案的通知》，国办发〔2019〕2号，2019年1月1日。

2 《国务院办公厅关于推动药品集中带量采购工作常态化制度化开展的意见》，国办发〔2021〕2号，2021年1月22日。

二、依法规范药品集中采购活动

《国家组织药品集中采购和使用试点方案》规定，根据每种药品入围的生产企业数量分别采取相应的集中采购方式，入围生产企业在三家及以上的，采取招标采购的方式；入围生产企业为两家的，采取议价采购的方式；入围生产企业只有一家的，采取谈判采购的方式。无论采取招标采购、议价采购还是谈判采购方式，相关主体都应恪守法律规范和法律原则的要求。

（一）恪守《中华人民共和国招标投标法》的要求

我国药品市场一定程度上存在供过于求的现象，存在多家企业生产同一种仿制药的现象，此时，招标采购构成了药品集中采购的主要形式。《招标投标法》第2条规定："在中华人民共和国境内进行招标投标活动，适用本法"，因此当以招标采购方式开展药品集中采购时，应恪守《招标投标法》的要求。[1]尽管药品集中采购涉及医保资金的使用，涉及《中华人民共和国政府采购法》（以下简称《政府采购法》）第2条规定的"使用财政性资金采购"，但《政府采购法》第4条规定，"政府采购工程进行招标投标的，适用招标投标法"。因此，药品集中采购适用《招标投标法》的要求，应为题中之义。

《招标投标法》第8条规定："招标人是依照本法规定提出招标项目、进行招标的法人或者其他组织。"现有政策性文件要求，按照政府

1　1999年8月30日第九届全国人民代表大会常务委员会第十一次会议通过，根据2017年12月27日第十二届全国人民代表大会常务委员会第三十一次会议《关于修改〈中华人民共和国招标投标法〉、〈中华人民共和国计量法〉的决定》修正。

组织、联盟采购、平台操作的要求，推进构建区域性、全国性联盟采购机制，医疗保障部门会同有关部门指导或组织相关地区和医疗机构形成药品集中采购联盟，联盟地区药品集中采购机构共同成立跨区域联合采购办公室，代表联盟地区医疗机构实施药品集中带量采购。通过联盟招标采购进行带量采购，量价挂钩、以量换价，降低药品集中采购价格。

（二）不得以违法方式报价竞标

具有市场支配地位的经营者，不得滥用市场支配地位，排除、限制竞争。[1]为了获得更多收益，药品集中采购中的一些投标人可能会串通投标，通过制定同样的价格，获得垄断性优势，即所谓“串标”；还有可能通过对其他投标者进行排挤，使某位利益相关者中标，即所谓“围标”。这些都构成了依法被禁止的滥用市场支配地位的行为。

投标人不得以低于成本的报价竞标。[2]投标人有时以低于正常成本的低价投标，排除竞争对手，中标后无法正常持续供应，这可能导致药品断供与短缺。在药品招标采购中，招标方应努力了解投标方的合理成本，根据经验估算成本，自行核算成本或要求投标人澄清成本的合理组成部分，应防范招标人“舍命陪君子”式的恶意低价投标。

根据《招标投标法》第33条的规定，药品集中采购中的投标人“不得以他人名义投标或者以其他方式弄虚作假，骗取中标”。《中华人民共和国基本医疗卫生与健康促进法》（以下简称《基本医疗卫生与健康促进法》）第62条则规定，参加药品采购投标的投标人不得以低于成

1 参见《反垄断法》第7条。

2 参见《招标投标法》第33条。

本的报价竞标，不得以欺诈、串通投标、滥用市场支配地位等方式竞标。《基本医疗卫生与健康促进法》第103条对违反该法第62条规定的行为设定了法律责任，包括责令改正、没收违法所得、罚款，中标的，中标无效；情节严重的，取消违法者二年至五年内参加药品采购投标的资格，并予以公告。

（三）招标投标程序须合法

在确定中标人前，招标人不得与投标人就投标价格、投标方案等实质性内容进行谈判。[1]当以招标投标方式进行药品集中采购时，在确定中标人以前，如果允许招标人与个别投标人就其投标价格、投标方案等投标的实质性内容进行谈判，招标人可能“明修栈道，暗度陈仓”，利用一个投标人提交的投标对另一个投标人施加压力，迫使其降低投标报价或做出对招标人更有利的让步。这还有可能导致招标人与投标人的串通行为，投标人可能会借此机会根据从招标人处得到的信息对有关投标报价等实质性内容进行修改，这对于其他投标人而言是不公正的。因此，在药品集中招标采购中，招标人不得就投标价格、投标方案、技术要求等实质性内容与投标人进行谈判。

（四）依法缔结并履行药品集中招标采购合同

应依法缔结并履行药品集中招标采购合同。招标人发出药品集中采购招标公告，这是“希望他人向自己发出要约的表示”，以吸引他人投标，该意思表示属于要约邀请。[2]投标是指投标人按照招标人的要求，

1　参见《招标投标法》第43条。

2　参见《民法典》第473条。

在规定的期限内向招标人发出的包括合同主要条款的意思表示，该意思表示是希望与他人订立合同的意思表示，属于要约。[1]

招标人应当根据招标项目的特点和需要编制招标文件。招标文件应当包括招标项目的技术要求、对投标人资格审查的标准、投标报价要求和评标标准等所有实质性要求和条件以及拟签订合同的主要条款。[2]2022年6月20日，国家组织药品联合采购办公室发布了《全国药品集中采购文件（GY-YD2022-1）》的公告。这份31页的文件就采购品种及约定采购量、采购周期与采购协议、申报资格等做了详细规定，规定了申报企业的资格条件、申报报价要求，设定了入围企业确定准则、拟中选企业确定准则、供应地区确认准则等内容。这份公告既是要约邀请，也承载了判断投标人资质、能力的基准，其内容是更加相对化的而非绝对化的标准。它往往要“优中选优”，通过基准的确定与公布，来明确遴选标准，给投标人以导引，明确在相互竞争的投标人A、B、C、D、E……之中，究竟哪个企业可以更好地符合药品价格、药品质量和供货量的要求。

中标人确定后，招标人应当向中标人发出中标通知书，并同时将中标结果通知所有未中标的投标人。中标通知书对招标人和中标人具有法律效力。中标通知书发出后，招标人改变中标结果的，或者中标人放弃中标项目的，应当依法承担法律责任。[3]中标通知书实质上就是招标人的承诺。所谓承诺，依照《民法典》第479条的规定，是指受要约人同意要约的意思表示。

依法成立的合同，受法律保护。[4]《民法典》第509条第1款规定：“当事人应当按照约定全面履行自己的义务。”坚持招采合一、量价挂

1 参见《民法典》第472条。

2 参见《招标投标法》第19条。

3 参见《招标投标法》第45条。

4 参见《民法典》第465条第1款。

钩，在依法依规确定供应企业、约定采购量和采购协议期后，各方应严格遵守法律法规和药品集中采购协议的约定，落实中选结果，依法享有权利、履行义务并承担相应责任。申报企业、中选企业、配送企业如在拟中选或中选后放弃中选资格，或未按照协议价格和协议量履行供货承诺，相当于报低价而不供应，会影响临床使用，也违反了《民法典》《招标投标法》的要求。

三、依法建构防止药品集中采购断供的法律机制

2021年8月20日，国家组织药品联合采购办公室因集采中选品种布洛芬缓释胶囊的中选企业华北制药在山东省违约断供，宣布将华北制药列入“违规名单”，并取消其从2021年8月11日至2022年5月10日参与国家药品集采活动的申报资格。自推行国家药品集中采购以来，有近二十家中标药企出现过断供现象。其原因大致有三：第一，受环境影响评价、上游基础生产原料价格上涨等因素影响，原料药的生产成本一涨再涨，这导致中标药企很难通过以中标价生产、销售药品，来收回成本。第二，上市后变更程序的约束。《药品管理法》第79条规定，对药品生产过程中的变更，按照其对药品安全性、有效性和质量可控性的风险和产生影响的程度，实行分类管理。根据《药品注册管理办法》《药品生产监督管理办法》等规章规定，我国对药品上市后变更按审批类、备案类和报告类变更实行分类管理。药品生产企业对变更要进行评估和验证，审批、备案和报告程序也需要时间，在程序履行结束之前，企业无法改进工艺、提升产能，这也会导致供应短缺。第三，可能是药企的主观故意。为了打压竞争对手，某些药企恶意报价，故意给出过低价格，在挤掉竞争对手后，该药企选择断供。

为此，国家应通过较为缜密的机制设计，以应对药品集中采购后的断供现象。

（一）新增备供地区和备选企业

第七批国家组织药品集中采购改变了以往“一个药品在一个省份只有一个中标企业”的规则，新增了备供地区和备选企业。拟中选企业统一进行主供地区和备供地区确认，拟中选企业确认后在备供地区成为备选企业，备选企业按其中选价格直接在备供地区挂网供应。当主供企业无法满足所选地区市场需求时，备供企业可按有关程序获得主供企业身份。具体启动程序和条件由各省级医保部门负责。这有助于保障集采药品的供应，防范药企断供现象的发生。

（二）对违约企业设定和实施资格限制

《公告》第八部分题为“违约及处置”，规定申报企业、中选企业等如有列举的十六种行为时，包括“不履行供货承诺，影响到临床使用”，经有关部门认定情节严重的，将被列入违规名单。在药品集中采购活动中，以违约、违规行为情节严重为前提，将申报企业、中选企业列入违规名单，取消相应企业的申报资格、中选资格，同时视情节轻重取消上述企业自列入违规名单之日起两年内参与各地药品集中采购活动的资格。建议未来招采部门在规则中明确列出情节严重的情形，或发布违约情节严重的典型案例，这有助于减轻执法者的思维负担，给投标人以较为稳定的法律预期。

（三）建立和实施药品招标采购信用评价制度

在充分掌握信用信息、综合研判信用状况的基础上，以公共信用综合评价结果、行业信用评价结果等为依据，对监管对象进行分级分类，根据信用等级高低采取差异化的监管措施，有助于构建以信用为基础的新型监管机制。2020年11月18日，国家医疗保障局医药价格和招标采购指导中心印发了《医药价格和招采信用评价的操作规范（2020版）》。该规范规定，根据失信行为的性质、情节、时效，以及影响范围等因素，将医药企业在本地招标采购市场的失信情况评定为“一般”“中等”“严重”“特别严重”四个等级。对于失信等级评定为“一般”的医药企业，给予书面提醒告诫；对于失信等级评定为“中等”的医药企业，还应在采购平台的信息中标注信用评级结果，并在医疗机构下单采购该企业生产、配送的药品或医用耗材时，自动提示采购对象的失信风险信息；对于失信等级评定为“严重”的医药企业，应限制或中止该企业涉案药品挂网、投标或配送资格；对于失信等级评定为“特别严重”的医药企业，应限制或中止该企业全部药品挂网、投标或配送资格。

四、确保集中采购药品的质量与安全

《药品管理法》第3条规定，药品管理应当以人民健康为中心，全面提升药品质量，保障药品的安全、有效、可及。我国现代制药业起步较晚，药品生产以仿制为主。已批准上市的化学药中，95%以上为仿制药。仿制药是与原研药具有相同的活性成分、剂型、给药途径和治疗作用的药品，能够降低医疗支出，提高药品可及性，提升医疗服务水平。

我国组织药品集中采购就涉及在同一品种之下，对不同企业、不同规格的原研药、仿制药和参比制剂之间的比较与选择。因此，开展药品集中采购的前提是仿制药质量和疗效一致性评价工作的开展，即要求已经批准上市的仿制药品，要在质量和疗效上与原研药品能够一致，临床上与原研药品可以相互替代。2015年《国务院关于改革药品医疗器械审评审批制度的意见》提出了仿制药质量和疗效一致性评价制度。[1]2016年2月6日《国务院办公厅关于开展仿制药质量和疗效一致性评价的意见》发布，提出化学药品新注册分类实施前批准上市的仿制药，凡未按照与原研药品质量和疗效一致原则审批的，均须开展一致性评价。[2]截至2022年7月，国家药监局共审评通过513个品种，涉及2 555个品规的仿制药质量和疗效一致性评价申请。这为针对同一品种、同一剂型在不同企业之间展开药品集中招标采购，提供了坚实的制度保障。

同时，药品集中采购以量换价，让药品价格降下来，但是药品质量不能降，药品安全性不能降。为此，可依法实施如下监管方略，以确保药品质量与安全，捍卫公众健康福祉：

第一，建立中选药品品种档案信息化系统。国家与省级药品监管部门共享药品生产工艺、质量标准等监管基础信息，增强监督检查的针对性。

第二，建立健全中选药品追溯制度。《药品管理法》第12条规定："国家建立健全药品追溯制度。"《药品管理法》第36条规定："药品上市许可持有人、药品生产企业、药品经营企业和医疗机构应当建立并实施药品追溯制度，按照规定提供追溯信息，保证药品可追溯。"应加快推进药品生产流通使用全过程追溯体系建设，基本实现药品集中采购中选药品全程可查询、可追溯。

第三，严格中选药品生产管理。要持续完善中选药品的生产质量管理体系和质量保证体系，[3]按规定对供应原料、辅料的供应商进行审

1 《国务院关于改革药品医疗器械审评审批制度的意见》，国发〔2015〕44号，2015年8月9日印发。

2 《国务院办公厅关于开展仿制药质量和疗效一致性评价的意见》，国办发〔2016〕8号，2016年2月6日。

3 参见《药品管理法》第31、43条。

核，[1]严格按照药品监管部门核准的生产工艺组织生产，[2]严格落实记录与数据管理要求，做到数据真实、准确、完整。

第四，强化中选企业的上市后变更控制。药品生产企业应当建立上市后变更控制体系，加强上市后变更研究管理。对于中选药品的各类上市后变更，药品生产企业应当进行充分的研究，科学研判其变更前后的质量和疗效的一致性；特别是备案类和审批类变更，必须严格执行上市后变更管理要求。

第五，强化药品监督检查。《药品管理法》第99条规定了药品监管部门的监督检查权，《药品管理法》第100条规定了药品监管部门的抽查检验权。药品监管部门应依法对药品集中采购中选企业进行全覆盖监督检查，对中选产品进行全覆盖抽查检验。监督检查时，特别要聚焦超低价中标或者降价幅度大的品种，以及中选后变更原辅包供应商、生产场地、生产工艺和批量等品种，加强监督管理和风险防控。

五、结语

笔者在对我国药品集中采购法律制度加以整理、评述的过程中，深感这体现了“文件先行、试点推动、政策驱动”的特征，体现了实验主义治理的特征。在七轮的国家组织药品集中采购过程中，采购制度不断优化，评审规则日趋精细，后续监管逐步完备。但毋庸讳言，我国药品集中采购法治化程度仍处于相对较低的水平，虽可努力以《民法典》《招标投标法》《政府采购法》为依据，并以《药品管理法》《基本医疗卫生与健康促进法》等实体法律为遵循，但有关药品集中采购的采购主体、采购条件、采购程序、后续监管的规定，更多分散于国务院和国务院

1　参见《药品管理法》第45条。

2　参见《药品管理法》第44条。

办公厅颁布的文件中，分散于若干医疗保障、药品监管、招标投标的规范性文件中，这些规定对实体内容予以更多关切，考虑了制度设计的有效性，但就与上位法律的衔接而言，也存在诸多不周之处。

药品集中采购法律制度作为社会给付法律制度中的重要组成部分，具有经济宪法的意蕴，它给公共财政以负担，同时通过以量换价，创造消费需求，促进医药经济活动。药品集中采购涉及医保资金等公共资金的使用，关系到患者用药的可及性，关系到医药企业的财产权与公平竞争权，当以法律规范来设定药品集中采购制度的框架，建议在正在制定的《中华人民共和国医疗保障法》中，以专章或专节对药品集中采购制度的框架加以规定。未来可考虑以国务院行政法规的形式，颁布《药品集中采购条例》，对采购主体、采购平台、采购周期、采购量、申报资格、申报材料、评审规则、采购协议的缔结与实施、监督管理、法律责任加以系统规定，进而推动药品集中采购工作真正迈向法治。

下　篇

他山之石

第十二章
美国临床试验药物拓展使用法律制度评介*

一、引言

2020年，全球暴发了新型冠状病毒感染的肺炎疫情，严重危及人类健康，被世界卫生组织定性为"国际关注的突发公共卫生事件"。美国在治疗首例确诊病例过程中，遵循拓展性同情用药（compassionate use）的原则，对患者试用了尚处于研究阶段、治疗埃博拉病毒的药物瑞德西韦，患者的临床症状得到明显的改善。[1]虽然瑞德西韦对治疗新冠肺炎是否有效待证，但拓展用药的适用，使临床急需用药的患者尽快获得药物治疗，提高了在突发公共卫生事件中用药的可及性，为全球抗击肺炎疫情带来更多希望。

临床试验作为药物研发的关键环节，为药品的安全性、有效性提供证据，如果患者符合受试者条件，可以通过入组临床试验的方式，通过服用临床试验用药物来治疗疾病；适用该制度的患者使用的是尚处于

---

* 本章主体内容以"药物可及性与安全性的衡量：美国临床试验药物拓展使用法律制度评介"为题，刊于《财经法学》2020年第6期，原系与刘炫合作。

1 参见郭宗儒：《由同情用药发展为Ⅲ期临床研究的瑞德西韦》，《药学学报》2020年第2期。

研究阶段、未经上市许可的临床试验药物。而临床试验药物的拓展使用(expanded access),是指患有严重或危及生命疾病的患者,当缺少替代治疗方案,通过服用已上市药品无法获得有效治疗,也无法加入药物临床试验组时,可以申请在未加入临床试验的情况下,在特定条件下使用未经上市审批的临床试验药物。[1]同情用药可被理解为拓展使用的同义词。

行政机关在制度设计与建构中往往会在多个目标利益中进行平衡,促使制度效益趋于最大化,同时付出最小的成本。[2]保证药品安全有效是药品监管的核心要义,但在特定情形下,对于患有严重危及生命疾病的患者而言,为了其及时获得临床急需的药物,需要在药物可及性与安全性之间,做出相对更侧重于药物可及性的制度安排。因此,要在常规药品监管框架之外,设计作为例外情形的临床试验药物拓展使用制度,以保障特定患者的健康权益。

美国对拓展使用临床试验药物已有较为丰富的制度实践,并在法律和规章中对此加以规范,旨在将尚处研究阶段的药物用于对特定患者的诊断、监测或治疗,而不以获取临床试验数据为主要目的。[3]本章力图对美国拓展使用临床试验药物制度的历史流脉、制度架构加以评介,并梳理相关论争,以期对我国相关制度的完善有所裨益。

二、美国临床试验药物拓展使用制度的历史流脉

1987年之前,美国更为强调新药的有效性和安全性,而将药物的可及性置于相对次要的地位。绝症患者对用药可及性的迫切需求,推

---

1 Expanded Access,FDA官网。

2 参见沈岿:《论行政法上的效能原则》,《清华法学》2019年第4期。

3 袁杰、王振江、刘红亮、刘沛主编:《〈中华人民共和国药品管理法〉释义》,中国民主法制出版社2019年版,第84页。

动了临床试验药物的拓展使用。1987年，艾滋病的暴发加剧了公众对用药可及性的要求，促使FDA建立了药物临床研究申请（investigational new drug，简称IND）机制。此后，美国一直致力于健全和完善临床试验药物的拓展使用制度。

（一）1987年以前对临床试验药物拓展使用制度的否认

1937年，美国发生了磺胺酏剂（elixir sulfanilamide）药害事件，造成至少107人死亡，促使国会在1938年通过了《联邦食品、药品与化妆品法》，新法案更加注重对药品安全的规制，要求制药公司在药品上市前必须向FDA提交新药申请（New Drug Applications，简称NDAs），并通过试验证明药品的安全性。[1]

1961年，欧洲发生了“反应停”（Thalidomide）药害事件，有8 000至9 000名母亲因服用反应停而导致畸形儿的出世。虽然反应停未在美国获批上市，但受此事件影响，美国国会于1962年通过了《联邦食品、药品与化妆品法》的基福弗-哈里斯修正案（Kefauver-Harris Amendments），修正案旨在确保“药品的安全、有效及可靠性”，并为后来的多期药物临床试验制度设定法律框架，要求药品生产企业在上市许可申请前，提交关于临床试验药物安全性、有效性的“实质性证据”。[2]

由于药物上市前研发和试验时间在不断延长，晚期患者往往没有合适的诊疗药物，又无法等到FDA对新药的审批上市，于是患者主张自己有使用临床试验药物的宪法权利。在1975年的鲁瑟福德诉美国案

1　参见宋华琳：《危机时刻与规制变迁——公共议程的设定与美国1938年〈食品、药品和化妆品法〉的形成史》，载傅蔚冈、宋华琳主编：《规制研究》第1辑，格致出版社、上海人民出版社2008年版，第161—162页。

2　Sylvia Zaich, An Examination of the Right to Try Act of 2017 and Industry’s Potential Path Moving Forward, 92 *S. Cal. L. Rev.* 337 (2019).

(*Rutherford v. United States*)中，苦杏仁苷(Laetrile)药物只有关于安全性、有效性的有限药物临床试验结果，未获FDA批准，因此，FDA不允许跨州运输和销售此药物，但晚期癌症患者提起诉讼，主张由于治疗需要，请求法院解除FDA的禁令。[1]

联邦第十巡回上诉法院的裁定支持了患者的主张，认为《联邦食品、药品与化妆品法》中关于“安全”和“有效”的规定不适用于癌症晚期患者。[2]但联邦最高法院在1979年的判决中，推翻了第十巡回法院的主张，拒绝了晚期癌症患者拓展使用苦杏仁苷药物的诉求。最高法院认为，《联邦食品、药品与化妆品法》未对治疗晚期患者的药物做特别规定，这部法律的立法史及FDA一贯的行政解释也并未对治疗晚期患者的药物做例外规定。[3]

法院判决未赋予晚期患者拓展使用临床试验药物的宪法权利，晚期患者只能诉诸非正式的同情用药申请程序，该程序允许特定患者向FDA提出申请，提请使用有治疗潜力但未获批准的药物。其申请程序结果如何，殊难预料。尽管此程序使得部分患者较早用上了β-受体阻滞剂和钙通道阻滞剂，但并未能让拓展使用临床试验药物的人数显著增加。[4]

(二) 1987年对“治疗性研究用药物”制度的规定

罗纳德·里根总统于1980年就任总统后，在各行政领域推行放松

---

1 *United States v. Rutherford*, 442 U.S. 544 (1979).

2 *Rutherford v. United States*, 582 F.2d 1234, 1978 U.S.

3 *United States v. Rutherford*, 442 U.S. 544, 99 S. Ct. 2470, 61 L. Ed. 2d 68, 1979 U.S.

4 Judy Vale, Expanding Expanded Access: How the Food and Drug Administration Can Achieve Better Access to Experimental Drugs for Seriously Ill Patients, 96 *Geo. L.J.* 2150 (2008).

规制举措，他希望能建立一个项目，让晚期患者能拓展使用临床试验药物。[1]另外，20世纪80年代中期，艾滋病患者从风险收益分析的角度，认为由于FDA监管过于严格，艾滋病药物上市周期过于缓慢，有些未能入组临床试验的艾滋病患者被迫付出高昂成本，去其他国家尝试在美国还没被批准的药物，或去寻找黑市上的药品，或入组不受规制的违法研究。[2]艾滋病患者的抗议和努力初具成效，FDA于1987年修订了规章，通过"治疗性临床研究申请"（treatment IND）或"治疗方案"（treatment protocol）机制，使得在临床试验场景之外，更多患者能拓展使用临床试验药物，以期让艾滋病患者受益。

FDA机制的目的是"促使绝症患者尽可能在药物研发过程中的早期用上有希望的新药"。《联邦规章汇编》第312.34节为治疗性临床用药物规定了四个基准：（1）药品旨在治疗"严重或立即威胁生命"的疾病；（2）必须没有类似的或满意的替代药物、治疗方案，对处于特定疾病阶段的患者人群加以治疗；（3）药品处于控制性临床试验中，或所有临床试验已完成；（4）临床试验的发起人通常是制药公司，其必须能恪尽职守地积极推进药品上市。在此框架下，是制药公司而非患者，向FDA提交"治疗性临床研究申请"。[3]FDA根据对风险和收益的衡量，对申请进行审查。当没有关于药物安全性、有效性的充分证据以支持如此使用时，或可得的科学证据在整体上无法为用药提供合理基础时，FDA可以做出拒绝"治疗性临床研究申请"的决定。[4]以上机制仅针对患有同

1 Lewis A. Grossman, AIDS Activists, FDA Regulation, and the Amendment of America's Drug Constitution, 42 *Am. J. L. & Med.* 700–701 (2016).

2 Judy Vale, Expanding Expanded Access: How the Food and Drug Administration Can Achieve Better Access to Experimental Drugs for Seriously Ill Patients, 96 *Geo. L. J.* 2150 (2008).

3 21 C. F. R. § 312.34(b) (2007).

4 Sylvia Zaich, An Examination of the Right to Try Act of 2017 and Industry's Potential Path Moving Forward, 92 *S. Cal. L. Rev.* 343 (2019).

种疾病的绝症患者群体，对于针对个别患者的拓展用药申请，FDA继续适用非正式的审查标准。[1]

（三）临床试验药物拓展使用制度的法定化

美国国会于1997年通过了《食品药品管理局现代化法》（FDA Modernization Act，简称FDAMA），该法将临床试验药物拓展使用制度予以成文法化，规定了患者个体申请拓展用药的标准和程序，该法明确赋予FDA批准拓展用药的权力：当不符合法定条件时，FDA有权拒绝批准拓展用药申请。国会首次将“治疗性临床研究申请”与“个体患者拓展用药”相区别，“治疗性临床研究申请”是针对众多患有相同疾病患者的大规模治疗项目，其适用程序与1987年规章的规定大体一致。法律赋予了个体患者拓展使用临床试验药物的权利，当个人患有严重疾病，缺乏替代疗法，且使用临床试验药物治疗的风险低于疾病所带来的可能风险时，允许对其拓展使用临床试验药物。[2]

（四）阿比盖尔联盟案与宪法权利的否认

21岁的阿比盖尔·伯勒斯（Abigail Burroughs）患有头颈部的鳞状细胞癌，在传统化疗和放疗失败之后，她尝试加入多个临床试验组，但因不符合入组要求未能入组，也未能用上临床试验用药，不久后病故。之后成立的阿比盖尔研发药物更好获取联盟（以下简称“阿比盖尔联盟”）于2003年1月向FDA建议，对于没有其他治疗选择的癌症晚期患

1 Sylvia Zaich, An Examination of the Right to Try Act of 2017 and Industry's Potential Path Moving Forward, 92 *S. Cal. L. Rev.* 343 (2019).

2 21 C.F.R. § 312.34(b) (2007).

者而言，其面临"不同的风险收益均衡"，应当赋予其试用临床试验药物的选择权。FDA于2003年4月拒绝了此建议，认为这一进路"给尽早获得药物的目标赋予过多权重，但所关照甚少却具有重要意义的是，对于要投放市场的药品而言，要对其可能的临床收益和毒性有合理的认识"。[1]阿比盖尔联盟将FDA诉至法院，认为FDA政策侵犯了晚期患者宪法上的隐私权、自由权及关乎生命的正当程序权利。

哥伦比亚特区地方法院否认了阿比盖尔联盟的主张。阿比盖尔联盟上诉至哥伦比亚特区巡回法院，罗杰斯和金斯伯格法官支持了联盟的主张，认为晚期癌症患者有获得未经批准药物的权利。[2]FDA请求哥伦比亚特区巡回法院对此案进行全席审理，巡回法院在全席审理中撤销了此前的判决。[3]法院判决的推理如下：

第一，尽管阿比盖尔联盟论称美国有政府不干预药物准入的传统，获得临床试验用药的自由权益"深植于美国的历史和传统"，但法院指出，美国1938年立法即将药品有效性作为许可标准，1962年修订的法律明确将有效性作为新药许可的必备条件。因此，法院诉诸美国药品监管史，否认了阿比盖尔联盟的主张。法院进而指出，即使曾有政府不干预药物准入的历史，也不能因此推导出，患者就有获得未被批准药物的权利。[4]

第二，阿比盖尔联盟诉诸普通法上的必要性原则（Doctrine of Necessity）和自卫权利，来论述获得试用药物的宪法权利。但法院认

1　*Abigail Alliance for Better Access to Developmental Drugs v. von Eschenbach*, 495 F. 3d 695, 700 (D.C. Cir. 2007).

2　*Abigail Alliance for Better Access to Developmental Drugs v. von Eschenbach*, 445 F. 3d 470, 472 (D.C. Cir. 2006).

3　*Abigail Alliance*, 495 F.3d at 701.

4　Seema Shah & Patricia Zettler, From a Constitutional Right to a Policy of Exceptions: Abigail Alliance and the Future of Access to Experimental Therapy, 10 *Yale J. Health Pol'y L. & Ethics* 142 (2010).

为，必要性原则不能逾越立法机关在法律中做的价值判断，《联邦食品、药品与化妆品法》已经禁止使用未经批准的药品。自卫权利是保障自己的健康和福祉不受伤害，法院认为，“当晚期患者服用未经证实、可能不安全的药品时，无法将其公正地定位为使用合理的力量来保护自己”。[1]法院还认为，自卫权利并不意味患者可以从不受规制和控制的第三方处购买药物。

第三，法院运用合理性审查标准，认为“FDA限制对研究用药品的使用，旨在防止患者服用具有未知治疗效果的潜在不安全药品，同政府保护包括晚期患者在内的患者合法利益有着合理关联”。[2]

法院认为自己并非评判患者是否可以拓展使用未经批准上市的临床试验药物的合适角色。法官在判决时采取了避让的姿态，认识到机构能力的局限性，不愿由司法分支来判断与科学、医学相关的复杂问题。面对科学不确定性的问题，更为合适的方略，或许是让立法机关和行政机关来裁断政策争议。[3]

（五）临床试验药物拓展使用制度的系统建构

2009年，在阿比盖尔案判决后的两年，FDA修订了临床试验用药的拓展使用规定，此规定被《联邦规章汇编》收录，明确了患者个人申请拓展用药的程序。为厘清不同患者群体适用的不同标准，FDA确立了包括患者个人、中等规模群体、更广泛患者人群在内的三类拓展性用药制度。FDA保留了1987年的标准，要求拓展使用临床试验用药的患者

---

1 *Abigail Alliance*, 495 F.3d at 710.

2 *Abigail Alliance*, 495 F.3d at 713.

3 Seema Shah & Patricia Zettler, From a Constitutional Right to a Policy of Exceptions: Abigail Alliance and the Future of Access to Experimental Therapy, 10 *Yale J. Health Pol'y L. & Ethics* 142 (2010).

需患有“严重或危及生命的疾病”，并且在治疗上“没有类似的或令人满意的替代方案”。[1]

美国国会2016年通过的《21世纪治愈法案》（21st Century Cures Act）对药品生产企业的权利与义务做了详尽规定。药品生产企业应推动急需治疗的危重患者参加拓展用药项目，有权对患者的拓展用药申请加以评估，有义务向公众及时公开关于临床试验用药拓展使用的政策信息。据此，美国对《联邦食品、药品和化妆品法》第561条的规定做了相应修正。[2]

FDA网站上设有“拓展使用”专题网页，在专题下设有针对患者、医生、产业界等不同群体的不同网页链接，针对不同群体的常见问题加以回答。[3]FDA还就临床试验药物的拓展使用问题出台了若干指导性文件，以问答形式提供指导。[4]FDA的指导性文件“是指南而非指令”，并无法律上的拘束力，但表达了就此事务能给出的最佳建议，并就行政程序或行政实践的做法，向利益相关方传递出有用的信息。[5]

（六）拓展用药制度面临的挑战与新药尝试权法案的颁布

药物临床试验旨在推动药物上市，而拓展用药的主旨并非推动药物上市审批，而是拓展药品可及性，因此拓展用药通常不会给制药公司

1　Judy Vale, Expanding Expanded Access: How the Food and Drug Administration Can Achieve Better Access to Experimental Drugs for Seriously Ill Patients, 96 *Geo. L.J.* 2156 (2008).

2　21st Century Cures Act. Sec. 3032. Expanded access policy.

3　FDA官网的拓展用药网页。

4　Expanded Access to Investigational Drugs for Treatment Use — Questions and Answers Guidance for Industry，FDA官网的拓展用药网页。

5　Daniel A. Kracov, Robert P. Brady, Food and Drug Administration Advisory Opinions and Guidance Documents after Community Nutrition Institute v. Young, 48 *Food & Drug L.J.* 47 (1993).

带来收益。[1]出于多种原因，制药公司不愿在现有的临床试验之外提供拓展用药。首先，在药物研发的早期阶段，生产能力往往有限，将少量药物转用于拓展用药，可能会影响临床试验药物的供给。其次，拓展用药可能使Ⅱ期和Ⅲ期临床试验更难招募到受试者，使临床试验难以开展。最后，拓展用药有可能产生严重不良反应，从而影响药物的正常上市许可。[2]因此，制药公司基于自身利益，一般拟批准的是安全风险较小、针对个别患者的拓展用药申请。

根据CDER对2005年至2014年数据的统计，CDER每年收到1 000多份拓展用药申请，其中99.7%的申请都被批准。对于经过制药公司授权后向FDA提出的拓展用药申请，FDA几乎都予以批准，[3]但患者仍认为FDA对拓展用药的审批设置了障碍，开始争取直接向制药公司申请拓展用药的权利。

戈德华特研究所（Goldwater Institute）作为一个设立于亚利桑那州的保守派智库，在网站上最早提出了新药尝试权法（right-to-try law）的框架，建议在一期临床试验结束后，患者就可以获得实验用药物。新药尝试权法的支持者们认为，FDA在研究用新药阶段扮演了过于家长主义的角色，认为应由个人而非行政机关做出关于个人生命的选择。主张政府放松规制和个人自治的放任自由主义团体多持此立场。[4]

2014年，科罗拉多州议会通过了第一部新药尝试权法，其后至少

1 Meghan K. Talbott, Currents in Contemporary Ethics, 35 *J.L. Med. & Ethics* 318 (2007).

2 Robert A. Bohrer, Drug Prices, Dying Patients, and the Pharmaceutical Marketplace: A New Conditional Approval Pathway for Critical Unmet Medical Needs, 12 *Drexel L. Rev.*14 (2019).

3 Jarow J P, Lemery S, Bugin K, et al. Expanded Access of Investigational Drugs: The Experience of the Center of Drug Evaluation and Research Over a 10-Year Period, 50 *Therapeutic Innovation & Regulatory Science* 705, 709 (2016).

4 Lucia Jacangelo, Overstepping and Underproviding: Why Right-to-Try Laws Are Not the Proper Gateway to Experimental Drugs, 16 *J.L. Econ. & Pol'y* 31 (2021).

有40个州通过了类似的法律，允许制药公司在没有FDA授权的情况下，向晚期患者提供研究药物。在联邦层面，国会于2018年5月通过了新药尝试权法案。州和联邦的新药尝试权法规定，对于已成功完成Ⅰ期临床试验的药物，当医生出具证明，证明患者使用现有已批准的药物治疗无效时，制药公司可以向患者免费提供此临床试验药物，或按成本销售。[1]

拓展用药制度和新药尝试权法案都是美国为提高临床急需药物可及性所做的努力，让特定患者拓展使用临床试验药物。新药尝试权法案构成FDA临床试验药物监管程序的例外，赋予了晚期患者在未经FDA许可的情况下获得临床试验药物的权利。医生根据患者的临床症状，向患者建议是否服用试验药物，患者应当提供书面的知情同意文件，由医生向制药公司提出拓展使用试验药物的申请。法律允许制药公司向医生推荐的患者提供已完成Ⅰ期临床试验的药物。[2]尽管新药尝试权法为许多州和联邦政府认可，但在实践中，公众的用药安全仍需FDA的规制，在此框架下，患者要想在不参与临床试验的情况下使用试验药物，仍需适用拓展用药程序。[3]

三、美国临床试验药物拓展使用的制度架构

美国临床试验药物的拓展使用，是在特定情形下的特殊程序设计，

1　Aaron S. Kesselheim, Michael S. Sinha, Jerry Avorn & Ameet Sarpatwari, Pharmaceutical Policy in the United States in 2019: An Overview of the Landscape and Avenues for Improvement, 30 *Stan. L. & Pol'y Rev.* 443 (2019).

2　Rebecca Dresser, The Right to Try Investigational Drugs: Science and Stories in the Access Debate, 93 *Tex. L. Rev.* 1631, 1641 (2015).

3　Robert A. Bohrer, Drug Prices, Dying Patients, and the Pharmaceutical Marketplace: A New Conditional Approval Pathway for Critical Unmet Medical Needs, 12 *Drexel L. Rev.* 14 (2019).

旨在保障危重患者的生命健康权，让无有效治疗途径且临床急需用药的危重患者及时获得药物治疗。以下将讨论美国临床试验药物拓展使用的制度架构，特别是探讨其适用条件、适用程序及相应的风险控制措施。

（一）临床试验药物拓展使用的适用条件

临床试验药物的拓展适用让患者在不加入药物临床试验组的情况下，能获得临床试验药物。这是常规药品注册和监管制度的例外情形，是针对特定患者、特定病情，在其他选择已无法奏效时提供的治疗机会，应设定严格的适用条件。根据拓展使用的范围宽窄，现行法律制度将拓展用药分为针对个别患者的申请、针对中等规模群体患者的申请及治疗性临床研究申请三类，法律不仅为拓展用药规定了一般条件，还针对不同治疗群体设定了不同的附加条件。

1. 一般条件

根据《联邦食品、药品与化妆品法》第561条的规定，当拓展用药申请符合下列条件时，FDA可以批准该申请：（1）医生认为，对于患者而言，没有其他可选择的治疗方案来诊断、监控或治疗疾病，且该研究用药物的治疗风险不高于患者自身疾病的风险时；（2）FDA认定有足够的安全性和有效性证据支持临床试验药物的拓展使用；（3）该拓展用药不会妨碍正常的药物临床试验；（4）拓展用药的申请人向FDA提交了患者的临床治疗方案。

FDA在规章中细化了临床试验药物拓展使用的条件。其一，拓展用药的患者需患有严重疾病，或有直接危及生命的疾病或症状，且没有其他类似的、有效的替代疗法来治疗该疾病，处于“无药可救”的紧急状况。“严重疾病”是指对日常生活有重大影响且具有持续性或复发性的疾病，一种疾病是否严重，取决于执业医师的临床判断，判断依据主要是疾病对生存、日常生活等因素的影响，或疾病复发或加重的可能性。“直接危及生命的疾病或症状”是指患者有可能在几个月内死亡，或在不能较早用上治疗药物的情况下，将会过早死亡。[1]当患者已穷尽所有的现有可选择的治疗方案，而没有治疗效果时，拓展使用构成了最后的治疗手段。

其二，使用临床试验药物治疗的潜在风险不能高于患者疾病本身的风险。患者拓展使用临床试验药物所带来的潜在收益，可证明就当前疾病状态而言，该治疗的潜在风险能被控制在合理范围内。

其三，由于拓展使用的临床试验药物尚未获得FDA批准，也未能充分证实在特定用途上的安全性、有效性，拓展用药有可能带来严重的不良反应。因此FDA对拓展用药的申请要严格审评。FDA要求有该临床试验药物的充分安全性、有效性证据，要权衡该药物治疗的潜在风险与治疗疾病的收益，对药品不良反应予以事先评估。

其四，药物临床试验中入组的受试者有可能服用了临床试验药物，但还有可能被招募入对照组，继而服用无治疗效果的安慰剂，并没能如自己所愿服用临床试验药物。因此，患者可能更愿意通过拓展用药机制获得临床试验药物，但这有可能让药物临床试验受试者的招募变得更为艰难。FDA只有当确保临床试验药物的拓展使用不会削减患者参与临床试验的意愿，且不会影响药物临床试验的正常开展和未来的药物研发时，才批准拓展用药申请。[2]

2. 附加条件

拓展用药申请中最常见的类型是针对个别患者的申请，是指医生向FDA提出特别申请，请求允许针对个别患者，拓展使用特定的临床试

1　21 C.F.R. § 312.300(b) (2018).

2　DDI Webinar: An Overview of FDA's Expanded Access Program，FDA官网的拓展用药网页。

验药物。FDA应当确定患者没有正在使用其他的临床试验药物。

针对中等规模群体患者的拓展使用申请是指由数十乃至数百人提交了类似的申请，请求尽早拓展使用同一种临床试验药物。[1]此类申请人数不止一位，但比治疗性临床研究的适用规模要小。当FDA收到诸多申请人针对同一种研究药物提交的不同拓展使用申请时，FDA可以要求申请人将每份单独的申请整合为中等规模群体患者的申请。FDA在审核此类拓展使用申请时，采取更严格、审慎的态度，FDA要求必须有足够的证据证明，在拓展用药的剂量和服药期限内，服用该药是安全的；要求有初步的临床证据表明，该药物有效或具有可能的药理作用，[2]使拓展用药成为患者的合理治疗选择。

治疗性临床研究申请是针对更广泛患者的拓展用药申请。这类拓展用药申请一般发生在药物临床试验成功完成之后，FDA批准该药物上市前。FDA要求已完成Ⅲ期临床试验，以证明该药物的有效性、安全性，而且要表明药品生产企业正在积极地推进该药物的上市许可，此时才可将该药物拓展使用于更为广泛的患者群体。[3]

（二）临床试验药物的拓展使用程序

拓展用药限于对特定疾病、特定群体、特定病情的治疗，需要相对严格的适用程序。拓展用药不仅需要符合法定的条件，还需经患者知情同意、医生申请，并先后获得药品生产企业和监管部门审核同意后，才能适用于特定患者。

---

1 Aaron S. Kesselheim, Michael S. Sinha, Jerry Avorn & Ameet Sarpatwari, Pharmaceutical Policy in the United States in 2019: An Overview of the Landscape and Avenues for Improvement, 30 *Stan. L. & Pol'y Rev.* 443 (2019).

2 21 C.F.R. § 312.315 (2018).

3 21 C.F.R. § 312.320(a) (2018).

1. 拓展用药的申请材料

拓展用药申请有两种方式。第一种方式是提交一份拓展用药的临床研究方案(protocol),作为对已有临床研究申请中临床研究方案的修正。第二种方式是就拓展用药提交一份新的临床研究申请,这不同于任何已有的临床研究申请,其目的只是将临床试验药品拓展使用于危重患者。

只有当存在现有临床研究申请的情况下,发起人才有可能适用第一种方式,提交拓展用药申请。此时发起人通常是药品研发者,其以获得上市许可为目的,正在开展临床研究。在此情况下,FDA通常鼓励申请者提交扩展用药的临床研究方案,而非提交新的临床研究申请。这有助于将已有的临床实验和拓展使用整合为一份临床研究申请资料,有助于监管部门更好地确证药物安全性,减少行政程序给发起人和FDA带来的负担,也对药品审评有裨益。[1]

第二种方式是就拓展用药提交新的临床研究申请。原因之一,目前没有就此药物正在开展的临床研究申请。原因之二,正在对此药物开展临床试验研究的公司,不愿作为发起人提起拓展用药申请。就针对个别患者的拓展用药而言,公司更希望让患者的治疗医生承担申请者和研究者的角色,由医生提交针对个别患者的拓展用药申请。[2]

申请者应当提交的申请材料包括:(1) 提交为临床研究申请所需的FDA 1571申请表的首页索引(cover sheet),其内容符合《联邦规章汇编》第21编第312.23节(a)款的要求;(2) 说明药物发挥预期作用的基本原理,包括列出在服用临床试验药物之前可用的治疗方案,或说明为什么临床试验药物优于使用现有的治疗方案;(3) 明确选择患者的基

1　Expanded Access to Investigational Drugs for Treatment Use — Questions and Answers Guidance for Industry,FDA官网的拓展用药网页。

2　Expanded Access to Investigational Drugs for Treatment Use — Questions and Answers Guidance for Industry,FDA官网的拓展用药网页。

准，对于个别患者的拓展用药，则说明患者的疾病或症状，包括最近的医疗史和此前的诊治方案；(4) 药物的给药途径、剂量和疗程；(5) 对生产该药物的设备设施予以记述；(6) 有充分的化学、生产和质量控制信息，以确保临床试验药物的鉴定、质量、纯度和效价；(7) 有充分的药理学、毒理学信息，以确定该拓展用药的剂量和疗程是安全的；(8) 对临床治疗程序、实验室检测或其他必要的监测进行描述，以评估药物疗效，并令风险趋于最小化。[1]

拓展用药申请可以用FDA 1571申请表提交，FDA 1571申请表实则是药物临床研究的申请表，通过在此表格上勾选相应选项，可说明选择了哪类拓展用药类型，说明其内容为何。[2]此外，FDA 3926申请表是专门用于针对个别患者的拓展用药申请表，表格内容包括患者姓名、提交日期、是否首次提交申请、临床信息、治疗信息、授权书、医师资质声明、医师信息和附件内容列表等。[3]

对于中等规模患者群体的拓展用药申请，必须说明药物是否处于研发阶段，并对需要拓展用药的患者群体加以记述。如果未能对药物进行有力研发，发起人必须解释为何目前不能研发，在什么情况下可以研发该药物。如果药物正处于临床试验阶段，发起人必须解释，为什么这些需要治疗的患者无法参加临床试验组，在什么情况下这些患者可以参加临床试验。[4]

2. 拓展用药的申请程序

正在从事药物临床研究的制药公司可以提交拓展使用的药物临床研究方案，此时制药公司是拓展用药的发起人，患者的治疗医生是拓展用药的研究者。医生也可以为患者提供一份以拓展用药为目的的单独

1 21 C.F.R. § 312.305 (2018).

2 Form FDA 1571，FDA官网。

3 Form FDA 3926，FDA官网的拓展用药网页。

4 21 C.F.R. § 312.315 (2018).

的临床研究申请，此时医生既是发起人，又是研究者。实践中，制药公司往往不愿意发起拓展用药申请，更多时候是医生在为自己的患者申请拓展用药。[1]本部分将着重讨论，为了让个别患者能用上拓展用药，医生在申请拓展用药时需适用怎样的程序。

在美国，医生根据患者的健康状况，决定是否为患者提出拓展用药的申请，并监督患者的治疗。医生应向患者告知拓展用药的危险性，以及使用处于研发而未获上市许可阶段药物的所有不良反应和潜在风险，并需获得患者的知情同意。医生首先应根据可获得的药物信息和对患者临床诊疗情况的了解，来判定临床试验药物的治疗风险的确低于患者疾病带来的可能风险，[2]然后向研发该药物的公司提交拓展用药申请，以获得该企业的授权书（letter of authorization，简称LOA）。

拓展用药的相关法规中并未规定制药公司颁发授权书时的审查标准，美国药品研究与制造商协会（Pharmaceutical Research and Manufactures of America，简称PhRMA）、生物技术创新协会（Biotechnology Innovation Organization，简称BIO）等行业协会分别就审查标准发布了指导原则，这些指导原则与FDA使用的审查标准密切相关。美国药品研究与制造商协会建议制药公司在决定是否同意拓展用药时，考虑以下五个因素：(1) 患者是否已穷尽所有可能的治疗方案，来治疗严重或危及生命的疾病；(2) 制药公司是否在积极推进相应药物临床试验；(3) 患者是否不符合临床试验入组条件，或不能参加临床试验；(4) 临床试验药物给拓展用药患者带来的可能收益是否高于潜在风险；(5) 批准申请是否会干扰临床试验过程的顺利完成。[3]大部分企业在行业协会

---

1 Expanded Access to Investigational Drugs for Treatment Use — Questions and Answers Guidance for Industry，FDA官网的拓展用药网页。

2 Expanded Access: Information for Physicians，FDA官网。

3 Sylvia Zaich, An Examination of the Right to Try Act of 2017 and Industry's Potential Path Moving Forward, 92 *S. Cal. L. Rev.* 350 (2019).

指导原则的基础上，根据自身情况对审查标准做出了更为严格的限定。企业在实践中会公布审查标准，但不披露收到申请的数量及批准申请的数量，[1]医生、患者甚至FDA都很难知晓企业如何适用审查标准。

授权书允许FDA在审查执业医师为患者个体提交的拓展用药申请时，参考该公司开展临床研究申请时提交的申报文件，以获取关于拓展用药的必要信息，如化学、生产、质量控制信息等。这有助于FDA对拓展用药申请进行更为全面的审查，而且也不需要研发者向医师披露关于药物的药理学、毒理学、化学或制造过程等商业秘密。[2]FDA没有对企业授权的审查时限加以规定，企业的授权也关系到药物研发策略，关系到企业商业利益，因此，医生获得企业的授权书往往会经历漫长的过程。

医生只有获得研发公司的授权书，才能进一步向FDA提交申请。医生应当向FDA提交患者的临床病史概况、拓展用药申请的理由及拟议的治疗计划，FDA应自收到申请之日起30日内，进行审查，并予以回复。[3]在FDA审查过程中，医生还应获得所在医疗机构伦理审查委员会的批准。

3. FDA对拓展用药申请的审评

FDA将针对患者个体的拓展用药申请分为紧急情况和非紧急情况下的拓展用药。当出现紧急情况，需在提交书面申请材料之前，即对患者适用拓展用药进行治疗，此时FDA可以在没有收到书面材料的情况下，以电话形式批准拓展用药的紧急使用。提出申请的医生应当向FDA说明，该申请如何满足拓展用药的条件，并承诺在FDA批准后的

1 Jarow J P, Lemery S, Bugin K, et al. Ten-Year Experience for the Center for Drug Evaluation and Research, Part 2: FDAs Role in Ensuring Patient Safety. 51 *Therapeutic Innovation and Regulatory Science* 248 (2016).

2 Expanded Access: Keywords, Definitions, and Resources，FDA官网的拓展用药网页。

3 21 C.F.R. § 312.305(d) (2018).

15个工作日内，补交拓展用药的书面申请材料。[1]

FDA应当对所有拓展用药申请进行审查评估，FDA的审查主要围绕患者是否适格、风险收益分析等方面展开。

第一，适用拓展用药的患者或患者群体必须患有“严重或直接危及生命的疾病”，且“没有可比较的或令人满意的替代治疗方案”。FDA此前批准了对诸如肌萎缩性脊髓侧索硬化症、嗜睡症和老年痴呆症等严重疾病的拓展用药申请。FDA将严重的疾病或症状界定为对日常生理机能有实质性影响的疾病或症状。这有赖于临床判断，要考虑存活概率、日常生理机能，要考虑如果不给予拓展用药，患者从不那么严重的状况发展到更为严重程度的可能性。[2]FDA将“没有可比较的或令人满意的治疗”解释为“没有其他可用的治疗方法，或者患者已经尝试过可用的治疗方法，但没有治疗效果，或对治疗方法不耐受”。[3]

第二，FDA对拓展用药申请进行审查时，需要对药物的临床风险和获益进行充分的分析，确保在此时的疾病状态下，相对于患者的治疗收益而言，使用该药物治疗的潜在风险被控制在合理范围之内。拓展用药申请的种类不同，疾病的严重程度不同，风险收益分析的标准也不同。拓展用药适用的患者人数越多，在权衡时越关注所用临床试验药物的风险；治疗的疾病越严重，则越关注患者的治疗收益。

（三）拓展用药的风险控制措施

拓展用药使用的药物尚处于临床研究阶段，只有有限的安全性、有效性信息，存在未知的风险，需要采取一定的风险控制措施，确保拓展

1　21 C.F.R. § 312.310(d) (2018).

2　21 C.F.R. § 312.300(b) (2018).

3　Expanded Access to Investigational Drugs for Treatment Use — Questions and Answers Guidance for Industry，FDA官网的拓展用药网页。

用药制度的实施。需要对拓展用药的临床试验施以严格的控制、规制和监督。这包括需依法取得患者的知情同意,需接受伦理审查委员会的审查,承担相应的安全报告义务。

临床药物的拓展使用应以依法取得患者的知情同意为前提。FDA规定申请拓展用药需提供患者知情同意的基本信息,如果患者希望通过拓展用药获得未经批准的药物,他们必须愿意承受临床数据不足的药物带来的风险,由他们决定是否申请拓展用药。医生提交拓展用药申请前,应向患者说明相应研究的目的,说明不同主体的角色,告知患者什么是拓展用药,什么是临床研究药物,拓展用药将如何开展,并告知临床研究药物的不良反应和潜在风险,取得患者的书面同意。在拓展用药过程中,应确保患者及时获悉与该药物有关的重大不良反应或风险。[1]

伦理审查委员会(institutional review board,简称IRB)是由机构正式认定的任何委员会、小组或其他团体,其由医学、药学及其他背景人员组成,对涉及人体的生物医学研究的启动进行审批,并对此生物医学研究进行定期审查,其职责是通过独立地审查、同意、跟踪审查试验方案及相关文件,通过获得和记录受试者知情同意所用的方法和材料等方式,确保受试者的权益与安全。伦理审查委员会应依法对拓展用药申请进行审查。

紧急情况下的拓展用药申请仍需FDA批准,但不必等伦理审查委员会进行审查,即可开展治疗。研究者应当在紧急拓展使用后的5个工作日内,就紧急情况下拓展用药的实施情况告知伦理审查委员会。[2]研究者在拓展使用临床试验药物之前,需要经由伦理审查委员会的依法

---

1 Expanded Access,FDA官网的拓展用药网页。

2 Expanded Access to Investigational Drugs for Treatment Use — Questions and Answers Guidance for Industry,FDA官网的拓展用药网页。

审查，并获其批准。伦理委员会应以会议形式，对拓展用药申请进行全面审查。医生在提起拓展用药申请时，可以请求豁免于伦理审查委员会的会议审查，当伦理审查委员会主席或主席指定的委员会成员同意对此进行审查时，可以以此审查代替伦理审查委员会的全体会议。

拓展用药的发起人应按时向FDA报告拓展用药的安全信息，包括药物临床研究安全报告（以下简称“IND安全报告”）和年度报告。发起人应当及时审视此拓展用药的安全性信息，这包括临床实践中获取的信息，也包括流行病学调查信息、动物实验或体外实验信息、科学文献信息，以及国外相关监管机构和医药市场的信息。发起人及时向FDA提交IND安全报告，告知FDA药物风险信息。当相应药物发生严重不良反应时，应在确证此信息符合报告条件后的15日内进行报告。发起人如收到不曾预计的致命或危及生命的疑似不良反应信息，则应在收到后7日内进行报告。[1]有证据表明药物和不良反应之间存在因果关系时，IND安全报告中报告的严重和不曾预期的不良反应才能被认定为疑似不良反应。在每一份IND安全报告中，发起人必须确证此前提交的IND安全报告中是否包含类似的疑似不良反应，并根据此前的类似报告或其他相关信息，分析疑似不良反应的显著意义。[2]

《联邦规章汇编》第312.33节规定了年度报告制度。发起人应当在拓展性临床研究用药开始满一年后的60天内，提交一份关于研究进展的年度报告。年度报告内容包括对前一年研究计划完成情况的总结，特别要给出过去一年中拓展用药的安全报告概要，这包括拓展用药中最常出现、最严重的不良反应，包括与理解药物安全性有关的信息。同时还要对下一年度拓展用药计划加以说明。[3]确定拓展用药对试用患者

1　21 C.F.R. § 312.32(c) (2018)，FDA官网。

2　DDI Webinar: An Overview of FDA’s Expanded Access Program，FDA官网的拓展用药网页。

3　21 C.F.R. § 312.33 (2018).

可能带来不合理的重大风险时，FDA应要求发起人暂停或终止研究，发起人在做出暂停或终止研究决定后的5个工作日内停止研究，并通知伦理审查委员会和所有研究人员。[1]

四、完善我国拓展使用临床试验药物的断想

以上是对美国临床试验药物拓展使用的制度评介，美国在法律和行政规章中，为临床试验药物的拓展使用设定了详尽的条件、程序和风险控制措施，以保护和促进公众健康，促进用药可及性，并对拓展用药的风险加以管控。这是从保护危重患者利益出发的灵活制度设计，旨在为患者争取可能的治疗手段和生命延续的机会。

在我国，为了提高临床急需用药的患者对试验用药的可及性，原国家食品药品监督管理总局曾于2017年公布《拓展性同情使用临床试验用药物管理办法（征求意见稿）》，但迄今未颁布实施。2019年修订后的《药品管理法》第23条指出“对正在开展临床试验的用于治疗严重危及生命且尚无有效治疗手段的疾病的药物，经医学观察可能获益，并且符合伦理原则的，经审查、知情同意后可以在开展临床试验的机构内用于其他病情相同的患者”。这是我国首次在立法中对拓展使用临床试验药物做出规定。

《药品管理法》第23条明确了拓展用药的适用条件，将适用对象限缩为患有“严重危及生命且尚无有效治疗手段的疾病”的患者。根据该规定，适用拓展用药制度的药物应当“正在开展临床试验”，该药物已经获得我国的临床试验审批并已处于临床试验阶段。此外，适用拓展用药还应当满足“经医学观察可能获益，并且符合伦理原则”的必要

1 DDI Webinar: An Overview of FDA’s Expanded Access Program，FDA官网的拓展用药网页。

条件，因此需从临床医学的角度对拓展用药进行风险评估，确保药物治疗的潜在风险低于疾病发展所带来的风险。拓展用药作为临床试验的拓展形式，应符合临床试验的伦理原则。为了保障拓展用药的安全性，《药品管理法》第23条还做了限制性规定，开展拓展用药的医疗机构应当是开展临床试验的机构，适用拓展用药患者的病情还应当与受试者相同。

但从比较法的角度观察，我国现行《药品管理法》仅对拓展性同情用药的适用程序做了概括性的规定，目前还缺少具有可操作性的实施细则。此外，法律仅规定"经审查、知情同意后"可以开展拓展用药，但审查主体、审查内容、审查要点为何，都尚待进一步明确。建议国务院药品监督管理部门以《药品管理法》第23条的规定为依据，尽快颁布《拓展性同情使用临床试验用药物管理办法》，或在相关药品注册、药物临床试验的规章、规范性文件中，明确规定拓展使用临床试验药物的类型、审查程序、责任主体等内容。

（一）明确拓展使用临床试验药物的类型

美国对拓展用药进行分类管理，根据拓展使用的范围宽窄，将拓展用药分为针对个别患者的申请、针对中等规模群体患者的申请及治疗性临床研究申请三类，不同的拓展用药类型适用不同的拓展使用条件和程序。对拓展用药进行分类管理，符合药品监管的科学性，由于流行病学差异，不同临床试验药物的拓展使用有所差异，会面临不同的临床疾病和不同的患者数量。[1]我国在拓展使用临床试验药物的制度设计中应当首先明确拓展使用临床试验药物的类型，可以借鉴美国依据患者

1　蒋蓉、张宁、邵蓉：《欧盟临床试验药物拓展使用管理制度分析》，《中国新药与临床杂志》2020年第5期。

数量进行分类管理的方式，便于后续在制定申请程序及审批流程中根据不同类型做出区分，灵活设计适用程序，合理规定审批时限，最大程度简化程序，提高危重患者用药可及性。

（二）厘定拓展使用临床试验药物的审查程序

拓展使用临床试验药物作为临床试验的拓展形式，本质上是临床试验的特殊形式，因此，拓展使用临床试验药物的审查可以参考适用临床试验的审查方式。开展拓展使用临床试验药物，应当向国家药品监督管理局药品审评中心（以下简称“药品审评中心”）提出申请，经形式审查后决定是否予以受理。受理后，药品审评中心应当组织药学、医学和其他技术人员对已受理的申请进行审评，[1]审查拓展使用临床试验药物申请的合法性、合规性，决定是否批准其实施。开展拓展使用临床试验药物，还应当经伦理审查委员会审查同意，[2]由伦理委员对拓展使用临床试验药物的科学性和伦理性进行审查，针对性地出具伦理意见。[3]因此，我国在规范拓展使用临床试验药物的审查主体、审查程序时，可以考虑由药品审评中心和伦理审查委员会分别进行审查，获得批准和同意后方可实施。

拓展使用临床试验药物的适用主体是危重患者，具有危急性和紧迫性，而由药品审评中心和伦理审查委员会进行两次审查，可能会造成拓展用药的审查程序过于烦琐、审查时限过长，与该制度的设立目的相悖。对于紧急情况下的拓展用药，可以仅由国家药品监督管理局药品审评中心进行事前审查，经药品审评中心批准后即可实施。同时，加强

1 《药品注册管理办法》第23条。

2 《药品注册管理办法》第25条。

3 《药物临床试验质量管理规范》第12条。

事中事后监管，要求拓展用药申请人在实施后的一定期限内向伦理委员会提交申请，由伦理委员会进行伦理审查。

（三）明确拓展使用临床试验药物的各方责任

在拓展用药实施过程中，药物的临床试验申办者即制药公司，作为药物的提供者，应当履行药物质量管理职责，保证药物质量符合法律规定。[1]拓展用药发起人（在我国一般指制药公司）承担药物不良反应监测的责任，并及时报告药物不良反应。《药品注册管理办法》中对临床试验申办者的责任有详细规定，“申办者应当定期在药品审提交研发期间安全性更新报告”，[2]“药物临床试验期间，发现存在安全性问题或者其他风险的，申办者应当及时调整临床试验方案、暂停或者终止临床试验，并向药品审评中心报告”。[3]拓展用药发起人与临床试验申办者的身份地位等同，都是用药计划的发起者、启动者。建议我国在制定拓展使用临床试验药物相关规范时，参考《药品注册管理办法》中临床试验申办者的有关规定，明确拓展用药发起人的责任。开展拓展用药的医疗机构应当对药物的拓展使用进行不良反应监测，协助拓展用药发起人收集药物安全性数据。拓展用药的发起人和医疗机构应采取必要的风险控制措施，对用药中出现的风险进行识别、分析、评估和控制。[4]建立发起人和医疗机构互相监督的机制，平衡双方的权利义务，确保患者的用药安全和健康权益。[5]

1　《药物临床试验质量管理规范》第31条。

2　《药品注册管理办法》第28条。

3　《药品注册管理办法》第30条。

4　蒋蓉、张宁、邵蓉：《欧盟临床试验药物拓展使用管理制度分析》，《中国新药与临床杂志》2020年第5期。

5　林振顺：《同情用药的法律性质及制度完善》，《中国医药报》2020年3月13日。

（四）小结

未来，我国应尽快完善并颁布《拓展性同情使用临床试验用药物管理办法》，为拓展用药设计更为完备、周延的法律制度，规定拓展用药的适用条件、申请程序、审查主体、审查内容、审查要点，规定拓展用药的风险防范机制，规定医师的义务。患者在医师指导下使用拓展用药，应以患者知情同意为前提，医师应主动告知患者所使用拓展用药的风险，告知与拓展用药相关的药品安全性、有效性及不良反应信息。

需特别指出，可将拓展用药视为一种特殊的药物临床试验形式，其实质上使用的是未经上市审批的药物，应进一步关注其安全性问题或其他风险。在拓展用药期间，如果发现药物存在安全性问题或其他风险的，应根据《药品管理法》第22条的规定，及时调整拓展用药方案、暂停或者终止拓展用药，并向国务院药品监督管理部门报告。必要时，国务院药品监督管理部门可以责令调整拓展用药方案，乃至暂停或者终止拓展用药。

第十三章

美国处方药广告监管制度评介*

处方药是指必须由执业医师或执业助理医师开具处方后，才能够调配购买的药物；非处方药则是指患者可以自行购买、自行使用的药物。相对于非处方药而言，处方药副作用较高，需要在专业医药人员的监督下使用，其促销手段也受到相对更为严格的限制。各国药品法均对处方药广告的发布对象和发布载体加以限制。一方面，欧盟诸国、德国、日本、新加坡、澳大利亚均规定，处方药广告不得以一般公众为对象，不得面向医生、药师、护士以及医药学者之外的非专业人士发布，且处方药广告的发布载体多限于学术刊物。另一方面，美国、加拿大和新西兰等国则允许药品企业向公众发布处方药广告。目前，我国对处方药广告依然实施严格监管。根据《中华人民共和国广告法》(以下简称《广告法》)第15条的规定，当处方药为麻醉药品、精神药品、医疗用毒性药品、放射性药品、戒毒治疗药品等特殊药品时，不得做广告；对其他处方药而言，只能在国务院卫生行政部门和国务院药品监督管理部门共同指定的医学、药学专业刊物上做广告。这意味着处方药不能如非处方药一般，面向公众进行广告宣传。

---

* 本章主要内容以“美国处方药广告监管制度及启示”为题，刊于《中国市场监管研究》2022年第7期，原系与何天文博士合作。

然而，随着电子商务的发展，处方药的经营模式和社会需求正发生着重大转变，2001年修订后的《药品管理法》已经为网售处方药开启了制度空间。在疫情防控常态化的背景下，公众通过网络来了解处方药信息，购买和使用处方药已经成为新的社会需求，这也令我们思考，是否有可能面向公众发布处方药广告？如果允许发布处方药广告，那么如何对后续风险加以监管？这些都是有待思考的现实问题。在此，笔者试图梳理美国处方药广告监管的历史流脉和制度框架，以为我国处方药广告监管改革提供镜鉴。

一、美国处方药广告监管制度的历史流脉

历史上，美国药品企业只能向医师和药师发布处方药广告。随着处方药市场上价格竞争日趋激烈，FDA在1975年颁布了一项规则，允许宣传处方药的销售价格，但广告中不能出现关于处方药安全性、有效性和适应症的信息。FDA禁止直接面向消费者的处方药广告（direct to consumer advertising，简称DTCA），理由有三：第一，患者缺少足够的能力去衡量处方药的风险和疗效，容易被处方药广告误导；第二，处方药广告容易诱导患者治疗那些本不用治疗的疾病，也会导致患者过多地使用品牌药物；第三，处方药广告可能导致患者要求医生开具不必要的处方药，从而增加药品开支。

但是，20世纪80年代，美国社会上自我药疗的呼声日益高涨，促使FDA重新考虑面向公众的处方药广告规制政策。经过反复的风险–收益分析，FDA于1985年9月正式同意，可以直接面向患者发布处方药广告。[1]1997年，FDA发布了面向消费者处方药广告的指导原则，允许处方药广告提及品牌名、治疗症状，广告中可以不披露全部药品治疗风

1 Francis B. Palumbo & C.Daniel Mullins.The Development of Direct-To-Consumer Prescription Drug Advertising Regulation. 57 *Food Drug Law J.*423–443 (2002).

险，但必须披露最主要的副作用、禁忌症和警告等风险信息。2004年，FDA重新发布了面向消费者的处方药广告指导准则，要求企业在处方药广告中，不能照搬标签的内容，必须使用患者易于理解的文字，指出最主要的药品风险，便于患者合理用药。

二、美国处方药广告制度的存废之争

（一）商业言论的宪法保障

美国也曾一度禁止面向公众发布处方药广告，此禁令曾遭遇了合宪性质疑。有质疑者主张，处方药广告属于商业言论（commercial speech），认为它应当受到宪法第一修正案对言论自由的保护。在1976年弗吉尼亚州药房委员会诉弗吉尼亚州市民消费者理事会案中，美国联邦最高法院需要回答的问题是：如果商业言论的价值纯粹只是牟取经济利益，这样的言论是否予以保护？多数意见认为，消费者在商业信息自由流通中的利益，至少不亚于其在迫切的政治辩论中的利益。广告实际上是在发布一些供求信息，在自由市场经济下，资源的分配很大程度上有赖于个体的无数经济决策来实现。而决策理性化的前提在于充分的信息，这有赖于商业信息的自由流通。多数意见认为，只要信息本身无害，只有让人们充分获得信息，而非关闭信息渠道，人们才能知道其最佳利益所在。究竟是禁止处方药广告信息传播，还是开放处方药广告信息传播，但可能在一定程度上存在误用的风险？联邦最高法院的选择是后者。联邦最高法院指出，即使商业广告注重的是纯粹经济利益，也应受宪法第一修正案言论自由条款的保护。[1]

1　*Virginia State Board of Pharmacy v. Virginia Citizens Consumer Council*, 425, U.S.748 (1976).

（二）面向公众的处方药广告的价值与风险

虽然美国允许面向消费者的处方药广告，但是关于这一政策的争论从未间断。我国是否放开面向消费者的处方药广告市场，还需在审慎评估处方药广告价值与风险的基础上，做出科学、合理的选择。

1. 处方药广告能否提升患者参与治疗的主动性

在美国，处方药广告的反对者认为，作为保障患者知情权和自主权的医疗决定，只能建立在全面而非偏颇的处方药信息基础上。但广告无法提供平衡的信息，这是广告的性质决定的，因为广告的目标在于通过强调某种商品的优势，而增加消费需求。处方药广告不会告知消费者患病的概率、替代的治疗措施以及真实的治愈率。而且，处方药广告常常使用含糊的措辞描述药品的功效，以情绪化的语言来强调其功效大过风险。

处方药广告的支持者认为，当前越来越多的消费者正在积极搜寻处方药信息，并渴望参与自己的医疗决定。面向公众的处方药广告使消费者有机会了解更多健康信息，有利于提升其参与治疗的主动性。处方药广告可以为患者的治疗提供新的可能与方法，使患者有能力与医生讨论治愈疾病的多种选择。

2. 处方药广告能否有助于医患关系的改善

处方药广告的反对者认为，医患关系的特征在于患者信任医生，即便患者获知充分的信息，患者和医生之间也仍然存在技术和知识的差异。因此，患者必须有赖于医师的能力和职业操守，并且相信医生关于治疗方案的建议能让患者的利益最大化。医生就是否需用某种处方药做出最终决定，其角色类似于守门员，可以保护患者免受药品副作用的影响。患者浏览处方药广告后，可能会对某种处方药的疗效产生毫无根据的期望，乃至向医生施压，使其开具不必要或不适当的特定处方。

处方药广告的支持者则认为，处方药广告对改善医患关系会产生积极影响。患者从处方药广告上看到相关信息，在咨询病情时就可更好地与医生讨论治疗方案和问题，包括讨论患者之前没有意识到的健康问题，以及现有疾病的新型治疗方法、有关保障健康的一般信息。

3. 处方药广告是否导致过度医疗

处方药广告的反对者认为，面向公众的处方药广告会导致过度医疗。处方药广告经常推销所谓“生活方式”类药品，这些药品用来治疗轻微的疾病或不适，如肥胖、脱发或性功能障碍。这类广告会让消费者认为所有的身体不适都需要药物治疗，从而导致增加医疗支出和药物副作用的风险。这些处方药广告也会导致原本健康的消费者对自身产生忧虑，认为自己需要医疗。

处方药广告的支持者则认为，“生活方式”类药品是一个模糊的概念。肥胖和性功能障碍对生活质量有严重影响，因而需要药物治疗。通过面向公众的处方药广告，人民的医疗保健意识增强，许多先前未被医治的疾病能够尽早得到治疗，从而防患于未然，实际上减少了消费者的医疗支出。面向患者的处方药广告也能减少社会对一些难以启齿的疾病的忌讳，从而缓解患者的尴尬心理，使其能与医生更好地谈论自己的健康状况。

4. 处方药广告是否增加制药企业的成本

处方药广告的反对者认为处方药广告将给药品企业带来更多财务负担。企业为了在市场竞争中获胜，不得不将大量精力投入广告和宣传，这可能会增加企业的支出，从而使企业减少药品安全性和有效性方面的投入，进而危及处方药质量。

处方药广告的支持者则认为，随着处方药信息为广大消费者所知，处方药的销量将会上升，药品利润也随之增加，这可抵消处方药广告的成本。此外，网络、社交媒体等新兴媒介的广泛使用，使得广告费用相较于传统媒体时代更低。

5. 小结

由以上政策争论可知，面向公众的处方药广告可谓“双刃剑”，反对者担心面向公众的处方药广告会无法披露充分药品风险，增加药企成本，引发过度医疗。但在美国，制度设计的方向是对处方药广告加以分类监管，而非全面禁止其直接向公众做广告，其理念在于，广告让消费者了解更多信息，给了消费者更多知情权与选择权，有助于消费者更好地开展求医问药活动。

三、美国处方药广告的分类及风险披露

美国国会授予FDA监督处方药广告的权力，FDA也通过颁布行政规章，将监管要求予以具体化。处方药广告管理规则主要收录于《联邦规章汇编》第21章第202条（code of federal regulations，21 CFR 202）。[1]

（一）处方药广告的分类

根据美国相关法律法规的规定，可将面向消费者的处方药广告分为三类：

1. 药品声称广告（product claim ads）

药品声称广告，是指展示药品名称并讨论其功效和风险的广告。所有的药品声称广告，无论在何种媒体上出现，必须在广告的主体部分包含以下关键要素：第一，药品的名称，包括商品名和通用名；第二，至少一项FDA批准的药物功用；第三，最重要的药物风险。

2. 药名提示广告（reminder ads）

药名提示广告只展示药品名称，但不说明药品用途。这些广告假设受众已经知晓了药品的用途。某些具有严重风险的处方药不允许做提示广告。对于具有严重风险的药品而言，在FDA批准的药品标签信

1 FDA官网。

息中，标有“方框警示”（boxed warning）。对这些风险较高的药品而言，处方药广告必须包含药品风险的内容。

3. 帮助就医广告（help-seeking ads）

帮助就医广告是对某种疾病或症状的描述，但不去推荐某种特定的治疗药品。在帮助就医广告中讨论的疾病包括过敏、哮喘、高胆固醇和骨质疏松症等，这些广告倡导有此类症状的人及时就医。帮助就医广告可以包含药品企业的名称，也可以提供一个可获取更多信息的电话号码。在适当发布的情况下，帮助就医广告不被视为药品广告。因此，FDA不规制真正的帮助就医广告，但联邦贸易委员会（Federal Trade Commission，简称FTC）对帮助就医广告加以规制。[1]但如果广告中建议或暗示使用某种特定药品，则认为此广告构成了药品声称广告，其必须遵守FDA的规则。

（二）处方药广告的风险披露要求

1. 药品声称广告

药品声称广告必须以平衡的方式呈现处方药的功效和风险，但印刷类广告和广播类广告的风险披露方式仍有差异。

（1）印刷类声称广告

印刷类声称广告必须包含对药品的简要概述，这个简要概述一般包含被批准的处方信息所列的所有风险。印刷类广告需要包含下列陈述：“鼓励大家访问MedWatch或者拨打1-800-FDA-1088，向FDA报告处方药的副作用。”

（2）广播类声称广告

借助电视、收音机、电话等载体发布的广播类声称广告必须包含下列信息：第一，药品最重要的风险，即主要声明（major statement）；第二，列在

1　FDA官网。

药品处方信息上的所有风险，或听众据以发现药品处方信息的各种渠道。这意味着药品企业在广播类广告中不必包含药品所有的风险信息。相反，广播类广告可以告诉听众或观众，去哪里找更多FDA批准的处方信息，这为广告提供者设定了“充分提供”（adequate provision）的要求。

FDA建议广播类广告给出下列渠道，帮助患者有效寻找药品处方信息：第一，关于相应医疗服务提供者的体系；第二，一个免费拨打的咨询电话号码；第三，一册包含涉及相应药品的印刷广告的杂志；第四，一个可以访问的网址。

2. 药名提示广告

药名提示广告不必包含药品风险信息，因为这类广告并没有说出药物的用途和疗效。与药品宣传广告不同，药名提示广告不能以文字或图片的形式暗示药品任何的功效或风险。比如，用于治疗哮喘的提示广告不应该包含肺的图片，因为它暗示了药品的作用。药名提示广告必须包含下列陈述：“鼓励大家向FDA报告处方药的副作用。访问MedWatch或者拨打1-800-FDA-1088。”

四、美国处方药广告的监管框架

（一）专门的监管机构

FDA药品评价与研究中心及其下设的处方药促销办公室（Office of Prescription Drug Promotion, 简称OPDP）是FDA内部负责处方药广告监管的机构。药品评价和研究中心的部分使命是确保处方药的零售企业提供真实、平衡、精确的信息，而处方药促销办公室负责具体监督处方药广告活动。处方药促销办公室的职能包括：第一，检查并治理违法广告；第二，教育企业明确法律的监管要求；第三，鼓励就面向医学专业人士和直接面向消费者的处方药广告信息进行更好的交流。

（二）自愿的事前审查制度

FDA不要求促销材料的事前审查，除非药品是加速通过批准的。不过，FDA鼓励药品制造商在发布处方药广告前，自愿将广告提交审查。制造商在首次发布广告之后，FDA会要求其提交审查。

在发布处方药电视广告的至少45天之前，FDA可以要求将电视广告的脚本、播出顺序表、粗略的或完整的视频提交部长审查。审查之后，部长可以就药品标签中包含的信息对电视广告提出建议。例如，在广告中指明该药品对特定人群的效果，以保护老年人、儿童和少数民族等群体的利益；对于获得许可不超过两年的新药，需披露药品获得许可的日期。

（三）无题信

无题信（untitled letter）由FDA下设的处方药促销办公室发布，信函主要针对较轻微的处方药广告违法行为。一般而言，这样的违法行为不危害公共健康，可以较为轻易地改正。处方药促销办公室在发布无题信的同时，会公布违法的广告材料，以对整个制药产业起到警示作用。

（四）警告信

警告信（warning letter）由FDA处方药促销办公室发布，针对的是更严重的广告违法行为，同时将违法的广告材料公之于众。处方药促销办公室在选择发出无题信还是警告信时，要考虑被指控行为是否和公共健康有关联，在监管历史上企业是否有违法记录，是否有证据表明违法行为构成更大规模促销战略的一部分。企业如不按照警告信的要求改正违法行为,FDA将进一步采取扣押或禁令措施。

(五)其他监管措施

此外,FDA还采取其他一些强有力的监管措施,包括要求制药企业停止发放违法材料;要求企业发布纠正性广告;同销售代表进行联系,纠正违法行为;要求企业提交改正计划。

五、探求我国处方药广告监管制度的改革之道

(一)逐步拓展处方药广告的制度空间

以上是对美国处方药广告及其监管制度的述评。根据我国现行《广告法》第15条第2款的规定,处方药只能在国务院卫生行政部门和国务院药品监督管理部门共同指定的医学、药学专业刊物上做广告。但2019年8月26日修订通过的《药品管理法》体认了网络销售药品的合法性,明确了规范网络药品销售的制度基础,加强了对药品网络交易第三方平台的管理,这有助于规范和促进"互联网+医药"的发展,满足人民群众日益增长的医疗卫生健康需求。

根据《药品管理法》第61条第1款的规定,由国务院药品监督管理部门会同国务院卫生健康等部门,来针对网络销售药品制定具体管理办法。2022年8月颁布的《药品网络销售监督管理办法》第13条规定,药品网络零售企业在处方药销售主页面、首页面不得直接公开展示处方药包装、标签等信息。通过处方审核前,不得展示说明书等信息,不得提供处方药购买的相关服务。但可认为,通过处方审核后,可在网络上展示处方药说明书等信息。或可以此为契机,修改《广告法》中的相关规定,考虑拓展处方药广告的制度空间,逐步允许直接面向公众的处

方药广告，并探索对处方药广告实行分类监管。

需要看到，长期以来，我国处方药不得在大众媒体上做广告，当患者通过医院或零售药店购买药品时，由于缺乏获取处方药信息的渠道，使患者在选择处方药时处于相对被动的地位。2018年发布的《国务院办公厅关于促进"互联网+医疗健康"发展的意见》规定，医师掌握患者病历资料后，允许在线开具部分常见病、慢性病处方。建议在试点基础上，对非致命性慢性病、常见病的处方药，逐步允许在大众媒体上面向公众直接做广告。低风险的处方药广告不仅让药品信息与公众互联互通、实时共享，还有助于向公众普及科学用药知识，强化公众的知情权、选择权。

（二）完善处方药广告审查制度

根据《广告法》第46条的规定，发布药品广告时，应当在发布前由广告审查机关对广告内容进行审查；未经审查，不得发布。《药品管理法》第89条规定，药品广告应当经广告主所在地省、自治区、直辖市人民政府确定的广告审查机关批准；未经批准的，不得发布。国家市场监督管理总局2020年3月1日起施行的《药品、医疗器械、保健食品、特殊医学用途配方食品广告审查管理暂行办法》中，规定了对药品广告和处方药广告审查的要点。据此，包括处方药在内的药品广告应当显著标明禁忌、不良反应，处方药广告还应当显著标明"本广告仅供医学药学专业人士阅读"。[1]

建议由国务院市场监督管理部门颁布专门的处方药广告审查基准，审查基准的制定与公布，将法律、法规、规章中的概括性要求予以具

1　《药品、医疗器械、保健食品、特殊医学用途配方食品广告审查管理暂行办法》，2019年12月13日经国家市场监督管理总局2019年第16次局务会议审议通过，2019年12月24日公布，自2020年3月1日起施行。

体化，实现对广告审查行政裁量权的自我拘束，从而确保行政许可的公平、公正，确保相对人对申请结果有恰当的预期。[1]在颁布的处方药广告审查基准中，建议包含以下内容：第一，处方药广告应当显著标明禁忌、不良反应，处方药广告应当显著标明的内容，其字体和颜色必须清晰可见、易于辨认；第二，处方药广告应显著标明“本广告仅供医学药学专业人士阅读”；第三，审查基准应载明处方药广告审查的若干要点，尽量减少审查机关的主观判断空间，让类似情况得到类似处理，从而提高审查决定的公正性；第四，在对处方药广告内容进行事先审查时，应注重防范信息偏颇或信息缺失带来的风险，应注重广告披露信息中对药品风险和功效内容的平衡，防止出现“报喜不报忧”的现象。监管部门进行审查时，需对此予以动态、灵活的把握与权衡。

（三）引导消费者理性对待处方药广告

市场监管部门、药品监管部门等需要进一步加大宣传力度，与社会公众加强风险沟通，加强关于处方药安全的风险教育，公示处方药广告的批准文号，以提高广大消费者识别虚假处方药广告的能力，使其对药品功效和风险有理性的认识，避免消费者被误导，进而保障消费者的健康权益和财产权益。

（四）结语

在电商平台迅猛发展和疫情防控常态化的双重影响下，适度放开面向公众的处方药广告之制度空间，存在一定的可能性和必要性，这或

1　朱芒：《日本〈行政程序法〉中的裁量基准制度》，《华东政法学院学报》2006年第1期。

许也是激发市场活力、推进“放管服”改革的重要举措。同时，从美国处方药广告分类监管的实践经验中，我们可以看出，拓展处方药广告制度空间与加强处方药广告监管并行不悖，未来应综合运用事先许可、行政检查、警告、约谈、信用评价、行政处罚等制度，加强对处方药广告发布活动的监管，防止其因信息虚假披露、滥用在市场上的信息支配地位，侵害消费者权益，进而形成合法、合理、有效的处方药广告监管之道。

第十四章

美国药品监管警告信制度评介*

一、引言

2019年修订的《药品管理法》设定了更为严格的行政处罚。只有对于某些尚不影响药物安全性、有效性的轻微违法行为，法律才规定“责令限期改正，给予警告”，给予违法者自我纠正的机会。

行政机关在实施行政处罚时应当遵循“执法金字塔”的范式设计，首先应选择“金字塔”底部强制力较弱、干预程度较低的执法措施，只有在该措施效果失灵时，才依次逐级上升，不断选择威慑力更强的监管措施。[1]强制力、威慑力较弱的监管措施执法成本较低，可以节约监管资源，合理配置监管资源，并保障被监管者的权利受到较低程度的限制，有助于被监管者主动建立内部的合规体系，有效实现监管目标。

FDA在药品监管中，经常向被监管者发出警告信。FDA警告信属于“执法金字塔”中强制力较弱、干预程度较低的监管措施，有助于给

---

* 本章主要内容以“美国FDA警告信的制度架构及启示”为题，刊于《中国食品药品监管》2019年第12期，原系与刘炫合著，收入本书时，笔者做了修改与完善。

1 卢超：《社会性规制中约谈工具的双重角色》，《法制与社会发展》2019年第1期。

予被监管者自我纠正的机会，方便FDA进行后续的动态监管，一旦该监管工具失灵，FDA便采取威慑力更强的监管措施。

FDA警告信制度贯穿于药品全生命周期的监管，FDA对药品研发、生产、流通等各环节的违规行为都可以发出警告信。FDA对不同监管领域的警告信的内容架构和签发程序等进行了统一的规定，为了对FDA警告信制度进行深入的探究，本章仅以药物临床试验的警告信为例证，对FDA警告信的制度特征、警告信的内容架构和签发程序等加以研究，以期对我国的药品监管制度改革有所启发。

二、美国药品监管警告信的制度特征

FDA警告信是FDA针对现场检查中发现的违规行为采取的主要监管措施，有助于改进药品监管与治理。本部分将以药物临床试验警告信为例证，对美国药品监管警告信的法律性质、适用条件、格式内容加以探究。

（一）药品监管警告信的法律定位

药品监管警告信是FDA在监管过程中，对存在重大违规行为的检查对象发出的劝告性通知，[1]是FDA对违规者发出警戒，告知其有重大违规行为，应避免相同或类似违规行为再次发生的处罚形式。FDA常以警告信的形式通知相关单位，对其违规行为予以告诫，同时在FDA网站上对外公布该警告信，对其声誉或信誉产生不利影响。[2]FDA通

1　Chapter 4-Advisory Actions, in *FDA Regulatory Procedures Manual*，FDA官网。

2　Chapter 3-Center for Drug Evaluation and Research, in *FDA Regulatory Procedures Manual*，FDA官网。

过警告信这种广而告之的方式，在一定范围内公布被处罚人的违法事实，以造成对相对人声誉的影响，利用社会对不利信息的传播与评价，来达到制裁的效果。警告信是具有制裁性质的行政行为，构成行政处罚。

警告信是FDA督促违规者迅速自愿遵守《联邦食品、药品与化妆品法》等法规的主要手段。FDA在给临床研究者的警告信中明确指出，“研究者必须解决这些缺陷，并建立规程，以确保任何正在进行或将来进行的研究均能符合FDA的法规”，[1]要求违规者必须履行相应的义务。收到警告信的被规制者如果没有对警告信予以高度重视，或没有及时、充分地实施纠正措施计划，FDA将可能在不再通知的情况下，直接采取暂缓或终止临床研究、施加禁令等监管措施。但警告信并非其他执法行为的前置程序，而是一种独立的制裁措施。警告信处于“执法金字塔”的底部，当其警戒效果失灵时，FDA将采取威慑力更强的监管措施。

（二）药品监管警告信的适用条件

警告信是一种劝导性的制裁措施，但实践中可能对违规者间接产生严重的后果。第一，药品监管警告信在FDA网站上对外公布，为公众所知晓，公众会选择性地不去选用这些被警告的药品，这削弱了相应药品的市场竞争力。第二，违规者收到警告信，可能会使其新药上市许可以及药品补充申请延迟或被阻止。[2]因此，为了保护被监管者的合法权益，规范警告信的适用，发出药品监管警告信需以满足一定的法定条件

1　参见国家药品审核查验中心、上海药品审评核查中心：《美国FDA药物临床试验与非临床研究警告信汇编》，中国医药科技出版社2018年版，第404页。

2　R. M. Cooper & J. R. Fleder, Responding to a Form 483 or Warning Letter: A Practical Guide, 60 *Food & Drug L. J.* 479–493 (2005).

为前提。

FDA合规计划指导手册(Compliance Program Guidance Manuals,简称CPGM)第48章第五部分《生物研究监查(monitor)的规制/行政管理策略》规定,“临床研究者通过采取具体的纠正措施,能够纠正该违规行为,使其符合所有适用法规的要求,并且临床研究者遵守自己制定的纠正措施计划能最大程度防止将来类似的或其他违规行为的发生”,[1]在此情形下,FDA考虑发出警告信。

第一,FDA发出警告信的前提是,该违规行为有被纠正的可能性,且违规者自愿采取积极措施以纠正违规行为。例如,对于认为临床研究者可以自行纠正的违规行为,违规的临床研究者可以制定并实施一份详细的纠正措施计划,此计划需得到FDA的认可。对于不能由临床研究者自行纠正的违规行为,或者临床研究者故意反复从事违规行为的情形,例如,临床研究者故意或多次不符合临床试验要求,或向FDA提供虚假试验数据,FDA可以对违规者给予较警告信更为严厉的监管措施,做出暂缓或终止临床研究的决定。[2]

第二,FDA发出的警告信仅针对的是重大明显违规行为,如果该违规者不及时、充分地依据警告信的要求,来纠正其违规行为,可能导致FDA采取强制执行的行动。对于一般性的违规行为,FDA通常会向违规者发出无题信。FDA在网站上公布无题信,但不公开违规者的姓名或名称等信息,要求违规者及时纠正违规行为。如果违规者未能及时纠正其违规行为,FDA可能采取威慑性更强的执法行为。[3]

第三,纠正措施能有效防止将来类似违规行为的发生。该纠正措施能切实有助于纠正违规行为,制定纠正措施时,要求违规者做出合规

1　Part V-Regulatory / Administrative Strategy,FDA官网。

2　Part V-Regulatory / Administrative Strategy,FDA官网。

3　Issuance of Untitled Letters,FDA官网。

承诺，承诺未来不发生违规行为。

（三）药品监管警告信的内容

美国药品监管警告信的内容主要包括被检查对象的信息、违规行为、违反的相关法规条款、对检查对象书面回复的评判，以及关于相关时限和后果的声明。

美国药品监管警告信中会明确被检查对象的信息、检查日期以及违规行为的具体情况，对违反规定的研究方案或药品，做出简要但足够详细的事实描述，直接说明FDA检查过程中的关注点，使得违规者有可能采取纠正措施。FDA认定违规事实时，应具有明确的法律依据，这不仅可以防止检查人员滥用权力，保障被检查对象的合法权益；同时，被检查对象能以法规规定为准则，做出有效纠正违规行为的纠正措施。警告信中对被检查对象违反的法规条款标有明显的标记，使得被检查对象及时、清楚地了解自己的行为如何违反法规，并有助于其做出相应的纠正措施。

FDA在发出警告信之前，应给予被检查对象陈述和申辩的机会，被检查对象应当在法定期限内，对检查人员制作的现场检查报告做出书面回复、提交纠正措施计划。FDA对该书面回复进行审查评估，并将不满足要求的纠正措施列入警告信中。美国药品监管警告信中会要求违规者在收到警告信的15个工作日内，应当书面告知FDA拟采取的纠正措施，如不告知，FDA则有可能在不通知的情况下采取更具威慑力的监管措施。基于执法效率及公共利益的考虑，被监管者的行为不能长期处于违规状态，FDA期望被检查对象迅速纠正违规问题，所以警告信应明确相关执法期限及违反的后果，以强制被检查对象迅速纠正违规行为。

三、美国药品监管警告信的签发程序

FDA的《行政监管程序手册》(Regulatory Procedures Manual, 简称RPM)对药品监管警告信的签发程序进行了明确的规定，本部分将对警告信签发前的程序、警告信的发布程序及终止程序进行梳理。

(一) 检查对象的自我纠正

药品监管警告信作为一种处罚措施，具有制裁性和强制性，FDA在发出警告信之前应当事先告知相对人，给予相对人陈述申辩的权利，听取相对人的意见。FDA检查人员对临床研究者现场检查结束后，将现场发现的违规情况整理为现场检查报告(Establishment Inspection Reports，简称EIRs，通常称为“表483”)，送达临床研究者个人或单位的主要负责人。临床研究者应当在15个工作日内对表483中的违规问题进行书面回复，并针对违规行为制定纠正措施计划。临床研究者可以对表483中的任何内容提出异议，但大多数情况下，FDA不会基于被检查对象对违规事实认定的异议，而认为表483中的内容存在错误，FDA会声称，所观察到的缺陷是真实存在的。[1]

发出表483不是对被检查对象的最终决定，而是告知被检查对象存在的违规问题，并期望其能自愿及时地纠正该违规问题的过程性行为。一旦收到表483，被检查对象会立即召集相关知识丰富的人员，分析表483中的违规情况，制定一项能有效解决违规问题，防止类似违规行为再次发生的计划，并准备对FDA做出书面回复。计划应包括明确的纠

1　Jeffrey M. Senger, Emerging Issues in FDA Regulation: Warning Letters, Internet Promotion, and Tobacco, 13 *J. Health Care L. & Pol'y* 211–223 (2010).

正措施、违规行为的根本原因，以及为保证纠正措施持续进行，如何配置人员资源，明确人员责任。被检查对象的纠正计划必须足够充分详细，具有实际操作性。

FDA应当对被检查对象提交的纠正措施计划和书面回复进行审查，审查违规事实及相应的纠正措施是否符合要求。被检查对象自我纠正的主要目的在于，让FDA有足够的理由相信，被规制者会遵守FDA执行的所有法规。当审查发现被检查对象的自我纠正措施符合FDA的要求时，FDA则相信被检查对象将会遵守法规，近期不会基于过去的违规行为对其采取强制措施，并将继续以常规检查频次进行检查。如果被检查对象提交的纠正措施计划不符合FDA的要求，意味着被检查对象没有积极采取整改措施，FDA将会依法对被检查对象发出警告信，并加强监督检查。

（二）药品监管警告信的发布程序

1. FDA警告信的审查主体

美国药品监管警告信应当经过法定的人员进行审核，才能予以发布。FDA中设立六个行政监管中心，分别监管食品、药品、生物制品、医疗器械、兽药、烟草。其中，CDER负责监管药品的质量安全，对药品的研发、生产、流通等进行监督检查。FDA对药物临床试验研究者发出警告信前，应当经过药品评价与研究中心的“生物研究监查项目”（Bioresearch Monitoring program, 简称BIMO）的审核人员进行的审查，[1] 该项目审核人员基于违规事实及其纠正措施，着重审查发出警告信的

1 “生物研究监查项目”是FDA于1977年建立的药物临床试验监管项目，对药物临床试验进行现场检查，评估临床试验数据及结果是否符合FDA临床试验的管理规定。

必要性与适当性。[1]特殊情况下，涉及争议问题或敏感问题的警告信还须经过FDA的总法律顾问办公室（Office of Chief Counsel, 简称OCC）审查，以确保警告信中适用法律的合法性以及与FDA政策的一致性。

2. 药品监管警告信的决定程序

CDER作为FDA下设的专门监管中心，对药品的研发、生产、流通进行监督检查，根据检查情况，决定是否对相关单位或个人采取监管手段。对药物临床试验研究者进行检查时，检查人员可以不经CDER官员或其他法定官员的审查，直接对被检查对象送达现场检查报告。一般在三个工作日内，检查人员应当将现场检查报告副本以及附件、违规产品等证据资料递交给CDER的生物研究监查项目审核人员，审核人员对现场检查报告进行审查，必要时，审核人员可以就违规事实询问检查人员。

被检查对象可以在现场检查期间或者收到现场检查报告后，书面回复检查机构，采取或承诺采取纠正措施纠正违规行为。被检查对象采取或承诺采取纠正措施，并不意味着FDA不再发出警告信。FDA是否发出警告信取决于CDER审核人员的审查结果，审核人员在审查时需要考虑以下因素：第一，对违规者的信誉进行审查，违规者是否具有严重违规的历史，是否明知该行为违规而反复多次实施违规行为；第二，对违规行为的性质进行审查，违规行为是否重大明显、是否可纠正，违规行为是否加大了与药品有关的风险；第三，对违规者采取或承诺采取的纠正措施进行审查，审查纠正措施是否充分，是否能有效防止类似行为或其他违规行为发生。[2]

如果违规者的纠正措施符合审查要求，或者审查时违规行为已得到纠正，FDA不会再发出警告信，而是发出回复函，表明FDA相信该单

1　About Warning and Close-Out Letters，FDA官网。

2　“Chapter 4-Advisory Actions”, in *FDA Regulatory Procedures Manual*，FDA官网。

位或个人对纠正措施的纠正或承诺。信函还将声明，如果以后的检查发现此类或类似的违规行为再次发生，FDA将在不另行通知的情况下采取监管措施，以督促相关单位遵守法规。如果经审查，认为违规行为的纠正措施不符合要求，CDER将决定对违规者发布警告信。

CDER决定发出的警告信如涉及争议或敏感的法律问题，或者将把警告信送达临床研究者或伦理审查委员会时，CDER应当将拟定的警告信及相关证据资料提交给总法律顾问办公室，进行终局审查。总法律顾问办公室对法律及政策问题进行审查，决定是否批准CDER发布警告信。所以，CDER对违规的临床研究者发出警告信，需经生物研究监查项目审核人员、总法律顾问办公室的两次审查同意，才能予以发布。

（三）药品监管警告信的终止程序

药品监管警告信是FDA针对重要违规行为做出的监管措施，当经过监管机构检查评估，认为违规行为已纠正，或不再有重要影响，监管机构可以发出警告信的终止信件（Close-Out），撤销对相关单位或个人的警告。若临床研究者的回复不充分或者没有做出回复，CDER将根据违规情况，做出后续更为严厉的监管措施，警告信也将自动终止。除非法规明确规定，CDER在采取后续监管行动时，将不再发出第二封警告信。

如果CDER评估认为临床研究者的回复足够充分，该中心将核实回复中的承诺是否已履行，纠正措施是否已完成。CDER必须对纠正措施加以检查核实，而不能仅根据被检查对象将要采取或已经采取某些行动的一面之词发出警告的终止信。CDER通常将进行后续的跟踪检查，以核查纠正措施是否得到执行。跟踪检查没有发现违规行为的，CDER将发出终止信并对外公布，使公众知晓相关单位的违规警告已被撤销。但如果FDA在后续检查中或通过其他方式发现相关单位又出现违规行为，将在不另行通知的情况下采取监管措施。

四、美国药品监管警告信制度的启示

美国药品监管警告信制度程序细密，设计周延，将警告信与后续监管措施紧密衔接，其制度架构对我国完善药品监管程序体系、规范药品监管执法过程、健全药品监管告诫信制度，都有相当的借鉴价值。

（一）完善药品监管程序体系

FDA《行政监管程序手册》对警告信的发布主体、发布程序做了系统、详细的规定，例如，规定向临床研究者和伦理审查委员会发布警告信的程序，规定警告信的终止函发出程序。我国药品监管部门发布关于检查要点的文件，但还缺少关于药品检查及后续监管程序的制度化规定。我国应对药品研发、生产、流通等过程的监管程序做出统一规定，颁布相关监管程序手册，以指导和规范各级药品监管部门的执法行为。

（二）规范药品监管执法过程

我国的责令改正通知书与FDA警告信相类似，都是药品监管部门期望违规者迅速、自愿采取纠正措施的主要监管手段。与警告信对外公开不同的是，责令改正通知书只发给违规者，一般并不公开发布，公众无法知晓该药品存在缺陷，这不利于保障公众知情权。相较于警告信，责令改正通知书缺少一定的惩戒性与威慑性，可借鉴FDA警告信的发布程序与警告内容，完善我国行政执法中的责令改正制度，使责令改正能达到使限期违规者迅速、自愿纠正违法行为的目的。

我国药品监管部门的检查通报在形式内容上与FDA警告信有相同之处，都注明了被检查对象的信息、违规问题的情况及违反的相关法律法规。但我国药品检查通报有时并没有明确违规行为所违反的具体法规条款，只用“相关规定”来加以概括，例如，某公司的上述行为严重违背了《药品生产质量管理规范》相关规定。在此情况下，收到检查通报的被检查对象无法迅速明确其行为违反的具体法律规定，也不利于其及时、有效地实施整改措施。

检查通报对违规事实进行总结，并指引相关监管部门对违规行为进行后续调查，而警告信是一种独立的监管措施，其他监管行为可同时进行，并不以警告信为先决条件。我国的检查通报主要针对药品生产经营企业，很少针对药物临床试验研究机构。未来或可探索将警告信制度引入我国药物临床试验监管，这或许有助于更好保护受试者权益，保证试验数据的真实、可靠。

（三）健全药品监管中的告诫信制度

《药品生产监督管理办法》首次提出告诫信的概念，告诫信是药品监督管理部门在药品监督管理活动中，对有证据证明可能存在安全隐患的，依法发出的信函。告诫信应当载明存在缺陷、问题和整改要求。[1]国家药品监督管理局和省、自治区、直辖市药品监督管理部门通过监督检查发现药品生产管理或者疫苗储存、运输管理存在缺陷，有证据证明可能存在安全隐患的，应当依法发布告诫信。

监管部门发布告诫信，还可伴以其他监管手段。如被监管者基本符合药品生产质量管理规范要求，但需要整改，在发出告诫信的同时，还应依据风险程度，采取告诫、约谈、限期整改等措施。如药品存在质

1 参见《药品生产监督管理办法》第75条。

量问题或者其他安全隐患，在发出告诫信的同时，药品监管部门还应依据风险程度，采取暂停生产、销售、使用、进口等控制措施。[1]

《药品生产监督管理办法》并未对告诫信的适用条件、适用程序、文本格式等问题做出更为细致的规定。未来可以美国药品监管警告信制度为借鉴，系统建构我国药品监管告诫信制度，将告诫信适用于对我国药品研制、生产、经营、使用等环节的监管，明确我国颁发药品监管告诫信的主体和程序，厘清告诫与前期监督检查、后续监管的关系，为被告诫对象设定整改要求，设定解除告诫信和告诫的条件与程序。

1　参见《药品生产监督管理办法》第59条。

第十五章

美国疫苗损害补偿制度评介*

一般认为，对因国家的违法活动而产生的损害予以赔偿是国家赔偿制度，对以国家合法剥夺私人财产权而造成损失予以补偿的是损失补偿制度。[1]我国《疫苗管理法》第56条规定："国家实行预防接种异常反应补偿制度。"《疫苗管理法》第56条规定了预防接种异常反应的补偿范围、补偿费用来源及补偿原则。《民法典》第七编"侵权责任"的第六章题为"医疗损害责任"，相关规定或可构成疫苗损害赔偿制度的法律基础。通过由行政补偿和损害赔偿构成的民事救济制度，可以更为全面地保障受种者合法权益，建立完备的预防接种国家责任体系。本章试图对美国疫苗损害补偿制度加以评介，以期对完善我国疫苗损害补偿制度有所启发。

---

* 本章主要内容以"美国疫苗损害补偿制度评介及启示"为题，刊于《中国食品药品监管》2021年第8期，原系与赵伟勋合作。

1 杜仪方：《"恶魔抽签"的赔偿与补偿——日本预防接种损害中的国家责任》，《法学家》2011年第1期。

一、美国疫苗损害补偿制度的历史演进

（一）1986年以前美国疫苗损害补偿制度的发展

美国疫苗接种导致损害的事件可追溯至1901年的圣路易斯，13名儿童因接种受污染的白喉抗毒素而死亡；同年，在新泽西州的卡姆登，9名儿童接种受污染的天花疫苗后死于破伤风。在此背景下，美国于1902年7月1日颁布了《生物制品控制法》（Biologics Control Act）。[1]该法旨在确保疫苗和血清的安全性及纯度，并对该类产品明确标识。《生物制品控制法》主要围绕疫苗监管做出规定，并未涉及对疫苗损害的救济，原因或许是，当疫苗被广泛使用之初，遭受疫苗接种损害的人很少寻求制造商、医生或政府的补偿。[2]当时救济问题尚未凸显。

1955年，美国发生克特（Cutter）疫苗事件，克特公司生产的预防小儿麻痹症疫苗导致约200名儿童残疾、10名儿童死亡。克特公司因此面临大量的民事诉讼，其中最为著名的是戈茨丹克诉克特实验室案（*Gottsdanker v. Cutter Laboratories*）。在判决中，陪审团认为克特实验室在生产脊髓灰质炎疫苗方面并非疏忽大意，但克特公司仍需对产品造成的损害承担经济责任。疫苗无过错责任由此产生。[3]该判例也为此后一系列类似诉讼确立了参照。

1976年初，新泽西州迪克斯堡军事基地的一名士兵死于流感，由于担心这又是一场大流感的开始，在福特总统的支持下，联邦政府开启了流感免疫行动。为满足疫苗生产企业和保险者的要求，国会又很快通

1　宋华琳：《美国疫苗监管法律制度评介及启示》，《中国食品药品监管》2018年第8期。

2　Vaccine Injury Compensation Programs，疫苗史英文网站。

3　Paul A. Offit, *The Cutter Incident: How America's First Polio Vaccine Led to the Growing Vaccine Crisis*, Yale University Press, 54 (2005).

过了国家猪流感免疫项目(National Swine Flu Immunization Program),即《猪流感法案》(Swine Flu Act)。该法将所有疫苗生产商的责任和行政管理者的责任转移给美国联邦政府,让猪流感免疫项目下实施猪流感疫苗接种导致的个人损害或死亡,都由政府负责。[1]该免疫项目接种人数达4 600万,但后来没有出现猪流感大流行,注射疫苗的人中却有十万分之一出现吉兰–巴雷综合征(Guillain-Barre syndrome),该项目于1976年12月16日停止,再度给美国留下"黑色记忆"。这一阶段,受害人主要以产品责任法为依据,通过传统的民事侵权诉讼路径寻求救济。

(二)国家疫苗损害补偿项目的设立

1976年至1986年间,疫苗既有可能产生不良反应,也有可能带来质量缺陷层面的问题。百白破疫苗可能导致儿童残疾和发育迟缓,侵权诉讼也随之激增。1978年至1981年间,只有9起针对百白破疫苗生产企业的产品责任诉讼,到了20世纪80年代中期,每年针对百白破疫苗生产企业的诉讼超过200件。在国家疫苗损害补偿项目设立之前,疫苗企业面临严重的诉讼威胁,在1980年至1986年间,原告诉疫苗企业的赔偿标的额合计超过35亿美元,与此同时疫苗企业数量由26个减少到4个。疫苗诉讼导致疫苗企业减少,疫苗价格上涨,乃至危及儿童疫苗的供应。[2]

20世纪80年代中期,尽管疫苗侵权诉讼激增,但由于传统救济途径的成本高、效率低,大多数受害人无法从诉讼中获赔,或无法获得足

1 Lainie Rutkow et al, Balancing Consumer and Industry Interests in Public Health: The National Vaccine Injury Compensation Program and Its Influence during the Last Two Decades, 111 *Penn St. L. Rev.* 681 (2007).

2 Sara Wexler, *Bruesewitz v. Wyeth*: The "Unavoidable" Vaccine Problem, 6 *Duke J. Const. L. & Pub. Pol'y Sidebar* 93 (2011).

够的赔偿。现行体系既无法保证疫苗的充足供应，又难以保障赔偿，因而受害儿童的父母、科学家、疫苗制造商、美国儿科学会（American Academy of Pediatrics, 简称AAP）、美国医学会（American Medical Association, 简称AMA）和美国国会都感到不满。[1]例如，“不满意的家长们”组织（Dissatisfied Parents Together）负责人杰弗里·施瓦茨（Jeffrey Schwartz）在得知可能制定疫苗补偿法案后，主张法案内容应设定疫苗损害补偿制度，以此来削减疫苗风险，并促使疫苗企业开发出更安全的疫苗。参议员爱德华·肯尼迪支持疫苗补偿法案，指出“我们不能容忍一个阻碍接种的体系，不能增加需要受保护儿童的风险，不能通过鼓励侵权诉讼体系，给少数人以慷慨，却让其他同等程度受害者一文不名”。[2]作为疫苗生产企业的代表，默沙东公司总裁约翰·E. 莱昂斯（John E. Lyons）主张引入无过错补偿体系，认为补偿应优于侵权，应通过补偿体系来及时、公正地对所有受损害者的实际损失给予补偿。[3]

在多政策源流的共同作用下，历经4年审议，里根总统于1986年11月14日签署了《国家儿童疫苗损害法》（National Childhood Vaccine Injury Act）。《国家儿童疫苗损害法》内容包括两部分，第一部分为国家疫苗计划的设立，[4]规定了疫苗相应的研究、配送和使用，确保生产和采购安全有效的疫苗等。第二部分则设立了国家疫苗损害补偿项目

1　Mary S. Holland, Liability for Vaccine Injury: The United States, the European Union, and the Developing World, 36 *Emory L.J.* 415 (2018).

2　Lainie Rutkow et al, Balancing Consumer and Industry Interests in Public Health: The National Vaccine Injury Compensation Program and Its Influence during the Last Two Decades, 111 *Penn St. L. Rev*. 691–692 (2006).

3　Lainie Rutkow et al, Balancing Consumer and Industry Interests in Public Health: The National Vaccine Injury Compensation Program and Its Influence during the Last Two Decades, 111 *Penn St. L. Rev.* 691–693 (2006).

4　National Childhood Vaccine Injury Act 42 U.S.C. § 300aa-1.

（National Vaccine Injury Compensation Program，简称NVICP），该项目秉承无过错补偿进路，替代了传统解决疫苗损害事件的方法，从而对因接种某些疫苗而受到损害的个体给予补偿，这也构成了美国疫苗损害救济的主渠道。

二、美国疫苗损害补偿制度的法律框架

美国疫苗损害救济制度的现行法律框架以《国家儿童疫苗损害法》为核心。相较于传统的侵权诉讼，这部法律确立了联邦的无过错赔偿项目，终结了儿童疫苗市场的不稳定性和不可预见性，其优势在于简化程序、降低交易成本，从而可以更容易、稳定、简便、慷慨地对受损害受种者给予补偿。

现行框架要求个人先经由国家疫苗损害补偿项目申请行政补偿，禁止直接向法院提起侵权诉讼，故有效削减“相当数量的可能原告”就疫苗相关损害提起诉讼的可能性，一定程度上有助于保证疫苗供应、稳定成本，并为受害人提供有效救济。

（一）疫苗损害补偿项目的组织架构与资金来源

美国国家疫苗损害补偿项目归属于美国卫生与公众服务部（Department of Health & Human Services，简称HHS）的卫生资源与服务局（Health Resources & Services Administration）下属的疫苗损害补偿项目办，还涉及司法部（Department of Justice）、联邦索偿法院（Court of Federal Claims），项目内设儿童疫苗咨询委员会（Advisory Commission on Childhood Vaccines）。

1. 儿童疫苗咨询委员会

儿童疫苗咨询委员会有九名成员，均由卫生与公众服务部部长任

命。其中，三位医学人士来自政府外，至少两位是儿科医生，且在流行病学和儿科疾病预防方面有专长；三位来自公众，其中至少两位代表因疫苗导致伤害或死亡的儿童；另有三位律师，其中至少一位代表儿童家庭，一位代表疫苗生产者。委员会成员还包括美国国立卫生研究院院长（Director of the National Institutes of Health）、卫生与公众服务部部长助理（Assistant Secretary for Health）以及美国疾病预防控制中心主任（Director of the Centers for Disease Control and Prevention）、FDA局长或其指定人员，这几位是席位制成员，参加委员会，但不拥有投票权。[1]这反映出儿童疫苗咨询委员会成员的多样性，从而使委员会可以更好汲取专业知识，反映多方利益和不同政策考量。

儿童疫苗咨询委员会的主要职能是就国家疫苗损害补偿项目的执行和改善向联邦卫生与公众服务部部长提供建议，内容包括国家疫苗损害补偿项目的实施、疫苗损害列表（Vaccine Injury Table）的修正、减少不良反应的发生、调查联邦及各州的疫苗损害信息等。[2]其中相对重要的职能是对疫苗损害列表的修正提出建议，因为该表是索偿的重要依据，如果符合列表的要求，即可获得行政补偿。

2. 疫苗损害补偿信托基金

国家疫苗损害补偿项目有两个不同的经费来源，对于1988年10月1日之前接种疫苗所导致的损害，补偿费用来自国会征收的联邦税。1988年至1992年间，每个财政年度拨付的补偿费用为800万美元，自1993年起每年为1.1亿美元。

对于1988年10月1日之后接种疫苗导致的损害，费用来自疫苗损害补偿信托基金（Vaccine Injury Compensation Trust Fund）。[3]该基金设

1　National Childhood Vaccine Injury Act 42 U.S.C. § 300aa-19.

2　Health Resources & Services Administration, Charter of The Advisory Commission on Childhood Vaccines, Health Resources & Services Administration官网。

3　National Childhood Vaccine Injury Act 42 U.S.C. § 300aa-15。

立于美国财政部名下，并接受国会的监督，财政部部长每年须向国会报告疫苗信托基金的财务状况和上一财年的运营情况，以及未来五个财年的预期经营状况。[1]基金的资金来源于对每剂疫苗收取的75美分消费税。法律对基金使用范围进行了严格的限制，仅能就《国内税收法典》(Internal Revenue Code）第9主题第98章第A分章规定的情形，对与疫苗有关的任何损害和死亡予以补偿，且要求在1988年9月30日后接种疫苗，而且在疫苗损害补偿时，该疫苗需已纳入征税疫苗的范围。[2]

疫苗损害补偿信托基金的运行一直处于良好状态，有效地为受害人提供了足额补偿。截至2018年12月6日，基金约有38.6亿美元，同年的财政年度信托基金总收入大约是3.78亿美元，其中大约3.04亿美元来自税收，470万美元来自此前年度返还金额，0.69亿美元来自利息。[3]

（二）申请补偿的条件与范围

1. 申请补偿的条件

申请补偿的条件包括：其一，申请人需符合资格；其二，接种的疫苗在损害列表之内；其三，损害符合法定要求；其四，符合时效要求。此外，若申请人因疫苗相关的伤害或死亡已获民事诉讼赔偿或和解，则没有资格再获补偿。

---

1 王艺芳、杨丽娜、杨悦：《美国疫苗伤害补偿信托基金研究及对我国的启示》，《中国药房》2020年第12期。

2 National Childhood Vaccine Injury Act 26 U.S.C. 9510(c)(1)(A)-(B)。

3 Advisory Commission on Childhood Vaccines (ACCV), Adobe Connect Webinar and Telephone Conference meeting, December 6, 2018, 108th Meeting。

申请人可以是遭受疫苗相关损害的任何人；若受损害者为未成年人或残疾人，则申请人为受损害者的法定监护人；如受损害者因接种疫苗而死亡，则由其法定监护人索偿。申请人遭受损害的程度需满足以下条件之一：其一，受到疫苗相关的损害持续六个月以上；其二，因接种疫苗而死亡；其三，受到疫苗相关的损害，导致住院或接受手术。[1]

就申请补偿的时效而言，以1988年10月1日为界，分为两种情况。在此之前接种疫苗并造成损害，则不得迟于1996年2月1日向索偿法院提交申请，且必须在损害之日起三年内提出。此后发生的所有疫苗损害，必须在发生之日起三年内索偿。对所有在1988年10月1日以后发生的死亡病例，必须在死亡之日起两年内、损害发生之日起四年内提交请求。[2]

2. 申请补偿的范围

国家疫苗损害补偿项目规定了补偿的范围和数额。个人因疫苗导致损害或死亡的，可申请补偿以下费用。

（1）自判决之日起发生的实际不可报销费用（unreimbursable expenses）和合理预计的不可报销费用，还包括在判决之前发生的实际不可报销费用。（2）如受害人未死亡，则可申请补偿收益损失费用。申请人受害时已年满18岁且其收入能力因此受损，则应根据公认的精算原则和预测方式，确定实际和预期的收益损失，再予以补偿。若未满18岁因接种受损害，且其收入能力因此受损，则应预估损害严重程度是否足以影响受害人18岁及以后的收入能力，若受影响，则根据私营部门工人的周均工薪收入，并附带考虑税收和医疗保险政策的平均成本，来确定对受害人18岁之后的补偿。（3）如果发生与疫苗有关的死亡，则可申请25

1　National Childhood Vaccine Injury Act 42 U.S.C. § 300aa-11.

2　National Childhood Vaccine Injury Act 42 U.S.C. § 300aa-16(a).

万美元的补偿金。(4) 针对精神创伤的补偿。以上补偿费用不得超过25万美元，但不包括惩罚性赔偿费用。律师费则较为特殊，无论联邦索偿法院是否给予原告补偿，申请人的代理律师均可以获取合理的律师费和成本，前提是补偿申请是善意提出的，且具备合理依据。这是律师从本项目中能获得的唯一费用，因为项目不允许律师在代理时收取任何其他费用。[1]以上各项补偿费用均来自财政部的疫苗损害补偿信托基金。

（三）申请补偿的程序

1. 申请损害救济的两种路径

申请美国疫苗损害救济的路径有两种：一是根据国家损害疫苗补偿项目，向联邦索偿法院提交申请书；二是寻求传统的民事诉讼救济。但两者之间存在法定顺序，即任何人都不得在州或联邦法院，对疫苗管理者或制造商提起超过一千美元或未指定金额的民事诉讼，州或联邦法院也不得给予超过一千美元的赔偿。只有当个人满足以下条件之一时，可以直接起诉疫苗管理者或制造商：其一，请求被国家疫苗损害补偿项目判定为不可补偿，项目未被考虑；其二，个人拒绝国家疫苗损害补偿项目的所有补偿；其三，疫苗不在国家疫苗损害补偿项目涵盖的范围之内。

根据国家疫苗损害补偿项目索偿的思路有两种：第一，符合损害补偿表的各项规定即可获补偿，包括符合损害赔偿表中关于疫苗种类、具体伤害要求以及伤害首次出现的具体时间段等规定。[2]该表为申请人证明疫苗接种与人身损害间的因果关系减轻负担，这是一个有助于快速

1 National Childhood Vaccine Injury Act 42 U.S.C. § 300aa-15.

2 National Childhood Vaccine Injury Act 42 U.S.C. § 300aa-14.

申请行政补偿的路径。

第二，存在事实因果关系，如果申请人的损害不符合损害赔偿表的要求，则必须以绝对证据证明疫苗造成自身损害。在埃尔森诉卫生与公众服务部部长案中，对“不在列表”（off-table）的索赔请求，联邦巡回法院要求申请人提供优势证据，说明接种导致了对自己的损害，为此确立了三重基准：第一重，需要有将疫苗和损害的因果关系相关联的医学理论；第二重着力于论证注射疫苗与发生损害结果之间的逻辑序列，以表明接种是损害的原因；第三重侧重于接种疫苗与损害之间在时间上的邻近关系。[1]第一重是理论性的，探讨疫苗是否能导致所指控的损害；第二重是理论的应用，探讨疫苗是否的确导致了损害；第三重关注的是症状是否出现于适当的时间点：在接种之后，症状出现得不是太早或太晚。将这三重基准结合起来，当疫苗接种是损害的“必要”（but-for）条件时，则可给予行政补偿。[2]

2. 审理程序

联邦索偿法院及其特别专员办公室（Office of Special Masters）有权确定申请人是否能获得国家疫苗损害补偿项目的补偿，并确定补偿具体金额。法院还可发布和执行其认为有必要的命令，以保证及时支付补偿。特别专员办公室设立在联邦索偿法院内，接受法院的监督，其成员不超过八人，由索偿法院的法官任命，并指定其中一人为首席专员。

个人可以向联邦索偿法院提交申请书，法院收到后交与联邦卫生与公众服务部部长。部长为被告，司法部的律师为被告代理人，在收到申请书之日起30天内，法院需将申请书公布于《联邦公报》（Federal Register）上。此外，联邦索偿法院还需将申请书转交首席特别专员，再

1 *Althen v. Sec'y of Health & Human Servs.*, 418 F.3d 1274, 1278 (2005).

2 Miles E. Coleman, An Overview of the National Childhood Vaccine Injury Act, 21 *S.C. Law*. 41 (2009–2010).

由其指定一名特别专员主持索偿的决定。特别专员将以国家疫苗损害补偿项目为依据，在当事人提交申请后240天内，做出是否提供补偿的决定并确定补偿额，暂停时间不计算在内。在特别专员调查结果发布后30天内，若任何一方均未提出复审动议（motion to review），则特别专员的决定将成为联邦索偿法院的调查结果。如果当事人提出复审动议，联邦索偿法院的法官需要在当事人提出起120天内做出支持、撤销或发回特别专员审理的决定。如果任何一方都没有提出异议，或者联邦索偿法院支持特别专员的决定，那么联邦索偿法院必须立即根据特别专员的决定做出判决。判决做出后，如果其中一方仍然反对，则可在60天内向美国联邦巡回上诉法院提出上诉，最终可上诉至美国联邦最高法院。[1]

国家疫苗损害补偿项目是针对疫苗接种伤害儿童的最主要救济措施，但并非唯一的救济措施。在索偿法院根据特别专员决定做出判决或任何上诉判决之后，申请人可以在90天内选择接受判决，或提起损害赔偿民事诉讼。如90天内未提起诉讼，则默示视为接受判决。如果申请人选择接受判决或被视为接受法院判决，则禁止再就同一疫苗相关损害或死亡事件提起损害赔偿的民事诉讼。[2]

（四）疫苗补偿制度的实效

从1989年到2020年8月1日，美国国家疫苗损害补偿项目为8 179位申请人提供了补偿，总补偿金额达42.2亿美元。[3]《国家儿童疫苗损害法》确定了疫苗损害补偿的制度框架，建立了疫苗接种“无过错补

1 National Childhood Vaccine Injury Act 42 U.S.C. § 300aa-12.

2 National Childhood Vaccine Injury Act 42 U.S.C. § 300aa-21.

3 National Vaccine Injury Compensation Program Data Report, Health Resources & Services Administration官网。

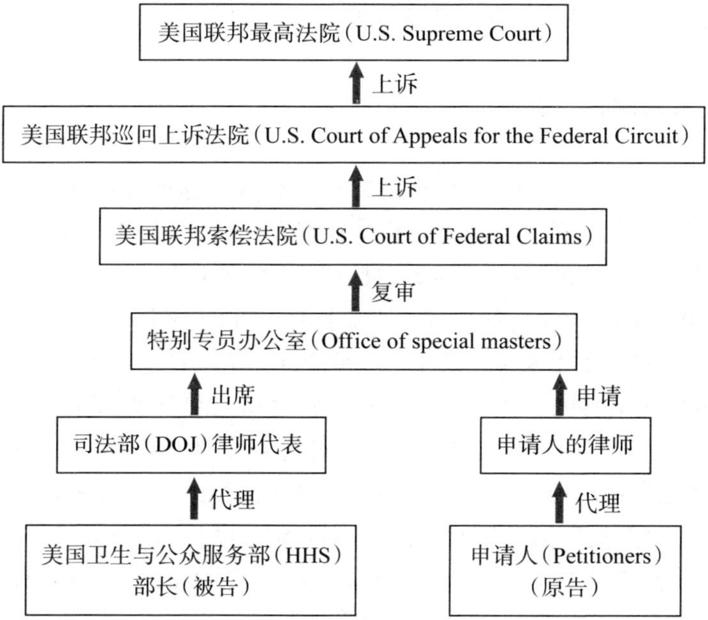

图15-1　行政补偿审理程序

偿”机制，即只要满足特定条件，无须证明疫苗生产者或行政管理者过错，就可以申请并获得补偿。这部法律提供了简化、便捷的救济方式，更符合成本-收益要求，力求在疫苗受害者和疫苗生产商之间探求平衡。

三、美国疫苗损害补偿制度面临的挑战

美国国家疫苗损害补偿项目的实施一定程度上实现了稳定疫苗供应，为当事人及时提供救济，为疫苗制造商、医生以及其他医疗服务者提供责任保护等既定目标，但也面临索偿途径不畅、申请时效受限等问

题，有可能让疫苗研发和生产者规避应有的责任。

（一）索偿路径“堵塞”

通过国家疫苗损害补偿项目请求补偿，包括损害补偿表途径和事实因果关系认定的途径。疫苗损害补偿表作为核心途径，减轻了受害人因果关系证明的负担，是加速赔偿程序的重要机制。

20世纪80年代至90年代，大部分申请人以损害补偿表途径请求补偿。但在进入21世纪后，以此为途径的补偿请求日趋减少。有数据显示，1989年至1992年损害补偿项目实施之初，超过90%的申请以损害表为依据，但在2007年至2010年间，超过90%的申请却是以事实因果关系为依据提出的。产生这一“反转”现象的原因在于，1995年联邦卫生与公众服务部部长启动了行政规则制定程序，以规则修订了损害补偿表中的“资格与解释辅助”（Qualifications and Aids to Interpretation），例如，就为过敏性反应、脑炎、慢性关节炎等疾病概念和范围给出限定性解释，从而缩小了损害补偿表的适用范围。在2009年的布鲁斯维茨诉惠氏案中，申请人无法依据损害补偿表申请补偿，即与此有关。[1]

自国会通过国家疫苗损害补偿项目以来，卫生与公众服务部部长也很少修改损害补偿列表，即使对损害补偿列表加以修正，在行使修正权时，通常也仅向表中添加新的疫苗种类，但并不添加新的损害症状。[2]这使得申请人无法在损害补偿列表中对号入座，而只能以事实因果关系为由申请补偿，进而很难获得损害补偿，迫使申请人走向传统的损害赔偿民事诉讼，产生“全面走向诉讼”（full blown litigation）的现象。

---

1 *Bruesewitz v. Wyeth*, 561 F.3d 233, 237 (3d Cir. 2009).

2 Brandon L. Boxler, Fixing the Vaccine Act's Structural Moral Hazard, 12 *Pepp. Disp. Resol. L. J.* 1 (2012).

国会最初设立国家疫苗损害补偿项目并实行疫苗损害列表制度，实际上意在提高补偿效率，让申请人尽快获得补偿，即使在一定程度上牺牲准确性。因此，卫生与公众服务部应以立法目的为出发点，优化疫苗损害列表修改程序，及时采取灵活的行政手段修改损害补偿列表，以应对新的医学发现，为接种受害人提供及时、足额的补偿。此外，国会还应降低事实因果关系案件的证明标准，使之符合“疑点利益有利于受害人”原则，从宽认定疫苗可能为受害事实的原因，而不让受害人承担举证困难带来的不利后果。这不能完全消除受害人在事实因果关系途径中面临的困难，但有助于形成一个便捷、较少对抗性的疫苗损害补偿制度。[1]

（二）申请时效“死板”

一旦申请书的提交超过了规定时效，即便存在合理的原因，法院也不会受理。例如，在2011年克洛尔（Cloer）诉卫生与公众服务部部长案中，克洛尔博士在1996年、1997年接种乙肝疫苗，此后出现多发性硬化症的病状，但当时的医学文献对两者之间的联系没有任何论证。后来克洛尔了解到两者的潜在联系，便根据法律对国家疫苗损害赔偿项目的规定，在首次症状出现的36个月后提出补偿请求，声称接种乙肝疫苗导致自己患有多发性硬化症。但首席特别专员驳回了他的申请书，理由是超过了申请时限，联邦索偿法院也对此予以确认。[2]这也并非个例，在2004年布里斯诉卫生与公众服务部部长案中，布里斯也因为搜集完整的医疗记录和寻找律师，而超过了规定的申请时限，以至于无法请求

1　Katherine E. Strong, Proving Causation Under the Vaccine Injury Act: A New Approach for a New Day, 75 *Geo. Wash. L. Rev.* 426 (2007).

2　*Cloer v. Sec'y of Health & Human Servs*, 654 F.3d 1322, 1344–1345 (Fed. Cir. 2011).

补偿。[1]

法律规定了疫苗损害补偿的申请时效为两年到四年。但随着医学的发展，医生和科学家也认为疫苗损害不一定即刻发生于接种之后，有时也可能发生于接种后的数年内。因此，应重新考虑疫苗损害补偿的申请时效，并对合理情况设定必要的例外时效规定。[2]

（三）疫苗制造商的"零风险"

国家疫苗损害补偿项目规定，"1988年10月1日以后，如果疫苗制造商在已合理制备疫苗、妥善标明导引和警示时，疫苗的不良反应仍不可避免，那么对于由该不良反应造成的损害或死亡，无须由制造商承担民事赔偿责任"。[3]法条明确规定制造商的制备和警示说明义务，但并未涉及疫苗的研发设计。那么，若由疫苗设计缺陷造成损害或死亡的结果，制造商是否承担民事赔偿责任？

在2009年的布鲁斯维茨诉惠氏公司案中，布鲁斯维茨遭受的损害情状未落在疫苗损害表的覆盖范围之内，因此她的请求没有获得特别专员小组支持。她同时放弃通过证明事实因果关系来索偿，而选择以疫苗设计缺陷造成损害为由直接起诉惠氏。美国地方法院对此做出了简易判决，认为国会颁布《国家儿童疫苗损害法》的意图是保护药品生产企业免于诉讼，该法可排除针对FDA批准疫苗导致损害的设计缺陷主张，因此惠氏无须对设计缺陷负责。[4]第三巡回上诉法院、联邦最高法院均认可了这一判决，意味着在一定程度上免除了疫苗制造商因疫苗

1 *Brice v. Sec'y of Health & Human Servs*, 358 F.3d 865, 865–866 (Fed. Cir. 2004).

2 Mary S. Holland, Liability for Vaccine Injury: The United States, the European Union, and the Developing World, 67 *Emory L. J.* 415 (2018).

3 National Childhood Vaccine Injury Act 42 U.S.C. § 300aa-22(b)(1) (Aug. 10, 2021).

4 *Bruesewitz v. Wyeth*, 561 F.3d 233, 237 (3d Cir. 2009) (Aug. 10, 2021).

设计缺陷造成损害或死亡结果的赔偿责任。

在国家疫苗损害补偿项目中，补偿来自信托基金，其资金来源是消费税，实质上是由接种人承担，制造商没有支出层面的负担。而在补偿项目中，被请求方是卫生与公众服务部部长，故制造商也无须面对补偿请求。疫苗制造商既非国家疫苗损害补偿项目的责任方，又在民事诉讼中受到设计缺陷免责条款的庇护，从而某种意义上处于“零风险”状态。有学者对此现象进行了实证研究，发现自1986年以来，无法就损害赔偿去法院起诉疫苗制造商，这与1986年后监管部门批准疫苗的安全性下降有关联性。[1]

四、对中国的启示

（一）探索设立疫苗预防接种补偿基金的可能性

美国疫苗损害补偿信托基金为疫苗损害补偿提供了一个长期、稳定且充足的资金来源，较好地实现了国会的立法初衷。而根据我国《疫苗管理法》第56条第2款的规定，我国接种免疫规划疫苗所需的补偿费用，由省、自治区、直辖市人民政府财政部门在预防接种经费中安排。相较于美国的信托基金制度，我国的模式恐难以保证资金来源的稳定，因为地方财政每年状况不同，各地财政状况差异也较大，有可能造成不同省份之间补偿费用总体水平、个案水平的不一致。

美国疫苗损害补偿信托基金经费来源于消费税，而我国接种免疫规划疫苗所需的补偿费用来源于税款，将税款用于疫苗补偿费用的法理并不明晰。《疫苗管理法》第56条第2款规定：“国家鼓励通过商业保

1 Gayle Delong, Is “Deliugation” Associated with a Change in Product Safety? The Case of Vaccines, 52 *Rev Ind Organ* 1 (2017).

险等多种形式对预防接种异常反应受种者予以补偿。”我国也可以探索设立疫苗预防接种异常反应补偿基金的可行性，有关部门应联合发文，明确疫苗预防接种异常反应补偿基金的主管部门、监管部门、基金来源、基金用途、使用程序等。

（二）明确补偿范围、标准和程序

我国目前尚未建立统一的疫苗预防接种行政补偿制度，现实中存在疫苗预防接种异常反应补偿不及时、程序不够简便、标准不够合理的问题。[1]各地多以行政规范性文件的形式，来规定疫苗预防接种行政补偿的范围、标准和程序。这导致在全国范围内，行政补偿标准不统一。以北京和上海对接种人死亡补偿的情况为例，北京采取上一年度城镇居民人均可支配收入乘补偿年限的计算方式，上海采取上一年度城市居民家庭人均可支配收入乘补偿年限的计算方式，且两市对补偿年限的规定也不一致。这也有违宪法上的平等保护原则。《疫苗管理法》第56条规定：“预防接种异常反应补偿范围、标准、程序由国务院规定，省、自治区、直辖市制定具体实施办法。”期待国务院尽快颁布预防接种异常反应补偿范围、标准和程序，这将有助于减少各省市之间补偿差距过大、范围不一、标准不一的问题。

（三）补偿指导性文件的修订与完善

就疫苗预防接种异常反应补偿而言，亟待出台指导性文件，对疫苗种类、疫苗损害所致异常反应、异常反应发生的常见时间范围等做出规

---

1 Mary S. Holland, Liability for Vaccine Injury: The United States, the European Union, and the Developing World, 36 *Emory L. J.*415 (2018).

定。指导性文件由行政机关制定，由专家深度参与制定过程，其间渗透了科学、政治和政策的考量。指导性文件的制定和公布，有助于给医疗从业人员以导引，给受种者以稳定的法律预期。[1]

在美国疫苗损害补偿制度中，损害赔偿表起到了补偿基准的功能，其中列出了应予补偿的疫苗和疾病种类目录，对症状表现做出了细致的说明，还规定疫苗咨询委员会有权对损害赔偿表的修改提出建议，并在网上公开咨询委员会会议记录和研讨音频。我国国家卫生健康委办公厅于2020年12月7日发布了《预防接种异常反应补偿范围参考目录和说明（2020年版）》，此文件针对11种疫苗名称/种类，列出了相应的疫苗接种所致异常反应，还规定了接种疫苗至疾病发生的常见时间范围，并要求"在预防接种异常反应调查诊断、鉴定及后续补偿工作中参照执行"。该文件的出台是一个良好的开端，但文件内容仍有待进一步细化完善。

未来，应进一步及时修订我国预防接种异常反应补偿的指导性文件，结合预防接种异常反应处置实践，将行之有效的实践经验和更新的科学共识融入修订后的指导性文件，让指导性文件的内容更为精准；应进一步完善指导性文件的制定程序，并可以考虑向社会公开征求意见，就预防接种异常反应补偿范围、补偿标准、补偿时限等内容，听取受种者、普通公众、专业团体等利益相关方意见，以增进指导性文件内容合理性和程序合法性，进而让预防接种异常反应补偿趋于及时、便民、合理，以更好地保障公众健康，维护公共卫生安全。

1　宋华琳、牛佳蕊：《指导性文件是如何制定和演进的？——对新冠肺炎七版诊疗方案的跟踪研究》，《公共行政评论》2020年第1期。

参考文献

一、中文著作

1. [德] 伯恩・魏德士:《法理学》,丁小春、吴越译,法律出版社2003年版。
2. [德] 汉斯・J. 沃尔夫、奥托・巴霍夫、罗尔夫・施托贝尔:《行政法》(第一卷),高家伟译,商务印书馆2002年版。
3. [德] 罗尔夫・施托贝尔:《经济宪法与经济行政法》,谢立斌译,商务印书馆2008年版。
4. [德] 英格博格・普珀:《法律思维小学堂:法律人的6堂思维训练课》,蔡圣伟译,北京大学出版社2011年版。
5. [韩] 金东熙:《行政法I》,赵峰译,中国人民大学出版社2008年版。
6. [美] 阿诺德・S. 戴比尔、约翰・C. 梅里尔编:《全球新闻事业:重大议题与传媒体制》(第五版),郭之恩译,华夏出版社2010年版。
7. [美] 伯纳德・施瓦茨:《行政法》,徐炳译,群众出版社1986年版。
8. [美] 罗伊・T. 梅耶斯等:《公共预算经典(第一卷)——面向绩效的新发展》,苟燕楠、董静译,上海财经大学出版社2005年版。
9. [美] 托马斯・M. 尼克尔斯:《专家之死:反智主义的盛行及其影响》,舒琦译,中信出版社2019年版。
10. [美] 詹姆斯・马奇、马丁・舒尔茨、周雪光:《规则的动态演变——成文组织规则的变化》,童根兴译,上海人民出版社2005年版。
11. [美] 朱迪・弗里曼:《合作治理与新行政法》,毕洪海、陈标冲译,商务印书馆2010年版。
12. [日] 北野弘久:《税法学原论》,陈刚、杨建广等译,中国检察出版社2001

年版。
13. ［日］铃木深雪：《消费生活论——消费者政策》，张倩、高重迎译，中国社会科学出版社2004年版。
14. ［日］米丸恒治：《私人行政——法的统制的比较研究》，洪英、王丹红、凌维慈译，中国人民大学出版社2010年版。
15. ［日］平冈久：《行政立法与行政基准》，宇芳译，中国政法大学出版社2014年版。
16. ［日］室井力、芝池义一、浜川清主编：《日本行政程序法逐条注释》，朱芒译，上海三联书店2009年版。
17. ［日］盐野宏：《行政法总论》，杨建顺译，北京大学出版社2008年版。
18. ［日］植草益：《微观规制经济学》，朱绍文、胡欣欣等译校，中国发展出版社1992年版。
19. ［日］佐伯仁志：《制裁论》，丁胜明译，北京大学出版社2018年版。
20. ［英］安东尼·奥格斯：《规制：法律形式与经济学理论》，骆梅英译，苏苗罕校，中国人民大学出版社2008年版。
21. ［英］科林·斯科特：《规制、治理与法律：前沿问题研究》，安永康译，宋华琳校，清华大学出版社2018年版。
22. ［英］罗伯特·鲍德温、马丁·凯夫、马丁·洛奇编：《牛津规制手册》，宋华琳、李鸻、安永康、卢超译，上海三联书店2017年版。
23. ［英］马丁·洛奇、凯·韦格里奇：《现代国家解决问题的能力：治理挑战与行政能力》，徐兰飞、王志慧译，中国发展出版社2019年版。
24. ［英］约翰·科根、基思·塞雷特、A. M.维安：《公共卫生法：伦理、治理与规制》，宋华琳、李芹、李鸻等译，译林出版社2021年版。
25. ［英］约翰·克莱尔：《媒体操纵：媒体宣传操作指南》，河北教育出版社2005年版。
26. 《行政检查业务委托民间办理法制之研究》，台湾地区“行政院研究发展考核委员会”1998年2月编印。
27. 陈敏：《行政法总论》，三民书局2016年第9版。
28. 陈清秀：《行政罚法》，新学林出版股份有限公司2017年版。
29. 伏创宇：《核能规制与行政法体系的变革》，北京大学出版社2017年版。
30. 傅蔚冈、宋华琳主编：《规制研究》第1辑，格致出版社、上海人民出版社2008年版。
31. 国家食品药品监督管理局：《确保公众饮食用药安全——中国食品药品监

管改革与发展》,中国医药科技出版社2009年版。
32. 国家食品药品监督管理局编:《中国食品药品监督管理年鉴》(2006),化学工业出版社2006年版。
33. 国家药品监督管理局编:《药品管理法疫苗管理法读本》,法律出版社2021年版。
34. 国家药品审核查验中心、上海药品审评核查中心:《美国FDA药物临床试验与非临床研究警告信汇编》,中国医药科技出版社2018年版。
35. 胡建淼:《行政法学》,法律出版社2015年第4版。
36. 胡建淼主编:《行政行为基本范畴研究》,浙江大学出版社2005年版。
37. 黄茂荣:《法学方法与现代民法》,中国政法大学出版社2001年版。
38. 黄舒芃:《行政命令》,三民书局2011年版。
39. 江利红:《日本行政过程论研究》,中国政法大学出版社2012年版。
40. 江永红:《中国疫苗百年纪实》(上下册),人民出版社2019年版。
41. 姜明安、余凌云主编:《行政法》,科学出版社2010年版。
42. 赖恒盈:《行政法律关系论之研究:行政法学方法论评析》,元照出版公司2003年版。
43. 黎军、高俊杰、周卫:《行业自治研究》,中国社会科学出版社2018年版。
44. 李洪雷:《行政法释义学》,中国人民大学出版社2014年版。
45. 李玫:《西方政策网络理论研究》,人民出版社2013年版。
46. 梁慧星:《民法解释学》,中国政法大学出版社1995年版。
47. 廖义铭:《产业自律性管制》,翰芦图书出版公司2005年版。
48. 林纪东:《行政法》,三民书局1984年第6版。
49. 林明锵:《欧盟行政法——德国行政法总论之变革》,新学林出版股份有限公司2009年版。
50. 刘鹏:《转型中的监管型国家建设——基于对中国药品管理体制变迁(1949—2008)的案例研究》,中国社会科学出版社1979年版。
51. 鲁篱:《行业协会经济自治权研究》,法律出版社2003年版。
52. 马英娟:《政府监管机构研究》,北京大学出版社2007年版。
53. 欧树军:《国家基础能力的基础》,中国社会科学出版社2013年版。
54. 钱锺书:《槐聚诗存》,生活·读书·新知三联书店2001年版。
55. 上海市食品药品安全研究中心编:《食品药品安全与监管政策研究报告(2011)》,社会科学文献出版社2011年版。
56. 宋华琳:《药品行政法专论》,清华大学出版社2015年版。

57. 台湾行政法学会主编:《当事人协力义务/行政调查/国家赔偿》,元照出版公司2006年版。
58. 台湾行政法学会主编:《行政法争议问题研究》(下),五南图书出版社2000年版。
59. 王凤清、李适时主编:《〈中华人民共和国认证认可条例〉释义》,中国标准出版社2004年版。
60. 王利明编:《〈中华人民共和国侵权责任法〉释义》,中国法制出版社2010年版。
61. 翁岳生编:《行政法》,中国法制出版社2009年版。
62. 吴庚:《政法理论与法学方法》,中国人民大学出版社2007年版。
63. 吴宜蓁:《危机传播: 公共关系与语艺观点的理论与实证》,苏州大学出版社2005年版。
64. 许安标、武增、刘松山、童卫东:《〈中华人民共和国行政许可法〉释义及实用指南》,中国民主法制出版社2004年版。
65. 杨光主编:《北京卫生史料》(药政篇),北京科学技术出版社1996年版。
66. 杨仁寿:《法学方法论》,中国政法大学出版社1999年版。
67. 应松年主编:《当代中国行政法》,中国方正出版社2005年版。
68. 袁杰、王振江、刘红亮、刘沛主编:《〈中华人民共和国药品管理法〉释义》,中国民主法制出版社2019年版。
69. 袁杰、王振江、刘红亮、刘沛主编:《〈中华人民共和国疫苗管理法〉释义》,中国民主法制出版社2019年版。
70. 詹镇荣:《民营化法与管制革新》,元照出版公司2005年版。
71. 张昆:《大众媒介的政治社会化功能》,武汉大学出版社2003年版。
72. 张文显:《20世纪西方法哲学思潮研究》,法律出版社1996年版。
73. 张越:《法律责任设计原理》,中国法制出版社2010年版。
74. 赵宏:《法治国下的目的性创设——德国行政行为理论与制度实践研究》,法律出版社2012年版。
75. 赵铠、章以浩主编:《中国生物制品发展史略》,2003年内部刊印。
76. 郑永流:《法律方法阶梯》,北京大学出版社2012年8月第2版。
77. 中国健康传媒集团、中国药品监督管理研究会编写:《2021中国化妆品蓝皮书》,中国医药科技出版社2022年版。
78. 中华人民共和国卫生部编:《〈中华人民共和国传染病防治法〉及其实施办法条文释义》,法律出版社1992年版。

79. 中华人民共和国卫生部药政局编:《药品监督管理法规汇编》,人民卫生出版社1994年版。
80. 周桂田主编:《台湾风险公共性考察》,远流出版事业股份有限公司2015年版。

二、中文论文

81. [美]理查德·皮尔斯:《立法性规则和解释性规则的区别》,宋华琳译,载浙江大学公法与比较法研究所编:《公法研究》第2辑,商务印书馆2004年版。
82. [日]恒川隆生:《审查基准、程序性义务与成文法化——有关裁量自我拘束的一则参考资料》,朱芒译,载《公法研究》第3辑,商务印书馆2005年版。
83.《食品药品监管总局征求〈化妆品监督管理条例(征求意见稿)〉与〈化妆品标签管理办法〉意见》,《日用化学品科学》2014年第12期。
84.《我国结核病防治工作的基本情况与今后任务——中华人民共和国卫生部钱信忠副部长在1963年全国结核病学术会议上的报告》,《中国防痨杂志》1963年第3期。
85. 安永康:《作为风险规制工具的行政执法信息公开——以食品安全领域为例》,《南大法学》2020年第3期。
86. 敖双红、刘维:《论我国行政函释效力及适用》,《湖南警察学院学报》2018年第3期。
87. 白慧良:《当前实施药品GMP制度的现状与发展》,《中国药事》2003年第11期。
88. 曹彩:《对SDA药品认证中心认证工作简介》,《中国临床药理学杂志》2000年第6期。
89. 曹玲生、雷红、曹雷等:《国家免疫规划信息系统的建设和应用》,《中国疫苗和免疫》2022年第2期。
90. 曹燕、吴世玉、姜卫、黄锐:《对我国医药企业实施GAP与GMP认证中存在问题的思考》,《中国药师》2005年第7期。
91. 曾文远:《论〈食品安全法〉民事责任条款的适用——以第147条和第148条为例》,《沈阳工业大学学报(社会科学版)》2017年第4期。
92. 陈涛:《药品安全行刑衔接的困境与案件衔接体系构建》,《中国食品药品监管》2021年第8期。

93. 陈信安:《行政罚法利得剥夺及没入规定与刑法没收规定竞合问题之研究》,《台大法学论丛》2020年第3期。
94. 程虹、刘芸:《利益一致性的标准理论框架与体制创新——“联盟标准”的案例研究》,《宏观质量研究》2013年第2期。
95. 崔令之:《论守法》,《当代法学》2001年第4期。
96. 邓婷、施健、杨成钢:《我国GMP认证专职检查员队伍建设模式及对策研究》,《中国药事》2016年第8期。
97. 丁以升、李清春:《公民为什么遵守法律——评析西方学者关于公民守法理论的理论(上)》,《法学评论》2003年第6期。
98. 董江萍:《美国FDA医疗产品紧急使用授权管理简介及启示》,《药物评价研究》2009年第1期。
99. 董坤:《论行刑衔接中行政执法证据的使用》,《武汉大学学报(哲学社会科学版)》2015年第1期。
100. 杜飞进:《试论法律责任的原则及其根据》,《学习与探索》1991年第4期。
101. 杜仪方:《“恶魔抽签”的赔偿与补偿——日本预防接种损害中的国家责任》,《法学家》2011年第1期。
102. 杜仪方:《行政不作为中行政与民事赔偿的责任分担》,《社会科学》2009年第10期。
103. 杜仪方:《建立综合性食品安全法律责任体系——关于〈食品安全法〉法律责任修订的若干意见》,《宏观质量研究》2013年第2期。
104. 杜宇:《〈刑法修正案(十一)〉中药品犯罪修订之得失》,《法学》2021年第3期。
105. 范伟:《食品安全监督抽检制度的规范建构:基于行政过程论视角的分析》,《中外法学》2021年第1期。
106. 冯粤:《论积极守法》,《伦理学研究》2008年第3期。
107. 高军:《药品认证曾经的尴尬》,《首都医药》2013年6月(上)。
108. 高秦伟:《论其他形式的行政法规范解释》,《当代法学》2008年第5期。
109. 高增荣:《药品生产质量管理规范认证问题的讨论》,《西北药学杂志》1993年第2期。
110. 高振宇:《构建药品检查知识管理系统的探讨》,《中国药事》2012年第11期。
111. 郭中平、王晓娟、曹琰、任跃明、洪小栩、马锐:《解读〈中国药典〉2015年版三部》,《中国药品标准》2015年第6期。
112. 郭宗儒:《由同情用药发展为III期临床研究的瑞德西韦》,《药学学报》

2020年第2期。
113. 贺译葶:《公布行政违法信息作为声誉罚:逻辑证成与制度构设》,《行政法学研究》2020年第6期。
114. 胡建淼、高知鸣:《我国政府信息共享的现状、困境和出路——以行政法学为视角》,《浙江大学学报(人文社科版)》2012年第2期。
115. 胡敏洁:《专业领域中行政解释的司法审查——以工伤行政为例》,《法学家》2009年第6期。
116. 胡旭晟:《"守法"现代化是中国法制现代化的一个关键》,《南京社会科学》1994年第4期。
117. 黄丞仪:《洁净空气,如何解释?从Duke Energy(2007)与Massagechusetts v. EPA(2007)论美国行政法中立法目的、行政解释和司法审查之关系》,《台湾大学法学论丛》2015年第44卷第3期。
118. 黄得惠:《我国质量认证制度与药品认证工作》,《中国药业》1996年第5期。
119. 黄先开、董银卯、孟宏、左敏、何一凡、孟禹熙、贾焱:《国际化妆品监管合作组织助力化妆品监管科学国际化》,《中国药物警戒》2021年第5期。
120. 洪家殷:《行政罚调查程序中之当事人协力义务》,载台湾行政法学会主编:《当事人协力义务/行政调查/国家赔偿》,元照出版公司2006年版,第122页。
121. 贾开:《激励与协调:"实验主义治理"理论下的食品安全监管》,《社会治理》2016年第2期。
122. 蒋蓉、张宁、邵蓉:《欧盟临床试验药物拓展使用管理制度分析》,《中国新药与临床杂志》2020年第5期。
123. 金健:《受规制的自我规制与行政法的嬗变》,载沈岿主编:《行政法论丛》第25卷,法律出版社2020年版。
124. 兰奋、宋宗华、洪小栩、张伟:《2020年版〈中国药典〉编制工作和主要内容概述》,《中国食品药品监管》2020年第10期。
125. 李丹萍、陈燕、袁军:《我国疫苗批签发检验机构实验室质量体系建设研究》,《中国药学杂志》2021年第18期。
126. 李洪雷:《行政法的适用与解释初论》,载《法律方法与法律思维》第8辑,法律出版社2012年版。
127. 李静芝:《药品电子监管去向不明》,《医药经理人》2012年第6期。
128. 李娜:《守法作为一种个体性的选择——基于对建筑工人安全守法行为的

实证研究》,《思想战线》2015年第6期。
129. 李桥:《论药品监管领域限制从业制度的困境与出路》,《中国药事》2022年第3期。
130. 李硕、李莉、王海燕、孙磊:《我国化妆品标准及其效力研究》,《中国药事》2021年第1期。
131. 廖义男:《夏虫语冰录(一一六)——行政罚法不当利得之追缴》,《法令月刊》2017年第9期。
132. 林鸿潮:《论应急预案的性质和效力——以国家和省级预案为考察对象》,《法学家》2009年第2期。
133. 林明昕:《论不法利得之剥夺: 以行政罚法为中心》,《台大法学论丛》2006年第3期。
134. 刘丽、李波:《疫苗的非临床安全性研究》,《中国新药杂志》2018年第21期。
135. 刘敏、邢书霞:《我国化妆品标准现状分析》,《香料香精化妆品》2021年第4期。
136. 刘绍宇:《论互联网分享经济的合作规制模式》,《华东政法大学学报》2018年第3期。
137. 刘文静、陈耿:《政府信息共享制度建设的价值取向》,《电子政务》2014年第10期。
138. 刘文君:《FDA对化妆品标签管理规定之详解》,《首都医药》2010年第3期。
139. 刘宗德:《通讯传播行政处分附款之容许性及合法性论议》,《月旦法学杂志》2012年第10期。
140. 卢超:《行政许可承诺制: 程序再造与规制创新》,《中国法学》2021年第6期。
141. 卢超:《社会性规制中约谈工具的双重角色》,《法制与社会发展》2019年第1期。
142. 陆耀光:《GMP从认证到检查第三方服务价值将凸显》,《医药经济报》2017年12月7日第2版。
143. 罗杰:《药品管理行政拘留制度法律适用与完善》,《中国药学杂志》2020年第15期。
144. 马英娟:《政府监管的理性选择——以“电子监管网事件”为中心》,《法学》2008年第12期。

145. 彭成义:《国外吹哨人保护制度及启示》,《政治学研究》2019年第4期。
146. 彭雨菡:《国货运动中的民国化妆品包装设计》,《大众文学》2018年第12期。
147. 秦浩:《政府信息共享模式:理论、实践与个案研究》,《电子政务》2017年第4期。
148. 沈岿:《论行政法上的效能原则》,《清华法学》2019年第4期。
149. 沈岿:《社会信用体系建设的法治之道》,《中国法学》2019年第5期。
150. 宋华琳、牛佳蕊:《指导性文件是如何制定和演进的?——对新冠肺炎七版诊疗方案的跟踪研究》,《公共行政评论》2020年第1期。
151. 宋华琳:《电子政务背景下行政许可程序的革新》,《当代法学》2020年第1期。
152. 宋华琳:《风险认知与议程设定——评桑斯坦的〈最差的情形〉》,《绿叶》2011年第4期。
153. 宋华琳:《国务院在行政规制中的作用——以药品安全领域为例》,《华东政法大学学报》2014年第1期。
154. 宋华琳:《行政法学视角下的认证制度及其改革——以药品GMP认证为例》,《浙江学刊》2018年第1期。
155. 宋华琳:《疾病预防控制机构法律地位的反思与重构》,《探索与争鸣》2020年第4期。
156. 宋华琳:《禁入的法律性质及设定之道》,《华东政法大学学报》2020年第4期。
157. 宋华琳:《论技术标准的法律性质——从行政法规范体系角度的定位》,《行政法学研究》2008年第3期。
158. 宋华琳:《美国药品审评质量管理规范(GRP)评介》,《药学进展》1999年第6期。
159. 宋华琳:《美国疫苗监管法律制度评介及启示》,《中国食品药品监管》2018年第8期。
160. 宋华琳:《药品安全监管改革与法制建设》,《行政管理改革》2012年第9期。
161. 宋华琳:《英国行政决定说明理由研究》,《行政法学研究》2010年第2期。
162. 宋华琳:《营业自由及其限制——以药店距离限制事件为楔子》,《华东政法大学学报》2008年第2期。
163. 宋华琳:《政府规制改革的成因与动力——以晚近中国药品安全规制为中

心的观察》,《管理世界》2008年第8期
164. 宋华琳:《制度能力与司法节制——论对技术标准的司法审查》,《当代法学》2008年第1期。
165. 宋华琳:《中国食品安全标准法律制度研究》,《公共行政评论》2011年第2期。
166. 宋华琳:《专项整治与行政法治》,《中国市场监管研究》2016年第4期。
167. 宋华琳:《转型时期中国行政程序立法的几点思考》,《中国行政管理》2008年第9期。
168. 宋劲松:《2013年康泰乙肝疫苗信任危机案例研究》,《国家行政学院学报》2015年第5期。
169. 宋长琳:《药品医疗器械行政违法案件中"违法所得"和"货值金额"认定问题研究》,《中国食品药品监管》2020年第6期。
170. 宋子玉:《化妆品行业监管中存在的问题及解决对策分析》,《首都医药》2014年第21期。
171. 苏苗罕:《作为美国食品安全监管工具的第三方审核机制研究》,《北京行政学院学报》2012年第3期。
172. 孙晶、李启艳、何慧、王小兵:《我国化妆品标准体系现状分析》,《中国食品药品监管》2021年第5期。
173. 谭冰霖:《单位行政违法双罚制的规范建构》,《法学》2020年第8期。
174. 谭冰霖:《环境行政处罚规制功能之补强》,《法学研究》2018年第4期。
175. 谭冰霖:《论政府对企业的内部管理型规制》,《中外法学》2019年第6期。
176. 谭珊颖:《企业食品安全自我规制机制探讨——基于实证的分析》,《学术论坛》2007年第7期。
177. 汪菲:《行政登记审慎合理审查标准研究——基于中国行政审判案例(第10号)而展开的分析》,载章剑生主编:《公法研究》第16卷,浙江大学出版社2017年版。
178. 汪楠、田玲、邱五七:《建国60年我国疫苗相关政策回顾》,《医学研究杂志》2010年第8期。
179. 汪毅、李焯原、刘家滔等:《中国化妆品标准体系研究报告》,载中国健康传媒集团、中国药品监督管理研究会编写:《2021中国化妆品蓝皮书》,中国医药科技出版社2022年版。
180. 王晨:《为人民群众身体健康提供有力法治保障——写在〈中华人民共和国疫苗管理法〉通过之际》,《中国人大》2019年第15期。

181. 王贵松:《企业对食品安全的组织化保障义务》,《北京行政学院学报》2012年第3期。
182. 王强:《药监设租之祸》,《商务周刊》2007年第2期。
183. 王瑞雪:《声誉制裁的当代图景与法治建构》,《中外法学》2021年第2期。
184. 王瑞雪:《治理语境下的多元行政法》,《行政法学研究》2014年第4期
185. 王绍光:《治理研究:正本清源》,《开放时代》2018年第2期。
186. 王锡锌:《公众参与:参与式民主的理论想象及制度实践》,《政治与法律》2008年第6期。
187. 王艺芳、杨丽娜、杨悦:《美国疫苗伤害补偿信托基金研究及对我国的启示》,《中国药房》2020年第12期。
188. 王竹、钟琴:《论产品质量检验、认证机构侵权责任——以本次〈消费者权益保护法〉的修改为中心》,《东方法学》2013年第5期。
189. 温雯、朱晓东、熊磊、张军平、张瑜华、李平:《关于药品GMP符合性检查实施的综述》,《药品评价》2022年第9期。
190. 夏强、吕亚丽、冯文利、王淑民:《我国疫苗临床试验开展的现状》,《中国临床药理学杂志》2022年第7期。
191. 萧伯符:《商鞅法治理论及其现代借鉴》,《中国法学》2002年第2期。
192. 徐向华:《行政处罚中罚款数额的设定方式——以上海市地方性法规为例》,《法学研究》2006年第6期。
193. 许安标:《深入贯彻疫苗管理法 切实保障公众健康》,《行政管理改革》2021年第8期。
194. 薛澜、胡颖廉:《"三重失灵":监管政治学视阈中的"铬超标胶囊"》,《行政管理改革》2012年第9期。
195. 杨登峰:《选择适用一般法与特别法的几个问题》,《宁夏社会科学》2008年第3期。
196. 杨东升:《单位行政违法双罚制实证分析——以〈医疗器械监督管理条例〉为例》,《东北农业大学学报(社会科学版)》2022年第2期。
197. 杨伟东:《中国化妆品监管法治化研究(下)——以〈化妆品卫生监督条例〉的修订为核心》,《香料香精化妆品》2011年第2期。
198. 姚金成、曾令贵、林新文等:《我国化妆品安全监测体系的现状及相关对策》,《中国药房》2014年第9期。
199. 姚世文:《中华人民共和国药品认证委员会筹备小组成立》,《中国生化药物杂志》1993年第4期。

200. 叶姗:《司法经费保障条款的预算法治实现》,《中国人民大学学报》2022年第5期。
201. 叶永茂:《关于〈化妆品卫生监督条例〉修订的思考与建议》,《中国检验检疫》2010年第1期。
202. 易兰丽、王友奎、黄梅银:《基于社会网络分析的政府信息共享机制研究——以广东省D市办事服务信息为例》,《情报杂志》2019年第5期。
203. 游劝荣:《守法成本及其控制》,《国家检察官学院学报》2006年第5期。
204. 于安:《论协调发展导向型行政法》,《国家行政学院学报》2010年第1期。
205. 袁利佳、陈小明、张宁:《我国药品附条件批准程序实施情况及相关思考》,《中国药事》2022年第10期。
206. 臧克承:《我国药品检查规制刍议》,《中国食品药品监管》2018年第5期。
207. 詹镇荣:《德国法中"社会自我管制"机制初探》,《政大法学评论》2003年总第78期。
208. 詹镇荣:《行政处分附款法制之传统与革新》,《公平交易季刊》2011年第4期。
209. 张殿义、广丰:《千载发展史 百年历沧桑 改革遇良机 卅年创辉煌——改革开放30年中国化妆品工业发展成就回顾》,《中国化妆品(行业)》2008年第12期。
210. 张红:《行政罚款设定方式研究》,《中国法学》2020年第5期。
211. 张建平:《药品缺陷认定中的基本法律问题》,《法治研究》2013年第9期。
212. 张晋京:《我国化妆品的法规、监管及挑战》,《口腔护理用品工业》2011年第2期。
213. 张联:《美国药品检查机制对我国的启示》,《中国医药工业杂志》2021年第7期。
214. 张桐锐:《行政行为形式-行政任务-行政调控:德国行政法总论改革的轨迹》,《月旦法学》2005年第5期。
215. 张巍:《国民经济和社会发展规划的问题与改革思路》,《宏观经济管理》2014年第9期。
216. 张橡楠:《GMP强制实施及相应政策之我见》,《开封医专学报》1997年第3期。
217. 张泽华:《民国报刊记载下的化妆品国货市场》,《中国化妆品》2019年第12期。
218. 章剑生:《作为担保行政行为合法性的内部行政法》,《法学家》2018年第

6期。
219. 赵宏:《法律关系取代行政行为的可能与困局》,《法学家》2015年第3期。
220. 赵鹏:《惩罚性赔偿的行政法反思》,《法学研究》2019年第1期。
221. 赵星:《女为悦己者容　中国古代化妆品小叙》,《文史天地》2021年第5期。
222. 郑磊:《临床试验受试者的五大权利》,《中国处方药》2007年第9期。
223. 郑琳:《行政处罚上违法所得的认定和处置研究》,《财经法学》2022年第3期。
224. 钟开斌:《加强食品安全工作的重要手段》,《行政管理改革》2012年第9期。
225. 周汉华:《〈行政许可法〉: 观念创新与实践挑战》,《法学研究》2005年第2期。
226. 周汉华:《地方政府负总责制度评析》,《国家行政学院学报》2009年第3期。
227. 朱春奎、毛万磊:《议事协调机构、部际联席会议和部门协议: 中国政府部门横向协调机制研究》,《行政论坛》2015年第6期。
228. 朱芒:《日本〈行政程序法〉中的裁量基准制度》,《华东政法学院学报》2006年第1期。
229. 朱芒:《作为行政处罚一般种类的"通报批评"》,《中国法学》2021年第2期。
230. 朱应平:《论药品安全监管中的地方政府负总责》,载王贵松主编:《宪政与行政法治评论》第5卷,中国人民大学出版社2011年版。
231. 朱渊、钱生稳:《疫苗生产企业派驻检查工作机制的思考》,《中国现代应用药学》2022年第13期。
232. 宗珊珊:《责令关闭网站的法律属性》,《互联网天地》2021年第10期。

三、英文著作

233. Anthony Ogus, *Regulation: Legal Form and Economic Theory*, Clarendon Press (1994).
234. Barak Orbach, *Regulation: Why and How the State Regulates*, Foundation Press (2013).
235. Cary Coglianese and Jennifer Nash (Editors), *Regulating from the Inside: Can*

Environmental Management Systems Achieve Policy Goals? Resources for the Future (2001).
236. David Levi-Faur (Editor), *The Oxford Handbook of Governance*, Oxford University Press (2012).
237. Jacint Jordana and David Levi-Faur (Editors), *The Politics of Regulation: Institutions and Regulatory Reforms for the Age of Governance*, Edward Elgar (2014).
238. Jon Pierre, B. Guy Peters, *Governance, Politics and the State*, Macmillan (2000).
239. OECD, *Risk and Regulatory Policy: Improving the Governance of Risk* (2010).
240. Paul A. Offit, *The Cutter Incident: How America's First Polio Vaccine Led to the Growing Vaccine Crisis*, Yale University Press (2005).
241. Robert Baldwin & Martin Cave, *Understanding Regulation: Theory, Strategy and Practice*, Oxford University Press (1999).
242. Robert Baldwin, Martin Cave and Martin Lodge (Editors), *The Oxford Handbook of Regulation*, Oxford University Press (2010).
243. Robert Baldwin, Martin Cave, Martin Lodge, *Understanding Regulation: Theory, Strategy, and Practice*, Oxford University Press (2012).
244. Roger G. Noll, *Regulatory Science and the Social Sciences*, University of California Press (1985).
245. Ross E. Cheit, *Setting Safety Standards: Regulation in the Public and Private Sectors*, University of California Press (1990).
246. Tom R. Tyler, *Why People Obey the Law*, Yale University Press (1990).

四、英文论文

247. A. Murray and Colin Scott, Controlling the New Media: Hybrid Responses to New Forms of Power, 65 *Modern Law Review* 491–516 (2002).
248. Aaron S. Kesselheim, Michael S. Sinha, Jerry Avorn & Ameet Sarpatwari, Pharmaceutical Policy in the United States in 2019: An Overview of the Landscape and Avenues for Improvement, 30 *Stan. L. & Pol'y Rev.* 443 (2019).
249. Amity Hartman, FDA's Minimal Regulation of Cosmetics and the Daring Claims of Cosmetic Companies That Cause Consumers Economic Harm, 36 *W. St. U. L. Rev.* 64 (2008).

250. Anil K. Gupta and Lawrence J. Lad, Industry Self-Regulation: An Economic, Organizational, and Political Analysis, 8 *The Academy of Management Review* 416 (1983).
251. Anthony Ogus, Rethinking Self-Regulation, 15 *Oxford Journal of Legal Studies* 97–108 (1995).
252. B. F. Daubert, Voluntary Compliance, 22 *Food Drug Cosm. L. J.* 672–674 (1967).
253. Barak Orbach, *What is Regulation?*, 30 *Yale J. on Reg.* 10 (2012).
254. Bettina Lange, *Understanding Regulatory Law: Empirical versus Systems-Theoretical Approaches? Oxford Journal of Legal Studies* 449–450 (1998).
255. Bradley Lipton, Accountability, Deference, and the Skidmore Doctrine, 119 *Yale L. J.* 2133 (2010).
256. Brandon L. Boxler, Fixing the Vaccine Act's Structural Moral Hazard, 12 *Pepp. Disp. Resol. L. J.* 1 (2012).
257. Carl H. Fulda, Controls of Entry into Business and Professions—A Comparative Analysis, 8 *Tex. Int'l L. J.* 109 (1973).
258. Clark C. Havighurst, Foreword: The Place of Private Accrediting Among the Instruments of Government, 57 *Law & Contemp. Probs.* 10 (1994).
259. Colin Scott, Analysing Regulatory Space: Fragmented Resources and Institutional Design, *Public Law* 329–350 (2001).
260. Daniel A. Kracov, Robert P. Brady, Food and Drug Administration Advisory Opinions and Guidance Documents after Community Nutrition Institute v. Young, 48 *Food & Drug L. J.* 47–57 (1993).
261. Daniel Carpenter & Gisela Sin, Policy Tragedy and the Emergence of Regulation: The Food, Drug, and Cosmetic Act of 1938, 21 *Studies in American Political Development* 149–180 (2007).
262. Douglas C. Michael, Federal Agency Use of Audited Self-Regulation as a Regulatory Technique, 47 *Admin. L. Rev.* 243–245 (1995).
263. Eleanor D. Kinney, Private Accreditation as A Substitute for Direct Government Regulation in Public Health Insurance Programs: When Is It Appropriate?, 57 *Law & Contemp. Probs.* 47–48 (1994).
264. Elena Fagotto, Governing a Global Food Supply: How the 2010 FDA Food Safety Modernization Act Promises to Strengthen Import Safety in the US, 3

Erasmus L. Rev. 257, 266 (2010).

265. Elizabeth Fisher, Drowning by Numbers: Standard Setting in Risk Regulation and the Pursuit of Accountable Public Administration, 20 *Oxford Journal of Legal Studies* 109–130 (2000).
266. Francis B. Palumbo & C. Daniel Mullins. The Development of Direct-To-Consumer Prescription Drug Advertising Regulation. 57 *Food Drug Law J.* 423–443 (2002).
267. Gayle Delong, Is "Deregulationtion" Associated with a Change in Product Safety? The Case of Vaccines, 52 *Rev Ind Organ* 1–53 (2017).
268. James N. Rosenau, Governance in the Twenty-first Century, 1 *Global Governance* 13 (1995).
269. Jarow J P, Lemery S, Bugin K, et al. Expanded Access of Investigational Drugs: The Experience of the Center of Drug Evaluation and Research Over a 10-Year Period, 50 *Therapeutic Innovation & Regulatory Science* 705 (2016).
270. Jarow J P, Lemery S, Bugin K, et al. Ten-Year Experience for the Center for Drug Evaluation and Research, Part 2: FDAs Role in Ensuring Patient Safety. 51 *Therapeutic Innovation and Regulatory Science* 248 (2016).
271. Jaye Ellis, Constitutionalization of Nongovernmental Certification Programs, 20 *Ind. J. Global Legal Studies* 1035–1041 (2013).
272. Jeffrey M. Senger, Emerging Issues in FDA Regulation: Warning Letters, Internet Promotion, and Tobacco, 13 *J. Health Care L. & Pol'y* 211–223 (2010).
273. John T. Scholz, Voluntary Compliance and Regulatory Enforcement, 6 *Law & Pol'y* 385 (1984).
274. Judith Areen, Accreditation Reconsidered, 96 *Iowa L. Rev.* 1479 (2011).
275. Judy Vale, Expanding Expanded Access: How the Food and Drug Administration Can Achieve Better Access to Experimental Drugs for Seriously Ill Patients, 96 *Geo. L. J.* 2150 (2008).
276. Katherine E. Strong, Proving Causation Under the Vaccine Injury Act: A New Approach for a New Day, 75 *Geo. Wash. L. Rev.* 426 (2007).
277. Keith Hawkins and Bridget M. Hutter, The Response of Business to Social Regulation in England and Wales: An Enforcement Perspective, 15 *Law & Pol'y* 199 (1993).

278. Lainie Rutkow et al, Balancing Consumer and Industry Interests in Public Health: The National Vaccine Injury Compensation Program and Its Influence during the Last Two Decades, 111 *Penn St. L. Rev.* 681 (2007).
279. Lainie Rutkow et al, Balancing Consumer and Industry Interests in Public Health: The National Vaccine Injury Compensation Program and Its Influence during the Last Two Decades, 111 *Penn St. L. Rev.* 691 (2006).
280. Lawrence M. Friedman, Legal Culture and Social Development, 4 *Law & Society Review* 29 (1969).
281. Lesley K. McAllister, Regulation by Third-Party Verification, 53 *B. C. L. Rev.* 21 (2012).
282. Lewis A. Grossman, AIDS Activists, FDA Regulation, and the Amendment of America's Drug Constitution, 42 *Am. J. L. & Med.* 700 (2016).
283. Lóránt Csink & Annamária Mayer, How To Regulate? The Role of Self-Regulation and Co-Regulation, *Hungarian Y. B. Int'l L. & Eur. L.* 406 (2014).
284. Luc Huyse and Parmentier Stephen, Decoding Codes: The Dialogue between Consumers and Suppliers through Codes of Conduct in the European Community, 13 *Journal of Consumer Policy* 253–272 (1990).
285. Lucia Jacangelo, Overstepping and Underproviding: Why Right-to-Try Laws Are Not the Proper Gateway to Experimental Drugs, 16 *J. L. Econ. & Pol'y* 31 (2021).
286. Magali A. Delmas, Barriers and Incentives to the Adoption of ISO 14001 by Firms in the United States, 11 *Duke Envtl. L. & Pol'y F.* 1 (2000).
287. Mary S. Holland, Liability for Vaccine Injury: The United States, the European Union, and the Developing World, 67 *Emory L. J.* 415 (2018).
288. Meghan K. Talbott, Currents in Contemporary Ethics, 35 *J. L. Med. & Ethics* 316 (2007).
289. Miles E. Coleman, An Overview of the National Childhood Vaccine Injury Act, 21 *S. C. Law.* 41 (2009–2010).
290. Neil Gunningham & Joseph Rees, Industry Self-Regulation: An Institutional Perspective, 19 *Law & Pol'y* 363–414 (1997).
291. R. M. Cooper & J. R. Fleder, Responding To a Form 483 or Warning Letter: A Practical Guide, 60 *Food & Drug L. J.* 479–493 (2005).
292. Rebecca Dresser, The Right to Try Investigational Drugs: Science and Stories

in the Access Debate, 93 *Tex. L. Rev.* 1631 (2015).

293. Rena I. Steinzor, Reinventing Environmental Regulation: The Dangerous Journey from Command to Self-Control, 22 *Harv. Envtl. L. Rev.* 103 (1998).
294. Richard J. Pierce, Jr., Judicial Review of Agency Actions in a Period of Diminishing Agency Resources, 49 *Admin. L. Rev.* 66 (1997).
295. Robert A. Anthony, Interpretive Rules, Legislative Rules and Spurious Rules: Lifting the Smog, 8 *Admin. L. J. Am. U.* 7 (1994).
296. Robert A. Bohrer, Drug Prices, Dying Patients, and the Pharmaceutical Marketplace: A New Conditional Approval Pathway for Critical Unmet Medical Needs, 12 *Drexel L. Rev.* 14 (2019).
297. Sara Wexler, Bruesewitz v. Wyeth: The "Unavoidable" Vaccine Problem, 6 *Duke J. Const. L. & Pub. Pol'y Sidebar* 93 (2011).
298. Seema Shah & Patricia Zettler, From a Constitutional Right to a Policy of Exceptions: Abigail Alliance and the Future of Access to Experimental Therapy, 10 *Yale J. Health Pol'y L. & Ethics* 142 (2010).
299. Sylvia Zaich, An Examination of the Right to Try Act of 2017 and Industry's Potential Path Moving Forward, 92 *S. Cal. L. Rev.* 343 (2019).
300. Tacy Katherine Hass, New Governance: Can User-Promulgated Certification Schemes Provide Safer, Higher Quality Food? 68 *Food & Drug L. J.* 78 (2013).
301. Thomas J. Donegan, Jr., Fifty Years of Cosmetic Safety: A Government and Industry Partnership, 50 *Food & Drug L. J.* 151 (1995).
302. Thomas Vesting, The Autonomy of Law and the Formulation of Network Standards, 5 *German Law Journal* 647 (2004).
303. Timothy D. Lytton, Competitive Third-Party Regulation: How Private Certification Can Overcome Constraints That Frustrate Government Regulation, 15 *Theoretical Inq. L.* 541 (2014).
304. Timothy F. Malloy, Regulation, Compliance and the Firm, 76 *Temp. L. Rev.* 451 (2003).
305. Timothy Stoltzfus Jost, Confidentiality and Disclosure in Accreditation, 57 *Law & Contemp. Probs.* 173 (1994).
306. Timothy Stoltzfus Jost, Medicare and the Joint Commission on Accreditation of Healthcare Organizations: A Healthy Relationship? 57 *Law & Contemp. Probs.* 17 (1994).

后　记

一、本书的学术理路

在2015年11月出版的《药品行政法专论》的后记中，我曾经这样写道：

> 本书的这些章节，也试图展示自己这样的学术志向，即行政法学研究中的主角，不应仅仅是行政主体和行政行为，更应关注立法、政府、政府监管机构、专家、企业、媒体、公众及司法的作用，关注多中心主体之间的相互作用，关注治理网络与行政法理论的改革。行政法学固然应奉行政活动的合法性为圭臬，但亦需关注如何在法律、政策、政治及科学的结合部，思考行政法的制度改革与政策设计。并且，通过具体而微的例证研究，修正和发展中国法学研究。[1]

七年弹指一挥间，七年后的今天，自己能再度整理出一部题为"药

1　参见宋华琳：《药品行政法专论》，清华大学出版社2015年版，第252页。

品监管制度的法律改革”的书稿，似在意料之外，也在情理之中。药品行政法研究构成了我研习行政法学的起点，至今依然是我重要的学术研究方向之一。而翻看这部三十五万字的书稿，却发现基本逃不出上部著作后记中提及的学术关切，或许“凡是过往，皆为序章”，每个人过去的学习、工作和生活经历，都成为后续写作与研究“走不出的背景”。

今天，虽然面对诸多俗累缘牵，但我还是以自己的方式保持着对药品监管领域事务的关切，保持着参与药品监管政策形成讨论的热忱，也是希望继续深耕这块“实验田”或“自留地”，回应药品监管和医药产业的现实问题，并将药品监管作为行政法学总论研究的“试金石”或“参照领域”，并发挥其印证与反思功能，来推动行政法学总论的持续改革。本书的结集出版，或许也反映了这样一种尝试：希望通过研究药品监管的法律改革，去反思中国行政法总论的改革，审视行政监管的任务，反思行政组织法律形态的多样性，对枚举而不胜枚举的行政行为形式加以审视，思考国家责任法的嬗变。

本书多少蕴含了制度史的关切。任何一项法律制度都是镶嵌于社会这复杂玲珑棋局之上的落子，都是在诸多经济、社会、科学、文化因素的制约与交互作用下的产物，是以一个个动态的事件链条为基础的“活的”社会系统。将法律制度置于历史的长程之中，来探索历史在制度产生、存在与变迁中的作用，可能是一种更好的理解制度和制度变革的方法。[1]在此，笔者尝试引入分析叙事的进路，[2]通过利用年鉴、公报、法律汇编、史料集等药品监管制度史料，通过经验性的描述和整理，从而尽可能在一个较为广阔的时间和空间范围内，去理解药品、疫苗、化妆品法律规范的发展与变迁，探讨药品认证、药品检查等制度变迁，并对

1 参见[美]阿弗纳·格雷夫著，韩毅译：《历史制度分析：从经济史视角研究制度问题的新进展》，《经济社会体制比较》2003年第5期。

2 关于分析叙事的进路，参见郭荣星、赵公正：《分析叙事法：社会科学研究的一种新方法》，载吴敬琏主编：《比较》第9卷，中信出版社2003年版，第189—199页。

相关的法律制度问题加以探研。[1]从而不仅展示“纸面上的法”，也展示“行动中的法”，从中或可管窥我国药品管理筚路蓝缕之艰，监管型国家建构之难，梳理出从管理向监管、从监管向治理转型的法治历程。

法释义学是法律学人的安身立命之本，通过基于个案解释规则的中度抽象，行政法释义学能不断反思法律制度与法学理论之间的依存关系，促进法律体系的稳定化，减轻思维负担，对行政法总论进行检验、启发与发展。[2]本书在若干章节中着重秉承法释义学的视角，以把握立法目的和立法原意为嚆矢，对现行《药品管理法》《疫苗管理法》《化妆品监督管理条例》及相关法律、法规、规章的规定加以解释和评述，对药品法律制度框架加以梳理，分析药品监管中的解释性规则与行政法解释方法，对药品行政、民事、刑事法律责任的设定与实施加以探讨，对药品行政处罚适用规则、行政处罚裁量基准、“双罚制”、行刑衔接等法律适用的疑难问题加以解析。

在我国药品监管法治建设过程中，外国法与比较法事实上发挥了重要作用。在我国药品、疫苗、化妆品等立法进程中，在我国药品注册沟通交流程序、专家咨询程序、附条件许可、加速许可、紧急使用授权、药品专利链接等制度架构过程中，在药品网络销售监管、临床试验药物拓展使用、疫苗损害补偿等制度设计时，域外法律制度设计虽非决定性因素，但构成了重要的参照系，成为我国药品监管制度设计者所必须考虑的补充性因素。笔者始终有这样的浅见，在我国现阶段，外国法和比

1　美国法学家弗里德曼教授没有积极地参与美国流行的实证调查，也没有采取行为科学的经验研究，而是更多地借助对历史素材的二次分析（secondary analysis），从中可以看出美国法社会史研究先驱哈斯特的影响，弗氏也被视为法制史领域“威斯康星学派”的代表学者。参见季卫东：《法的根源与效果》，载季卫东：《法治秩序的建构》，中国政法大学出版社1999年版，第332页；[美]弗里德曼著，李琼英、林欣译：《法律制度》，中国政法大学出版社1994年版。

2　参见宋华琳：《中国行政法学总论的体系化及其改革》，《四川大学学报（哲学社会科学版）》2019年第5期。

较法的研究不是过剩而是不足，行政法总论的比较研究仍亟待加强，而分论的比较研究则更为薄弱。正是在此关切下，我与合作者对美国临床试验药物拓展使用、处方药广告监管、监管警告信和疫苗损害补偿制度开展了初步研究，以期为我国药品行政法和药品监管法律制度的研究做点学术积累，也算是展开行政法分论的比较研究。

行政法学固然仍以规范解释为基础，以合法性关切为依归，但不能把既存的法律制度视为静态的、不变的常量，而应将其视为一个可以优化和修正的变量。通过整理现有法律制度框架、已设定的主要法律制度与法律程序、不同主体的权利义务，分析行政法制度运行实效，探讨制度究竟存在哪些问题，进而对不同类型的行政组织架构、行政行为形式、行政程序装置进行比较衡量，比较制度改革的备选方案，探讨具体领域行政法制度改革的方向。在“制度设计型行政法学”的关切下，本书探讨药品监管合作治理体系的架构，探讨风险监管理念与制度设计的引入，剖析药品检查、认证、警告信、损害补偿制度的改革。

相对传统行政法而言，政府监管/规制法更关注事前的行政过程，关注监管政策的形成和实施，关注行政任务的实现，体现在药品安全监管领域，即为更强调通过监管改革和监管共治，通过行政行为形式创新，来有效保障药品安全。本书的内容涉及监管治理、风险监管、监管改革、第三方监管、自我规制与元规制、回应性监管理论，也希望相关的论说不仅能多少回应药品监管实践，也对政府监管/规制法理论的发展多少有些裨益。

本书对药品网络销售监管、国家组织药品集中采购、临床试验药物拓展使用、处方药广告监管等法律制度的研究，或许体现了这样一个特点，即药品法研究具有“领域法学”特征，也很难将药品监管中所有问题都归入行政法总论中的某个坐标，未来如能在这个具有“领域法学”特征的法律、科学、政治、政策交会的领域继续深耕，暂时抛却体系化的思维，转而对具有综合性、交叉性、应用性的药品监管问题进行彻底性的研究,也会有独特的实践价值和学术贡献。

以上是对本书研究旨趣的介绍,或许多少有点方法论的意蕴。虽然对于此书多少有些敝帚自珍,但的确存在"方法论的杂糅主义",很多研究的成色、论述的精度和思考的深度,也没能达到自己预期的水准,但只能说是过去七年药品法作业的一份合集,希望为药品行政法和药品监管法律制度的研究添砖加瓦,如是而已。

二、作者的无尽感谢

在法学院研究药品法,虽算不上冷门绝学,但多少有些清冷孤寂。幸有师友同人支持,同行学生相助,才使自己能继续走在这条药品法之思的林中路。学术并非个人的事业,而是共同体的事业,在此要郑重对共同体中的师友同人说声谢谢!

中国药科大学邵蓉教授是我的硕士生导师,邵老师为我国药品法学科建设和学术研究做出了开拓性贡献,也是我走上药品法研究之途的引路人。二十余载弹指一挥间,时至今日,邵老师还在以自己的方式,给我不绝如缕的关照与支持,为我创造诸多宝贵的学术机会,鼓励我去研究更具前沿性、实践性的药品监管法律课题。每念于此,感怀良多,师恩难忘,唯有努力。

在从事药品行政法和药品监管法律制度的研究过程中,我得到了诸多行政法学、卫生法学、药事管理、公共管理学界师友同人的支持帮助,得到了南开大学诸位领导和同事的鼓励,得到了母校中国药科大学诸多师友、校友、同学的帮助,在此恕不一一列出名字,但常怀感恩之心,情谊常记心间。

还要感谢国家药品监督管理局诸位领导、各司局、各事业单位及药监系统、医药协会、医药企业、医药媒体等诸多同人的关心帮助,他们以不同的方式,对我的研究提供了太多难得的信任、无私的鼓励、宝贵的机会、珍贵的素材。特别要感谢国家药品监督管理局徐景和副局长、黄果副局长，国家药品监督管理局刘沛司长、袁林司长、李国庆巡视员、吴利雅副司长、刘继红副司长、张琪副司长、邱琼副司长、崔浩副司长、董江萍副主任、何春霭副主任、罗杰副书记，中国药品监督管理研究会张伟会长，上海食品药品安全研究会唐民皓会长等的支持帮助。

本书的部分章节曾在《浙江学刊》《财经法学》《学术交流》《中国食品药品监管》《中国市场监督管理》《中国医药报》《医药经济报》，以及澎湃新闻刊发，在此对相关刊物、媒体及编辑老师谨致谢忱。本书部分内容系与牛佳蕊、何天文、刘炫、赵伟勋、田宗旭、杨金晶、李鸻等合作，回首共同研究往事，也是令人难忘的记忆，在此对合作者说声谢谢！还要感谢段环星、王雪、赵景尧、徐云鹏、李海、邹志、孙沛、郑琛、冯姜舒、王梦之等同学对书稿提出宝贵修改意见。

本书也是译林出版社“药品监管法治丛书”（国家出版基金项目，2021）三部曲的第一部，这也是我与老友王笑红编审的第四次合作，每当收到译林出版社的慷慨赠书，我就会不由自主地加速整理打磨书稿的进程。感谢笑红的信任与推动，如果不是她力主推动并成功申报国家出版基金，我无法想象在今天的学术生态及出版环境下，能以如此优渥的条件，从事药法三部曲的写作。

相较于七年前上一部药品行政法著作，本书对若干学术论题思考的深度与广度有所增加，蕴涵的学术洞见或有增加，但学术精度并不能令自己完全满意。这七年并非波澜不惊，自己主译了《牛津规制手册》，先后主持了国家社科基金年度项目“合作规制的行政法研究”（2017）与国家社科基金重大项目“突发重大公共卫生事件防控的法治体系研究”（2020），是做了点事，但的确没能做到“一心力，惜时光”，加之学院事务日渐繁重，白天更多奉献于管理工作，学术研究只能靠朝夕闻道和双休日零敲碎打。而这部书稿就是利用碎片化时光打磨润色的产物。在书稿的修改过程中，我着重增加了对制度史的梳理，对相关行政法学与政府规制理论的阐发，还对相关法条、判例、统计数据尽可能做了增补和核实，并努力结合实例进行剖析。

面对这样一部尽绵力、有增量、有缺憾的著作，有欢喜，有怅惘，更有些无奈。希望未来自己还能利用碎片化时间继续做点事，继续探求在行政法学总论与药品行政法之间的流转往复，去研究“动态的法律，落实到政策，联结到生活”，进而为推进行政法总论的改革，推进药品行政法的学术研究，做点力所能及的工作。

宋华琳

2022年11月13日